프랑스어 접속사 사전

Dictionnaire des conjonctions françaises

구기헌

제이앤씨
Publishing Company

이 사전은 종래의 일반 사전에서 다소 제한된 범위에서 다루어지고 있는 접속사와 접속사구를 대상으로 좀 더 상세한 기술과 더 많은 용례와 예문을 제시함으로써 프랑스어 학습자가 접속사를 활용하여 프랑스어를 읽고, 쓰고, 말하는 능력을 기르는 데 도움이 되었으면 하는 의도로 편찬되었다.

사용 빈도가 매우 높은 et와 mais를 비롯한 ni, or, ou, quand, que, si 등의 접속사에 대해서는 상세하게 기술했다. 지금까지 언어학적으로 품사 분류가 명확하지 않은 comme가 같이 다루어지고 있다. ainsi, alors, aussi, cependant, encore, en effet 등과 같이 다른 품사로 쓰이면서 접속사로도 쓰이는 어휘들은 그 접속사 기능을 중심으로 기술하였다. après que, avant que, depuis que, pour que 등과 같이 전치사가 que와 결합되어 형성된 접속사구들도 제시되어 있으며, 이들 항목은 이전에 나온 전치사 사전과 중복된 부분이 있다. 또한 autant que, bien que, encore que, de façon/manière que, au fur et à mesure que와 같이 부사 또는 명사가 que와 결합되어 형성된 일부 접속사구도 제시되어 있는데, 그러한 접속사구의 수록 대상 범위에 대해서는 더 검토되고 보완되어야 한다.

이 사전은 이전의 전치사 사전과 같이 전문사전으로서 아직 체제와 분량, 항목의 선택, 기술방식과 통일성, 예문의 제시에 있어 앞으로 더 연구되고 재검토와 함께 보완되어야 할 부분이 많다. 이 사전을 이용하고 살피는 모든 분들로부터 질책과 조언이 있기를 바라며, 필자 또한 수정하고 보완하는 작업을 계속해 나갈 것이다.

이 사전의 출판을 흔쾌히 수락해주신 도서출판 제이앤씨의 사장님과 편집진 여러분께 깊이 감사드린다.

구 기 현

약어 및 기호

cond	conditionnel ··························	조건법
ind	indicatif ·······························	직설법
inf	infinitif ·································	부정법
qc	quelque chose ························	사물
qn	quelqu'un ·····························	인물
sub	subjonctif ·····························	접속법

[　]　(1) 발음 표시

　　　(2) 구문 표시

　　　(3) 대체 가능성의 표시

(　)　(1) 생략 가능한 글자나 어구의 표시

　　　(2) 뜻풀이에서 그 내용을 보완할 때

((　))　(1) 어휘적, 의미적, 통사적 특성에 대한 정보의 표시

　　　(2) 뜻풀이에 대한 보충적 설명이나 백과사전적 정보의 표시

《　》　화계, 빈도, 표준어/지방어의 구분 따위의 화용적 정보 표시

(=　)　동의어, 유의어 표시

(↔　)　반의어 표시

/　구문정보에서 교체 가능성 표시

⇒　참조 표시

☆　표제어에 관련된 문법 사항이나 특이한 구문적 속성 따위에 대한 보충 설명

목 차

머리말 · 3

afin que ·········· 011
ainsi ·········· 012
alors ·········· 014
après que ·········· 017
en attendant ·········· 019
attendu que ·········· 020
auparavant que ·········· 021
aussi ·········· 021
aussitôt que ·········· 025
autant que ·········· 026
avant que ·········· 032
because, bicause ·········· 034
bien que ·········· 034
car ·········· 037
cependant ·········· 040
c'est-à-dire ·········· 042
comme ·········· 044
depuis ·········· 068
dès ·········· 069

devant ·········· 072
donc ·········· 072
durant que ·········· 077
encore ·········· 077
en effet ·········· 079
ergo ·········· 080
et ·········· 080
excepté que ·········· 102
façon/manière ·········· 103
fait ·········· 104
fois ·········· 105
au fur et à mesure que ·········· 107
hormis que ·········· 107
hors que ·········· 108
id est ·········· 108
jusqu'à ce que ·········· 109
lors ·········· 110
lorsque ·········· 111
maintenant que ·········· 113

mais ···················· 114

malgré que ·················· 126

manière ················ 126

mesure ················ 126

à moins que ················ 128

moyennant que ·············· 129

néanmoins ················ 129

ni ···················· 130

or ···················· 144

ou ···················· 146

outre que ················ 158

parce que ················ 159

partant ················ 165

pendant que ·············· 166

pour que ················ 168

pourquoi ················ 173

pourtant ················ 178

pourvu que ················ 179

puisque ················ 180

quand ················ 185

que ···················· 199

quoique ················ 258

sans ···················· 261

sauf ···················· 265

selon ···················· 266

seulement ················ 268

si ···················· 268

sinon ···················· 290

sitôt ···················· 292

soit ···················· 293

sorte ···················· 295

suivant que ··············· 296

supposé que ·············· 297

tandis que ················ 298

tant ···················· 299

tantôt ················ 303

toutefois ················ 304

voire ···················· 305

vu ···················· 306

참고문헌 · 307

Dictionnaire des conjonctions françaises

프 랑 스 어 접 속 사 사 전

프랑스어 접속사 사전

afin que

[afin que + sub] : …하기 위하여, …하도록, …하려고(=pour que + sub).

afin que l'on puisse mieux évaluer la compétence culturelle des élèves 학생들의 문화적 능력을 더 잘 평가할 수 있도록 하기 위해. *afin que* nul n'en ignore 모두가 알 수 있도록. demander de rédiger une invitation *afin qu'*un de leurs responsables obtienne un visa 그들의 책임자 중의 한 사람이 비자를 얻을 수 있도록 초청장을 작성해 달라고 요청하다. laisser libres les places *afin que* les personnes âgées puissent s'y asseoir 노인들이 앉을 수 있도록 자리를 비워두다. marcher sur la pointe des pieds *afin qu'*on ne l'entende pas 발소리가 들리지 않도록 발끝으로 걸어가다.

- *Afin que* nos institutions financières aident à gérer la crise et préviennent de nouvelles crises, nous devons renforcer leur efficacité et leur légitimité.　우리의 금융기관이 위기를 관리하고 새로운 위기를 예방하기 위해 그 효율성과 합법성을 강화해야 한다.
- *Afin que* tout soit bien clair, je vais répéter.　모든 것이 분명하도록 반복해서 말하겠다.
- *Afin que* la discussion de réunification soit plus raisonnée et efficace, des recherche sur le fondement juridique sont indispensables.　통일에 대한 논의가 더 체계적이고 효율적인 것이 되도록 하기 위해 법적인 근거에 대한 연구가 꼭 필요하다.
- Il faudrait l'ajuster, *afin qu'*il ne soit ni trop lâche, ni trop serré.　그것이 너무 느슨하지도 너무 조이지도 않게 조절해야 할 것이다.
- La phase 3 avait été déclarée *afin que* la communauté internationale se prépare à une possible transmission interhumaine du virus aviaire H5N1.　국제 사회가 조류독감 바이러스 H5N1의 사람 간에 일어날 수 있는 전이에 대비할 수 있도록 하기 위해 3단계가 선언되었다.
- J'ai alors dessiné l'intérieur du serpent boa, *afin que* les grandes personnes puissent comprendre. 그래서 나는 어른들이 알아볼 수 있도록 보아 뱀의 속을 그렸다.
- Nous avons besoin que chacun de vous développe ses compétences *afin que* vous puissiez aider à résoudre nos problèmes les plus difficiles.　우리의 가장 어려운 문제를 해결하는 것을 도와주기 위해 여러분들의 각자가 능력을 개발하는 것이 필요하다.
- Écrivez-lui *afin qu'*il soit au courant.　그가 사정을 알 수 있게 편지를 쓰십시오.
- On jouait au bonheur, à Lisbonne, *afin que* Dieu voulût bien y croire.　리스본에서는 신이 행복을 믿도록 하기 위해 모두들 행복을 가장하고 있었습니다.
- Vous laisserez votre numéro de téléphone *afin que* je puisse vous prévenir.　당신에게 미리 알려줄 수 있도록 전화번호를 남겨 두세요.

ainsi

1. 문두에서 결론을 유도 : 그렇기 때문에(=cela étant), 따라서(=par conséquent).

1) · *Ainsi* la prudence est nécessaire.　그렇기 때문에 신중할 필요가 있다.

　· *Ainsi*, vous allez en Fance?　그렇기 때문에 프랑스에 가신다는 건가요?

　· *Ainsi*, il est démontré que le projet était mauvais.　이로써 그 계획이 잘못된 것이었음이 증명되었다.

　· *Ainsi*, tu n'a pas encore été payé.　그래서, 아직도 급료를 받지 못했어?

　· *Ainsi*, vous comptez partir la semaine prochaine?　그래서 다음 주에 떠나실 생각이신가요?

　· *Ainsi*, tu ne veux pas présenter à cet examen?　그래서, 그 시험에 응시하지 않겠다는 거지?

　· Ce que vous gagnez d'un côté, vous le perdez de l'autre; *ainsi* l'affaire est sans intérêt.　당신은 한쪽에서 버는 것을 다른 쪽에서 잃고 있으니, 사업이 이득이 없는 거요.

　· Bien loin de gêner le commerce par des impôts, on promettait une récompense à tous les marchands qui pourraient attirer le commerce de quelque nouvelle nation; *ainsi* les peuples y accoururent bientôt en foule de toutes parts.　세금으로 무역을 어렵게 하기는커녕 어떤 새로운 국가로부터 무역을 유치하는 모든 상인들에게 보상을 하겠다고 약속했다. 그러자 곧 사방에서 많은 사람들이 거기로 몰려들었다.

2) [ainsi donc]

　· *Ainsi* donc vous ne pouvez pas venir.　그러므로 당신은 못 오는군요.

　· *Ainsi* donc, vous avez changé d'avis?　그래서 의견을 바꾸셨습니까?

　· *Ainsi* donc, vous n'avez rien entendu?　그러니까 당신은 아무것도 못 들었소?

　· *Ainsi* donc vous n'êtes pas d'accord avec nous?　그러므로 당신은 우리의 의견에 반대한다는 건가요?

　· *Ainsi* donc, deux traîtres assassinaient leur roi dans son lit?　그래서 두 배반자가 왕을 그의 침대에서 암살했다는 거요?

2. [ainsi que]

1) …와 같이, 그리고, 또, 및.

❶ · Paul *ainsi que* moi est entré dans sa carrière.　폴이 나처럼 직장 생활을 시작했다.

　· Le second acte *ainsi que* le premier et tous les autres, commença par un festin.　2막은 1막과 다른 모든 막처럼 향연으로 시작되었다.

　· Son père *ainsi que* sa mère sont opposés au projet.　그의 아버지와 어머니가 그 계획에 반대한다.

　· Il a amené sa famille *ainsi que* quelques amis.　그는 가족과 몇몇 친구들을 데리고 왔다.

　· Je le connais *ainsi que* sa femme.　나는 그와 그의 아내를 알고 있다.

　· Il est puni *ainsi que* son camarade.　그는 그의 친구처럼 벌을 받았다.

> ☆ 두 명사가 결합되어 하나의 주어군을 이룰 때 동사는 복수로 일치시키기도 함.
> · Sa patience *ainsi que* sa modestie étaient connues de tous.   그의 인내심과 겸손함은 모두에게 알려져 있었다.

❷ · Ce billet donne droit au programme *ainsi qu'*à la consommation gratuite.   이 표를 가지면 프로그램을 볼 수 있고 무료로 제공되는 음료를 이용할 수 있다.

　· On utilise cette pièce comme salle de réunion *ainsi que* comme salle de classe.   우리는 이 방을 회의실 및 강의실로 겸용하고 있다.

2) [ainsi que + *ind*] : …와 같이, …처럼.

*ainsi qu'*on vient de dire 앞서 말한 것처럼(=comme). *ainsi que* nous l'avons détaillé plus haut 위에서 상술한 바와 같이. *ainsi que* nous l'avons écrit dans notre dernière lettre, 지번 번 편지에 쓴 것처럼. *ainsi qu'*il appartiendra (법에서) 적당히.

· Les vertus devraient être soeurs, *ainsi que* les vices sont frères.   미덕이 서로 자매라면, 악덕은 서로 형제이다.

· Faites en tout *ainsi qu'*il vous plaira.   모든 일을 당신 마음 내키는 대로 하세요.

· Tout s'est passé *ainsi que* je l'avais prévu.   모든 것이 우리가 예측한대로 일어났다.

3. [ainsi … que + *ind*] : 결과

· Je suis *ainsi* fait *que* je ne peux plus attendre.   나는 성격이 그러해서 더 이상 기다리지 못한다.

· Elle est *ainsi* faite *qu'*elle doit prendre du café dès son lever.   그녀는 기질이 그러해서 일어나자마자 커피를 마셔야 한다.

· Son caractère est *ainsi* fait *que* le moindre reproche le blesse profondément.   그의 성격이 그러하기 때문에 사소한 비난도 그에게는 깊은 상처를 준다.

· Jean est *ainsi* fait *qu'*il n'adresse la parole à personne.   장은 기질이 그러해서 아무에게도 말을 하지 못한다.

4. [comme [de meme que] … ainsi …] : 비교

· Comme le pilote conduit le navire, *ainsi* le chef de l'État mène le pays.   항해사가 배를 조종하듯이 국가원수는 나라를 이끌어간다.

· Comme un naufragé s'agrippe à une épave, *ainsi* il se raccrochait à ce faible espoir.   난파당한 사람이 잔해물에 매달리듯이 그는 그 희미한 희망에 의지하고 있었다.

alors

1. 1) 그러면; 그러므로.

· *Alors*, c'est dit.　　그러면 그걸로 이야기 된 겁니다.

· *Alors*, n'en parlons plus.　　그러면 그 이야기는 그만 합시다.

· *Alors* comme ça, vous nous quittez.　　그러니까, 당신은 우리를 떠난다는 것이군요.

· *Alors*, on se promène?　　그러면, 산책할까?

· *Alors*, cette histoire se termine aussi ici.　　그리하여 이 이야기도 여기서 끝이난다

· *Alors*, ma petite fille, nous sommes contente?　　애야, 그럼 만족하는 거지?

· J'ai soif. *Alors* je bois.　　나는 목이 말라서 물을 마신다.

· Tu n'a pas besoin de mes services, *alors* je m'en vais.　　네가 내 도움을 필요로 하지 않으므로 나는 간다.

· Il se taisait, *alors* je me suis emporté.　　그가 말을 하지 않아서 나는 화가 났다.

· On dit que la politique éducative a changé, *alors* comment vais-je m'y prendre pour instruire mes élèves?　　교육정책이 바뀌었다는데 어떻게 학생들을 지도하지?

· La viande est trop chère, *alors* j'achète du poisson.　　고기가 너무 비싸다. 그래서 나는 생선을 산다.

· Que faire *alors* pour que ce peuple ne soit pas abandonné à la folie d'une dictature ubuesque? 그러면 그 국민들이 괴상한 독재의 광기에 방기되지 않게 하려면 무엇을 해야 하는가?

· Il n'y a pas de bus, *alors* je suis venu en métro.　　버스가 없어서 나는 지하철로 왔다.

· Nous y mettrons chacun du nôtre, *alors* ce projet sera vite réalisé.　　우리들이 각자 힘을 합하면 이 계획은 빨리 실현될 것이다.

2) [si …, alors …]

· Si a < b, *alors* b > a.　　a가 b보다 작으면, b는 a보다 크다.

· Si Pékin brandit son veto, Séoul aura *alors* peu d'options.　　중국이 거부권을 행사하면 한국은 선택의 여지가 거의 없다.

· Si vous êtes d'accord, *alors* vous pouvez signer.　　동의하시면 서명하실 수 있겠네요.

· Si on dit que c'est un échec, *alors* on ne sait pas ce que c'est qu'un vrai échec!　　이것을 실패라고 말한다면 진정한 실패는 무엇일까?

· Si elle ne me téléphone pas, *alors* j'irai la voir.　　그녀가 내게 전화를 하지 않으면 그녀를 보러 가겠다.

2. [ou alors] : **아니면**(=sinon).

· Il doit être malade, ou *alors* il a raté son train.　　그가 몸이 불편한 것 같다. 그렇지 않으면 기차를

놓쳤을 것이다.

· Arrête de fumer dans le salon, ou *alors* va dans le jardin.　담배를 그만 피우든지 아니면 정원으로 나가라.

· Tiens-toi tranquille, ou *alors* je vais te mettre à la porte.　조용히 있어라. 그러지 않으면 내보낼 것이다.

3. [alors que + *ind*]

1) 동시성: …할 때.

> *alors que* s'ouvre le sommet de Séoul 서울 정상회담이 열릴 때.

· *Alors que* le petit vieux souriait de leur mésaventure, la petite vieille mit les bonnes saucisses à la poêle. 노인이 자신들의 불운에 미소 짓는 사이, 아내는 그 맛있는 소시지들을 프라이팬에 올려놓았다.

· *Alors que* les températures resteront négatives, les TGV connaissent d'importants retards dans ces régions. 기온이 영하권에 머문 가운데 그 지역에서 고속열차들이 많이 연착을 했다.

· Ne le dérange pas *alors qu'*il est dans la salle de bain.　그가 욕실에 있을 때는 방해하지 마라.

· Je l'ai vue deux ou trois fois *alors que* j'étais à Paris.　파리에 있을 때 나는 그녀를 두세 번 보았다.

· Cet incident intervient *alors que* la Chine s'emploie à apaiser la tension entre les deux Corées.　그 사건은 중국이 남북 간의 긴장을 진정시키려고 노력하고 있는 중에 발생했다.

· Cette nouvelle annonce intervient *alors que* Pyongyang a décidé de rompre ses relations bilatérales avec Séoul.　그 새로운 소식은 북한이 남한과의 상호적인 관계를 단절하기로 결정할 때 들려왔다.

· Son père est mort *alors qu'*il avait seulement six ans.　그가 여섯 살 밖에 되지 않았을 때 그의 아버지가 돌아가셨다.

· Il a raconté des histoires de son jeune temps, *alors qu'*il travaillait à Pusan.　그는 부산에서 일할 때 젊은 시절의 이야기를 했다.

· Trois ressortissants chinois ont été tués *alors qu'*ils franchissaient la rivière qui sert de frontière naturelle, près de la ville côtière chinoise de Dandong.　세 명의 중국인이 중국의 국경도시 단동 근처의 자연 경계를 이루는 강을 건너다가 피살되었다.

2) 대조·대립: …인데 비해, …임에 반해.

· *Alors que* le chômage semble augmenter moins qu'on ne le redoutait dans la zone euro, nul ne sait quand il retrouvera ses niveaux antérieurs.　유로 지역에서 실업률이 두려워했던 것보다는 덜 오르고 있지만, 언제 예전의 수준을 회복할지 아무도 모른다.

· *Alors que* près de 60% des démocrates ont émis un vote positif, les deux tiers des républicains ont émis un vote négatif.　민주당원의 60% 찬성표를 던진데 비해 공화당원의 3분의 2가 반대표를 던졌다.

· *Alors qu'*une enquête internationale attribue le naufrage du Cheonan à une torpille nord-coréenne, Pyongyang a rejeté toute responsabilité dans cet incident survenu le 26 mars.　국제적인 조사는 천안함의 침몰이 북한의 어뢰에 의한 것이라고 하고 있는데 비해, 평양측은 3월 26일 발생한 그 사건에 대한

모든 책임을 부인하고 있다.

· *Alors qu*'elle était très en colère, elle ricanait.　그녀는 화가 머리끝까지 났는데 그는 웃고 있었다.

· Il a encore bu du vin, *alors qu*'il avait déjà mal à l'estomac.　그는 이미 배가 아픈데도 또 술을 마셨다.

· Il n'achète que des objets coûteux, *alors qu*'il est au chômage.　그는 직장도 없는데 비싼 물건만 산다.

· J'ai l'estomac gonflé *alors que* je n'ai rien mangé.　먹은 것도 없는데 배가 부르다.

· C'est toi qui me cries après *alors que* ce serait plutôt à moi de le faire.　큰 소리 칠 사람은 오히려 나인데 네가 큰 소리 친다; 적반하장이다.

· Comment oses-tu agir ainsi *alors que* tu n'es rien?　대단한 존재도 아니면서 어떻게 감히 이렇게 행동할 수 있어?

· On le critique *alors qu*'il n'est pas responsable.　그에게는 책임이 없음에도 불구하고 사람들은 그를 비난한다.

· Nous n'avons que 3% des ressources en pétrole dans le monde *alors que* nous consommons le quart de la production mondiale.　우리는 세계 석유 생산 의 4분의 1을 소비하는데 비해 세계 석유자원의 3%밖에 보유하고 있지 못하다.

· Il décide de continuer la lutte, regrettant en lui-même que les états-majors l'aient toujours rejeté *alors qu*'il avait raison.　그는 그가 옳은데도 불구하고 참모본부가 항상 그것을 거절하는 것을 유감스럽게 생각하면서 투쟁을 계속하기로 했다.

· Sa santé décline *alors qu*'on le croyait guéri.　그가 건강을 회복했다고 생각했는데 실은 그의 건강이 악화되고 있었다.

· Ils s'estiment heureux *alors qu*'on déplore leurs malheurs.　사람들은 그들의 불행을 슬퍼하는데 그들은 스스로가 행복하다고 생각한다.

· Il est si paisible *alors qu*'il a tant de choses à faire.　할 일은 많은데 저렇게 천하태평이다.

· Il est regrettable de partir sans avoir pu la voir *alors que* je suis venu exprès jusqu'ici.　일부러 여기까지 왔는데 와서 그녀를 못 보고 가서 유감이다.

· Il est le seul à être puni *alors qu*'il était innocent.　그는 죄도 없는데 그만 벌을 받았다.

· Il m'a forcé à y aller *alors que* je ne le voulais pas.　그는 내가 원하지도 않는데 거기에 가도록 강요했다.

· Pourquoi se presser *alors qu*'il n'y a rien d'urgent?　급한 일도 아닌데 왜 그렇게 서두릅니까?

· Ils reculent, *alors qu*'il faudrait avancer.　전진해야 하는데 그들은 뒤로 물러난다.

· Deux mêmes pôles se repoussent *alors que* deux pôles opposés s'attirent.　같은 극끼리는 밀치고 반대 극끼리는 당긴다.

· Elle est sortie *alors qu*'elle était enrhumée.　그녀는 감기에 걸렸는데 외출을 했다.

3) 원인

· *Alors qu*'il lui avait donné tout ce qu'il attendait de lui, elle devait, elle aussi, donner ce qu'elle avait fait espérer.　그는 그녀에게 그녀가 그에게 기대했던 모든 것을 주었기에, 그녀 역시 그에게 기대를 가지게 했던 것을 주어야 했다.

· *Alors que* M. Juncker, président de l'Eurogoupe, est étrangement absent, une telle hypothèse est hors de question.　유로그룹의 의장인 융커가 이상하게도 부재중이기에 그러한 가정은 문제 밖의 일이다 〔생각할 수 없다〕.

· Les médias officiels annonçaient que l'armée et la population étaient placées en état d'alerte *alors que* des manœuvres militaires américano-sud-coréennes doivent débuter lundi.　공식 매체는 한미 군사훈련이 월요일에 시작되기 때문에 군대와 주민이 경계상태에 있다고 알렸다.

4. [alors (même) que + *ind/cond*] : 설사 …하더라도.

> *alors* même *qu'*il a parlé ainsi 설사 그가 그렇게 말했다 해도. *alors* même *que* les Américains se demandent pourquoi ils doivent débourser des sommes aussi astronomiques pour empêcher l'ensemble du système économique d'imploser 미국인들이 경제체제 전체가 파열되는 것을 방지하기 위해 왜 그렇게 천문학적인 금액을 지출해야 하는지 자문한다 하더라도.

· *Alors* (même) *qu'*il me donnerait dix mille euros, je ne bougerais pas.　그가 내게 1만 유로를 준다 해도, 나는 움직이지 않겠다.

· *Alors* même *qu'*il pleuvrait, nous partirons.　설사 비가 온다고 할지라도, 우리는 떠날 것이다.

· Je ne pouvais pas répondre *alors* même *que* je l'aurais voulu.　내가 대답하고 싶었어도 그럴 수 없었다.

· Je ne vous la vendrais pas *alors* même *que* vous seriez riche.　설사 당신이 부유하다 하더라도 그것을 당신에게 팔지 않겠다.

· Rien ne va plus au sein de l'équipe de France, *alors* même *que* sa Coupe du monde n'est pas terminée　그의 월드컵 경기가 끝나지 않았지만, 프랑스팀 내부에서는 아무 것도 제대로 진행되지 않는다.

après que 

1. [après que + *ind*] : …한 후에.

après que 65 députés de droite et de gauche eurent envisagé de créer une commission d'enquête sur ce sujet 우파와 좌파의 의원 65명이 그 문제에 대한 조사위원회를 만들 것을 고려한 후에. ciel bleu *après que* les nuages se sont dissipés 구름 걷힌 후의 푸른 하늘.

· *Après qu'*il sera arrivé, nous pourrons nous mettre en route.　우리는 그가 도착한 후에 우리는 길을 떠날 수 있을 것이다.

· *Après qu'*il a eu fini de pleuvoir, le soleil s'est montré.　비가 그치고 나서 해가 났다.

· *Après qu'*il eut prononcé ces paroles, il s'en alla.　그 말을 하고 그는 가 버렸다.

· Il faut une bonne mémoire *après qu*'on a menti.　거짓말을 한 후에는 기억력이 좋아야 한다.

· Il parle *après que* vous parlez.　그는 당신이 말한 후에 말한다.

· Elle a parlé *après qu*'il a eu fini.　그의 말이 끝나자 그녀가 말했다.

· Il se retire, *après que* vous parlez.　그는 당신이 말한 후에 자리를 뜬다.

· Qu'est-ce qui reste de blanc, *après que* la neige est fondue?　눈이 녹은 후 인데 무엇이 희게 남아 있을까?

· Elle est venue *après que* nous sommes arrivés.　그녀는 우리가 도착한 후에 왔다.

· Tokyo n'a finalement rien fait pour intercepter l'engin ou ses débris *après que* Washington a annoncé n'envisager aucune intervention militaire.　미국이 군사적인 개입을 고려하지 않는다고 발표한 후에도 일본은 결국 미사일이나 그 잔해를 요격하기 위한 아무런 일도 하지 않았다.

· Dans le cas du Vietnam, les réformes économiques n'ont porté ses fruits qu'*après que* les États-Unis ont levé leurs sanctions, ouvrant la voie aux investisseurs.　베트남의 경우에는 미국이 제재를 풀어 투자자들에게 길을 열어 준 후에야 경제개혁이 결실을 맺을 수 있었다.

2. [시간표현 + après que + *ind*]

cinq ans *après qu*'il eut quitté son pays 그가 고국을 떠난 5년 후에. deux mois *après que* le président américain a autorisé le financement par des fonds fédéraux de ces recherches 미국 대통령이 그러한 연구에 대한 연방 재원에 의한 지원을 허락한 2개월 후에.

· Cet afflux d'aide américaine intervient quelques jours *après que* la Corée du nord RPDC a fourni la liste de ses programmes nucléaires et détruit la tour de refroidissement de sa centrale atomique de Yongbyon. 북한이 핵프로그램의 목록을 제시하고 영변 핵시설의 냉각탑을 폭파한 며칠 후 미국의 많은 지원이 있었다.

> ☆　[après que + *cond*]는 일상어에서는 거의 쓰이지 않는 옛 용법이고　[après que + *sub*]는 종종 쓰이긴 하나　[avant que + *sub*]의 영향과 단순과거와 접속법 반과거의 혼동에 의한 오류임. *après qu*'il eût fermé la porte 그가 문을 닫은 후에.

3. [après + 명사/대명사 + 과거분사]

(*après*) tout bien pesé 심사숙고 한 후에.

· Il est revenu *après* la paix faite.　그는 평화가 이루어진 후에 돌아왔다.

· Il vient *après* le travail fini.　그는 일이 끝난 후에 왔다.

4. 1) [après ce que/qui + *ind*]

· *Après* ce que j'ai fait pour lui, me traiter d'égoïste!　내가 그를 위해 그렇게 해 주었는데도 나를 이기주의자로 취급하다니!

· *Après* ce qui s'est passé, vous ne pourrez plus jamais reconstruire une ménage heureux.　그런 일이

있었으니까 당신은 결코 행복한 가정을 다시 꾸릴 수 없을 것입니다.

· *Après* tout ce que j'ai fait pour toi, comment peux-tu me dire ça?　내가 너를 위해서 모든 것을 했는데 내게 어떻게 그런 말을 할 수 있니?

· Ils ont encore le courage de vivre ensemble *après* tout ce que l'on raconte à leur sujet!　그들은 사람들이 그들에 대해 그렇게 말을 해도 아직 같이 살고 있다니!

· Il vous appartient bien de parler de générosité, *après* tout ce que vous avez fait.　《비꼼》 그렇게 해 놓고서 당신이 아량을 운운하다니 가당치 않다.

· C'est normal qu'il te déteste *après* ce que tu as fait!　그런 짓을 하고 그가 너를 싫어하는 것은 당연하지!

· Elle t'a lâché? Ce n'est pas croyable *après* tout ce que tu a fait pour elle!　그녀가 너를 버렸어? 네가 그녀를 위해 해 준 모든 것을 생각하면 그것은 믿어지지 않는다.

2) [après + cela/ça]

· *Après* cela [ça] , je suis obligé d'abandonner.　그래서 나는 포기해야만 한다.

· *Après* cela, leur relation a été d'autant plus forte.　그 일 이후로 그들의 관계는 더욱 밀착되었다.

· J'ai été saisi de vertiges et *après* cela je ne me souviens plus de rien.　갑자기 현기증이 나더니 그 다음은 기억나지 않는다.

· Merci de ce que tu as fait pour moi. - *Après* ça, tu ne me diras pas que je ne suis pas un frère.　네가 나를 위해 해준 것에 대해 고마워. - 이후로는 내가 형제가 아니라고 말하지 마.

3) [après + quoi]

· Nous allons déjeuner, *après* quoi nous nous mettrons en route.　우리는 점심을 먹은 후에 길을 떠날 것이다.

· Documentez-vous d'abord sur le sujet, *après* quoi vous pourrez présenter un plan de travail.　우선 주제에 대한 자료를 찾아보세요. 그리고 나서 연구 계획을 제출하도록 하세요.

· Mangeons ensemble, *après* quoi nous pourrons aller au cinéma.　같이 식사합시다, 그리고 나서 영화관에 가시지요.

· On servira d'abord le champagne. *Après* quoi, vous prendrez la parole.　먼저 샴페인을 제공해 드릴 것입니다. 그 다음에 말씀을 하시면 됩니다.

en attendant

1. 1) 어쨌든; 지금으로서는, 당장은.

· Ils cherchent avec courage mais *en attendant* il n'ont toujours rien trouvé.　그들은 용기를 내어 찾아보

앗으나, 당장은 아무것도 발견하지 못했다.

· Cette mesure est peut-être nécessaire, mais, *en attendant*, c'est très désagréable.　그 조치는 아마 필요하겠지만 어쨌든 상당히 불쾌하다.

· Nous n'avons rien à faire. Faisons une peomenade *en attendant*.　아무 할 일이 없으니 우선 산보나 합시다.

2) 그동안, 그때까지.

· L'avion part dans deux heures; *en attendant* changeons de l'argent en dollars.　비행기가 두 시간 후에 출발하니 그 동안 돈을 달러로 환전합시다.

· Reposez-vous *en attendant*.　그동안 쉬세요.

2. [en attendant que + *sub*] : …할 때까지.

en attendant que son oncle arrive 그의 삼촌이 도착할 때까지. *en attendant qu'*on reçoive sa lettre. 그의 편지를 받을 때까지. *en attendant qu'*elle l'ait su 그녀가 그것을 알 때까지.

· *En attendant que* vous acquériez de l'expérience, rapportez-vous-en à vos parents.　너희들이 경험을 쌓을 때까지는 부모님들이 시키는 대로 해라.

· On ne peut rien faire *en attendant qu'*on soit mieux informé.　더 정확한 정보를 알 때까지는 아무 것도 할 수 없다.

· On n'a plus qu'à jouer aux cartes *en attendant qu'*il vienne.　그가 올 때까지 카드놀이를 할 수밖에 없다.

· Restez ici, *en attendant que* le patron revienne.　사장님이 돌아오실 때까지 여기 계십시오.

attendu que

[attendu que + *ind*] : …하므로, …때문에(=comme, parce que).
*attendu qu'*il est trop jeune 그가 너무 젊기 때문에. *attendu qu'*il est mort 그가 작고했기 때문에.

· *Attendu qu'*il s'agissait d'une affaire importante, il décida de prendre les conseils d'un avocat.　중요한 일에 관한 것이기 때문에 그는 변호사의 조언을 받기로 했다.

· Je ne saurais accorder cette permission, *attendu que* toutes sortes de motifs s'y opposent.　모든 이유가 배치되기 때문에 나는 그러한 허락을 해줄 수 없다.

· On ne peut pas se fier à ce résultat, *attendu que* l'enquête a été mal faite.　조사가 잘못 되었기 때문에

그 결과는 신뢰할 수 없다.

· Les parents de sa femme s'étaient opposés à son mariage, *attendu qu'il n'était pas gentilhomme.*　그의 아내의 부모는 그가 귀족이 아니었기 때문에 그의 결혼에 반대했었다.

auparavant que

《옛》　[auparavant que + *sub*] : …하기 전에(=avant que + *sub*).

auparavant que la barbe lui crût 수염이 자라기 전에. *auparavant que* j'examine cela plus soigneusement 그것을 더 세심하게 검토하기 전에.

aussi

1. 따라서, 그래서, 그러므로(=c'est pourquoi).

· *Aussi*, il n'a jamais pu trouver les mots pour remercier les contribuables d'outre-Atlantique de l'avoir secouru.　그래서 그는 대서양 건너편의 납세자들에게 그를 구제해준 데 대해 감사의 뜻을 표할 말을 찾을 수 없었다.

· L'égoïste ne pense qu'à lui, *aussi* tout le monde l'abandonne.　이기주의자는 자신만을 생각한다. 그래서 모두가 그를 버리게 된다.

· Ces étoffes sont de bonne qualité, *aussi* coûtent-elles cher.　이 옷감은 질이 좋은 것이다. 그래서 값이 비싸다.

· La séance de cinéma n'était pas intéressante, *aussi* beaucoup de spectateurs ont quitté la salle.　상영된 영화가 재미가 없어서 많은 관객이 중간에 방에서 나갔다.

· On ne m'a pas invité, *aussi* n'irai-je pas à cette réunion.　나는 초청을 받지 못했다. 그래서 나는 그 모임에 가지 않을 것이다.

· Cette robe lui paraissait trop chère, *aussi* ne l'a-t-elle pas achetée.　그 옷은 그녀에게 너무 비싸보였다. 그래서 그녀는 그것을 사지 않았다.

· L'Iran ne montre pas sa volonté de dire oui à cette proposition, *aussi* avons-nous entamé des consultations avec nos partenaires sur l'importance qu'il y ait des conséquences.　이란은 그 제의에 대해 긍정적으로 답할 의지를 보여주지 않았다. 그래서 우리는 그 결과의 중요성에 대해 우리의 파트너들과 협의를 시작했다.

· Il me priait de t'écrire; *aussi* le fais-je.　그는 내게 너에게 편지를 쓰라고 부탁했다. 그래서 편지를 쓴다.

· Ces exportations représentent un pourcentage élevé du PIB des pays asiatiques, *aussi* cette perspective fait-elle craindre un ralentissement brutal de leurs économies.　그러한 수출은 아시아 국가들의 국내총생산에서 높은 비율을 차지하고 있으며, 그래서 그러한 전망은 그들 경제의 급격한 둔화를 우려하게 한다.

· Chaque fois qu'il se retrouve en face du patron, il se sent intimidé, *aussi* ne peut-il prononcer aucun mot.　그는 사장의 앞에 갈 때마다 주눅이 들어서 아무 말도 못한다.

· Même le ciel a été touché par sa sincérité, *aussi* semble-t-il l'avoir aidé.　하늘도 그의 정성에 감복이 되어 그를 도와주시는 것 같았다.

> ☆ 절의 첫머리에 오며, 흔히 주어와 동사가 도치됨.

2. 1) [aussi bien] : 사실, 실상; 결국, 하여간, 그래도; 더구나, 게다가; 그러니.

· Je pourrais *aussi* bien refuser.　나는 그래도 거절하겠다.

· Vous êtes, *aussi* bien, le véritable roi.　당신이 사실상 진정한 왕입니다.

· C'est facile; *aussi* bien je le ferai moi-même.　그것은 어렵지 않다; 그러니 내가 하겠다.

· Laissez cette affaire; *aussi* bien, je la connais mieux que vous.　이 일에 간섭하지 말아요. 요컨대 당신보다 내가 더 잘 알고 있으니까.

· Il faut patienter un peu; *aussi* bien n'avez-vous [vous n'avez] que vingt ans.　좀 더 인내를 갖고 기다려요. 자네는 이제 겨우 20살 밖에 안 되었으니까.

> ☆ 절의 첫머리에 오며, 흔히 주어와 동사가 도치됨.

2) [aussi bien que] : …와 마찬가지로(=ainsi que, de même que).

❶
> *aussi* bien les femmes *que* les hommes 남자건 여자건 간에.

· Celui qui écoute une médisance, *aussi* bien *que* celui qui médit, sont coupables.　비방을 듣는 자는 비방하는 자와 마찬가지로 죄가 있다.

· Toi, *aussi* bien *que* moi, tu aurais pu comprendre cette conférence.　나와 같이 너도 그 강연을 이해할 수 있었을 것이다.

· Lui, *aussi* bien *que* sa femme pleurait [pleuraient].　그도 그의 아내도 같이 울었다.

· Son frère *aussi* bien *que* lui préfère [préfèrent] la mer à la montagne.　그의 형도 그도 모두 산보다는 바다를 더 좋아한다.

· Les Coréens *aussi* bien *que* les Français aiment les beaux-arts.　프랑스인들과 같이 한국인들도 미술을 좋아한다.

· Il maîtrise *aussi* bien l'anglais *que* le français.　불어는 물론 영어도 잘 한다.

· Les végétaux respirent *aussi* bien *que* les animaux.　식물도 동물과 마찬가지로 호흡을 한다.

· Elle le sait *aussi* bien *que* vous.　그녀도 당신과 마찬가지로 그것을 알고 있다.

· Le phénomène touche *aussi* bien la Corée *que* les États-Unis.　그 현상은 미국과 마찬가지로 한국과 관련이 있다.

> ☆ 두 명사가 결합되어 하나의 주어군을 이루는 것으로 보느냐 아니면 개별적인 것으로 보느냐에 따라 동사를 복수 또는 단수로 일치시킴.

❷

aussi bien chez les jeunes *que* chez les personnes âgées 젊은 층에서도 노년층에서도. *aussi* bien dans la péninsule coréenne *que* dans le reste de l'Asie 한반도와 아시아 나머지 지역에서.

· Il a des prédispositions *aussi* bien pour la peinture *que* pour la musique.　그는 미술에도 음악에도 소질이 있다.

· Ils peuvent basculer *aussi* bien à gauche *qu*'à droite.　그들은 좌파 쪽으로도 우파 쪽으로도 흔들릴 수 있다.

· Cette politique est impopulaire *aussi* bien à droite *que* chez les écologistes.　그 정책은 우파에서도 환경론자들에게도 호응을 받지 못하고 있다.

· Cet écrivain est lu *aussi* bien chez lui *qu*'à l'étranger.　이 작가는 국내에서도 해외에서도 많은 독자를 갖고 있다.

· Un accord avait été signé sur des procédures de vérification du désarmement nucléaire de Pyongyang, *aussi* bien pour les activités liées au plutonium *qu*'à l'uranium.　플로토늄과 우라늄에 관련된 활동에 대해 북한의 핵 군비 철폐를 검증하는 절차에 대한 협정이 체결되었다.

❸ · Cette solution exclut *aussi* bien de les renvoyer rapidement dans leur pays *que* de les priver de liberté.　그 해결책은 그들을 신속하게 그들의 국가로 돌려보내는 것도, 그들에게서 자유를 박탈하는 것도 배제한다.

3. 1) [mais aussi] : 게다가(=au surplus); 왜냐하면(=c'est parce que).

autocritique implicite des Etats-Unis mais *aussi* de la Grande-Bretagne 미국뿐만 아니라 영국의 암묵적인 자기비판. mettre en cause la sécurité mais *aussi* la confiance des consommateurs 소비자들의 안전뿐만 아니라 신뢰도 문제 삼다.

· Mais *aussi*, pourquoi a-t-il accepté?　게다가 그는 어째서 수락했을까요?

· Cette société indienne a des centres de recherche en Inde, mais *aussi* en Corée du Sud et au Royaume-Uni.　그 인도 회사는 인도뿐만 아니라 한국과 영국에 연구 센터를 가지고 있다.

· Tout le monde a sa part de responsabilité, les banquiers, mais *aussi* les États qui n'ont jamais légiféré dans le sens de plus de contrôle.　은행뿐만 아니라, 더 감독을 철저히 하는 방향으로 법제화 하지 않은 국가들을 비롯한 모두가 자기 몫의 책임이 있다.

· C'est ce que lui disent les Européens, mais *aussi* les Chinois.　그것은 유럽인들뿐만 아니라, 중국인들도 그에게 말해준 것이다.

· C'est ce qui se passe au Pakistan et en Hongrie, mais *aussi*, selon une étude de la banque Natixis publiée le 27 octobre, en Inde, en Pologne et en Roumanie.　그것은 파키스탄과 헝가리, 그리고 나티시 은행의 연구에 따르면 인도와 폴란드, 루마니아에서 일어나는 일이다.

· Il est très fatigué; mais *aussi*, il se surmène.　그는 매우 지쳐있다. 몸을 지나치게 혹사하고 있으니까.

· La France, mais *aussi* l'Allemagne, grand pays d'ingénieurs, font partie des destinations les plus recherchées.　프랑스뿐만 아니라 엔지니어 대국인 독일이 가장 인기 있는 목적지이다.

· La Chine est un partenaire commercial essentiel mais *aussi* un rival industriel.　중국은 매우 중요한 무역 상대이고, 게다가 산업적인 측면에서의 경쟁자이다.

· Il faudrait faire preuve de flexibilité dans l'application des règles en matière d'aide d'État aux entreprises, mais *aussi* dans l'application du pacte de stabilité et de croissance.　국가의 기업에 대한 원조에 관한 규정의 적용에서 뿐만 아니라 안정과 성장에 관한 협정의 적용에 있어서도 유연성을 보여주어야 할 것이다.

· Il neige beaucoup; mais *aussi* il fait très froid.　눈이 많이 내린다. 게다가 날씨가 매우 춥다.

· Il reste à l'administration américaine à venir à bout de résistances internes mais *aussi* du Japon, qui participe aux pourparlers à six.　미국 행정부는 내부적인 저항뿐만 아니라, 6자회담에 참가하는 일본의 저항까지 극복해야 하는 일이 남아있다.

2) 〔non 〔ne pas〕　seulement …, mais 〔aussi, mais aussi, mais également, mais encore, mais même, mais en outre, mais en plus〕 … 〕 : 단지 … 뿐만 아니라 …도.　⇒ mais

4. 1) 〔aussi + 형용사/부사 + que + *sub*〕 : 아무리 …이라 하더라도.

> *aussi* riche *qu'*elle soit 그녀가 아무리 부자라 하더라도.

· *Aussi* chaud *qu'*ait été le soleil, un peu de brume annonce de loin le crépuscule.　햇볕이 뜨겁기는 했지만, 안개가 조금 끼어 있어 멀리 석양을 알리고 있었다.

· *Aussi* absurde *que* cela me semblât, je sortis de ma poche une feuille de papier et un stylographe.　그것은 내게는 터무니없게 보였지만 나는 주머니에서 종이와 만년필을 꺼냈다.

· *Aussi* vieux *que* tu vives, tu n'auras pas d'autre joie au monde que ces quelques heures.　아무리 네가 오래 살지라도 이승에서 기쁨을 누릴 수 있는 것은 지금 이 몇 시간밖엔 없으리라.

2) 《문어》 〔pour aussi + 형용사/부사 + que + *ind/sub*〕

· Cette critique, pour *aussi* vive *qu'*elle soit, n'est après tout qu'une critique.　그 비판은 아무리 신랄해

도 결국은 하나의 비판에 지나지 않는다.

⇒ pour

3)《구어》 [aussi vrai que + *ind*] : …만큼 확실히.

· *Aussi* vrai *que* je suis ici actuellement, nous avons vu un objet lumineux qui se déplaçait dans le ciel. 우리가 하늘에서 움직이는 빛나는 물체를 본 것은 절대로 확실하다.

aussitôt que

1. [aussitôt que + *ind*] : …하자마자, …하자 곧(=dès que).

aussitôt que je le lui ai dit 내가 그에게 그 말을 하자마자. *aussitôt que* cet enfant a revu sa mère 그 아이가 엄마를 다시 보자마자. *aussitôt que* la pièce de théâtre est terminée 연극이 끝나자마자. *aussitôt que* la nouvelle se répandit 그 소식이 알려지자. *aussitôt qu*'on le pourra 가능한 한 빨리.

· *Aussitôt que* j'aurai des nouvelles, je vous le dirai. 소식을 듣는 대로 당신에게 말해주겠소.
· *Aussitôt que* vouz serez arrivé, envoyez-moi des nouvelles. 도착하는 대로 나에게 소식을 보내주세요.
· *Aussitôt que* j'ai eu dîné, je m'en suis allé. 나는 저녁을 먹자마자 즉시 떠났다.
· *Aussitôt qu*'on le lui a dit, il est parti. 그에 그것을 말하자마자 그는 떠나버렸다.
· *Aussitôt qu*'il m'entendit, il se mit en colère. 그는 내 말을 듣자마자 화를 냈다.
· *Aussitôt que* l'on évoqua ce sujet, il s'en alla. 그 문제를 꺼내자마자 그는 가버렸다.
· *Aussitôt que* vous les exprimerez, j'exaucerai vos trois souhaits. 너희들이 소원을 말하기만 하면 바로 내가 너희들의 세 가지 소원을 들어주마.
· *Aussitôt qu*'elle m'a rencontré, elle m'a demandé de lui prêter de l'argent. 그녀는 나를 만나자마자 돈을 빌려달라고 부탁했다.
· Il a été arrêté par la police *aussitôt qu*'il est sorti du cinéma. 그는 영화관에서 나오자마자 경찰에 체포되었다.
· Je suis sorti *aussitôt qu*'elle est arrivée. 나는 그녀가 도착하자마자 외출했다.
· Je la verrai *aussitôt que* je le pourrai. 나는 가능한 한 빨리 그녀를 보겠다.
· Appelez-moi *aussitôt que* vous serez prêt. 준비가 되는대로 내를 부르시오
· Il se repentit de ses paroles *aussitôt qu*'il les eut prononcées. 그는 그 말을 하고나서 곧 바로 후회했다.
· Il m'a salué *aussitôt qu*'il m'a reconnu. 그는 나를 알아보자마자 곧 인사를 했다.
· Le voleur s'est sauvé *aussitôt qu*'il m'a vu. 도둑은 나를 보자마자 달아났다.
· Toutes les marchandises sont vendées *aussitôt qu*'on les a déballées. 모든 물건이 풀자마자 다 팔렸다.

· Il a versé des larmes *aussitôt qu*'il a appris la nouvelle.　　그 소식을 듣자 그는 눈물을 흘렸다.

2. 1) 《문어》 [aussitôt que + 과거분사]

> *aussitôt qu*'arrivés 도착하자마자(=*aussitôt qu*'ils furent arrivés).

· J'en cache les deux tiers *aussitôt qu*'arrivés.　　그들이 도착하자마자 나는 곧 그 중 3분의 2를 감추었다.

2) · Je lui ai demandé de rentrer *aussitôt que* possible.　　나는 그에게 가능한 한 빨리 돌아올 것을 부탁했다.

3. [aussitôt (+ 명사/대명사) + 과거분사/형용사/부사]

1)
> articles très demandés qui s'épuisent *aussitôt* fabriqués　　생산되자마자 품절이 되는 수요성이 아주 좋은 제품. revendre sur-le-champ un objet *aussitôt* acheté　　물건을 사자마자 곧바로 되팔다.

· *Aussitôt* arrivée à l'aéroport, elle lui a téléphoné.　　공항에 도착하자마자 그녀는 그에게 전화를 걸었다.
· *Aussitôt* la lettre reçue, répondez-moi.　　편지를 받자마자 답장해 주세요.
· *Aussitôt* le soleil chouché, le ciel s'assombrit.　　해가 지자 하늘이 금세 어두워졌다.
· Le soleil *aussitôt* levé, les ouvriers se mettent au travail.　　해가 뜨자마자 일꾼들이 일을 시작했다.
· *Aussitôt* restée seule, elle s'est sentie isolée.　　그녀는 혼자 남자 고립감이 들었다.
· Il est resorti *aussitôt* rentré.　　그는 돌아오자마자 다시 외출했다.
· Il est rentré à la maison *aussitôt* le travail terminé. 그는 일이 끝나자마자 집으로 돌아왔다.

2) · *Aussitôt* de retour à la maison, il s'est effondré de fatigue.　　그는 집에 돌아오자마자 피곤해서 쓰러졌다.
· Il en est peu qui aient le bonheur de s'endormir *aussitôt* la tête sur l'oreiller.　　눕자마자 잠이 들 수 있는 행복을 가진 사람은 드물다.

3) · *Aussitôt* dit, *aussitôt* fait; *aussitôt* dit que fait.　　말하자마자 그렇게 했다 〔행해졌다.〕

autant que

</br>

1. 1) [autant que + *ind*] : …만큼, …와 마찬가지로; …의 범위에서.

> *autant qu*'on peut 가능한 한. *autant qu*'on veut 마음껏. *autant qu*'il est en son pouvoir 그의 능력 〔권한〕이 미치는 한. *autant qu*'on peut le préjuger 예측할 수 있는 한. *autant que* je m'en souviens 내가 기억하는

한에서는 [바로는] . *autant que* faire se peut [se pourrait] 되도록. *autant qu'*il est permis d'en juger 미루어 판단할 수 있는 한. vous tous, *autant que* vous êtes 여러분 전부(=tous sans exception). écrire *autant que* la page le permet 지면이 허락하는 데까지 쓰다.

· *Autant qu'*il y a de toile dans votre magasin, je prends tout.   당신 가게에 천이 있는 대로 다 가져가겠소.

· Ils affirment qu'ils n'achèteront plus *autant qu'*ils l'ont fait par le passé.   그들은 더 이상 과거만큼 사지 않겠다고 말했다.

· Elle déteste ce jeune homme *autant que* celui-ci l'aime.   이 청년이 그녀를 사랑하는 만큼 그녀는 이 청년을 싫어한다.

· La vie n'est jamais romanesque *autant qu'*on l'imagine.   인생이란 결코 사람들이 생각하는 것만큼 소설적이지 않다.

· Cette loi risque d'empêcher les entreprises d'investir à l'étranger *autant qu'*elles le souhaiteraient.   그 법은 기업들이 해외에 투자하고 싶은 만큼 투자하지 못하게 할 우려가 있다.

· Il est naïf de dire que les ménages empruntent *autant qu'*on le leur permet.   가정에서 허용되는 만큼 대출한다고 말하는 것은 순진하다.

· Faites *autant que* vous pourrez.   최선을 다하시오.

· Elle le hait *autant qu'*elle l'aime.   그녀는 그를 사랑하는 만큼이나 그를 미워한다.

· Je paierai *autant qu'*il faudra.   필요한 만큼 내가 지불하겠다.

· Il travaille *autant qu'*il peut.   그는 최선을 다해 일한다.

2) [autant ⋯ que + *ind*]

autant de fois *qu'*il le faudra 필요하다면 몇 번이고. aller à l'étranger *autant* de fois *qu'*il le souhaite 그가 바라는 만큼 여러 번 해외에 나가다. avoir *autant* faim *que* la mer a soif 전혀 배가 고프지 않다.

· Elle a *autant* de visages *que* son dernier roman a d'interprétations.   그녀는 그의 최근 소설이 여러 가지로 해석될 수 있는 만큼 다양한 모습을 지닌다.

· Il en fera *autant* pour vous *que* vous en ferez pour lui.   당신이 그에게 하는 만큼 그도 당신에게 해 줄 것이다.

· Il souffrait *autant* d'être obligé d'y rester *qu'*il appréhendait d'avoir à en descendre.   그는 거기에서 내려올 생각을 하니 끔찍하게만 여겨졌던 것만큼이나 거기에 꼼짝 않고 있는 것이 고통스럽게 느껴졌다.

3) [autant que + *ind* ⋯ autant]

· *Autant que* ce projet était utile, *autant* l'exécution en était pénible.   그 계획은 유익하긴 했지만 그만큼 실행이 힘들었다.

· *Autant que* ses armées navales étaient disciplinées, *autant* ses troupes de terre étaient méprisables.   그의 해군이 규율이 잘 잡혀있는 만큼이나 그의 육군은 형편없었다.

4) 생략문

agir avec *autant* de conviction *que* possible   소신껏 행동하다.

· *Autant que* possible, évitez de faire du bruit.   될 수 있는 대로 소리를 내지마시오.

· Prenez *autant* de distance *que* possible vis-à-vis de l'alcool.   될 수 있는 대로 술을 멀리 하시오.

· Le président de la République voulait calmer *autant que* possible l'anxiété croissante des Français devant la crise économique.   공화국 대통령은 경제 위기에 접한 프랑스인들의 불안을 최대한 진정시키기를 원했다.

❷ · La nouvelle est heureuse *autant qu'*inattendue.   그 소식은 예기치 않았던 것만큼이나 기뻤다.

2. [autant que + *sub*]

1) …하는 한(에 있어서는)(=dans la mesure où).

autant que j'en puisse juger 내가 판단하는 한에 있어서는. *autant que* je me rappelle 내 기억으로는. *autant qu'*il m'en souvienne 내가 기억하고 있는 한에서는.

· *Aautant que* je sache, il n'a jamais été malade.   내가 아는 한 그는 병을 앓아 본 적이 없다.

· *Aautant que* je sache, le problème des pays en voie de développement ne peut pas se régler.   내가 아는 한 개발도상국들의 문제는 해결될 수 없다.

· *Aautant que* je puisse prévoir, on ne trouvera pas de solution à ce problème.   내가 예측할 수 있는 한 그 문제에 대한 해결책을 찾을 수 없을 것이다.

2) 양보 : 아무리 많이 …하더라도.

· *Autant qu'*il ait bu, il sait à peu près se tenir.   그는 아무리 술을 마셔도 그럭저럭 버틸 수 있다.

· *Autant qu'*il ait travaillé, il n'a pas réussi à l'examen.   공부를 무척 많이 했지만 그는 시험에 낙방했다.

· Je vous invite tous, *autant que* vous soyez.   아무리 수가 많아도 여러분 모두를 초대합니다.

3) 독립절: …하는 편이 낫다.

· *Autant qu'*il le sache tout de suite.   그가 그것을 곧 아는 편이 낫다.

· *Autant que* vous ne vous en occupiez plus.   당신은 이제 그런 것에 상관하지 않는 것이 좋다.

· S'il neige, *autant qu'*il neige abondamment.   눈이 오려면 펑펑 쏟아져라.

· Si l'un de nous doit mourir, *autant que* ce soit toi!   우리들 중 하나가 죽어야 한다면 네가 죽어야지!

3. [(pour) autant que + *ind/sub*] : ···하는 한(에서는)(=dans la seule mesure où, à proportion que).

> (pour) *autant que* j'en puis [puisse] juger 내가 판단하는 한에는. (pour) *autant qu'*il est permis d'en juger 미루어 판단할 수 있는 한.

- Pour *autant que* je puisse vous rendre service, je n'y manquerai pas. 내가 당신을 도와줄 수 있는 한, 틀림없이 도와주겠소.
  - (Pour) *autant que* je sache, sa femme était blonde. 내가 아는 한 그의 부인은 금발이었다.
  - (Pour) *autant qu'*il m'en souviens [souvienne], elle avait trois enfants. 내가 기억하는 한 그녀는 자녀가 3명이었다.
  - L'homme n'est responsable qu'*autant qu'*il est libre. 인간은 자유로운 한에 있어서만 책임이 있다.
  - Vous êtes sûr du résultat, pour *autant que* vous respectiez les recommandations. 당신은 권고를 준수한 만큼 결과에 대해 확신하고 있다.
  - Je vais leur répondre pour *autant que* je (le) sache. 제가 아는 범위 내에서 그들에게 답변하겠다.

4. 1) [d'autant que + *ind*] : ···이므로, ···이기 때문에(=attendu que, vu que).

> d'*autant que* cela est intervenu sous l'administration Obama qui avait promis une nouvelle approche des relations internationales 그것이 국제관계에 대한 새로운 접근을 약속했던 오바마 행정부에서 일어났기 때문에.

- Je ne me sens pas responsable de mon fils, d'*autant qu'*il a 30 ans bien sonnés. 나는 내 아들이 이미 30세가 넘었으므로 그에 대한 책임감을 느끼지 않는다.
- La reprise de pourparlers indirects, sous l'égide des États-Unis, apparaît comme une évolution bien insuffisante, d'*autant qu'*elle ne concerne pas l'autre territoire palestinien, 미국의 후원 하에 이루어지는 간접회담의 재개는 그것이 팔레스타인의 다른 영토는 제외시키고 있기 때문에 매우 불충분한 진전으로 보인다.
- Le Japon est sceptique, d'*autant que* l'administration Bush semble prête à accepter une déclaration incomplète sur les programmes nucléaires nord-coréens afin de relancer les négociations à Six. 부시 행정부가 6자회담을 재개시키기 위해 북한의 핵 프로그램에 대한 불완전한 선언을 수락할 준비가 되어 있는 것 같아서 일본은 회의적이다.
- Le choix de Sotchi fut entouré de rumeurs insistantes de corruption, d'*autant que* les infrastructures élémentaires n'existaient pas dans cette ville balnéaire située sur la mer Noire. 흑해 연안에 위치한 해수욕장 도시인 그 도시에는 기본적인 기반시설이 없었기 때문에 소치의 선택은 끊임없이 수뢰에 관한 소문에 휩싸였다.
- Le yuan est jugé sous-évalué par rapport à la puissance réelle de l'économie chinoise, d'*autant que*, pour aider ses exportateurs, Pékin a mis fin en juin 2008 à la lente réévaluation face au dollar commencée en 2005. 중국이 2008년 6월에 수출업자들을 지원하기 위해 2005년에 시작된 점진적인 평가절상을

중지했기 때문에 위안화는 실제 중국 경제력에 비해 평가절하된 것으로 평가된다.

· Cette question mérite un débat public, d'*autant que* les inconnues ou les incertitudes de cette pandémie grippale sont nombreuses.   그 유행성 감기에 관해서 알지 못하거나 불확실한 것이 많기 때문에 그 문제는 공개 토론을 할 필요가 있다.

· Je ne remettrai plus les pieds dans ce café, d'*autant que* les garçons ne sont pas polis.   종업원들이 친절하지 않기 때문에 나는 더 이상 그 카페에 발을 들여놓지 않겠다.

2) 〔d'autant plus 〔mieux〕 que + *ind*〕 : …이므로 더구나 (그러하다), 더더구나 …이니까(=encore mieux pour la raison que).

· Je ne peut pas vous prêter ma voiture d'*autant* plus *que* je dois l'envoyer chez le garagiste.   내 차를 정비소에 보내야하기 때문에 당신에게 빌려줄 수 없습니다.

· Les réformes qui vont dans le sens de privilégier l'anglais ne peuvent améliorer les performances de l'éducation, d'*autant* plus *que* les étudiants iront de plus en plus dans les universités étrangères.   영어를 우선시하는 방향으로의 개혁은 학생들이 점점 더 많이 외국 대학으로 갈 것이기 때문에 더욱더 교육의 성과를 향상시킬 수 없다.

· Écrivez-lui d'*autant* plus *que* je ne suis pas sûr qu'il vienne demain.   더구나 그가 내일 올지 어떨지 분명치 않으니 그에게 편지를 쓰시오.

· La chaleur était suffocante, d'*autant* plus *qu'*on ne sentait pas l'espace et le vent de la mer.   공간과 바닷바람이 느껴지지 않았던 만큼 열기는 더 숨막혔다.

· Elle gardait d'*autant* mieux la maîtrise d'elle même *qu'*elle le voyait hors de lui.   그녀는 그가 흥분하면 할수록 스스로를 더 잘 억제했다.

5. 1) 〔d'autant plus 〔moins, mieux〕 … que + *ind*〕 : …인 만큼 더욱 더 많이 〔적게, 잘〕 …하다.
· Il était d'*autant* moins intéressé par cet achat *qu'*il n'avait pas un sou dans sa poche.   그는 수중에 돈이 한 푼도 없었기 때문에 더욱 더 그것을 사는 데 관심이 없었다.

· Il dénonce la présence de l'armée étrangère sur un ton d'*autant* plus vif *que* les Américains conduisent actuellement une vaste offensive contre les talibans.   그는 미국이 지금 탈레반에 대한 대대적인 공세를 펼치고 있기 때문에 더욱 더 신랄한 어조로 외국군의 주둔을 비난한다.

· J'étais d'*autant* moins prêt à lui faire des concessions *qu'*il m'a déjà trompé autrefois.   그가 예전에 이미 나를 기만했기 때문에 나는 더욱 더 그에게 양보할 용의가 없었다.

· Je peux d'*autant* mieux le comprendre *que* j'ai eu la même maladie autrefois.   이전에 같은 병을 앓았던 만큼 그를 더 잘 이해할 수 있다.

· C'est d'*autant* plus dommageable *que* de nouveaux concurrents émergent rapidement, notamment en Asie.   그것은 새로운 경쟁자들이, 특히 아시아에서 빠르게 대두하고 있기 때문에 더욱 더 손실을 가져올 수 있다.

· La question est d'*autant* plus grave *que* les risques de l'opération ne concernent pas seulement ses propres casques bleus, mais les populations locales.   작전의 위험성이 유엔군뿐만 아니라 현지 주민들과도

관계되기 때문에 문제가 더욱 더 심각하다.

· Le virage est d'*autant* plus urgent pour la Corée du Sud *que* le pays est fortement concurrencé par le géant chinois.　거대한 중국의 강한 도전을 받고 있기 때문에 한국이 방향을 선회하는 것은 더욱 더 시급하다.

· D'emprisonner ses créanciers ou encore de les bannir serait d'*autant* plus difficile *qu'*ils sont en majorité étrangers.　그의 채권자들을 투옥하거나 추방하는 것은 그들의 다수가 외국인이기 때문에 더욱 더 어렵다.

· C'est un paradoxe d'*autant* plus étonnant *que* les catastrophes naturelles se multiplient depuis quelques semaines.　그것은 몇 주 전부터 자연재해가 배가하고 있기 때문에 더욱 더 놀라운 역설이다.

· Il fallait le faire d'*autant* plus fermement *que* le ralentissement de la croissance économique du pays pourrait, à terme, fragiliser le régime.　경제성장의 둔화는 중국에는 체제를 약화시킬 수도 있기 때문에 더욱 더 확고하게 그렇게 해야 한다.

· J'ai d'*autant* moins envie de le faire *que* je l'ai déjà fait une fois.　나는 이미 그것을 한 번 해보았던 만큼 그것을 할 마음이 더더욱 내키지 않는다.

· Il l'observait d'*autant* plus librement, *qu'*elle paraissait avoir oublié sa présence.　그는 그녀가 자기가 그 자리에 있다는 것을 잊고 있는 것 같아서 그만큼 여유롭게 그녀를 관찰할 수 있었다.

2) [d'autant plus [moins, mieux] ⋯ que ⋯ plus [davantage, moins] ⋯] : ⋯하면 할수록 더욱 ⋯하다.

· Le regret est d'*autant* plus vif *que* la faute est plus grave.　과오가 크면 클수록 더욱 통렬한 후회를 하게 마련이다.

· L'homme est d'*autant* moins pauvre *qu'*il désire moins.　인간은 욕심이 적을수록 덜 가난하다.

6. [autant que ⋯] : 마치 ⋯처럼(=comme si).

· Elle aime ce garçon *autant que* s'il était son fils.　그녀는 그 소년을 마치 자기 아들이기라도 되는 것처럼 사랑한다.

· Elle semblait offensée, *autant que* s'il eût douté d'elle.　그녀는 의심이라도 받은 것 같아 모욕감을 느꼈다.

· Elle en était radieusement illuminée, *autant que* si ces promesses de bonheur eussent été tenues par la vie.　그러한 행복에 대한 약속이 삶에 의해 실현되기라도 한 것처럼 그녀는 기쁨으로 충만해 있었다.

7. [autant ⋯, autant ⋯]

1) · *Autant* de gens, *autant* d'opinions; *Autant* de têtes, *autant* d'opinions [d'avis].　생각도 가지가지다, 저마다 생각이 다르다, 각인각색.

· *Autant* de trous, *autant* de chevilles.　《속담》 어떠한 난관이라도 타개할 방법이 있다.

2) · *Autant* j'approuve ses principes, *autant* je condamne ses méthodes.　나는 그의 원칙에 동의하는 만큼이나 그의 방법에는 반대한다.

· *Autant* il aime le lait, *autant* il déteste le fromage.   그는 우유를 좋아하는 만큼 치즈를 싫어한다.

· *Autant* il gagne, *autant* il dépense.   그는 버는 대로 써 버린다.

· *Autant* il est hardi, *autant* vous êtes nonchalant.   그가 과감한 만큼이나 당신은 무기력하다.

· *Autant* il est charmant avec elle, *autant* il est désagréable avec nous.   그는 그녀에게 친절한 만큼이나 우리에 대해서는 불쾌하게 군다.

· *Autant* il est gentil, *autant* je préférerais ne pas avoir à faire avec lui.   그가 친절한 만큼이나 나는 그와 관계하지 않았으면 한다.

avant que

1. [avant que (ne) + *sub*] : …하기 전에.

1)

avant que ce pays accède au rang de puissance nucléaire militaire 그 나라가 군사적인 핵 강국의 대열에 합류하기 전에. *avant que* personne s'en aperçoive 누군가가 그것을 알아차리기 전에. *avant que* le soleil ne se couche; *avant que* le jour tombe 해가 지기 전에. *avant que* la dégradation économique n'ait dégénéré en crise politique 경제 악화가 정치적인 위기로 악화되기 전에. *avant qu'*il fasse froid 춥기 전에. *avant que* la crise économique ne survienne 경제 위기가 닥치기 전에. *avant que* les pluies ne viennent interdire pour plusieurs mois toute opération militaire 비가 내려 수 개월 동안 모든 군사 작전을 못하게 되기 전에. *avant que* je fusse venu 내가 오기 전에. ne pas relâcher l'attention *avant que* le travail soit complètement fini 일이 다 끝나기 전에는 날 때까지 주의를 소홀히 하지 않다. résoudre la crise *avant qu'*elle ne prenne trop d'ampleur 위기가 너무 확대되기 전에 해결하다. il coulera [passera] de l'eau [beaucoup d'eau] sous les ponts *avant que* + *sub* …하기까지 긴 세월이 걸릴 것이다.

· Acceptez vite *avant qu'*il ne change d'avis.   그의 생각이 바뀌기 전에 얼른 수락하세요.

· J'irai le voir *avant qu'*il parte.   그가 떠나기 전에 그를 만나러 가겠다.

· Venez *avant qu'*il ne soit trop tard.   너무 늦기 전에 오시오.

· Leur première rencontre a eu lieu, à l'intérieur de l'appareil, *avant qu'*Ingrid Betancourt ne descende de l'appareil pour une conférence de presse sur le tarmac de l'aéroport.   잉그리드 베탕쿠르가 기자회견을 위해 비행기에서 공항의 계류장에 내리기 전에 기내에서 첫 번째 만남이 있었다.

· Deux agents ont ceinturé le malfaiteur *avant qu'*il ne puisse s'enfuir.   강도가 달아나기 전에 경관 두 명이 달라들어 그를 붙잡았다.

· Je vous connaissais de vue *avant qu'*on ne nous présente.   당신을 소개받기 이전부터 면식으로 당신을 알고 있었습니다.

· Il crie *avant qu'*on l'écorche.   그는 아무것도 아닌 일에 아우성을 친다.

· Dépêchez-vous d'intervenir *avant qu'*il (ne) soit trop tard.　너무 늦기 전에 서둘러 중재하시오.

· Écoutez ce récit *avant que* je réponde.　내가 답변을 하기 전에 이 이야기를 들으시오.

· Il faudra encore des années *avant que* s'installe à Kaboul un gouvernement central digne de ce nom et disposant de l'approbation d'une majorité d'Afghans.　카불에 그 이름에 걸맞는 그리고 다수의 아프가니스탄인들이 인정하는 중앙정부가 수립되기 위해서는 여러 해가 걸릴 것이다.

· Il faudra des semaines *avant que* cette aide parvienne aux populations.　그 원조가 국민들에게 전달되기까지는 여러 주가 걸릴 것이다.

· Il faudra entre dix et quinze ans *avant que* ce pays puisse développer seul un véhicule.　그 나라가 독자적으로 자동차를 개발하기 위해서는 10년 내지 15년이 걸릴 것이다.

· Je voudrais lui parler *avant qu'*il (ne) parte.　그가 떠나기 전에 그에게 말했으면 합니다.

· Ne parlez pas *avant qu'*il (n')ait fini.　그의 말이 끝나기 전에 말하지 마세요.

· Ne partez pas *avant que* tout ne soit fini.　모든 것이 끝나기 전에는 떠나지 마세요.

· Je vous reverrai *avant que* vous ne partiez.　당신이 떠나시기 전에 다시 뵙겠습니다.

· Il est venu *avant que* je le prévienne.　그는 내가 알리기 전에 왔다.

2)
> refouler les clandestins *avant* même *qu'*ils n'abordent les côtes italiennes　밀입국자들이 이탈리아 해안에 닿기도 전에 돌려보내다.

· Ils sont arrivés *avant* même *que* le dîner soit prêt.　저녁 식사가 미처 준비되기도 그들이 도착했다.

· La réprobation à l'égard de la Corée a été mondiale et immédiate, *avant* même *que* soient connus les détails de l'accident.　사건의 전말이 알려지기도 전에 전세계에 걸쳐 즉각적으로 북한에 대한 비난이 쏟아졌다.

· L'administration Obama veut éviter de compromettre le dialogue avec Pyongyang *avant* même *qu'*il n'ait commencé.　오바마 행정부는 북한과의 대화가 시작도 되기 전에 위태롭게 되는 것을 피하고자 한다.

· Il s'est levé de table *avant* même *qu'*on n'ait fini le repas.　그는 사람들이 식사를 채 끝내기도 전에 식탁에서 일어났다.

2. [시간표현 + avant que (ne) + *sub*]

deux jours *avant que* l'armistice ne devienne effective 휴전 협정이 발효되기 이틀 전에. quelques heures *avant que* l'Elysée publie un premier communiqué 엘리제궁에서 첫 번째 성명이 발표하기 몇 시간 전에. quelques jours *avant qu'*il mette les choses au clair 그가 상황을 명확히 밝히기 며칠 전에. longtemps *avant que* le président atterrisse à Shanghaï 대통령이 상하이에 내리기 오래 전에.

· Il en a été averti une demi-heure *avant que* cette décision soit annoncée.　그는 그 결정이 발표되기 30분 전에 통보를 받았다.

· Cette session de discussions a eu lieu quelques jours *avant que* la Chine ne dévoile son budget militaire pour 2009.　그 토론을 위한 회기는 중국이 2009년 국방 예산을 발표하기 며칠 전에 있었다.

· Tout récemment, il s'est publiquement inquiété de la sécurité des avoirs chinois aux États-Unis, quelques jours *avant que* le gouverneur de la banque centrale chinoise ne remette en cause la suprématie du dollar dans le système financier international.　최근에 중국 중앙은행 총재가 국제 금융체제에서 달러의 지배적인 위치에 대해 문제를 제기하기 며칠 전에 그는 미국에 있는 중국 자산의 안전성에 대해 공개적으로 우려를 표명했다.

because, bicause

《**구어**》 왜냐하면, … 때문에(=parce que, à cause de).

because son père est ostréiculteur 그의 아버지가 굴 양식업자이기 때문에. *bicause* si je le fais pas aujourd'hui, j'aurai pas la force de le faire plus tard 왜냐하면 내가 오늘 그렇게 하지 않으면 나중에는 그럴 힘이 없을 것이기 때문에.

bien que

1. [bien que + *sub*]: …임에도 불구하고.

*bien qu'*il ne conteste nullement la nature dictatoriale du régime 그가 체제의 독재적인 성격에 대해 전혀 이의를 제기하지 않음에도 불구하고. *bien que* cela ne soit pas vrai pour ce qui me concerne 그것이 나에 관해서는 사실이 아님에도 불구하고. *bien que* le temps soit nuageux 구름이 끼었는데도 불구하고. *bien que* le temps fût orageux 비바람이 몰아쳤는데도. *bien qu* mes parents s'y opposent 내 부모님이 반대하시지만. *bien qu'*il en ait 불가불.

· *Bien qu'*en principe on doive agir ainsi, on n'y peut rien pour le moment.　원칙적으로는 그렇게 행동해야 하지만 지금은 어쩔 수 없다.

· *Bien que* ce soit un peu tard, je vous exprime tous mes remerciements.　늦었지만 감사의 뜻을 표합니다.

· *Bien que* ce fut peu connu, Goldman Sachs était le premier partenaire commercial d'AIG.　비록 그것이 거의 알려지지 않았지만 골드만삭스가 AIG의 첫 번째 거래 상대였다.

- *Bien qu'*il soit inquiet, il n'en laisse rien paraître.　　그는 불안하지만 전혀 그런 기색을 보이지 않는다.

- *Bien que* ce pays soit riche en métaux rares, les investissements comportent des risques.　　그 나라는 희귀 광물이 풍부하지만 투자는 위험이 따른다.

- *Bien que* cette ancienne cuisine fût juchée au dernier étage d'un immeuble voisin de la cathédrale, et qui dominait la ville, on ne voyait ni le lac ni les Alpes.　　전에 부엌이었던 이 방은 성당 옆 건물 맨 위층에, 마을이 내려다보이는 곳에 자리 잡고 있는데도 이곳에서는 호수도 알프스 산맥도 보이지 않았다.

- *Bien qu'*il fasse froid, est-ce que vous sortez?　　날씨가 추운데도 외출하십니까?

- *Bien que* la Corée du Nord n'ait pas fait de commentaire sur l'élection de Barack Obama, le retour d'un démocrate à la Maison Blanche est perçu plus favorablement à Pyongyang que ne l'aurait été l'élection du républicain McCain.　　북한이 버락 오바마의 당선에 대해 논평을 하지 않았지만 민주당원의 백악관 입성은 공화당의 맥케인의 당선보다 평양에 더 호의적으로 받아들여졌다.

- *Bien que* j'aie lu ce livre plusieurs fois, je ne comprends pas très bien.　　그 책을 여러 번 읽었는데도 이해가 잘 안 갑니다.

- *Bien qu'*il ait perdu de sa vigueur, il apparaît en mesure de diriger le pays.　　그는 기력을 잃기는 했지만 국가를 통치할 수 있는 것으로 보인다.

- *Bien que* Pékin soutienne le régime nord-coréen, les rapports entre les deux pays frères sont loin d'être amènes.　　중국이 북한 체제를 지지하기는 하지만 양국간의 관계가 매우 좋은 것은 아니다.

- Nous ne pourrons pas vous appuyer *bien que* nous partagions vos idées.　　우리는 당신과 생각을 같이 하지만 지지할 수는 없을 것 같소.

- On ne peut pas compter sur elle, *bien qu'*elle l'ait promis.　　그녀가 그것을 약속하기는 했지만 그녀를 믿을 수는 없다.

- Il est très sérieux, *bien qu'*il soit jeune.　　그는 젊지만 매우 신중하다.

- Il était bon vivant, *bien qu'*il ait plus de soixante ans.　　그는 예순이 넘었는데도 쾌활했다.

- Leur économie est en mauvais état *bien qu'*ils aient des recettes pétrolières importantes.　　그들 국가는 막대한 석유자원에 의한 수입이 있음에도 불구하고 경제 상태가 좋지 못하다.

- Le premier ministre britannique est invité à la réunion de l'Eurogroupe, *bien que* la Grande-Bretagne n'en fasse pas partie, puisqu'elle n'a pas adopté la monnaie unique européenne.　　영국이 유럽의 단일 통화를 받아들이지 않았기 때문에 그 일원이 아니기는 하지만 영국총리가 유로그룹의 회의에 초청되었다.

- Le regain de tension avec le Nord pèse sur l'image du Sud *bien que,* pour la population, un conflit reste une hypothèse improbable.　　북한과의 긴장 고조는 남북간의 충돌이 국민들에게는 가능하지 않은 가설로 여겨지고 있기는 하지만 남한의 이미지에는 부담이 되고 있다.

- Les pays non invités *bien qu'*ils possèdent des matériaux sensibles sont la Corée du Nord, l'Iran, la Biélorussie et la Syrie.　　민감한 물질을 보유하고 있음에도 불구하고 초청되지 않은 국가는 북한, 이란, 벨로루시와 시리아이다.

> ☆ 드물기는 하지만 사실성을 강조하기 위해 직설법을 쓰기도 함.
> · *Bien qu'*il a fait avec soin les plis de son pantalon, ils ne sont plus visibles l'après-midi.
> 정성스럽게 바지 주름을 잡아도 오후가 되면 주름이 보이지 않는다.
> · Sylvie, *bien que* le prêtre lui avait affirmé que Dieu agissait dans son âme, ne l'avait pas cru.
> 실비는 신부가 하나님이 그의 영혼 속에서 역사하고 있다고 말했지만 그것을 믿지 않았다.

> ☆ 가능성·우연성을 나타내기 위해 조건법을 쓰기도 함.
> *bien que* ses péchés auraient pu se répandre à tous les coins du diocèse   그의 죄가 교구의 구석구석까
> 지 퍼질 수 있었다 하더라도.

2. 생략문

1) économie mondiale mieux portante *bien qu'*encore atteinte par la crise financière   아직도 금융 위기에
의해 타격을 받은 상태이기는 하지만 그때보다는 회복된 세계 경제.

· *Bien que* malade, il est sorti.   병중인데도 불구하고 그는 외출했다.

· *Bien que* pauvre, il semble être heureux.   그는 비록 가난하지만 행복한 것 같다.

· *Bien que* très riche, il vit simplement.   그는 매우 부자지만 검소하게 산다.

· *Bien que* philosophe, il respectait les morts.   그는 철학자임에도 불구하고 죽은 자들을 존중했다.

· *Bien que* privée, cette compagnie travaillait dans le giron des pouvoirs publics.   비록 사기업이긴 하지만
그 회사는 당국과 보조를 맞춰 일을 해왔다.

· *Bien qu'*en recul, la faim dans le monde reste à un niveau élevé inacceptable.   전 세계의 기아는 낮아지
기는 했지만 여전히 용인할 수 없는 높은 수준에 머물러 있다.

· Il se contente de ce train de vie *bien que* modeste.   비록 소박하지만 그러한 생활에 만족한다.

· Il n'a pas pu lire les documents *bien que* notaire.   그는 공증인임에도 불구하고 서류들을 읽을 수
없었다.

· Je lui ai remis mon devoir *bien qu'*en retard.   나는 늦었지만 그에게 과제를 제출했다.

· Longtemps, l'idée a prévalu que cette ressource indispensable à la vie, *bien que* très inégalement répartie,
était surabondante et qu'il suffisait de savoir la recueillir, la stocker et la transporter pour satisfaire les
besoins des hommes.   생명에 불가결한 그 자원은 불평등하게 분포되어 있지만 매우 풍부하고, 따라서
인류의 필요를 만족시키기 위해서는 그것을 모으고 저장하고 운반할 줄 알기만 하면 된다는 것이 오랫
동안의 지배적인 견해였다.

2) · *Bien qu'*étant aveugle, il connaît son chemin par coeur.   그는 맹인이지만 기억에 의해 길을 알고
있다.

· *Bien qu'*ayant perdu deux joueurs, l'équipe a gagné.   두 선수를 잃기는 했지만 그 팀이 이겼다.

· *Bien qu'*ayant pour unique but annoncé d'obtenir la libération d'Aijalon Gomes, cette visite pourrait
entraîner un apaisement des tensions entre Washington et Pyongyang.   아이잘론 곰즈의 석방을 발표된

유일한 목적으로 하고 있지만, 그 방문은 미국과 북한간의 긴장 완화를 가져올 것이다.

· *Bien qu*'ayant rompu ses fiançailles, elle reste amie avec lui.　그녀는 파혼은 했지만 여전히 그와 친하게 지낸다.

· Le dispositif, *bien qu*'étant destiné aux États membres de la zone euro, devait être approuvé par une majorité qualifiée suffisante des 27 ministres européens.　그 조치는 유로존 국가들을 대상으로 하고 있지만 27명의 유럽 국가 장관들의 충분한 다수에 의해 승인을 받아야 할 것이다.

car

1. 왜냐하면.

1) · Allons vite, *car* nous avons peu de temps.　빨리 갑시다, 시간이 없으니까.

· Je ne peux pas vous rendre service, *car* je n'en ai pas le temps.　나는 시간이 없어서 당신을 도와줄 수 없습니다.

· Il ne pourra pas y aller, *car* il a trop de choses à faire.　그는 할 일이 많아서 거기에 가지 못 할 것이다.

· Son échec n'est pas étonnant, *car* il n'a guère travaillé.　그의 실패는 놀라운 일이 아니다. 왜냐하면 그는 거의 공부를 하지 않았으니까.

· Ne vous inquiétez pas, *car* on a déjà un bon plan.　이미 벌써 좋은 계획이 서있으니 걱정하지 마세요.

· La plupart des résidents acceptent de recycler, *car* ils sont persuadés que c'est bon pour l'environnement. 대부분의 주민들이 재활용하기를 수락했는데, 왜냐하면 그것이 환경에 좋다고 확신했기 때문이다.

· Existe-t-il une liste officielle des pays émergents? Non, *car* elle varie selon les dates, les institutions et les économistes.　신흥국가의 공식적인 리스트가 존재하는가? 아니다, 왜냐하면 그것은 날짜나 기관, 경제학자에 따라 다르기 때문이다.

· Financièrement, je fais encore plus attention qu'avant *car* je ne gagne que 2.000 euros par mois alors que je suis célibataire avec un fils.　나는 금전적으로 이전보다 더 신경을 썼는데, 왜냐하면 아들을 가진 독신인데 한 달에 2,000유로밖에 벌지 못하기 때문이다.

· Bill Clinton y renonça *car* le temps était trop court avant l'expiration de son mandat.　빌 클린턴은 그것을 포기 했는데, 왜냐하면 그의 임기가 끝나기 전까지의 시간이 너무 짧았기 때문이다.

· Le Clézio est aimé des Coréens, *car* il parle de pays qui ne sont pas au centre du monde.　르 끌레지오 는 한국인들에 의해 사랑을 받는데, 왜냐하면 그가 세계의 중심에 있지 않은 나라들에 대해 이야기하기 때문이다.

· Il ne faut pas sous-estimer le problème *car* on pourrait très bien se retrouver à Londres en 2012 dans le même cas.　그 문제를 평가절하해서는 안 되는데, 왜냐하면 2012년 런던에서 같은 경우에 처할

수도 있을 것이기 때문이다.

· Plus les pays exportent, plus ils importent, *car* la production se limite parfois à de l'assemblage.
그 국가들의 수출이 늘면 늘수록 수입이 더 늘어난다. 왜냐하면 생산이 때때로 조립에 그치기 때문이다.

· Nous chérissons ce format du G8 *car* les pays qui le composent partagent les mêmes valeurs.　우리는
이러한 G8 형태를 소중하게 생각한다. 왜냐하면 그 구성 국가들이 같은 가치를 공유하고 있기 때문이다.

· Tu ne peux pas te baigner deux fois dans le même fleuve, *car* de nouvelles eaux coulent sur toi.
새로운 물결이 밀어 닥치므로, 같은 물에 두 번 몸을 담글 수 없다; 한 번 지나간 것은 다시 붙잡을 수
없다.

· Il nous faut suivre l'évolution du dollar, *car* une baisse de 1% du dollar signifie 4 dollars de plus
dans le prix du pétrole.　달러화의 추이를 지켜봐야 한다. 왜냐하면 달러화의 1% 하락은 원유가가
4달러 인상되는 것을 의미하기 때문이다.

· La notion d'Asie est trompeuse *car* elle gomme les différences historiques, sociales, politiques,
économiques et spatiales des pays qui la composent.　아시아라는 개념은 기만적이다. 왜냐하면 그것은
그 구성 국가들의 역사적, 사회적, 정치적, 경제적, 공간적 차이들을 무시하기 때문이다.

· En tant que pays producteurs nous pensons que l'équilibre de l'offre (de pétrole) est dans l'intérêt de
tous et qu'il ne faut pas le contrarier, *car* la hausse actuelle des prix du pétrole n'est en revanche
dans l'intérêt de personne.　산유국으로서 우리는 원유 공급의 균형은 모두에게 이익이 되며 그것을
거스르면 안 된다는 것을 생각해야 한다. 왜냐하면 현재의 원유가 상승은 누구에게도 이롭지 않기
때문이다.

· Il faut plutôt se féliciter quand les entreprises françaises réussissent à l'étranger, *car* finalement nous
créons de la richesse pour la France.　프랑스의 기업이 외국에서 성공했을 때는 오히려 기뻐해야
한다. 왜냐하면 우리는 결국 프랑스를 위해 부를 창출하는 것이기 때문이다.

· Cette revalorisation répond à un besoin de notre économie, *car* nous n'avons pas suffisamment de
techniciens spécialisés.　그러한 재평가는 우리 경제의 필요성에도 부응한다. 왜냐하면 우리에게는
충분한 전문화된 기술자가 없기 때문이다.

· Vous ne le trouverez pas chez lui, *car* je viens de le voir à l'université.　당신은 그를 그의 집에서
볼 수 없을 것이오, 내가 조금 전에 학교에서 그를 보았으니까요.

· Ce type de dispositif est de loin le meilleur *car* il permet de stopper le courrier non sollicité en amont
et éviter l'engorgement des réseaux et des boîtes aux lettres.　그러한 유형의 장치가 사전에 원하지
않는 메일을 차단하고 통신망이나 편지함의 두절을 방지하게 해주므로 훨씬 더 났다.

· L'AIEA est elle-même placée dans une position délicate *car* l'affaire Al-Kibar peut être perçue comme
une nouvelle illustration d'une incapacité de l'Agence à détecter à temps des programmes nucléaires
clandestins dans le monde.　국제원자력기구 자신이 미묘한 입장에 처하게 되었는데, 왜냐하면 알키바
르 건은 국제원자력기구가 세계의 비밀 핵프로그램을 적기에 찾아내지 못한다는 새로운 예로 인식될
수 있기 때문이다.

2)《드물게》생략문

· sortir de l'hôpital *car* complètement guéri   완전히 회복되어서 퇴원하다.

> ☆ parce que에 의해 유도되는 절과는 달리 car에 의해 유도되는 절은 등위절로서 항상 주절에 후치하며, c'est … que 구문에 의해 강조될 수 없다.

2. 문두 또는 삽입절에서 : 사실은.

car on peut supposer que … 사실은 …라고 가정해 볼 수 있다.

· *Car* tel est notre (bon) plaisir.   짐의 뜻이 그러하노라((**칙령 따위에서**)).

· On peut en douter. *Car* l'affaire Bettencourt n'est pas close.   그에 대해 의구심을 가질 수 있다. 사실 베탕쿠르 사건은 끝나지 않았다.

· Je sais, *car* on me l'a dit, que c'est pour bientôt.   사실 누가 나에게 이야기해 줘서 나는 때가 다 되었다는 것을 알고 있다.

· Il se montre arrogant, *car* ces jours-ci il a gagné un peu d'argent.   그는 좀 교만하다. 사실 그는 요즘 돈을 좀 벌었다.

· J'aurais mieux fait de ne pas me mêler des affaires des autres, *car* j'ai été humilié.   다른 사람들의 일에 끼어들지 않았으면 좋았을 텐데. 실은 봉변을 당했다.

· Il aurait fallu rester tranquille et ne pas lui adresser la parole, *car* cela l'a mis en colère.   그에게 말을 걸지 않고 잠자코 있을 걸 그랬다. 실은 말을 걸어 그를 화나게 했다.

· Mais les désaccords persistent sur l'urgence et l'ampleur des plans. *Car* si la crise est globale, la situation économique et les moyens d'agir varient de Washington à Bruxelles.   계획의 긴급성과 규모에 있어서 의견 일치를 보지 못하고 있다. 사실, 미국과 유럽연합 사이에 경제 상황이나 행동할 수 있는 수단에 있어 차이가 있다.

· C'est la première fois qu'une aide est proposée à la Corée du Nord par le Sud depuis le regain de tensions au printemps dernier. *Car* les tensions restent vives entre la Corée du Nord et la Corée du Sud depuis le torpillage fin mars d'un navire de guerre sud-coréen attribué au régime communiste de Pyongyang.   지난 봄에 긴장이 고조된 이후 남한에 의해 북한에 원조가 제안된 것은 처음이다. 사실 3월말 평양의 공산주의 체제에 의해 행해진 것으로 여겨지는 남한 군함의 어뢰 공격 이후 남한과 북한 사이의 첨예한 긴장이 지속되고 있다.

· Les négociations avec Pyongyang restent délicates pour la communauté internationale en raison de la présence de l'Iran. *Car* bien que les deux régimes nient toute collaboration en matière nucléaire, des échanges existent selon les services de renseignement occidentaux.   국제 사회에서 평양과의 교섭은 이란의 존재로 인해 매우 미묘하다. 사실 두 체제가 핵 문제에 있어서 협력을 부인하고 있지만 서방의 정보기관에 따르면 교류가 행해지고 있다.

· La leçon du nucléaire nord-coréen est diplomatique. *Car* c'est l'administration Bush qui, après huit années de coopération entre Pyongyang et l'AIEA, a provoqué l'interruption du dialogue en incluant la Corée du Nord dans l'"axe du Mal".   북한핵의 교훈은 외교적이다. 사실 평양과 국제원자력기구와의 8년간의 협력 이후에 북한을 악의 축에 넣음으로서 대화의 단절을 초래한 것은 부시 행정부이다.

> ☆ parce que가 원인이나 동기, pourquoi의 질문에 대한 직접적인 이유를 제시하는데 비해, car는 이미 제시한 내용에 대한 증거나 이유나 설명을 제시할 때 쓴다.

3. 1) 《구어》 〔car en effet〕 :사실, 결국.

> *car* en effet on a peu d'informations sur ce sujet 실은 그 문제에 대해 거의 정보가 없다.

· Il ne passera pas à l'examen, *car* en effet il n'a pas travaillé beaucoup.   그는 시험에 합격하지 못할 것이다. 사실 그는 공부를 많이 안했다.

· Vous avez bien fait de m'appeler, madame, *car* en effet, votre mari n'a pas bonne mine.   부인 저를 부르시기를 잘 했습니다. 사실 남편의 안색이 좋지 않습니다.

> ☆ en effet가 '실제로'의 의미로 쓰이는 경우를 제외하면 car는 중복어법임.

2) 《구어》 〔car enfin〕 :실은, 결국((**car**를 강조한 형태)).
· *Car* enfin je vous aime.   실은 내가 당신을 좋아합니다.
· *Car* enfin ce n'est pas tout de crier, il faut agir!   결국 소리 지르는 것이 다가 아니고 행동에 옮기는 게 문제다!
· *Car* enfin, il fallait bien y aller.   결국 거기에 갔어야만 했다.
· *Car* enfin ça va bientôt se terminer cette affaire.   결국 그 일은 곧 끝날 것이다.
· Tu ne te vengeras pas, n'est-ce pas? *Car* enfin tu est chrétien.   너는 복수하지 않을 거지요, 결국 당신은 기독교도입니다.

cependant

1. 1) 그러나, 그렇지만, 그렇기는 하지만(=néanmoins, pourtant, toutefois).
· Rodrigue, *cependant*, il faut prendre les armes.   하지만, 로드리고, 무기를 들어야 합니다.
· Il a bon visage, *cependant* il est malade.   그의 안색이 좋지만, 실은 몸이 불편하다.
· Il m'a fait cela! C'est *cependant* mon meilleur ami.   그가 내게 그런 일을 했다고! 하지만 그는 나의 가장 좋은 친구다.

- La proximité de la fin de son mandat avait *cependant* dissuadé au dernier moment Bill Clinton de se rendre à Pyongyang.　하지만 빌 클린턴 대통령은 임기 종료가 다가오자 마지막 순간에 평양 방문을 그만두었다.
- Cette histoire semble invraisemblable, elle est *cependant* vraie.　그 이야기는 거짓말 같지만 사실이다.

2) [et cependant] : 대립시키며 연결
- La solution est très simple, et *cependant* personne n'y avait songé.　해결책이 간단하다. 그런데 아무도 그에 대해 생각하지 못했다.
- Il se plaint, et *cependant* il a de la chance.　그는 불평은 하고 있지만 운이 좋다.
- Il est tombé malade. Et *cependant* je lui avais bien dit de faire attention.　그가 몸져 누었다. 그런데 내가 그에게 주의하라고 말했었다.

3) [mais cependant] : 완화된 대립
- Il a toujours bien pris soin de lui-même, mais *cependant* il est mort jeune.　그는 자기 몸을 잘 돌보았는데, 젊은 나이에 죽었다.
- C'est exactemment ce que je recherchais, mais *cependant* il n'est en vente dans aucun magasin.　그것은 바로 내가 찾던 것이다. 하지만 그것은 어떤 가게에서도 판매하지 않고 있다
- Le résultat n'est spectaculaire, mais *cependant* très amusant.　그 결과는 매우 눈부신 정도는 아니지만 그래도 흥미로운 것이다.

4) 《문어》 그동안.
- Je m'en vais voir ce qu'elle me dira, *cependant* promenez-vous ici.　내가 가서 그녀가 내게 무슨 말을 할지 들어보겠소. 그동안 여기에서 산책을 하시지요.

2. [cependant que + *ind*]
1) 《문어》 …하는 동안 [사이] 에(=pendant que).

> *cependant qu'*ils sont en danger 그들이 위험에 처해있는 동안. *cependant que* chacune après cette tempête songe à déblayer des débris de la route 그 폭풍우가 지나간 후에 각자가 도로의 잔해물을 치울 것을 생각하고 있는 동안에.

- *Cependant qu'*il parlait comme un notaire, les cinq femmes poussaient des cris.　그가 마치 공증인처럼 말하고 있는 동안에 5명의 여자들이 소리를 지르고 있었다.

2) 《문어》 대립: …하는데(=tandis que).
- Il est là à ne rien faire, *cependant que* ses amis travaillent.　친구들은 일하고 있는데, 그는 거기에서 아무 것도 하지 않고 있다.

· Ce changement corrigerait le déséquilibre majeur de l'économie mondiale: un exportateur géant, la Chine, thésaurise des excédents géants, *cependant que* s'accumulent les déficits chez les autres.   그러한 변화는 세계 경제의 주요한 불균형을 바로 잡게 될 것이다: 다른 국가들에서는 적자가 누적되고 있는데 거대한 수출국인 중국은 막대한 흑자를 쌓아놓고 있다.

· Le dictateur tout-puissant mène une vie de satrape, *cependant que* la disette frappe une partie du pays. 나라의 일부가 식량부족으로 시달리고 있는데 절대권력을 가진 독재자는 호사스러운 생활을 하고 있다.

3) 《드물게》 생략문

> *cependant qu'*insensible à ce qu'elle a d'appas 그녀의 매력에 무관심한데.

c'est-à-dire

1. 다시 말하면, 곧, 즉(=à savoir, soit). ((《약》 c.-à.-d., c-à-d))

à l'heure voulue, *c'est-à-dire* à 10 heures 원하는 시간, 즉 10시에. Lutèce, *c'est-à-dire* l'ancien nom de Paris 뤼테스, 즉 예전의 파리 이름. soixante secondes, *c'est-à-dire* une minute 60초, 즉 1분. deux fois par année, *c'est-à-dire* en été et en hiver 일 년에 두 번, 즉 여름과 겨울에.

· Il a eu un malaise vagal, *c'est-à-dire* une baisse subite de tension, et il est tombé dans les pommes. 그는 미주 신경의 이상 증세, 즉 갑자기 혈압의 갑작스런 저하가 있었고, 의식을 잃었다.

· Beaucoup de gens font de même, *c'est-à-dire* encourager leurs propres enfants à poursuivre leurs études, travailler dur et essayer de réaliser leurs rêves.   많은 사람들이 똑같이 한다, 즉 자녀들에게 학업을 계속하여 열심히 공부하고 그들의 꿈을 이루도록 격려한다.

· La mondialisation ne peut être durable que si elle est équitable, *c'est-à-dire* si elle favorise la convergence des niveaux de vie entre les différentes régions de la planète.   세계화는 그것이 공평해야만, 다시 말해서 지구상 여러 지역 간의 생활수준이 일치되도록 도움이 되어야만 지속적인 것이 될 수 있다.

· Les prévisions de la Banque mondiale ont fait passer la croissance russe prévue pour 2009 de +3% en novembre à -4,5% en mars, *c'est-à-dire* -7,5% de points de croissance en l'espace de quatre mois. 세계은행은 러시아의 성장률이 2009년 11월에 3%에서 2010년 3월에 -4.5%로 저하된다고, 다시 말해서 4개월의 기간 동안에 -7,5% 포인트의 성장을 한다고 예측하고 있다.

· La Chine s'inquiète de l'émission massive de billets verts: pour financer des déficits record en 2009, la Réserve fédérale américaine va monétiser une partie de la dette publique, *c'est-à-dire* créer de la monnaie pour acheter 300 milliards de dollars d'emprunts du Trésor.   중국은 미국의 대규모 달러 발행에

대해 우려하고 있다. 미국 연방준비위원회는 2009년의 기록적인 적자를 메우기 위한 자금을 조달하기 위해 공공부채의 일부를 화폐로 발행하려고, 다시 말해서 3천억 달러의 국채를 매입하기 위한 통화를 발행하려고 한다.

· Les États-Unis vont dépenser l'équivalent de 8 à 10 trillions de dollars en mesures anticrise d'ici à 2013, *c'est-à-dire* 10% ou plus de PIB par an.　미국은 지금부터 2013년까지 위기에 대응하는 조치로 8백 내지 천경의 달러, 즉 매년 국내총생산의 10% 이상을 지출할 것이다.

· La disparition à un rythme accéléré des espèces et des écosystèmes pénalise les populations les plus dépendantes des ressources naturelles - *c'est-à-dire*, à nouveau, les plus pauvres.　빠른 속도로 종과 생태계가 사라지는 것은 자연자원에 가장 의존적인 사람들, 즉, 이번에도 가장 빈곤한 사람들을 어렵게 한다.

· Nous devons nous attaquer à la racine du mal, *c'est-à-dire* en Afghanistan et au Pakistan.　우리는 악의 기저 부분, 즉 아프가니스탄과 파키스탄에서 공격해야 한다.

2. [c'est-à-dire que + *ind*] : 즉 [실은] …이다; 그게 아니라 사실은 …이다.

réduction du personnel, *c'est-à-dire que* nous risquons le chômage 감원이라지만 실은 우리는 실직 위험에 처해 있다.

· *C'est-à-dire que* ma parure ne te plaît pas?　실은 내 치장이 네 마음에 들지 않는다고?

· Est-ce qu'il me déteste? - *C'est-à-dire qu'*il en aime une autre.　그가 나를 싫어하는 거지? - 그런 것은 아니고, 사실은 다른 여자를 좋아하고 있어.

· En Corée du Sud, après être s'inscrit en doctorat, on doit assister aux cours pendant 2-3 ans. *C'est-à-dire que* l'on a 3-5 cours dans chaque année.　한국에서는 박사 과정에 등록을 하고 2-3년 동안 수업을 듣는다. 즉 매년 3-5개의 수업을 듣는다.

· Les journalistes ne sont pas indépendants, *c'est-à-dire qu'*ils ne résistent pas aux pressions des partis politiques et du pouvoir.　언론인들이 독립적이지 못하다. 사실 그들은 정당이나 권력의 압력에 저항하지 못하고 있다.

· On va tout droit vers une fragmentation du système monétaire d'ici à 2010-2011. *C'est-à-dire que* les différents pays vont établir leur monnaie en monnaie de réserve.　지금부터 2010년 내지 2011년까지 곧바로 통화체제의 분화를 향해 움직이고 있다. 실은 여러 국가가 그들의 통화를 기축 통화로 삼으려고 하고 있다.

comme

1. 동시성: …할 때에, …하고 있는 중에 (=au moment où, tandis que)((주절 앞·뒤 ; 직설법 반과거 사용)).

· *Comme* nous approchions de la ville, il s'est mis à pleuvoir. 우리가 도시에 가까이 갔을 때 비가 내리기 시작했다.

· *Comme* le soir tombait, l'homme sombre arriva. 해가 저물어가고 있을 때 그 침울한 남자가 도착했다.

· Il est arrivé précisément *comme* nous partions. 그는 마침 우리가 떠나려던 때에 도착했다.

· Le téléphone a sonné juste *comme* j'entrais dans mon bureau. 내가 사무실에 들어가는 바로 그 순간에 전화가 울렸다.

2. 원인·이유

1) …이므로, …이니까, …이기 때문에((의견·주장을 나타낼 때 주절 앞에 놓임)).

· *Comme* il s'agit d'une écriture cursive, il est difficile de la lire. 흘려 쓴 글씨라서 읽기가 어렵다.

· *Comme* il arrive demain, il faut préparer une chambre. 그가 내일 도착하니까 침실 하나를 준비해야겠다.

· *Comme* je suis enrhumé, la gorge me brûle. 감기에 걸려서 목이 따끔거린다.

· *Comme* il ne sera pas chez lui ce jour-là, je remets ma visite au lendemain. 그가 집에 없을 것이기 때문에 방문을 그 다음날로 미루겠다.

· *Comme* j'étais pressé, j'y suis allé en avion. 나는 바빠서 비행기를 타고 갔다.

· *Comme* elle est sérieuse, elle va agir avec prudence. 그녀는 신중해서 조심스럽게 행동할 것이다.

· *Comme* le ciel est nuageux, il devrait neiger ce soir. 하늘에 구름이 많이 낀 것을 보니 저녁에 눈이 올 것 같다.

· *Comme* il est vieux, il ignore la mode. 그는 나이가 들어서, 유행을 잘 모른다.

· *Comme* c'est un vieux livre, le papier a jauni. 이 책은 오래되어 종이가 누렇게 변했다.

· *Comme* il parlait ainsi, je n'avais plus qu'à me soumettre. 그가 그렇게 얘기하는데 내가 두 손 들 수밖에 없다.

· *Comme* il pleut à verse, on ne voit rien. 비가 억수로 내려 앞이 보이지 않는다.

· *Comme* le loup savait bien qu'il mangerait la petite chèvre de M. Seguin, il ne se pressait point. 늑대는 자기가 늑대의 어린 염소를 잡아먹으리라는 것을 알고 있었기 때문에 조금도 서두르지 않고 있었다.

2) [형용사/분사 + comme + *ind*]

· Malade *comme* il est, il ne va pas vivre lontemps. 그는 아파서 오래 살지 못 할 것이다.

· Paresseux *comme* il était, il lâchait le travail. 그는 게을렀기 때문에 일을 소홀히 다루고 있었다.

· Gentil *comme* il est, je ne peux le punir. 그가 상냥해서 벌을 줄 수가 없다.

· Malheureux *comme* il était, on a eu pitié de lui.　　그가 불행해서 사람들이 그를 동정했다.

· Riche *comme* il est, il pourra aider les malheureux.　　그는 부자니까 불행한 사람들을 도울 수 있을 것이다.

3) 생략문

❶ [comme + 명사/대명사]

· *Comme* chef de l'expédition, c'est à lui de décider.　　원정대의 대장이니까 그가 결정해야 한다.

❷ [comme + 형용사/분사]

· Je l'ai congédié *comme* trop paresseux.　　나는 그가 너무 게을러서 해고했다.

· En 1802, Lucien donna une fête; j'y fus invité, *comme* ayant rallié les forces chrétiennes.　　1802년에 뤼시엥은 축연을 열었고, 나는 기독교 세력에 가담했기 때문에 거기에 초대를 받았다.

3. 비례 : …함에 따라서.

· *Comme* on connaît ses saints, on les honore.　《**속담**》 사람이 상대방을 대하는 태도는 상대에 따라 달라진다.

· *Comme* on fait son lit, on se couche.　《**속담**》 만사는 자기 할 탓이다, 자업자득이다.

· *Comme* la fièvre montait, il délirait de plus en plus.　　열이 올라감에 그는 점점 몸이 떨렸다.

· *Comme* le temps passait, il s'impatientait de plus en plus.　　시간이 흘러감에 따라 그는 점점 더 초조해졌다.

· *Comme* le temps passait, elle s'est un peu énervée.　　시간이 흘러감에 따라 그녀는 조금 짜증이 났다.

· *Comme* tu sèmeras, tu moissonneras.　《**속담**》 뿌린 대로 거두리라.

접　　속　　사　전　　치　　사

1. 비교 · 유사

1) ❶ …처럼, …와 같이, …와 마찬가지로.

comme père et mère 부모처럼. *comme* la prunelle de ses yeux 소중히. *comme* une trombe (소용돌이처럼) 세차게, 질풍처럼. clochers gothiques travaillés *comme* des bibelots d'ivoires 상아 세공품처럼 만들어진 고딕식 종탑. jambes *comme* des allumettes 가느다란 다리. une voix coupante *comme* une voix d'acier 쇠 소리처럼 날카로운 목소리. s'abattre *comme* une volée de moineaux 《**구어**》 일제히 [앞을 다투어] 달려들다. s'agiter *comme* un diable dans un bénitier 안절부절 못하다. s'agiter *comme* une puce 길길이 [미친 듯이] 날뛰다. aimer *comme* un fou 열렬히 사랑하다. aimer *qn comme* un [son] frère …을 무척 사랑하다. aimer *qn comme* sa propre fille …을 친딸처럼 사랑하다. aimer son prochain *comme* soi-même 이웃을 자기 자신처럼 사랑하다. aller [courir] *comme* un Basque 《**구어**》 대단히 빨리 걷다 [뛰다]. aller [marcher] *comme* une écrevisse [les écrevisses] 뒷걸음을 치다. aller [avancer, marcher] *comme* un escargot 느릿느릿 가다 [전진하다, 걷다] . s'aplatir *comme* une carpette [crêpe] devant *qn* …앞에서 비굴하게 굴다. arriver [tomber] *comme* une bombe 갑자기 닥쳐오다. arriver *comme* un cyclone 맹렬한 기세로 달려오다. arriver *comme* mars [marée] en carême 때맞춰 [제때에] 도착하다. arriver [passer] *comme* un ouragan 질풍처럼 달려오다 [지나가다] . attendre *qn comme* le messie 《구어》 …을 초조하게 기다리다. avoir les cheveux *comme* de l'étoupe 머리카락이 엉켜 빗기 어렵다. avoir de l'esprit *comme* un démon 기지가 매우 뛰어나다; 매우 심술궂다. avoir des jambes *comme* des fils de fer 다리가 바싹 말랐다. avoir les pieds *comme* des bateaux 《구어》 발이 굉장히 크다. avoir la tête dure *comme* une bûche 《구어》 고집불통이다, 완고하다. bâiller *comme* une carpe 입을 벌리고 연달아 하품하다. bâiller *comme* une huître 입을 크게 벌리고 하품하다. s'ennuyer *comme* une carpe 몹시 권태로워하다. battre *qn comme* plâtre …을 세게 치다. se battre *comme* un petit coq 맹렬히 싸우다. se dresser *comme* un coq sur ses ergots 고압적으로 나오다. se battre *comme* un lion 사자와 같이 용감하게 싸우다. tourner *comme* un lion en cage 힘이 미치지 못해 안절부절못하다. boire *comme* un trou [une éponge, un Polonais, un templier] 밑 빠진 독처럼 술을 마신다. boire [fumer, jurer] *comme* un troupier 《옛・구어》 상스럽게 술을 마시다 [담배를 피우다, 욕하다] . bondir [sauter] *comme* un cabri 즐겁게 깡충깡충 뛰다. bondir [sauter] *comme* une chèvre 경쾌하게 뛰다. se briser [se casser] *comme* (du) verre 쉽게 깨지다. se brûler à la chandelle *comme* un papillon 유혹에 빠져 파멸하다. bûcher *comme* un sourd 《속어》 사정없이 때리다. chanter *comme* un rossignol 꾀꼬리처럼 노래하다. se conduire *comme* un mufle 상놈처럼 처신하다. se coucher [se lever] *comme* les poules 아주 일찍 자다 [일어나다] . couper *comme* un genou (칼 따위가) 들지 않다. courir *comme* un chat 재빠르게 뛰어다니다. courir *comme* un cerf 사슴처럼 빨리 달리다. courir [filer, partir] *comme* un dératé 쏜살같이 [재빨리] 달리다 [도망하다, 떠나다] . courir *comme* un lévrier 매우 빨리 달리다. courir *comme* un lapin 재빨리 도망치다. courir [filer] *comme* un zèbre 매우 빨리 뛰다 [내빼다]. crier *comme* un brûlé 큰 소리로 외치다. crier [travailler] *comme* un forcené 미친듯이 울부짖다 [일하다] . crier *comme* un fou [damné, sourd, veau] 고래고래 소리를 지르다. croire *qc comme* l'Évangile [*comme* parole d'Évangile, *comme* article de foi] …을 굳게 믿어 의심치 않다, 금과옥조로 여기다. croire *qc* dur *comme* fer 철석같이 믿다. croître [pousser] *comme* un champignon [chiendent] 매우 빨리 [무럭무럭] 자라다. se débattre *comme* un beau diable 악을 쓰며 발버둥치다. se débrouiller *comme* un chef 훌륭히 잘 해 나가다. se démener *comme* un possédé 미치광이처럼 난폭하게 굴다. dire des bêtises grosses *comme* soi [les montagnes] 매우 어리석은 말을 하다. se disputer [se battre] *comme* des chiffonniers 체면 불구하고 마구 다투다. dormir *comme* une bûche [une brute, un loir, un pieu, un plomb, un sabot, un sonneur, une marmotte, une souche] 깊이 잠들다. écrire *comme* un chat [cochon] 글씨를 알아볼 수 없게 갈겨쓰다. s'écrouler *comme* un château de cartes 한꺼번에 와르르 내려앉다. s'embêter *comme* un rat mort [une croûte de pain derrière une malle] 따분해서 [지겨워서] 미칠 [죽을] 지경이다. s'empiffrer *comme* un glouton 식충이처럼 잔뜩 먹다. s'emporter [s'enlever, monter] *comme* une soupe au lait 《구어》 발끈 성을 내다, 격노하다. être emporté [traîné] *comme* un fétu 지푸라기처럼 날려 [끌려]가다. s'enfuir *comme* un voleur 슬그머니 도망치다. s'engraisser *comme* un chanoine 살이 많이 찌다; 부유해지다. engueuler *qn comme* du poisson pourri 《구어》 …에게 심한 욕설을 퍼붓다. s'ennuyer *comme* un rat 《구어》 몹시 지루하다. s'entendre *comme* larrons en foire (나쁜 짓을 하는 데에) 놀랍도록 뜻이 맞다. errer *comme* une âme en peine 서글프게

헤매다. être amis [copains, camarades] *comme* cochons ≪**속어**≫절친하다, 단짝이다. être voleur *comme* une pie 손버릇이 나쁘다. s'évanouir *comme* un songe 꿈처럼 사라지다. se faire avoir [se laisser manoeuvrer] *comme* un conscrit 쉽사리 넘어가다. être fait [pris] *comme* un rat ≪**구어**≫함정에 빠지다, 독안에 든 쥐처럼 되다. être fait *comme* un voleur 옷차림이 지저분하다; 함정에 빠지다, 독안에 든 쥐처럼 되다. être fait [pris] *comme* un rat [voleur] ≪**구어**≫함정에 빠지다, 독안에 든 쥐처럼 되다. se faufiler [glisser, échapper, filer] *comme* une anguille 미꾸라지처럼 빠져나가다. filer *comme* un dard ≪**구어**≫매우 빨리 지나가다. filer [trotter] *comme* une souris 몰래 도망치다. filer [partir] *comme* un trait 쏜살같이 가버리다. frapper *comme* un sourd 있는 힘을 다해 때리다. fuir [craindre, hair] *qn/qc comme* la peste [mort] ···을 피하다 [매우 두려워하다, 매우 싫어하다. fuir *qn comme* un pestiféré (페스트 환자처럼) 어떤 일이 있어도 ···을 피하다. fumer *comme* une locomotive 담배를 많이 피우다, 골초이다. fumer *comme* un pompier [sapeur] 담배를 많이 피우다. glisser entre les doigts *comme* une anguille [une couleuvre, un poisson] 미꾸라지 [뱀, 물고기] 처럼 손에서 빠져 달아나다. hacher menu *comme* chair à pâté 잘게 토막내다. se hérisser *comme* un porc-épic 잔뜩 화가 나있다. jurer *comme* un fiacre 더러운 욕을 퍼붓다. jurer *comme* un poissonier 생선장수처럼 욕설을 퍼붓다. laisser tomber *qn comme* une crêpe ···을 가차없이 내치다 [저버리다]. laisser tomber *qn comme* une vieille chaussette ···을 헌신짝처럼 내버리다. loger *comme* les pigeons ≪**구어**≫다락방에 살다. manger *comme* un cochon 지저분하게 먹다. manger *comme* une alouette [une mauviette, un oiseau] 몹시 적게 먹다. manger *comme* un porc 돼지처럼 게걸스럽게 먹다. manger *comme* quatre [un ogre] 무지하게 먹다. marcher *comme* un automate 자동인형처럼 걷다. marcher *comme* un canard 몸을 좌우로 흔들며 걷다(=se dandiner). marcher *comme* un pantin 꼭두각시처럼 뒤뚱거리며 걷다. marcher *comme* un somnambule 몽유병자처럼 걷다. mentir *comme* un arracheur de dents 거짓말을 식은 죽 먹듯이 하다. mépriser *qn comme* la boue de ses souliers ≪**구어**≫···을 발가락의 때만큼도 여기지 않다. mourir [tomber] *comme* des mouches (파리떼처럼) 무더기로 죽다 [쓰러지다]. nager *comme* un chien de plomb [un fer à repasser, une meule de moulin] ≪**구어**≫전혀 헤엄칠 줄 모르다. nager *comme* un dieu [poisson] 수영을 매우 잘한다. ouvrir la bouche *comme* un four 입을 크게 벌리다. ouvrir [faire] des yeux *comme* des soucoupes [portes cochères] 놀라서 눈이 휘둥그래지다. parler *comme* l'Apocalypse 난해하게 말하다. parler *comme* un livre 학자답게 [박식하게] 말하다; ≪**경멸**≫지나치게 이론적으로 [현학적으로] 말하다. parler *comme* un oracle 권위 있게 말하다. partir [filer] *comme* une flèche 쏜살같이 출발하다 [도망치다]. partir *comme* une fusée 갑작스럽게 떠나다. passer *comme* une lettre à la poste ≪**구어**≫척척 진척되다; 쉽게 소화되다; 쉽게 가결되다. passer [briller] *comme* un météore 유성과 같이 지나가다 [빛나다]; ≪**비유**≫잠시 각광을 받고 곧 사라지다. passer *comme* une ombre 허무하게 사라지다. suivre *qn comme* une [son] ombre ···을 따라다니다, 추종하다. pleurer *comme* une Madeleine [une vache, un veau, une fontaine] 엉엉 울다, 목놓아 울다. pleuvoir [fondre] *comme* la grêle 빗발치듯 쏟아지다, 격렬하게 퍼붓다. plier *comme* un roseau 갈대처럼 약하다. se porter *comme* le Pont-Neuf ≪**구어**≫매우 건강 [건재] 하다. pousser *comme* une mauvaise herbe (아이가) 빨리 그리고 수월하게 자라나다. pousser fort *comme* un chêne 건장하게 자라다 [건장하다] . prendre feu *comme* de l'amadou ≪**격언**≫걸핏하면 성을 내다, 성미가 욱하다. presser *qn comme* un citron ···을 이용할 대로 이용하다, 착취하다. râler *comme* un pou ≪**구어**≫몹시 화내다. redouter *qn comme* la foudre ···을 몹시 두려워하다. regarder *qn comme* une bête curieuse ···을 짓궂게 [무례하게] 바라보다.

regarde passer un train *comme* une vache 우두커니 [멍청히] 기차가 지나가는 것을 보다. se regarder tout le monde *comme* du fumier 사람들을 경멸하는 눈초리로 바라보다. rengorger *comme* un paon 으스대다, 거만을 떨다. se répandre *comme* une traînée de poudre (소문 따위가) 순식간에 퍼지다. répéter [réciter] *comme* un perroquet 저도 모르는 말을 지껄이다. ressembler à *qn comme* un frère ···을 많이 닮다. se ressembler *comme* deux gouttes d'eau [deux jumeaux, deux oeufs] 꼭 닮다. rester *comme* une bûche [souche] 꼼짝 않고 있다(=sans bouger). rester [en être] *comme* deux ronds de flan 대경실색하다, 놀라서 말문이 막히다. retourner *qn comme* une vieille chaussette ···의 의견을 좌지우지하다. retourner *qn comme* une crêpe [un gant] ···의 생각을 [태도를] 완전히 바꾸다. se retourner *comme* un gant 생각이 [태도가] 일변하다. rire [se tordre] *comme* une baleine 입을 크게 벌리고 웃다, 포복절도하다. ronfler *comme* une forge 드르렁 드르렁 코를 골다. secouer *qn/qc comme* un prunier 《구어》 ···을 거칠게 흔들다; 호되게 야단치다. souffler *comme* une forge (숨이 가빠) 식식거리다. rougir [rougeoyer] *comme* une forge 얼굴이 새빨개지다. rouler *comme* une boule 공처럼 굴러가다. savoir *qc comme* son pater ···을 잘 알고 있다. s'en soucier *comme* les neiges d'antan 조금도 개의치 않다. souffler *comme* un boeuf [un phoque, une locomotive] 거칠게 숨을 쉬다. souffrir *comme* un damné [possédé] 지옥의 [호된] 고통을 겪다, 지독하게 고생하다. suivre *qn comme* un caniche [un mouton, un toutou, son ombre] ···을 졸졸 따라다니다, 충실히 따르다. se tenir droit *comme* cierge 촛대처럼 꼿꼿하게 서 있다. tomber *comme* un fruit mûr 시의적절하게 행동하다. tomber *comme* une pierre 털썩 쓰러지다. tomber *comme* une tuile (재난 따위가) 뜻밖에 닥치다. se tortiller [se tordre] *comme* un ver 《구어》 몸을 뒤틀다. tourner *comme* un ours en cage 하는 일 없이 방안을 왔다갔다하다. traiter *qn comme* un nègre ···을 학대하다. trimer *comme* un nègre 흑인 노예처럼 죽도록 일하다. travailler *comme* un apprenti 일을 망쳐 놓다. travailler *comme* un bénédictin 아주 끈기있게 일하다. travailler *comme* un boeuf 황소처럼 일하다. travailler *comme* une brute 《구어》 억척스레 일하다. travailler *comme* un esclave [un forçat, un galérien, un nègre, une bête de somme] 중노동을 하다, 고된 일을 하다. travailler *comme* un mercenaire (보잘것없는 보수로) 고된 일을 하다. trembler *comme* une feuille 부들부들 떨다, 겁에 질리다. en user avec *qn comme* ses amis 《옛·문어》 ···을 친구처럼 대하다. se vendre [partir] *comme* des petits pains 매우 잘 팔리다. vivre [s'entendre] *comme* chien et chat 사이가 매우 나쁘다. vivre *comme* des frères 매우 정답게 살다. vivre *comme* frère et soeur (남녀가) 서로 순결하게 살다. vivire *comme* une larve 못난 인생을 살다. vivre *comme* un moine 고행자 같은 [금욕] 생활을 하다.

· Elle s'affolait, *comme* un oiseau pris aux pipeaux.　그녀는 끈끈이 막대에 걸린 새처럼 이성을 잃고 날뛰었다.

· Nous l'aimons *comme* notre propre fils.　우리는 그를 친자식처럼 사랑한다.

· Tu aimeras ton prochain *comme* toi-même.　네 이웃을 네 몸과 같이 사랑하라.

· Sa langue (lui) va *comme* le claquet d'un moulin.　《구어》 그는 말이 너무 많다.

· Ça y va *comme* un gant.　더할 나위 없이 적합하다.

· Nous nous sommes amusés *comme* des fous.　우리는 미친 사람처럼 즐겼다.

· Sa fille lui apparaissait *comme* un ange.　자기 딸이 그에게는 마치 천사처럼 느껴졌다.

· Il connaît Paris *comme* sa poche.　그는 파리를 속속들이 알고 있다.

· Il dévorait *comme* un loup affamé.　그는 굶주린 늑대처럼 탐욕스럽게 먹고 있었다.

· L'argent file entre mes doigts *comme* du sable.　돈이 모래알처럼 내 손에서 빠져나간다.

· Nous ne faisons pas *comme* vous.　우리들은 당신들처럼 하지 않는다.

· Qu'est-ce qu'ils font *comme* pétard!　저 녀석들 웬 소란이야!

· Il se jette sur les plats *comme* un goinfre.　그는 아귀처럼 음식에 달려든다.

· Ça se lit *comme* un roman.　이것은 소설처럼 쉽게 읽힌다.

· Un monarque expire enfin *comme* un autre homme.　군주도 다른 사람들과 같이 결국 죽는다.

· Je pense *comme* vous.　나는 당신과 같은 생각이다.

· Il pleut *comme* vache qui pisse.　《속어》비가 억수같이 쏟아진다(=Il pleut à verse).

· "Compte" se prononce *comme* "conte".　"Compte"는 "conte"처럼 발음된다.

· Il a réussi *comme* son oncle.　그는 자기 삼촌과 마찬가지로 성공했다.

· Il siffle *comme* une merle.　그는 (티티새처럼) 휘파람을 썩 잘 분다.

· Il l'a soignée *comme* sa propre mère.　그는 그녀를 자기 어머니처럼 돌보았다.

· Il travaille *comme* un fou [《구어》malade].　그는 미친 듯이 일한다.

· Cela se voit *comme* le nez au milieu de la figure [du visage].　뻔한 일이다, 명약관화하다(=C'est très apparent).

· J'ai rarement vu des gens *comme* lui.　나는 그와 같은 사람을 별로 보지 못했다.

❷ [être comme + 명사/형용사]

être *comme* l'âne de Buridan 우유부단하게 망설이다. être *comme* l'anguille de Melun 손도 대기 전에 울다, 아프기도 전에 엄살하다. être *comme* l'eau et le feu 물과 기름 사이이다. être *comme* un chien à l'attache 혹사당하다, 자유롭지 못하다. être *comme* le chien du jardinier 심보가 나쁘다. être *comme* un coq en pâte 귀여움 받다(=être choyé). être *comme* un crin 《비유》성미가 까다롭다; 기분이 매우 언짢다. être *comme* cul et chemise 《구어》서로 떼어 놓을 수 없다; 매우 친하다. être *comme* un éléphant dans un magasin de porcelaine ≪구어≫미묘한 일에 참견하는 어리석은 사람이다. être *comme* frère et soeur (남녀가) 서로 순결하다. être *comme* Job sur son fumier 몹시 궁핍하다. être *comme* le jour et la nuit 상반된다, 전혀 다르다. être *comme* l'ombre et le corps 일심동체다, 떼어놓을 수 없다(=être inséparable). être *comme* un poisson dans l'eau 고기가 물을 만난 듯하다; 제 세상을 만난 듯하다. être *comme* un poisson hors de l'eau 물을 떠난 물고기 같다, 난처 [곤란]하게 되다. être *comme* un porc à l'auge ≪속어≫무엇이든 풍족하다. être *comme* une poule qui a trouvé un couteau; être *comme* une poule qui aurait couvé un canard [un oeuf de canne] 당황하다, 질겁하다. être *comme* un rat dans un fromage [《옛》en paille] 유복하게 [안락하게] 살다.

· L'entreprise, c'est *comme* la bicyclette: si elle n'avance pas, elle tombe.　기업은 자전거와 같아서, 앞으로 나아가지 않으면 넘어진다.

· Cet article est *comme* neuf.　이 상품은 신품과 같다.

· C'est *comme* l'oeuf de (Christophe) Colomb.　그것은 콜럼버스의 달걀이다.

· C'est *comme* l'oeuf et la poule.　　그것은 달걀이 먼저냐 닭이 먼저냐 하는 것과 같다.

· Je suis *comme* lui, je n'aime pas les bananes.　　나는 그 사람처럼 바나나를 좋아하지 않는다.

· Moi, je ne suis pas *comme* ton oncle.　　나는 네 삼촌과는 다르다.

· Ce vieillard est *comme* mort.　　그 노인은 죽은 거나 다름없다.

❸ [형용사 + comme + 명사]

aimable *comme* une porte de prison 《구어》 무뚝뚝한, 붙임성 없는; 아주 [대단히] 불쾌한(=très désagréable). triste *comme* une porte de prison 《구어》 대단히 슬픈, 침통한. agile *comme* un cerf 사슴처럼 민첩한. agile [vif] *comme* un écureuil 몹시 활발 [민첩]한. amer *comme* chicotin 지독하게 쓴. beau [grand, insolent] *comme* un dieu 매우 아름다운 [큰, 무례한]. belle *comme* une madone 성모상과 같이 아름다운. bête *comme* une oie; bête *comme* des [ses] pieds; bête *comme* un pot; bête [sot] *comme* un panier 매우 어리석은. bête *comme* un jeune chien 경망스러운. blanc *comme* le lait 우유처럼 흰. blanc *comme* un linge [un cachet d'aspirine] 얼굴이 몹시 창백한 [흰]. blanc *comme* un lis 흰 백합처럼 하얀. blanc *comme* neige 순백의; 순진무구한; 결백한. blond *comme* les blés 눈부신 금발의. chiant *comme* la pluie 몹시 지루한 [성가신]. con *comme* la lune [un balai] 아주 멍청한. con *comme* une valise (sans poignée) 지독한 바보인. différent *comme* le lour et la nuit 판이하게 다른. doux [tendre] *comme* un agneau 어린 양처럼 순한. doux *comme* un mouton 양처럼 유순한. droit [immobile] *comme* une statue 꼼짝않고 서있는. dur *comme* du bois [béton] 나무 [콘크리트] 처럼 단단한. dur *comme* de la corne 아주 딱딱한 [질긴]. dur *comme* un roc 바위처럼 단단한 [건강한; 완고한]. effronté *comme* un page [moineau] 아주 뻔뻔스러운, 후안무치한. ennuyeux *comme* la pluie 몹시 지루한. excité *comme* une puce 몹시 흥분한. facile *comme* bonjour [tout] 매우 쉬운. faux *comme* un jeton 《구어》 엉큼한, 위선적인(=dissimulé, hypocrite). ficelé *comme* un saucisson 꽁꽁 묶여 있는. fier *comme* un coq 의기양양한, 매우 으스대는. fin *comme* un cheveu 아주 가느다란. fragile *comme* du verre 깨지기 쉬운(=très fragile). franc *comme* l'or 매우 솔직한, 전혀 숨김이 없는. frisé *comme* un mouton 고수머리를 한. froid *comme* le [un] marbre 아주 냉담한. gai *comme* un pinson 매우 명랑한. gros *comme* un cochon 돼지처럼 뚱뚱한. grossier *comme* du pain d'orge (언동 따위가) 조야한, 질이 좋지 않은. haut *comme* trois pommes (어린이가) 키가 몹시 작은. heureux *comme* un pape 매우 행복한. ignorant *comme* une carpe 아주 무식한. immobile *comme* une souche [statue] 미동도 하지 않는. jaloux *comme* un tigre 질투심이 아주 강한. jaune *comme* (de la) cire [un coing, un citron] 샛노란. laid *comme* un crapaud (두꺼비처럼) 몹시 추한 [못생긴]. laid *comme* un pou [les sept péchés capitaux] 매우 더러운. laid *comme* un singe 아주 못생긴. léger *comme* un papillon 몹시 경솔한. léger *comme* une plume [bulle de savon] 깃털 [비누방울] 처럼 가벼운, 몹시 가벼운. libre *comme* l'air 전적으로 자유로운. long *comme* un jour sans pain 대단히 긴 [지루한]. maigre *comme* un clou [coucou, hareng saur] 매우 여윈, 피골이 상접한. méchant [mauvais] *comme* un âne rouge 매우 심술궂은. méchant *comme* un aspic 몹시 심술궂은. méchant [mauvais] *comme* gale 성미가 고약한. méchant *comme* la grêle 심술궂은; 몹시 불쾌한. mince *comme* un fil 아주 홀쭉한. mouillé *comme* canard 흠뻑 젖은. myope *comme* une taupe 근시가 아주 심한(=avoir une vue basse). noir *comme* un corbeau 아주 새까만. noir *comme* (de) l'encre 새까만. orgueilleux [vaniteux] *comme* un paon [pou] 매우 거만한, 오만하기 짝이 없는. paresseux *comme* une couleuvre [lézard] 아주 게으른. pauvre *comme* Job 몹시 가난한. perfide *comme* l'onde (사람의 마음 따위가)

(파도처럼) 믿을 수 없는. plein *comme* une bourrique [barrique] 《구어》 만취하다. plein *comme* un oeuf 《구어》 꽉 찬, 초만원의; 배부른; 만취한. prompt *comme* l'éclair [une flèche, la foudre] 몹시 빠른. propre *comme* un sou neuf 아주 깨끗한. rapide *comme* la foudre 전광석화와 같이 빠른. raide *comme* balle 주저하지 않고, 곧장. raide *comme* la justice 《구어》 완고하고 엄격한. raide *comme* un passe-lacet 일전한푼 없는. raide *comme* un piquet [un manche à balai] 꼿꼿이 선채 움직이지 않는. sage *comme* un [d'] ange 더 없이 얌전한. sage *comme* une image (아이가) 아주 얌전한. sale *comme* un porc [un peigne, une truie] 매우 더러운. sec *comme* un coup de trique; sec *comme* un hareng 《구어》 빼빼마른, 피골이 상접한. serrés [pressés] *comme* des harengs (en caque) 《구어》 콩나물 시루같이 빽빽한. sérieux *comme* un pape 《구어》 아주 근엄한(=très sérieux). sobre *comme* un chameau 식생활이 절제가 있는. souple *comme* un verre de lampe 《비유·구어》 (반어적으로 쓰여) 전혀 부드럽지 않은, 단단한. sourd *comme* un pot 귀가 아주 먼. tendre *comme* la rosée (야채·고기 따위가) 매우 부드러운. trempé *comme* une soupe 속속들이 흠뻑 젖은. triste *comme* un bonnet de nuit 슬픈, 울적한. triste *comme* un lendemain de fête 몹시 슬픈 [쓸쓸한]. unis *comme* les doigts de la main 사이가 매우 좋은, 단짝인. vêtu *comme* un chiffonnier 누더기를 걸친, 구겨지고 더러운 옷을 입은. vif *comme* la poudre 격하기 쉬운. vieux *comme* Adam [Mathusalem, Hérode, les chemins, les rues, le monde] 《구어》 나이가 매우 많은; 매우 오래된. appartement [jardin] grand *comme* un mouchoir 손바닥만한 아파트 [정원]. (des cheveux) raides *comme* des baguettes de tambour 《구어》 (머리카락이) 매우 뻣뻣한. coup raide *comme* une balle 격렬한 타격. femme membrue *comme* un homme 남자처럼 사지가 튼튼한 여자. grêlons gros *comme* des oeufs de pigeon 비둘기 알만큼 커다란 우박알. légume onctueuse *comme* une crème 크림처럼 연한 채소. pierre grosse *comme* le poing 주먹만한 크기의 돌. être adroit *comme* un singe 아주 능숙하다. être amoureuse *comme* une chatte (여자가) 누구에게나 잘 유혹당하다; 사랑에 쉽게 빠지다. être avare *comme* un rat 쥐처럼 인색하다. être bavard *comme* un perroquet [une pie (borgne)] 아주 수다스럽다. être belle [fraîche] *comme* une fleur 꽃처럼 아름답다 [상큼하다]. être blanc *comme* un cygne (색이) 새하얗다. être buté *comme* un âne [une mule] 지독한 고집쟁이다. être connu *comme* le loup [merle] blanc 널리 알려져 있다(=être très connu). être couvert *comme* un oignon 옷을 몇 겹으로 입고 있다. être droit *comme* cierge 촛대처럼 꼿꼿하게 서 있다. être dur *comme* la pierre 돌처럼 단단하다, 반석같다. être malheureux *comme* les pierres 외롭고 불행하다. être mou *comme* une chiffe 《구어》 (낡은 천처럼) 매우 무기력하다. être noir *comme* un pruneau 《구어》 피부가 감다 [볕에 탔다]. être nu *comme* une pierre 발가벗고 있다. être empêtré *comme* une poule qui n'a qu'un poussin 하찮은 일에도 신경을 쓰다, 쩨쩨하다. être excité *comme* une puce 길길이 [미친 듯이] 흥분하다. être fagoté [ficelé] *comme* un sac 볼품없는 옷차림을 하다. être fier *comme* Artaban [un coq, un paon, un pou] 지극히 오만하다. être fort *comme* un bœuf [Turc] 힘이 매우 세다. être lourd *comme* un boeuf 둔중하다. être fort *comme* un chêne 건장하다. être frais *comme* l'oeil [une rose, un gardon] 생기발랄하다, 얼굴색이 환하다. être futé [rusé] *comme* un renard 여우처럼 교활하다. être gonflé [plein] *comme* une outre 지나치게 많이 먹다 [마시다]. être gros *comme* une outre 아주 뚱뚱하다. être gourmand(e) *comme* un(e) chat(te) 먹성이 좋다. être gras *comme* un cent de clous 피골이 상접하다. être gras [gros] *comme* un chanoine [moine] 살이 많이 찌다, 몹시 뚱뚱하다. être gras [sale] *comme* un porc 돼지처럼 뚱뚱 [지저분] 하다. être gros *comme* une vache 매우 뚱뚱하다. être sorcier *comme* une vache 《구어》 서투르다. être gueux *comme* un rat (d'église) 몹시 가난하다. être heureux *comme* un roi 몹시 행복해하다. être (heureux) *comme* un poisson dans l'eau 물을 만난 물고기 같다, 제 세상을 만나다, 무척 편안하다. être imbibé *comme* une éponge 술을 진탕 마시다. être libre *comme* le vent 매우 자유롭다. être malade *comme* une bête 중병이다. être malin *comme* un singe 원숭이처럼 약삭빠르다. être méchant *comme* une teigne [la gale, un diable, un âne rouge] 몹시 심술궂다. être [se sentir] mou *comme* une chiffe 완전히 기운 [맥] 이 빠져 있다. être muet *comme* une carpe [la tombe] 전혀 말이 없다, 무겁게 침묵하고 있다. être muet *comme* un poisson 말없이 잠자코 있다. être nu *comme* un ver [la main] 알몸 [벌거숭이] 이다(=être tout nu). être pâle *comme* un linge [la mort] 흰 천 [죽은 사람] 처럼 창백하다. être [rester] planté *comme* une borne [un piquet] 꼼짝도 않고 있다, 부동자세를 취하다(=être immobile). être plat *comme* une carpette devant *qn* …앞에서 슬슬 기다. être plat *comme* une galette 아주 납작하다. être plat *comme* une limande 아주 납작하다; (여자가) 젖가슴이 빈약하다; 아주 비굴하게 굴다. être plate *comme* une planche à pain (여자가) 말라깽이다; 젖가슴이 빈약하다. être plat *comme* un punaise 몹시 비루하다, 천하다. être réglé *comme* une horloge (시계처럼) 규칙적으로 생활하다; 시간을 잘 지키다. être réglé *comme* du papier à musique (사람이) 아주 규칙적인 습관을 갖고 있다, 꼼꼼하다; (사물이) 올 것이 왔다. être riche *comme* Crésus 대단한 부자이다. être rond *comme* une queue de pelle [barrique] 만취하다. être rouge *comme* une cerise [un coq, un coquelicot, une crevisse, une pivoine, une tomate] (당황, 수치심, 부끄러움 따위로) 얼굴이 새빨개지다. être rouge *comme* une écrevisse [un homard] (햇빛, 열기 따위 때문에) 얼굴이 새빨개지다. être sec *comme* un pendu (d'été) 《구어》 몹시 말라 있다. être sérieux *comme* un âne qu'on étrille 짐짓 진지한 표정을 짓다, 시치미를 떼다. être solide *comme* un roc [le Pont-Neuf] (사람이) 바위처럼 단단하다, 강건하다. être soûl *comme* un cochon [une grive, un âne, un Polonais, une bourrique] 곤드레만드레 [몹시] 취하다(=très ivre). être souple *comme* un gant (성격이) 온순하다, 고분고분하다. être souple *comme* un roseau 갈대처럼 약하다. être têtu [entêté] *comme* une bourrique [un mulet, une mule] 고집불통이다. être tranquille *comme* Baptiste 꼼짝하지 않다; 태연자약하다. rester figé [planté] *comme* un ballot 얼간이처럼 (할 일을 하지 않고) 우두커니 있다. rester planté *comme* un poireau 기다리다. rester planté *comme* une souche 꼼짝않고 있다.

· Elle est chaude *comme* une caille.   《구어》 그녀는 매우 다정하다.

· Je suis chargé *comme* un âne [une mule, un mulet].   《구어》 나는 짐이 잔뜩 있다.

· Il est chauve *comme* un oeuf [une bille, un caillou].   《구어》 그는 (완전히) 대머리다.

· C'est clair *comme* le jour [*comme* de l'eau de roche].   명약관화하다.

· Elle est gentille [jolie] *comme* un coeur.   그녀는 매우 사랑스럽다 [귀엽다].

· C'est gros *comme* une maison.   그거 굉장하다 [지나치다].

· Il est malin *comme* un singe.   그는 원숭이처럼 약삭빠르다.

· Cet homme est raide *comme* une barre de fer.   그는 어떤 일에도 굴하지 않는 사람이다.

· C'est simple *comme* bonjour.   그것은 아주 쉬운 거다; 문제될 게 없다.

· Il est heonteux *comme* un renard qu'une poule aurait pris.   그는 암탉에게 잡힌 여우같이 부끄러워한다.

❹ [comme personne; comme pas un] : 누구 못지않게, 누구보다도 잘.

· Je le connais *comme* pas un.   나는 누구보다도 그를 잘 안다.

· Il a de l'esprit *comme* personne.   그는 누구 못지않게 재치가 있다.

❺ [comme personne + 인칭대명사 + pour *inf*]

· Il n'y a personne *comme* elle pour bien écrire en français.　　그녀처럼 불어로 잘쓰는 사람은 없다.

· Il n'y a personne *comme* lui pour organiser une fête.　　그 사람처럼 축제를 잘 기획하는 사람은 없다.

❻ [comme le [un] chien]

arrive [venir] *comme* un chien dans un jeu de quilles 계제 나쁘게 오다. être malade *comme* un chien 중병에 걸려 있다. faire *comme* le chien du jardinier 심보가 나쁘다. recevoir *qn comme* un chien dans un jeu de quilles …을 푸대접하다. mourir *comme* un chien 비참하게 죽다; 종교적인 축복도 받지 못하고 죽다. vivre *comme* un chien 비참하게 살다. traiter *qn comme* un chien …을 푸대접하다; 멸시하다. tuer *qn comme* un chien …을 무자비하게 죽이다.

❼ [tout comme] : 바로 …처럼, 거의 …같은(=exactement comme).

· Vous vous en apercevrez tout *comme* moi.　　당신도 나와 똑같이 느끼셨군요.

· Il sera médecin tout *comme* son père.　　그는 바로 자기 아버지처럼 의사가 될 것이다.

· Ils ne sont pas mariés mais c'est tout *comme*.　　그들은 결혼은 안했지만 결혼한 것과 거의 마찬가지다.

· Il ne travaille pas, ou c'est tout *comme*.　　그는 일을 하지 않거나, 않는 거나 거의 마찬가지다.

· Elle dit qu'il ne l'ai pas fait exprès, mais c'est tout *comme*.　　그녀는 그가 고의로 그렇게 하지는 않았다고 말하지만, 고의로 한 거나 거의 마찬가지다.

❽ 《구어》 [comme tout] : 매우, 극히, 극도로(=extrêmement).

· C'est facile *comme* tout.　　그것은 매우 쉽다.

· Il est gentil *comme* tout.　　그는 매우 상냥하다.

· Sa soeur est jolie *comme* tout.　　그의 누이는 매우 예쁘다.

2) [comme + 부사(구)/전치사구]

comme ailleurs 다른 데와 마찬가지로. *comme* auparavant 그전 [종전] 대로. *comme* autrefois 예전처럼. *comme* par enchantement 마치 요술처럼. *comme* par magie 신기 [기묘] 하게. en un mot *comme* en cent 한 마디로 말하자면; 결국, 요컨대. yeux percés *comme* avec une vrille 오목하게 들어간 작은 눈, 새우눈. aller [marcher] *comme* sur des roulettes (계획·사업 따위가) 아주 순조롭게 진행되다. changer de *qc comme* de chemise …을 끊임없이 [쉽게] 바꾸다 [갈아치우다] . se conduire *comme* en pays conquis 제멋대로 [난폭하게] 행동하다(=se conduire avec imprudence, sans ménagement). entrer dans *qc comme* dans une écurie 인사도 하지 않고 거칠게 …에 쑥 들어가다. s'entendre à *qc comme* à ramer des choux …을 전혀 모르다. être [se trouver] Gros-Jean *comme* devant 도로 아미타불, 모든 것이 헛수고가 되다. se fiche(r) du tiers *comme* du quart; s'en fiche(r) *comme* de sa première chemise [de l'an quarante] 전혀 개의치 않다. se méfier [se garder] de *qn/qc comme* de la peste …을 극도로 경계하다,

· *Comme* tous les matins, le soleil baignait mon lit.　　매일 아침처럼 해가 나의 침대를 가득 채웠다.

· *Comme* toujours, il s'est adjugé la meilleure part.　　그는 늘상 그렇듯이 가장 좋은 몫을 차지했다.

· À la guerre *comme* à la guerre.　　전시에는 전시에 맞도록((비상시에는 불편함을 감수해야 한다는 뜻)).

· À Rome il faut vivre *comme* à Rome.　　《속담》 로마에서는 로마의 법을 따라야 한다.

· Elle m'aime *comme* jamais.　　그녀는 여태껏 볼 수 없을 정도로 나는 사랑한다.

· Il s'est enrichi très vite, *comme* par l'opération du Saint-Esprit.　　그는 기적처럼 벼락부자가 되었다.

· Le couteau entre dans cette viande *comme* dans du beurre.　　그 고기는 칼이 잘 들어간다.

· On entre dans cette maison *comme* dans un moulin.　　이 집은 아무 때나 출입 할 수 있다.

· Il fait chaud [noir] *comme* dans un four.　　가마 속같이 덥다 [어둡다].

· Il fait doux *comme* au printemps.　　봄처럼 날씨가 온화하다.

· Faites *comme* chez vous.　　(댁에 계신 것처럼) 편히 하십시오.

· Il s'était habillé [paré] *comme* pour un jour de fête.　　그는 축제일인 것처럼 차려입고 있었다.

· Il pleut *comme* durant la saison des pluies.　　우기처럼 비가 온다.

· Elle tient à cette photo *comme* à la prunelle de ses yeux.　　그녀는 이 사진을 애지중지한다.

· Il nous a volés *comme* dans un bois.　　우리는 꼼짝없이 그에게 바가지를 쓰고 말았다.

3) ❶ [comme (de) *inf*]

· Avoir trente ans pour un boxeur, c'est *comme* parler de la soixantaine.　　권투선수에게 나이 서른은 환갑이라고 이를 수 있다.

· Rien ne la console *comme* d'entendre parler du Dieu qu'elle a aimé.　　아무것도 그녀가 사랑하는 하느님에 대해 이야기 하는 것처럼 그녀를 위로해주지 않는다.

· Rien ne rafraîchit le sang *comme* de secourir les malheureux.　　불행한 사람들을 도와주는 것처럼 마음을 가라앉게 하는 것은 없다.

❷ [comme pour *inf*]

· Son ami faisait des signes *comme* pour les appeler.　　그의 친구가 그들을 부르려는 듯이 신호를 보냈다.

· Il a ouvert sa bouche *comme* pour parler.　　그는 말을 하려는 듯이 입을 열었다.

· Elle lui faisait signe *comme* pour lui dire qu'il devait d'arrêter de boire.　　그녀는 그에게 술을 그만 마셔야 한다고 말하려는 듯이 신호를 보냈다.

· Le chien me regardait *comme* pour me dire: partons vite d'ici.　　개가 "빨리 여기서 떠납시다"라고 말하려는 듯이 나를 바라보고 있었다.

4) [comme + 분사/제롱디프]

> *comme* mentionné ci-dessus 위에서 언급한 바와 같이. *comme* mentionné dans l'article 8 제8조에 언급되어 있는 것과 같이. faire *qch comme* en se jouant …을 장난하듯이 [전혀 힘 안들이고] 해내다.

- *Comme* promis, il a payé.　약속대로 그가 돈을 냈다
- Ils sont partis *comme* prévu.　그들은 예정대로 떠났다.
- Tout s'est passé *comme* prévu.　모든 것이 예상대로 되었다.
- Nous viendrons, *comme* convenu, vous voir la semaine prochaine.　우리는 예정 [합의, 결정] 대로 다음 주에 당신을 만나러 오겠어요.
- Il apprend le piano *comme* en s'amusant.　그는 피아노를 즐기듯이 배운다.
- Il m'a réparé une voiture *comme* en se jouant.　그는 즐기듯이 내게 자동차를 수리해주었다.

5) [comme + 절]

❶
> *comme* on l'espérait 바라던 대로. *comme* je vous l'ai fait savoir autrefois 저번에 알려 드린 바와 같이. attendre *qn comme* les moines font l'abbé 기다리지 않고 식사를 시작하다((**수도원의 식사 시간이 엄격해서 윗사람이 도착하지 않았는데도 식사를 시작한 데서 유래**)). s'en retourner *comme* on est venu 아무것도 얻지 못하고 돌아가다. traiter *qn comme* un père traite ses enfants …을 친자식처럼 대해주다. ne voir les choses que *comme* elles sont 상황을 있는 그대로만 보다.

- *Comme* on s'y attendait, elle n'est pas venue.　예상했던 대로 그녀는 오지 않았다.
- *Comme* je te l'ai dit, je ne pourrai pas y aller.　네게 이미 말한 것처럼 나는 거기에 가지 못할 것 같다.
- *Comme* le pilote conduit le navire, ainsi le chef de l'État mène le pays.　항해사가 배를 조종하듯이 국가원수는 나라를 이끌어간다.
- Il nous a aidés *comme* il a fait pour vous.　그는 당신을 도와주었던 것과 마찬가지로 우리들을 도와주었다.
- Il a quitté la Corée *comme* il y était venu, sans un sou.　그는 왔을 때처럼 한 푼도 없이 한국을 떠났다.
- Il n'a rien *comme* vous le savez déjà.　당신도 아시다시피, 그는 아무것도 가진 게 없다.
- Le moine chante *comme* l'abbé chante.　《속담》 아랫사람은 윗사람을 본받는다.
- Pouvoir répondre *comme* il l'a fait, ce n'est pas donné à tout le monde.　그 사람처럼 대답하는 것이 누구에게나 가능한 것은 아니다.
- Elle l'aime *comme* il fait sa mère.　그녀는 자기 어머니를 사랑하듯이 그를 사랑한다.
- Il écrit *comme* il parle.　그는 말하듯이 글을 쓴다.
- C'est *comme* on l'a vu précédemment.　그것은 위에서 본 바와 같다.
- Faites *comme* je vous ai dit.　내가 말한 대로 하세요.

- Il ment *comme* il respire. 그는 거짓말을 밥 먹듯이 한다.
- Tout se passe *comme* on le voulait. 모든 일이 바라던 대로 진행된다.
- Tout s'est passé *comme* je l'ai prévu. 모든 일은 내가 예상했던 대로 진행되었다.

❷ [comme + 조건법] : 가상적인 사실
- Il apportait son argent *comme* il aurait apporté son cou. 그는 자기 목이라도 가져오는 것처럼 자기 돈을 가져오곤 했다.
- Elle me soignait *comme* elle aurait fait de son père. 그녀는 마치 아버지를 간병하는 것처럼 나를 간병해 주었다.
- Elle vous traite *comme* elle traiterait son domestique. 그녀는 당신을 자기 하인 대하듯 한다.

❸ 동등비교와 함께
- Qu'il fasse autant pour soi *comme* je fais pour lui. 내가 그를 위해 하는 것처럼 그가 자신을 위해 했으면.

❹ 생략문

> aller *comme* une bague au doigt; aller *comme* un gant à *qn* …에게 꼭 맞다 [아주 적합하다] . arriver [tomber, venir] *comme* un cheveu [des cheveux] sur la soupe 나쁜 때에 오다; 격에 맞지 않다. fondre *comme* neige au soleil (햇볕을 쬔 눈처럼) 순식간에 사라지다. glisser *comme* l'eau sur les plumes d'un canard 불유쾌한 일에 조금도 개의치 않는다. se jeter sur *qn/qc comme* la pauvreté sur le monde …에 맹렬하게 달려들다. jouer avec *qn comme* un chat avec un souris …을 마음대로 희롱하다, 가지고 놀다. juger [parler] d'une chose *comme* un aveugle des couleurs 장님이 색깔을 판단하듯 알지도 못하고 판단하다 [말하다] . parler le français *comme* un Basque (espagnol); parler le français *comme* une vache espagnole 프랑스어를 매우 서툴게 [엉터리로] 하다.

- Ça lui va *comme* des guêtres à un lapin. 그것은 그에게 전혀 어울리지 않는다.
- Ça lui va *comme* un tablier à une vache. 그것은 그에게 전혀 어울리지 않는다.
- Cela vient *comme* un cheveu sur la soupe. 그것은 그 자리에 어울리지 않는다; 형편 [사정] 이 나쁘다.

6) [comme + 접속사절]
- Nous nous écrirons *comme* lorsque nous étions séparés. 떨어져 있었을 때처럼 서로 편지하기로 합시다.
- Cela s'est fait avec maladresse, *comme* lorsque l'Élysée a insisté pour que la cérémonie au cimetière militaire de Colleville relève d'une mise en scène coproduite avec les Français. 그것은 엘리제 대통령궁이 콜빌 미군 묘지의 행사가 프랑스가 참여하여 치러져야 한다고 주장할 때처럼 서투르게 이루어졌다.
- Quand on va dans un pays étranger, c'est *comme* quand on va chez des amis. 외국에 갈 때는 마치 친구 집에 갈 때와 같다.

- Continuez à vous reposer chez vous *comme* quand vous étiez à l'hôpital.　병원에 있었을 때처럼 요양을 계속하시오.
- Depuis quelques mois, je m'interdis d'acheter des DVD, d'aller au resto, de sortir, je fais attention à toutes mes dépenses, *comme* quand je ne gagnais pas ma vie.　몇 달 전부터 나는 DVD도 사지 않고, 식당에도 가지 않고, 외출도 하지 않고, 내가 생활비를 벌지 못할 때처럼 모든 지출에 신경을 쓴다.

7) [comme il y en a; comme + 주어 + en + 동사]
- C'est une vieille voiture *comme* il n'y en a plus.　그것은 이제는 없는 고물자동차다.
- C'est une maison typique *comme* on en voit encore à la campagne.　그것은 아직도 시골에서 볼 수 있는 전형적인 집이다.

8) [comme si + 절]
❶ [주절 현재/미래 … comme si + 직설법 반과거]

> *comme* s'il (s'y) attendait 기다렸다는 듯이. *comme* si de rien n'était 아무 일도 없었던 듯이. *comme* s'il en pleuvait 비 오듯이; 많이. *comme* s'il répondait à quelque chose 마치 무엇에 화답이라도 하듯이. crier *comme* si on était chez soi 제집처럼 떠들어대다.

- Il a agi *comme* s'il allait le faire, mais il ne l'a pas fait.　그는 마치 그렇게 할 것처럼 그러더니 결국 하지도 않았다.
- Il agit *comme* s'il pouvait.　그는 마치 모든 것을 할 수 있는 것처럼 행동한다.
- Elle agit *comme* si elle avait vingt ans.　그녀는 마치 20세인 것처럼 행동한다.
- Il se conduit *comme* s'il était mon père.　그는 마치 자기가 나의 아버지나 되는 것처럼 처신한다.
- Il crie *comme* si on l'écorchait.　그는 가죽을 벗기는 것처럼 크게 소리 지른다.
- Il parle *comme* s'il savait la réponse.　그는 마치 답을 아는 것처럼 말한다.
- C'est *comme* si on mettait un chat et un chien ensemble.　그것은 마치 고양이와 개를 같이 있게 하는 것과 같다.
- C'est *comme* si on flûtait.　《구어》 그것은 소용없다 [헛일이다].
- C'est *comme* si on pissait dans un violon.　(행동·태도가) 전혀 쓸데없는 일이다, 아무 소용없는 일이다.
- C'est *comme* si on parlait à un sourd.　저 사람은 아주 완고한 사람이다; 쇠귀에 경읽기다.
- Il m'est intolérable de sentir que les gens ont sur moi une opinion arrêtée. C'est *comme* s'ils essayaient de me limiter, de mettre l'embargo sur ma pensée.　사람들이 나에 대해 독단적인 견해를 갖고 있다고 느끼는 것은 참을 수 없는 일이다. 그것은 마치 그들이 나의 한계를 정하고 나의 사고 능력을 정지시키는 것이나 다름없다.
- Il fait *comme* si je n'existais pas là .　그는 마치 내가 그 자리에 없는 것처럼 행동한다.
- Allons, oubliez votre querelle, et serrez-vous la main *comme* si de rien n'était.　자, 당신들의 싸움을

잊으시오. 그리고 아무 일도 없었던 것처럼 악수하시오.

· Nous nous sommes disputés hier; mais il est aimable aujourd'hui *comme* si de rien n'était.　우리는 어제 다투었는데 그는 오늘 마치 아무 일도 없었던 것처럼 상냥하다.

· Je m'en souviens *comme* si c'était hier.　나는 그 일을 어제 일처럼 기억한다.

❷ [주절 현재/미래 ··· comme si + 직설법 대과거]

· Tu as une mère qui t'aimera *comme* si elle t'avait mis au monde.　너는 너를 낳아준 것처럼 너를 사랑할 어머니가 있다.

· Je le connais *comme* si je l'avais fait.　그 사람 일은 속속들이 알고 있다.

· Elle ne nous a pas aidés du tout. C'est *comme* si elle ne avait été là.　그녀는 우리를 전혀 도와주지 않았다. 그것은 그녀가 거기에 없었던 것과 같다.

❸ [주절 과거 ··· comme si + 직설법 반과거]

· Son oncle a serré la main *comme* s'il la connaissait.　그의 삼촌은 그녀를 알고 있는 것처럼 그녀와 악수했다.

· Il a fait *comme* s'il ne m'entendait pas.　그는 마치 내말을 안들리는 것처럼 했다.

· Les poteaux des postes ronflaient *comme* si l'on télégraphiait de tous les cantons à la fois, pour se féliciter d'un si bel après-midi.　마치 이렇게 아름다운 오후를 축하하기 위해 모든 지역에서 동시에 전보를 치는 것처럼 전신주가 윙윙 소리를 내고 있었다.

❹ [주절 과거 ··· comme si + 직설법/접속법 대과거]

· Il parlait fort *comme* s'il avait voulu nous intimider.　그는 우리를 겁주기를 원했던 것처럼 큰 소리로 말했다.

· Ils ont fait *comme* si nous ne nous étions jamais rencontrés.　그들은 마치 우리가 전혀 만난 적이 없었던 것처럼 했다.

· Le chauffeur a continué *comme* si rien ne s'était passé.　운전기사는 마치 아무 일도 일어나지 않은 것처럼 운전을 계속했다.

· Elle a fait *comme* si elle ne m'avait pas remarqué.　그녀는 나를 못 본 체했다.

· Toutes les cinq, elles étaient vêtues d'une même robe de toile à carreaux bleus et blancs, *comme* si elles eussent porté un uniforme.　다섯 명 모두 제복이라도 입은 것처럼 파랗고 하얀 체크무늬가 있는 천으로 만든 똑같은 옷을 입고 있었다.

❺ 감탄적 독립절

· *Comme* si j'avais le temps!　내가 어디 시간이 있어야지!

· Ne fait pas l'étonné! *Comme* si tu ne le savais pas!　놀라는 척 하지 마! 마치 그걸 모르고 있는 것처럼 하는군!

· Il t'a réprimandé? - Oui, *comme* s'il avait été mon père!   그가 너를 혼냈어? -   예, 우리 아버지인 것처럼요!

2. 부가 · 등위연결

1) …와, …와 함께.

> en Orient *comme* en Occident 동서양을 막론하고. sur la terre *comme* au ciel 땅에서도 하늘에서도. les jeunes *comme* les vieux 노인도 젊은이도. (l')été *comme* (l')hiver 겨울에도 여름에도, 모든 계절에, 일 년 내내, 사시사철(=en toutes saisons).

· Les privations étiolent l'esprit *comme* le corps.   궁핍은 마음과 몸을 위축시킨다.

· J'oublierai cela *comme* le reste.   다는 다른 것들과 함께 그것을 잊겠다.

· Ils travaillent de jour *comme* de nuit.   그들은 밤낮으로 일한다.

· L'automne est la saison des récoltes en Corée *comme* au Japon.   한국과 일본에서 가을은 수확의 계절이다.

2) 주어의 연결

· L'une *comme* l'autre gardent peu de loisir disponible pour l'aventure.   둘 다 모험을 위한 한가한 시간을 거의 지니지 못하고 있다.

· Les riches *comme* les pauvres étaient bien accueillis.   부유한 사람이나 가난한 사람이나 모두 환영을 받았다.

· L'espagnol *comme* le français viennent du latin.   스페인어와 프랑스어는 라틴어에서 파생한 것이다.

> ☆ 단순히 비교 · 유사의 뜻일 때는 동사를 앞의 명사와 일치시킴.
> · L'espagnol *comme* l'italien vient du latin.   스페인어는 이탈리아어와 마찬가지로 라틴어에서 파생한 것이다.

3. 자격 · 역할 · 간주

1)

> âme conçue *comme* réalité spirituelle 정신적 실체로 간주되는 영혼. concevoir son métier *comme* une aventure 자기 직업을 일종의 모험으로 생각하다. se comporter *comme* un gentleman 신사답게 행동하다. se conduire *comme* un barbare 야만인처럼 행동하다. considérer [traiter] *qn comme* (une) quantité négligeable 《비유》 …을 대수롭지 않게 여기다, 무시하다. considérer Lautréamont *comme* un ancêtre du surréalisme 로트레아몽을 초현실주의의 한 시조로 간주하다. se considérer *comme* un personnage 자신을 대단한 인물로 생각하다. définir un triangle *comme* une figure qui a trois côtés et trois angles 삼각형을 세 변과 세 각을 가진 도형으로 정의하다. se définir *comme* un centriste 스스로를 중도파라고 말하다. envisager *qn comme* son successeur …을 자기의 후계자로 생각하다. prendre [ressentir] *qc comme* une insulte …을 모욕으로 생각하다 [느끼다]. présenter *qn comme* un escroc …을 사기꾼으로 묘사하다. recevoir une critique *comme* une injure 비판을 모욕으로 받아들

이다. être salué *comme* un précurseur 선구자의 한 사람으로 평가받다. traiter *qn comme* un inférieur ⋯을 아랫사람처럼 대하다. traiter *qn comme* une chose ⋯을 물건 취급하다. traiter *qn comme* un lépreux ⋯와 사귀기를 꺼리다, ⋯에게 말을 건네기조차 싫어하다.

· Il s'est affirmé *comme* l'un de nos meilleurs romanciers.　그는 자신이 우리나라의 최고 소설가 가운데 하나라고 자임했다.

· Je vous connais *comme* un homme sincère.　나는 당신이 성실한 사람인 것으로 알고 있소.

· L'esclave était considéré *comme* une chose.　노예는 물건으로 간주되었다.

· Je la consière *comme* ma fille.　나는 그녀를 내 딸처럼 여기고 있다.

· Il considère son métier *comme* un sacerdoce.　그는 자기 직업을 천직으로 여긴다.

· Il était considéré *comme* l'oracle de son temps.　그는 살아생전에 절대 권위자로 여겨졌다.

· Elle se considère elle-même *comme* une reine.　그녀는 그녀 자신을 여왕처럼 생각한다.

· De quel droit s'est-il institué *comme* notre dirigeant?　그가 무슨 권리로 우리 지도자가 되었습니까?

· Elle avait recueilli mon retour imprévu *comme* une bénédiction du ciel.　그녀는 나의 예기치 않은 귀환을 신의 축복으로 받아들였다.

· Je vous regarde *comme* mon bienfaiteur.　나는 당신을 은인으로 생각합니다.

· On le représente souvent *comme* un aventurier.　그는 종종 모험가로 여겨지고 있다.

2) [comme + 무관사명사]

classement *comme* site protégé 풍치보호지구의 지정. films utilisés *comme* documents 증거자료로 활용된 필름. tableau classé *comme* chef-d'oeuvre 걸작으로 평가되는 그림. texte qui est donné *comme* modèle à des élèves 학생들에게 모범 답안으로 제시된 텍스트. accepter *qn comme* époux 남편으로 맞아들이다. s'afficher *comme* démocrate 자신을 민주주의자라고 내세우다. appeler *qn comme* témoin ⋯을 증인으로 소환하다. s'assumer *comme* écrivain 작가로서의 입장에 서다. choisir *qn comme* juge ⋯을 심판으로 정하다. classer un édifice *comme* monument historique 어떤 건물을 역사적 기념물로 지정하다. comparaître *comme* témoin 증인으로 출두하다. considérer Dieu *comme* garant du salut de l'homme 신을 인간 구원의 보증인으로 여기다. considérer *qn comme* la boue de ses souliers 《구어》⋯을 발가락의 때만큼도 여기지 않다. donner *qc comme* garantie ⋯을 담보물로 제공하다. élire *qn comme* secrétaire général des Nations unies ⋯을 유엔 사무총장으로 선출하다. engager *qn comme* chauffeur ⋯을 운전기사로 쓰다. envoyer *qn comme* ambassadeur à Paris ⋯을 파리 주재 대사로 보내다. s'établir *comme* juge de la vie des gens 사람들의 사생활에 대한 판정관으로 자처하다. être choisi *comme* directeur 소장으로 임명되다. être célèbre *comme* poète 시인으로 유명하다. s'imposer *comme* chef 지도자로 인정받다. manger une glace *comme* dessert 후식으로 아이스크림을 먹다. s'offrir *comme* guide 안내하겠다고 나서다. se placer *comme* domestique 하인으로 고용되다. poser *comme* postulat l'existence de l'âme 영혼의 존재를 가정하다. se poser *comme* protecteur 보호자임을 자처하다. prendre le château *comme* but de promenade 성을 산책의 목적지로 하다. prendre *qn comme* modèle ⋯을 본보기로 삼다. prendre *qn comme* secrétaire ⋯을 비서로 채용하다. se proposer *comme* témoin 증인으로

나서다, 증언하겠다고 자청하다. réputer *qn comme* goujat …을 버릇없는 사람이라고 여기다. retenir une certaine somme *comme* garantie 일정액을 보증금으로 유치하다. retenir les journalistes *comme* otages 기자들을 인질로 잡아두다. se servir d'un bâton *comme* canne 막대기로 지팡이를 삼다. travailler *comme* ingénieur 그는 엔지니어로 일한다. utiliser *qn comme* messager …을 심부름꾼으로 쓰다. utiliser *qc comme* clé …을 열쇠로 사용하다. utiliser ses relations *comme* tremplin pour parvenir 연고관계를 출세의 발판으로 삼다. être vendu *comme* esclave 노예로 팔리다. vivre *comme* mari et femme 부부로 살다.

- *Comme* bagage, il avait un sac. 그는 짐이라고는 가방 하나였다.
- *Comme* directeur, il est efficace. 지도자로서 그는 능력이 있다.
- *Comme* idiot, il se pose là. 《구어》 그는 매우 어리석다.
- *Comme* nourriture, nous n'avons que ceci. 먹을 거라고는 이것뿐이다.
- Acceptez ce livre *comme* souvenir. 기념으로 이 책을 받으세요.
- Le jury ne les a pas admis *comme* témoin. 배심원은 그들을 증인으로 채택하지 않았다.
- Les antipsychotiques agissent *comme* calmants de l'humeur. 항정신질환제는 진정제로 작용한다.
- Mieux vaut l'avoir *comme* ami que *comme* ennemi. 그를 적으로 삼기보다 친구로 삼는 것이 더 낫다.
- Je l'ai choisie *comme* secrétaire. 나는 그녀를 비서로 뽑았다.
- Considérez cette maison *comme* vôtre. 이 집을 당신 집처럼 생각하세요.
- Le gouvernement l'a désigné *comme* nouveau ministre. 정부는 그를 새 각료로 임명했다.
- On l'étiquette *comme* anarchiste. 그를 무정부주의자라고들 한다.
- Il est très bon *comme* acteur, mais non *comme* chanteur. 그는 배우로서는 매우 훌륭하나 가수로서는 그렇지 못하다.
- Il a récemment fait ses débuts *comme* architecte. 그는 최근에 건축가로 일을 시작했다.
- Qu'est-ce que vous faites *comme* métier [travail] ? 직업이 뭡니까?
- Il a fini sa carrière *comme* chef de service. 그는 과장으로 직장생활을 마쳤다.
- Le directeur nous a imposé son frère *comme* collaborateur. 부장이 우리에게 자기 동생을 협력자로 정하도록 강요했다.
- Qu'est-ce que vous prendrez *comme* dessert? 후식으로 무엇을 드시겠습니까?
- Il me propose sa soeur *comme* secretaire. 그는 나에게 자기 누이를 비서로 추천한다.
- Toutes les tribus l'ont reconnu *comme* chef. 모든 부족이 그들 족장으로 인정했다.
- Elle a servi *comme* domestique. 그녀는 하녀로 일했었다.
- On s'est servi de lui *comme* bouc émissaire. 사람들은 그를 희생양으로 써먹었다.
- Je le veux *comme* époux. 나는 그를 남편으로 맞이하고 싶다.

3) [comme + 형용사/분사]

❶ admettre *comme* vraie la sincérité de *qn* …의 진정성을 인정하다. concevoir la langue *comme* bien ordonnée 언어를 질서정연한 것으로 이해하다. considérer deux théories *comme* symétriques 두 이론이

서로 유사하게 대응된다고 간주하다. diagnostiquer sa maladie *comme* étant un cancer 그의 병을 암으로 진단하다. poser *qc comme* incontestable …을 이론의 여지가 없는 것으로 인정하다. se regarder *comme* perdu 자기를 파멸했다고 생각하다. se présenter *comme* envoyé par le président 의장이 보내서 온 사람이라고 자기를 소개하다. ressentir la vie *comme* insignifiante 인생이 의미없이 느껴지다.

· Si tu es l'aîné, agis *comme* tel.　형이라면 형답게 행동해라.

· Je te connais *comme* étant menteur.　나는 너를 거짓말쟁이로 알고 있다.

· Je considère cela *comme* peu probable.　나는 그것이 거의 가능성이 없는 것으로 생각한다.

· Je considère cette affaire *comme* terminée.　나는 그 일이 끝난 것으로 생각한다.

· Je le considère *comme* responsable.　나는 그가 책임져야 하는 것으로 간주한다.

· On peut considérer la chose *comme* terminée.　그것은 끝난 거나 마찬가지다.

· Je considère l'état défectueux des freins *comme* responsable de l'accident.　나는 브레이크의 고장이 사고의 원인이라고 생각한다.

· On considère cette promesse *comme* sacrée.　사람들은 그 약속을 신성한 것으로 생각한다.

· Cette proposition a été considérée *comme* étant très provocatrice.　그 제안은 매우 도전적인 것으로 여겨졌다.

· Elle s'envisage *comme* chargée de mon avenir.　그녀는 내 미래에 대한 책임을 지고 있는 것으로 생각하고 있다.

· Elle m'a présenté cet interprète *comme* parlant cinq langues.　그녀는 내게 그 통역이 5개 국어를 하는 것으로 소개했다.

· On pensait qu'il est peintre, mais il ne s'est pas présenté *comme* tel.　그가 화가라고 생각했었는데 그는 자기를 그렇게 소개하지 않았다.

· Il regarde la partie *comme* perdue.　그가 그 경기를 진 것으로 여긴다.

❷ · Je crois *comme* certain qu'il réussira.　그가 성공할 것은 확실하다고 생각한다.

· Il croit *comme* certain qu'une guerre mondiale n'éclatera plus.　그는 세계대전이 더 이상 일어나지 않을 것으로 확신한다.

4) [comme + 전치사(구) + 명사]

regarder *qn comme* au-dessous de soi 남을 자기보다 못한 사람으로 여기다.

· Il se sert de ses diplômes *comme* d'une armure.　그는 학위증들을 방어막으로 사용한다.

4. 양태

1) …인 듯이, …와 같이.

❶ *comme* une fleur 《**구어**》 아주 쉽게. *comme* de juste [de raison] ; *comme* de bien entendu 당연히, 의당, 늘 그렇듯이. *comme* d'ordinaire; *comme* à l'ordinaire 여느 때처럼, 평소처럼. *comme* par hasard 우연인 듯이. *comme* par le passé 예전과 같이. *comme* un pet (sur une toile cirée) 빨리; 급히; 서둘러 (=rapidement). *comme* un seul homme 만장일치로, 일제히(=unanimement, ensemble). tout seul, *comme* un grand 아무런 도움도 받지 않고(=sans aide). aller *comme* de cire (옷이) 꼭 맞다. arriver *comme* de cire 시간에 딱 맞게 오다, 제 때에 오다. battre [crier] *comme* un désespéré 필사적으로. 필사적으로 싸우다 [소리치다] . faire *qc comme* un pied 《**구어**》 …을 아주 서툴게 하다(=très mal). tirer *comme* un pied 총을 형편없이 쏘다. raisonner *comme* un pied [une pantoufle, un tambour, une casserole] 《**구어**》 이치에 맞지 않는 소리를 하다; 궤변을 부리다. jeter [vider] *qn comme* un malpropre …을 매몰차게 내쫓다(=sans ménagement). s'y prendre *comme* un manche 《**구어**》 서투르게 [바보처럼] 행동하다. repartir *comme* en quatorze 《**구어**》 열의를 가지고 다시 시작하다. travailler [jouer] *comme* un sabot 몹시 서툴게 일하다 [연주하다] .

· *Comme* à son habitude. il a regardé le réveil.　그는 습관대로 자명종을 쳐다보았다.

· *Comme* d'habitude, il est en retard.　여느 때처럼 그가 늦는다.

· Il est arrivé en retard *comme* de coutume.　그는 늘 그렇듯이 늦게 왔다.

· Il fait ses cinq *comme* S.　그는 5자를 에스(S)자처럼 쓴다.

· Il est parti *comme* un pet.　그는 급히 떠났다.

· Il est passé à 8 heures, *comme* à l'accoutumée.　그는 여느 때처럼 8 시에 지나갔다.

· Nous étions pressés et, *comme* (par) un fait exprès, le train avait du retard. 우리는 서둘렀는데, 공교롭게도 기차가 지연되었다.

· Il est venu *comme* l'éclair dès qu'il a reçu la lettre.　그는 편지를 받자마자 번개같이 달려왔다.

❷ [comme cela; comme ça; 《**은어**》 comme ac; comac] : 이처럼(=ainsi); 그렇게 하면; (문두에서) 따라서, 그러니까(=donc); (사정 따위가) 그렇게 되어 있는; 굉장한, 멋진(=épatant).

· *Comme* ça, tout le monde sera content.　그렇게 하면 모두가 만족할 거야.

· Je n'ai jamais entendu raconter une histoire *comme* ça.　나는 그와 같은 이야기는 들은 바가 없다.

· Ne tiens pas ton couteau *comme* ça.　칼을 그렇게 잡지 마라.

· Va me porter cette lettre à la poste; *comme* ça, je n'aurai pas à y aller.　네가 이 편지를 우체국에 가지고 가서 부쳐라, 그러면 내가 거기에 갈 필요가 없게 되지.

· Alors *comme* ça, vous nous quittez.　그러니까, 당신은 우리를 떠난다는 것이군요.

· C'est *comme* ça.　그렇습니다.

· C'est *comme* ça que je suis (fait).　나는 그런 위인이다.

· C'est aberrant de riposter *comme* ça.　그렇게 대꾸한 것은 잘못된 일이다.

· Pourquoi est-il *comme* ça?　그는 어찌 그 모양이니?

· Faites *comme* ça.　　그렇게 해보십시오.

· Je vous réponds que ça ne se passera pas *comme* cela.　　이후 이런 일이 없을 것을 약속합니다.

· Comme ci ou *comme* ça, ça m'est égal.　　이렇게 되건 그렇게 되건 내겐 마찬가지다.

· Ça suffit *comme* ça.　　그만하면 됐다.

· Une bagnole *comme* ça!　　정말 멋진 차야!

❸ 《구어》 [comme ci comme ça] : 그럭저럭, 그런대로(=ni bien ni mal).

> vivre *comme* ci *comme* ça 그럭저럭 살아가다.

· Comment ça va? - *Comme* ci *comme* ça.　　요즘 어떻게 지내? - 그저 그래.

· Comment vont vos affaires? - Ça va *comme* ci *comme* ça.　　사업이 어떻습니까? - 그저 그렇습니다.

❹ [comme quoi] : 그 결과, 따라서, 결론적으로(=d'où il suit que); …임을 말하는(=disant que).

· Il n'est pas venu; *comme* quoi, nous avons bien fait de ne pas compter sur lui.　　그는 오지 않았다. 결론적으로 우리가 그를 믿지 않은 것은 잘한 일이다.

· Il fait beau aujourd'hui, *comme* quoi vous n'avaiez pas besoin de vous encombrer d'un parapluie.　　오늘은 날씨가 좋았다, 그러니 당신은 우산을 귀찮게 들고 다닐 필요가 없었습니다.

· Calmement j'ai essayé d'attraper le moustique et j'ai réussi. *Comme* quoi il ne faut pas s'énerver.　　나는 침착하게 모기를 잡으려고 해서 성공했다. 그러니 흥분해서는 안 된다.

· Faites-lui un certificat *comme* quoi son état de santé nécessite du repos.　　그의 건강 상태가 휴식을 필요로 한다는 내용의 증명서를 그에게 써주게.

2) [comme + 절]

❶

> *comme* il appert de cet acte 영장에 의해 명백한 바와 같이. *comme* dit ma concierge 세간에서 말하는 것처럼, 통속적으로 말하면. *comme* on dit 소위, 이른바. *comme* je l'ai dit plus haut 앞에서 말한 것처럼. *comme* nous disons dans notre jargon 우리가 버릇처럼 쓰는 말로 표현하자면. *comme* dit le proverbe 속담에도 있듯이. *comme* on dit proverbialement 속담에 이르기를. *comme* la cire fond au feu [au soleil] 후딱후딱; 허둥지둥. *comme* vous ne l'ignorez sans doute pas 아마 알고 계시겠지만. *comme* on peut 힘껏. *comme* cela se pratique en général 그것이 일반적으로 행해지는 대로. *comme* nous le verrons plus bas 아래에서 보는 바와 같이. *comme* vous voudrez; *comme* il vous plaira 당신 좋으실 대로(=selon votre désir). prendre les choses *comme* elles viennent 상황을 있는 그대로 받아들이다. résumer à *qn comme* cela s'est passé …에게 그것이 어떻게 일어났는지 요약해 주다.

· Il va *comme* on le pousse.　　그는 무기력하다 [줏대가 없다].

· Fais *comme* tu (le) sens.　　네가 느끼는 데로 하렴.

· Faites *comme* vous préférez.　　좋도록 하십시오.

· Laissez-le mener sa vie *comme* il l'entend.　　자기 방식대로 살아가게 해 주시오.

· Il faut prendre le temps *comme* il vient.　《속담》 상황에 적응할 줄 알아야 한다.

❷ 《구어》 [comme il faut] : 잘(=bien); 훌륭한, 더할 나위 없는.

> monsieur [personne]　très *comme* il faut. 매우 훌륭한 사람.

· C'est une jeune fille *comme* il faut, tout à fait rangée.　그녀는 아주 품행이 방정한 훌륭한 소녀다.
· Rien n'est fait *comme* il faut.　아무것도 제대로 된 것이 없다.
· Faites votre travail *comme* il faut.　당신의 일을 잘 [제대로] 하시오.

3) 일종의 … 같은 것; 대략.

❶
> avoir les jambes *comme* du coton 《구어》 다리에 힘이 없다. être pris *comme* dans un blé 《구어》 꼼짝없이 잡히다. il y a quelque chose *comme* une semaine　약 일주일 전에.

· Les résultats sont apparus *comme* insuffisants.　결과가 불충분한 것 같았다.
· Il avait entre les mains quelque chose *comme* un fusil.　그는 손에 총과 같은 것을 가지고 있었다.
· C'est quelque chose *comme* un paquet.　그것은 상자 같은 것이었다.
· Cela fait *qc comme* deux mille euros.　그것은 거의 2천 유로짜리 …이다.
· Il flottait *comme* un parfum de déception.　실망한 듯한 분위기가 감돌고 있었다.
· Il jeta *comme* une lueur.　그는 한 줄기 빛 같은 것을 던졌다.
· Il a *comme* perdu la tête.　그는 마치 정신을 잃을 것 같다.

❷ · Il a *comme* un repentir d'avoir ri.　그는 웃은 것이 마치 후회스러운 일처럼 느낀다.
· Elle a *comme* un remords de le lui avoir dit.　그녀는 그에게 그것을 말한 것을 마치 회한처럼 느낀다.

❸ · Gouverner, en temps de guerre, c'est quelque chose *comme* piloter un navire qui fait eau de toutes parts.　전시에 통치한다는 것은 사방에서 물이 스며들어 오고 있는 배를 조정하는 것과 같다고 하겠다.

❹ [être comme + 명사/형용사]

> être *comme* une âme en peine 심한 불안 [고민] 에 싸여 있다. être *comme* frappé par [de] la foudre 벼락맞은 듯이 아연실색하다. être *comme* mort 죽은 것처럼 꼼짝도 않는다; 죽은 것 같다.

· Il était *comme* fou.　그는 미친 것 같았다.
· Sa voiture est *comme* neuve.　그의 차는 (수리가 잘 되어서) 새것 같다.
· Elle était *comme* la statue du désespoir.　그녀는 마치 절망의 화신 같았다.
· Je suis *comme* suffoqué par la fumée.　나는 연기에 숨이 막히는 듯 했다.
· Ce voyage a été *comme* un rêve.　그 여행은 꿈과 같았다.

❺ [comme qui dirait] : 말하자면 …같은 (것).

· C'est une fine poudre blanche, *comme* qui dirait de la farine.   그것은 밀가루같은 하얀 고운 가루이다.

· J'ai aperçu *comme* qui dirait un éclair.   나는 번개 같은 것을 보았다.

5. 예시 : …등등의, …따위의; 예컨대 … 같은(=tel que).

animaux domestiques *comme* le chien, le chat, le cheval 개, 고양이, 말과 같은 가축들. émergence de puissances *comme* la Chine, l'Inde ou le Brésil 중국, 인도 또는 브라질과 같은 강대국의 부상. équipements *comme* de l'artillerie anti-aérienne et anti-char 방공포나 대전차포와 같은 장비. établissements de renom *comme* les universités Pierre-et-Marie-Curie et Dauphine en France, l'University College of London 프랑스의 피에르마리퀴리 대학이나 도핀느 대학, 런던 유티버시티 칼리지와 같은 저명 기관. moteurs de recherche américains *comme* Google et Yahoo 구글이나 야후와 같은 미국의 검색 엔진.

· Nous allons investir dans des domaines *comme* l'éducation qui permettent aux simples citoyens de réaliser leur rêve.   우리는 보통 시민들이 그들의 꿈을 이룰 수 있도록 해주는 교육과 같은 부문에 투자를 할 것이다.

· Il faut manger beaucoup de fruits *comme* des pommes de terre, des bananes, des oranges.   사과나 바나나, 오렌지와 같은 과일들을 많이 먹어야 한다.

부 사 적 용 법

1. 감탄 : 어찌나, 참으로, 정말(=combien, que).

1) · *Comme* j'aimerais mieux servir des saucisses que cette soupe!   이 수프가 아닌, 소시지로 상을 차리면 얼마나 좋을까!

· *Comme* vous y allez!   그럴 수가!((지나치다고 생각되는 말·행동에 대한 놀라움 표시)).

· *Comme* il a changé!   그가 참 많이 변했구나!

· *Comme* il chante bien!   그가 노래를 참 잘한다!

· *Comme* vous vous décidez vite!   결정을 참 빨리도 내리시는군요!

· *Comme* c'est cher!   정말 비싸구나!

· Oh, *comme* c'est dur!   아, 괴롭구나!

· *Comme* c'est contrariant qu'il ne vienne pas!   그가 오지 않아 참 난처하게 됐군!

· *Comme* c'est loin!   참 옛날 일이야!

· *Comme* tes lettres sont gentilles!   네 편지가 어찌나 친절하던지!

· *Comme* elle a grandi [est grandie] !   그녀가 정말 많이 자랐군!

· *Comme* tu es malin(gne)!   영악한 것 같으니라고!

· *Comme* il est chanceux!   그는 운도 좋지!

- *Comme* il est gentil!　　그는 참 친절도 하다!
- *Comme* il est indiscret!　　그는 왜 그리 경망스러운지!
- *Comme* il est mesquin!　　그는 그리도 속이 좁으냐.
- *Comme* je suis triste de devoir quitter mon pays natal!　　고국을 떠나야 한다니 정말 슬프다.
- *Comme* le temps passe vite!　　세월이 참 빠르기도 하다!
- *Comme* il vous a traité!　　그가 당신을 그렇게 대하다니!
- *Comme* te voilà bâti!　　정말 기묘한 꼴을 하고 있구나!

2) 《옛》 [comme que + *ind*]
- *Comme* que tu parle bien le français!　　너는 불어 참 잘 하는구나!

3) 간접의문
- On peut lui demander encore de l'argent. On sait *comme* il est riche.　　그에게 돈을 더 요구할 수 있다. 사람들은 그가 얼마나 부자인지 알고 있다.
- On a remarqué *comme* il est grandi.　　그가 얼마나 컸는지 알 수 있었다.

2. 어떻게(=comment)
1) 간접의문
- Je sais *comme* il est.　　나는 그가 어떤 사람인지 알고 있다.
- Vous voyez *comme* il faut qu'on gouverne.　　당신은 어떻게 다스려야 하는지를 봅니다.
- Mais Rome ignore encore *comme* on perd des batailles.　　그러나 로마는 어떻게 해서 싸움에 지는가를 모르고 있다.
- Je veux montrer à tous par là *comme* il faut vivre.　　나는 그것을 통해 모두에게 어떻게 살아야 하는지 보여주고자 한다.
- On va savoir *comme* tout se passe.　　모든 것이 어떻게 진행되는지 알 것이다.
- Voilà *comme* il est bâti.　　그는 그런 사람이다.

2) ·On ne savait *comme* en venir à bout.　　어떻게 끝내야 하는지를 몰랐다.

3) 《옛》 직접의문
- *Comme* est-ce que chez moi s'est introduit cet homme?　　그가 어떻게 내 집에 들어왔습니까?
- *Comme* est-ce qu'on s'y porte?　　다들 어떻게 지내십니까?

4) 《옛》 [comme que + *sub*] : 양보
- *Comme* que je fasse, il m'empoisonnera.　　내가 어떻게 하건 그는 나를 독살할 것이다.
- *Comme* qu'on s'y prenne, il est impossible qu'on en vienne à bout.　　어떻게 행동하건 성공하는 것은 불가능하다.

5) 《경멸》 [Dieu sait comme] : 아무도 모르게, 아무도 모르는 방법으로.

· Ce travail a été fait Dieu sait *comme*!   그 일은 어떻게 이루어졌는지 아무도 모른다.

6) [(il) faut voir comme] : 훌륭하게, 멋지게(=d'une manière remarquable).

· Il s'en est tiré, faut voir *comme*.   그는 아주 멋지게 빠져나왔어.

· Il lui a répondu, il faut voir *comme*!   그는 아주 멋지게 그에게 대답했어!

depuis

1. [depuis que + *ind*] : …한 이래로.

*depuis qu'*il est ici 그가 여기에 와 있은 이후. *depuis qu'*elle est morte; *depuis qu'*elle n'est plus 그녀가 죽은 이후로. *depuis qu'*il était jeune 그는 젊었을 때부터. *depuis qu'*elle existe 그녀가 태어난 이래로. *depuis que* le monde est monde 천지개벽 이래. *depuis qu'*il a perdu son travail 그가 실직한 후. *depuis qu'*il a quitté son pays natal 그가 고향을 떠난 이래로.

· *Depuis qu'*il a appris cette nouvelle, il est effondré.   그 소식을 알게 된 후로 그는 실의에 빠져 있다.

· *Depuis qu'*elle est arrivée à Séoul, elle est malade.   그녀는 서울에 도착한 이래로 계속 앓았다.

· *Depuis que* j'ai commencé à collaborer à ce dictionnaire, mes connaissances lexicales se sont élargies. 이 사전 일에 협력하기 시작한 이후로 내 어휘 지식이 풍부해졌다.

· *Depuis qu'*il est malade, il s'abandonne.   그는 몸져누운 뒤로 몸을 가누지 못한다.

· *Depuis qu'*ils sont adolescents, l'aîné a la réputation d'être le plus brillant des deux.   그들이 청소년기일 때부터 형은 더 우수한 것으로 명성이 있었다.

· *Depuis qu'*il a hérité, il mène grand train.   상속받은 이후로 그는 흥청망청 돈을 쓴다.

· *Depuis que* Washington est passé de la confrontation à la négociation avec la RPDC, le Japon se retrouve isolé dans son intransigeance vis-à-vis du régime.   미국이 북한과의 대립에서 협상으로 전환한 이후로 북한에 대해 완강한 입장을 취하고 있는 일본은 고립되었다.

· Il va mieux *depuis qu'*il s'est arrêté de fumer.   그는 담배를 끊고 나서 건강이 좋아졌다.

· Ils ont appris l'anglais *depuis qu'*ils étaient petits.   그들은 어릴 때부터 영어를 배웠다.

· Votre fille s'apprivoise peu à peu *depuis qu'*elle est chez moi.   당신 딸이 내집에 온 뒤로 점차 온순해진다.

· Le temps lui dure *depuis qu'*il attend votre arrivée.   당신을 기다리기 시작한 이후로 그에게는 시간이 더디 간다.

· Il s'est étoffé *depuis qu'*il a fait du sport.   그는 운동을 하기 시작하면서부터 몸이 좋아졌다.

· Le bateau est plus propre *depuis qu'*on lui a donné un coup de peinture.   새로 칠한 후 배가 더 깨끗해졌다.

- Nous sommes sans nouvelles *depuis qu'*il est parti.   그가 떠난 이후로 소식을 듣지 못했다.
- Cinq ans ont passé *depuis que* je l'ai vue.   그녀를 본 후로 5년이 지났다.
- Il ne fait que neiger *depuis que* je suis à Moscou.   내가 모스크바에 온 이래로 줄곧 눈만 온다.
- Il ne se ressemble plus *depuis qu'*il est marié.   그는 결혼하고 나서 사람이 달라졌다.

2. [depuis + 명사 + 분사]

depuis votre lettre reçue 당신의 편지를 받은 이후로.

3. [depuis + 시간 + que + *ind*] : …한 …의 기간 동안 [이래로] .

- *Depuis* vingt ans *que* nous nous connaissons, c'est la première fois que nous pouvons travailler ensemble.
  우리가 서로 안지가 20년이나 되었는데 같이 일해보기는 이번이 처음이다.
- *Depuis* si longtemps *que* je ne l'ai pas vue!   그녀를 정말 오랫동안 못 만났어!

4. 《옛》 [depuis *inf*]

depuis avoir connu feu M. Legrand 고 르그랑씨를 알게 된 후로. *depuis* s'être démis de ses fonctions 직무에서 사직한 후로.

1. [dès que + *ind*] : …하자마자.

1)

> *dès qu'*il a le dos tourné 그가 자리를 뜨자마자. *dès qu'*il y aura un cessez-le-feu 휴전이 성립되자마자.
> *dès que* la politique aura été déterminée 정책이 결정되자마자. *dès que* le printemps revient 다시
> 봄이 오자. *dès que* je l'ai vue 그녀를 본 순간부터.

- *Dès que* j'ai appris la nouvelle, j'ai pris l'avion pour aller le voir.   소식을 듣자마자 나는 그를 만나러
  가려고 비행기를 탔다.
- *Dès qu'*il y avait un problème, ils m'appelaient pour récupérer des valves cardiaques.   문제가 생기자
  그들은 나를 불러 심장판막을 회복시키도록 했다.
- *Dès qu'*il a un peu bu, il devient égrillard.   그는 술을 조금만 마셔도 상스러워진다.
- *Dès que* je suis à côté de cet homme qui fume, j'ai un mal de tête abominable.   담배 피우는 그
  사람 옆에만 있으면 나는 머리가 지독히 아프다.

· *Dès que* vous serez (arrivé) à Séoul, écrivez-moi.   서울에 도착하자마자 내게 편지를 하세요.
· *Dès que* je me lève, je me brosse les dents.   나는 일어나자마자 이를 닦는다.
· *Dès que* j'ai vu cet homme, j'ai pensé à ce film.   나는 그 사람을 보는 순간 그 영화가 생각났다.
· *Dès que* les enfants ont vu leur mère, ils l'ont embrassée.   아이들은 엄마를 보자마자 뽀뽀를 했다.
· J'irai vous voir *dès que* j'aurai terminé le travail.   일을 마치는 대로 당신을 보러 가겠다.
· Son regard s'anime *dès qu'*il parle du cinéma.   그는 영화 이야기를 하자마자 눈이 빛난다.
· La tension s'apaisera *dès que* la demande américaine se sera stabilisée.   미국의 수요가 안정되면 긴장이 완화될 것이다.
· Nous nous sommes appréciés *dès que* nous nous sommes connus.   우리는 알게 된 이후로 서로 존중했다.
· Je suis à vous *dès que* j'ai fini avec Monsieur.   그 분 일이 끝나면 곧 (돌)보아 드리겠습니다.
· Il est venu comme l'éclair *dès qu'*il a reçu la lettre.   그는 편지를 받자마자 번개같이 달려왔다.
· Venez-me voir *dès que* vous pourrez.   되도록 빨리 나를 보러 오십시오.
· Les États, *dès qu'*ils en ont eu l'occasion, se sont désengagés des banques qu'ils avaient sauvées de la faillite en y injectant de l'argent public.   국가들은 기회가 주어지기만 하면 공적자금을 투입해서 파산으로부터 구해낸 은행들로부터 손을 떼었다.

2) 생략문

> *dès* que possible 가능한 한 빨리(=le plus tôt possible).

2. [dès + 명사 + 과거분사]

> *dès* la nuit tombée 밤이 되자. *dès* la porte refermée, 문이 다시 닫히자마자.

· *Dès* son baccalauréat passé, il s'est engagé.   대학입학자격시험을 치르자마자 그는 입대했다.
· *Dès* votre lettre reçue, il partit.   당신 편지를 받자마자 그는 떠났습니다.

3. 《옛·지방어》 [dès en + 현재분사]

> *dès* en entrant 들어오자마자. *dès* en naissant 태어나면서부터.

4. [dès lors que + *ind*] : …하자마자; …인 이상, …이므로

> *dès* lors *que* le logement loué constitue sa résidence principale 세든 집이 그의 주된 주거지가 되므로
> *dès* lors *que* le livre est traité comme un résultat ou un produit 책이 결과물 또는 산출물로 다루어지므로

· *Dès* lors *que* vous êtes l'ami de Monsieur, vous êtes mon ami.   당신이 그분의 친구인 이상 당신은 내 친구입니다.

· *Dès* lors *que* vous ne l'approuvez pas, moi aussi, je m'opposerai à lui.   당신이 그에 찬성하지 않는 이상 나도 그에게 반대를 하겠다.

· *Dès* lors *que* vous me trompez, je ne peux plus avoir confiance en personne.   당신이 나를 속이는 이상 이제는 아무도 믿을 수 없게 되었다.

· *Dès* lors *que* la France veut jouer encore un rôle actif dans les affaires du monde, elle ne peut pas être absente de la zone de toutes les tensions.   세계의 여러 가지 문제에서 프랑스가 아직도 적극적인 역할을 하고자 하는 이상 모든 긴장 지역에 관여할 수밖에 없다.

· Il faut l'encourager *dès* lors *qu'*il veut étudier la chimie.   그가 화학을 공부하고자 하는 한 그를 격려해 주어야 한다.

· Je suis prêt à lui prêter mon appareil de photo, *dès* lors *qu'*il ne le brisera pas.   나는 그가 파손시키지만 않으면 그에게 사진기를 빌려줄 용의가 있다.

· Le terrain d'entente entre les deux partis est vaste *dès* lors *qu'*il s'agit de la Chine.   중국 문제에 대해서는 양당간의 합의의 여지는 더 크다.

· Les allégements de taxes ont pour effet d'encourager les entreprises à proposer des produits moins polluants, *dès* lors *que* leur prix devient plus attrayant pour l'acheteur.   세금의 경감은 구매자에게 가격이 더 매력적으로 되므로 기업들로 하여금 오염을 덜 유발하는 제품을 제공하게 하는 효과를 가지게 된다.

5. [dès l'instant [le moment] que [où] + *ind*] : ···하자마자; ···한 이상, ···하니까(=puisque).

> *dès* l'instant [le moment] *qu'*il est parti 그가 떠나자마자. *dès* l'instant où il est d'accord 그가 동의한 이상.

6. 《옛》 [dès aussitôt que + *ind*] : ···하자마자(=tout aussitôt que).

> *dès* aussitôt *que* je comprends quelque chose 내가 무언가를 이해하게 되자마자.

7. 《옛》 [dès là que + *ind*] : ···하자마자(=aussitôt que); ···인 이상, ···이므로(=étant donné que, puisque).

> *dès* là *que* Dieu existe 신이 존재할 때부터. *dès* là *que* le monde vous réprouve 사람들이 당신을 비난하므로.

devant

1. 《옛》 [devant que + *sub*] : …하기 전에.

> *devant* qu'il eût le temps de s'établir 그들이 자리 잡을 시간을 가지기 전에. *devant que* je meure 내가 죽기 전에.

2. 《옛》 [devant que (de) + *inf*] : …하기 전에.

> *devant que* d'y aller 거기에 가기 전에. *devant que* d'évacuer la ville 도시에서 철수하기 전에. *devant que* mourir 죽기 전에.

donc

1. 논리적 결론 : 그러므로, 따라서.

1)
> sièges ergonomiques, *donc* confortables 인간공학적으로 만들어서 편안한 의자.

· Je pense, *donc* je suis.　나는 생각한다, 고로 존재한다((**Descartes의 말**)).

· Ce voyage coûte très cher, *donc* il y renonce.　그 여행은 비용이 매우 많이 들어서 그는 포기했다.

· Vous me demandez mon avis, n'est-ce pas? Je vais *donc* vous le donner.　내 견해를 듣고자하시는 거지요? 그래서 견해를 말하겠습니다.

· Nous ne sommes pas riches. *Donc* contentons-nous de cette soupe.　우리는 부자가 아니잖아. 그러니까 이 수프에 만족합시다.

· Si ce n'est pas elle, c'est *donc* sa soeur.　그녀가 아니라면, 그것은 결국 그의 언니다.

· Il a hérité, il est *donc* très riche.　그는 상속을 받아서 돈이 매우 많다.

· J'ignore tout de cette affaire, *donc* je me tais.　나는 그 사건에 대해 아무것도 모른다. 그래서 말을 하지 않는다.

· Je ne le vois pas, il n'est pas *donc* pas venu.　그를 볼 수 없다, 그렇다면 그가 오지 않은 것이다.

· Vous voulez aller en Chine? Vous devez *donc* avoir un visa.　중국에 가고자 한다고요? 그렇다면 비자가 있어야 합니다.

- Cela avait pour conséquence d'augmenter la productivité des ouvriers et *donc* aussi leurs salaires.
그것은 노동자들의 생산성을 높이고, 따라서 그의 급료를 인상시키는 결과를 가져왔다.
- La porte est ouverte, *donc* il y quelqu'un dans la maison.   문이 열려 있으므로, 집안에 누군가가 있다.
- Les spammeurs utilisent généralement de fausses adresses d'envoi, il est *donc* totalement inutile de répondre.   스팸메일을 보내는 사람들은 일반적으로 허위 발송 주소를 사용한다. 그래서 답장을 해도 소용이 없다.
- L'économie ralentit. *Donc* essayer d'anticiper aujourd'hui ce que sera le budget est difficile.   경기가 둔화되고 있다. 따라서 예산이 어떻게 될 것인가 예측하기가 어렵다.
- C'est aussi un nid d'espions: *donc* une ville dangereuse pour les illégaux.   그곳은 스파이들의 소굴이다. 따라서 불법체류자들에게는 위험한 도시다.
- Nous n'avons que 3% des ressources en pétrole dans le monde. Il faut *donc* se tourner vers des énergies nouvelles: le solaire, l'éolien, les biocarburants, etc.   우리는 세계 석유자원의 3%밖에 보유하고 있지 못하다. 그러므로 태양열, 풍력, 식물성 대체연료 등 새로운 에너지 쪽으로 방향을 돌려야 한다.
- L'État et le président de la République se sont engagés à garantir les dépôts des épargnants et à empêcher toute faillite bancaire. Les risques sont *donc* limités, sauf pour les actionnaires des banques. 국가와 공화국 대통령이 예금자의 예금을 보증하고 은행의 파산을 방지할 것을 약속했다. 그러므로 은행 주주들을 제외하고는 위험이 제한적이다.
- Ahmadinejad n'est pas la personne qui a le plus de pouvoir en Iran. *Donc* ce n'est peut-être pas le bon interlocuteur.   아마디네자드가 이란의 최고 권력자가 아니다. 그러므로 아마도 그는 좋은 대화 상대자가 아니다.
- Le Président a eu des mots assez durs pour dénoncer la crise financière qui déstabilise le monde. Le chef de l'État plaide *donc* pour un nouvel équilibre entre l'État et le marché.   대통령은 세계를 뒤흔들고 있는 금융위기를 비난하기 위해 상당히 강한 어휘들을 사용했다. 그러므로 그는 국가와 시장 간의 새로운 균형을 옹호하고 있다.
- Les Russes ont placé des troupes supplémentaires en Ossétie du Sud. Les intentions des Russes étaient *donc* très claires. Ils attendaient juste le bon moment pour saisir cette occasion. *Donc* la situation est très difficile.   러시아가 남부 오세티야에 추가 병력을 배치했다. 그러므로 그들의 의도는 명백하다. 그들은 바로 그러한 기회를 잡기 위해 기다리고 있었다. 그래서 상황이 매우 어렵다.
- Cette ressource indispensable à la vie était surabondante et qu'il suffisait de savoir la recueillir, la stocker et la transporter pour satisfaire les besoins des hommes. Tout était *donc* affaire d'infrastructures. 생명에 불가결한 그 자원은 매우 풍부하였고, 인류의 필요를 만족시키기 위해서는 그것을 모으고 저장하고 운반할 줄 알기만 하면 되었었다. 그러므로 모든 것은 사회기반시설의 문제였다.
- On sait que les dernières rencontres entre émissaires du chef spirituel tibétain et responsables chinois n'ont rien donné et que le dialogue est dans l'impasse. Il sera *donc* difficile de convaincre l'opinion française, encline à prendre le parti du faible contre le fort, du dalaï-lama contre les autorités de Pékin.

티베트의 정신적인 지도자의 밀사와 중국 책임자들과의 최근 만남이 아무런 결과를 가져오지 못하고 대화가 교착상태에 있다는 것을 알고 있다. 따라서 강자에 반대하여 약자의 편, 즉 북경 당국에 반대하여 달라이라마의 편을 들고자 하는 프랑스 여론을 설득하는 것은 어렵다.

2) · Tous les hommes sont mortels, or Jean est un homme; *donc* Jean est mortel.　모든 사람은 죽는다. 그런데 장은 사람이다. 그러므로 장은 죽는다.

· Tous les hommes sont faillibles; les juges sont des hommes; *donc* les juges sont faillibles.　모든 사람은 과오를 범할 수 있다. 판사들은 사람이다. 그러므로 판사들도 과오를 범할 수 있다.

· A égale B, or B égale C, *donc* A égale C.　A는 B와 같고 B는 C와 같다. 따라서 A는 C와 같다.

> ☆ 일반적으로 접속사로 보나 문두 이외의 위치에 오는 경우에는 부사로 보기도 함. 발음은 문두에서는 [dɔk], 기타의 경우는 [dɔ].

2. 중단되었던 이야기를 계속할 때 : 그런데, 그래서, 그러니까.

or *donc* 그런데, 그렇지만. *donc* pour revenir à notre sujet 그런데 우리의 본론으로 다시 돌아가면. je disais *donc* que … 그러니까 내가 앞서 말한 것은 ….

· L'heure de vérité a *donc* sonné.　그래서 진실을 밝혀야 하는 시간이 왔다.

· Vous n'aviez *donc* plus votre esprit habituel.　그러니까 당신은 이미 여느 때의 정신이 아니었습니다.

· Ça engage *donc*, ce qu'on écrit ?　그러니까 작품은 작가에게 책임을 지우는 것이지?

· Il se dirigea *donc* vers nous.　그래서 그는 우리 쪽으로 향해 왔다.

· Nous étions *donc* allés vivre à la ferme, avec armes et bagages.　그래서 우리는 모든 살림을 꾸려 농가로 살러 갔었다.

· Supposons *donc* maintenant que nous sommes endormis.　그럼 이제 우리가 잠든 상태라고 가정합시다.

· Il y a *donc* un risque important que, loin d'apporter aux deux banques le soutien dont elles ont besoin, l'intervention de l'État finisse par les affaiblir encore davantage.　그런데 국가의 개입이 은행들이 필요로 하는 지원을 해주기는 커녕 그들을 더욱 더 약화시키게 되지 않을까 하는 커다란 위험이 있다.

· Mme Clinton entend *donc* renouer avec l'approche flexible de la fin du mandat de son mari.　그래서 힐러리 클린턴은 그의 남편의 대통령 임기 말기의 탄력적인 접근법을 다시 취하려 한다.

· Le candidat du Parti démocrate à la présidence des États-Unis, le 4 novembre, sera *donc* Barack Hussein Obama, 46 ans, fils d'une Américaine et d'un Kényan, né à Hawaï, élevé en partie en Indonésie, étudiant à l'université Harvard, travailleur social dans le ghetto noir de Chicago.　그래서 11월 4일 미국의 민주당 대통령 후보는 미국인 어머니와 케냐인 아버지의 아들로, 하와이에서 태어나, 한때 인도네시아에서 성장하고, 하버드 대학에서 공부하고, 시카고의 흑인 거주지의 사회운동가였던 46세의 버락 오바마가 될 것이다.

3. 1) 명령의 강조

· Allons, pas d'histoires. Acceptez *donc* !　　자, 이말 저말 하지 말고 그만 받아들여!

· Tu veux aller au cinéma. Mais vas-y *donc*!　　영화관에 가고자하는 거지. 그러면 가지 그래!

· Va *donc*, eh cocu!　　꺼져라, 이 얼간아!

· Eh! faites *donc* un peu attention.　　어, 좀 조심하시오.

· Fermez *donc* la fenêtre, on gèle ici!　　추워 죽겠으니 창문 좀 닫으세요!

· Mettez *donc* du goût dans ce que vous faites.　　하시는 일에 애정을 가지세요.

· Laissez *donc* !　　이제 그만 해둬요.

· Laissez *donc* cela, je vais le faire.　　놔두세요, 제가 할게요.

· Laissez ceci et prenez *donc* cela, là-bas.　　이것을 놓아두고 저기 저것을 가져 가시오.

· Laisse-le *donc*, ce fourneau-là.　　그 바보 녀석을 내버려 두어라.

· Mange *donc* ta soupe au lieu de bavarder.　　수다만 떨지 말고 수프를 먹어라.

· Pensez *donc*!　　생각 좀 해보세요!

· Taisez-vous *donc*.　　조용히 좀 하시오.

· Venez *donc* dîner ce soir sans cérémonie.　　오늘 저녁 가볍게 식사나 하러 오시지요.

2) 의문의 강조

· Pourpuoi *donc* ne s'est-elle pas mariée?　　대체 왜 그녀는 결혼하지 않았을까?

· Que vous arrive-t-il *donc*?　　대체 무슨 일이 있소?

· Où êtes-vous *donc* allé?　　당신은 도대체 어디에 갔었소?

· Où est-il *donc*?　　그는 도대체 어디에 있는가?

· Faut-il *donc* échouer de si peu?　　도대체 이까짓 일로 좌절할 수밖에 없단 말인가?

· Que s'est-il *donc* passé à Londres?　　그러면 런던에서는 무슨 일이 일어났나?

· Qu'est-ce *donc* que l'amour?　　도대체 사랑이란 무엇인가?

· Quel est *donc* le projet présidentiel?　　도대체 대통령의 계획은 무엇인가?

· Qui *donc*?　　도대체 누구란 말이오?

· Qui m'a *donc* enfiellé de la sorte contre toi?　　도대체 누가 그런 식으로 나에게 너에 대한 원한을
품게 만들었나?

· Qui lui a *donc* pu téléphoné si tard dans la nuit?　　도대체 누가 그렇게 밤 늦은 시간에 그에게 전화를
할 수 있었을까? 게 너에 대한 원한을 품게 만들었나?

· Vas-tu *donc* cesser de pleurer?　　울음을 뚝 그치지 못하겠니?

· Elle est *donc* partie?　　그녀가 떠나긴 떠났소?

· N'ai-je *donc* tant vécu que pour cette infamie?　　내가 살아온 결과가 이런 수치뿐이란 말인가?

3) 놀라움 · 감탄의 강조

· Oh! c'est *donc* vous!　　오오, 당신이군요!

· C'est *donc* ça qu'elle est si belle!　(미인으로 유명한 여자를 보고) 과연 아름답군!

· Comment *donc* s'est-il enfui?　그가 도대체 어떻게 도망쳤지?

· Vous étiez *donc* là?　그래, 거기에 계셨단 말씀이오?

· Que ce spectacle est *donc* beau!　그 광경이 얼마나 아름다운지!

· Que diable *donc* allait-il faire dans cette galère?　그는 어떻게 그런 일에 걸려들었나?

· Quoi *donc*!　아니 뭐라고!

· Qu'elle chante *donc* bien!　그녀가 노래를 잘도 부르는군요!

· Qu'il fait *donc* beau aujourd'hui!　오늘 참 날씨가 좋기도 하군요!

4) ❶ 〔ainsi donc〕

　⇒ ainsi

❷ 〔allons 〔allez〕 donc!〕 : 자아 어서, 가세 〔하세〕 ; 설마, 천만에, 그럴 리가 있나, 웬걸((놀라움·불신·비난)).

· Allons *donc*! pas possible.　설마! 그럴 수가.

· Allons *donc*! vous plaisantez!　설마! 농담하시는 거죠.

· Il est venu? Allons *donc*!　그가 왔다구? 설마!

· Vous prétendez obtenir son consentement? Allons *donc*!　그의 승낙을 얻어낼 수 있다구요? 설마!

· Allez *donc*, laissez-moi tranquille!　제발 귀찮게 좀 굴지 마시오!

❸ 〔va 〔allons, allez〕 donc + *inf*〕 : 반어적 명령.

· Va *donc* essayer!　어디 좀 해보시지!

· Allez *donc* essayer d'apaiser un tel fanatique!　저런 미치광이를 달래보겠다니 어디 좀 해보시지!

❹ 〔Et allez donc〕 : 언행의 과장된 것을 강조.

· Et allez *donc* ! Ne vous gênez pas!　《비꼼》 저런, 체면 좀 차리시지 〔너무하군〕 !

· Et allez *donc* ! voilà du bon travail!　《비꼼》 저런, 훌륭한 일인 걸!

❺ · Mais va *donc* ! 그럴 리 없지, 무슨 소리야.

❻ 〔dites 〔dis〕 donc!〕 (주의를 끌거나 불만·놀라움을 나타내어) 이봐(요); 아 참!

· Et, dis *donc* !　이거야 원!

· Dis *donc*, vieux frère.　이봐, 자네.

· Dis *donc*, qu'est-ce qu'il y a là-dedans?　대체 그 안에 뭐가 있다는 거요?

· Dites *donc*, qu'en pensez-vous?　이봐요, 당신은 그에 대해 어떻게 생각하시오?

· Dites *donc*, soyez poli!　이봐요, 예의를 좀 지키세요!

· Et bien, dites *donc* ! Voilà qu'il m'achète à présent!　아, 참! 이제 나는 그의 놀림감이 됐어요 〔그에게 한 방 먹었어요〕 !

❼ 〔voyons donc〕 : 놀라움·분노·의구심 따위의 강조

· Voyons *donc*, qu'est-ce qui te prend?　이봐, 도대체 어떻게 된 거야?

· Voyons *donc*, quelle faute a-t-il commise?　어, 그러니까 그가 뭘 잘못한 거지?

❽ 〔Mais comment donc!〕 : 물론이지!(=bien sûr).

· Puis-je entrer? -- Mais comment *donc* !　들어가도 좋습니까? - 물론 그렇고 말고!

❾ · Ahi *donc* ! 잘해 봐! ((**격려**))

· Faites *donc*!　자아! 좋습니다! 좋고말고요!

durant que

《**옛·문어**》　〔durant que + *ind*〕 : … 하는 동안.

*durant qu'*il dormait 그가 자고 있는 동안에. *durant que* j'étais fort jeune 내가 매우 젊었을 때. *durant que* Paul lisait 폴이 독서를 하고 있는 동안에. *durant qu'*il était vivant 그가 살아있을 때에. *durant qu'*il jouait au tennis 그가 테니스를 치고 있는 동안에. *durant qu'*on livrait ces combats 그 전투를 하는 동안에.

· *Durant qu'*il était en prison, il lisait beaucoup.　그는 감옥에 있는 동안 독서를 많이 했다.

· Elle continue, ainsi, de lire, *durant qu'*il dort.　그가 자고 있는 동안에 그녀는 그렇게 독서를 계속한다.

· Je ne sais à quoi je pensais, *durant que* me parlait cette femme.　그 부인이 내게 말하는 동안에 나는 내가 무슨 생각을 하고 있었는지 모르겠다.

· Il lui arrivait parfois, *durant que* les garçons s'amusaient, de se glisser clandestinement dans un petit salon dont la porte donnait dans la chambre du colonel.　가끔 아이들이 놀고 있는 동안에 그가 대령의 방으로 통하는 문이 있는 거실로 몰래 들어가곤 했다.

encore

1. 그렇지만, 하지만, 그래도.

1) · Tout ceci est terrible, *encore* ne sait-on pas tout.　이 모든 것은 끔찍한 일이다, 그렇지만 아직도 모르는 일이 있다.

· C'est une explication possible, *encore* n'est-elle pas certaine.　그것은 가능한 설명의 하나다, 하지만 확실하지는 않다.

· C'est une conclusion intéressante, *encore* n'est-elle pas définitive.　그 결론은 흥미롭기는 하지만 결정적인 것은 아니다.

· Il nous met tous en retard et, *encore*, c'est lui qui proteste.　그는 우리 모두를 지각하게 한다. 그런데도 항의하는 것은 그다.

· Je veux bien lui pardonner, *encore* faut-il qu'il me prouve sa bonne foi.　나는 그를 용서하고 싶지만, 그래도 그는 자기의 솔직함을 나에게 보여야 한다.

> ☆ 제한·유보를 나타낼 때 보통 문두에 위치하며 주어와 동사를 도치할 때가 많음.

2) 〔et encore〕

· Et *encore* ne l'a-t-il pas souhaité.　그렇지만 그는 그것을 원하지도 않았다.

· Et *encore* je préfère ne pas y aller.　그렇지만 나는 거기에 가지 않았으면 한다.

· Je lui ai acheté une voiture, et *encore*!　내가 그에게 차를 한 대 사주었는데 말이야!

3) 〔mais encore〕

· Tu me dis que tu vas faire un voyage. Mais *encore* où?　여행을 간다지. 한데 어디로 가지?

· C'est à vous d'agir prudemment. - Mais *encore*?　당신이 조심스럽게 행동해야 합니다 - 그렇다면(어떻게 해야 하지)요?

2. 《문어》 [encore que + *sub*] : ···에도 불구하고(=bien que).

1)

> *encore qu*'ils soient fort opposés à ceux qui commettent des crimes 그들이 죄를 짓는 사람들에게 강하게 반대를 하지만.

· *Encore qu*'il soit jeune, il ne laisse pas d'être sérieux.　그는 젊지만 진중하다.

· *Encore qu*'il soit tard, veillez rester encore quelques minutes avec nous.　시간이 늦었지만 우리하고 몇 분 더 같이 있어 주세요.

· *Encore qu*'il soit sans crime, il n'est pas innocent.　그가 죄를 범하지 않았다 해도 결백한 것은 아니다.

· *Encore que* le jour des funérailles de cet auteur, n'ait pas été un jour chômé, un million de personnes se sont assemblées dans le centre de la ville pour lui rendre hommage.　그 작가의 장례일은 휴일이 아니었지만, 백만명의 사람들이 그에게 경의를 표하기 위해 도심지로 몰려들었다.

· *Encore que* Washington tende à minimiser la portée politique de la visite de Bill Clinton, la glace paraît rompue entre les États-Unis et la RPDC.　미국은 빌 클린턴의 방문의 정치적인 의미를 최소화하고자 하고자 하지만 미국과 북한사이의 차가운 분위기는 해소된 것 같다.

· Nous avons aussi écarté les personnalités négatives, *encore que* leur action soit déterminante dans la nouvelle configuration mondiale.　세계의 새로운 형세에서 비록 그들의 행동이 결정적인 역할을 하더라도 우리는 부정적인 인물들은 배제했다.

· Les terroristes ont plus facilement accès aux armes biologiques que nucléaires, *encore que* la vente de ces dernières au marché noir augmente dangereusement.　암시장에서 핵무기의 판매가 위험스럽게 증가하고 있지만, 테러리스트들은 핵무기보다 생물무기에 더 용이하게 접근할 수 있다.

· Que ce fils ait conquis ses premiers lauriers politiques dans le fief paternel de Neuilly passe à la rigueur, *encore qu'*une victoire sur des terres moins favorables eût été plus probante.　덜 호의적인 지역에서의 승리가 더 설득력이 있었겠지만, 그 아들이 뇌이의 아버지의 영지에서 첫 번째 정치적인 승리를 거둔 것은 부득이한 경우로 인정될 수 있다

2) 생략문

> *encore qu'*impuissant 무기력하기만. *encore qu'*innocemment 악의가 없지만.

· *Encore que* très riche, elle vit simplement.　그녀는 매우 부자지만 검소하게 산다.
· *Encore que* jeune, son fils est très sérieux.　그의 아들은 젊지만 매우 신중하다.

3. 《옛·드물게》 [encore que + *cond*]

· *Encore que* vous me donneriez dix mille euros, je ne ferai pas cela.　당신이 내게 만 유로를 준다 해도 나는 그렇게 하지 않겠다.

en effet

1. 실제, 사실(=effectivement).

· Je vous ai vu au théâtre.—J'y étais *en effet*.　극장에서 당신을 보았어요 - 그래 실제로 극장에 갔었소.
· *En effet*, il est venu hier.　사실 그가 어제 오기는 왔었다.
· Il ne réussira pas aux examens, car *en effet* il ne travaille pas.　그는 시험에 합격하지 못할 거야, 사실 그는 공부를 안 하거든

2. 정말이지, 확실히(=de fait, assurément) : 앞의 단언 내용에 대한 확인.

· Cette voiture me plaît beaucoup, *en effet*, elle est rapide et confortable.　이 차는 내 마음에 꼭 든다. 정말이지 빠르고 안락하거든.
· Je crains qu'il ait *en effet* raison.　나는 확실히 그가 옳을까 하는 의구심이 들었다.
· Il se comporte *en effet* comme autrefois.　그는 역시 예전에 하던 대로 하는군.

· Elle m'a encore envoyé une boîte de vieux timbres. - Elle est, *en effet*, très gentille.　그녀가 내게 오랜 된 우표 한 상자를 또 보내주었어요. - 그녀가 정말로 친절하군요.

· Il n'est pas encore marié, n'est-ce pas? - *En effet* (il ne l'est pas).　그가 아직 미혼이지요, 그렇죠? - 그래요, (그는 미혼이에요.)

· N'y a-t-il pas risque de conflit? - *En effet*.　분쟁의 소지가 생기지나 않을까요? - 그럼요, 생길 거예요.

· *En effet*, vous avez raison.　아닌 게 아니라 당신 말이 맞습니다.

· *En effet*, le sujet était très difficile.　정말 문제가 매우 어려웠다.

3. 왜냐하면 …이니까.

· Étiez-vous absent, mardi dernier? - *En effet*, j'avais la grippe.　지난 주 화요일에 결석했지요? - 왜냐하면 감기에 걸렸었거든요.

· Je ne peux pas y aller. *En effet*, j'ai des choses à faire.　나는 갈 수 없어요. 왜냐하면 할 일이 있거든요.

ergo

그러므로, 따라서(=conséquemment, donc, par conséquent).

· Ma fille est nonne, *ergo* c'est une sainte.　내 딸은 수녀이고, 따라서 성녀와 같다.

et

1. 같은 기능을 가진 요소의 연결: …와, 그리고, 또, 및.

1) 같은 종류의 요소 연결

❶ a) [(대)명사 + et + (대)명사]

l'action *et* la réaction 작용과 반작용. allée *et* venue 갔다 왔다 하기, 왕래. l'alpha *et* l'oméga 처음과 끝. armes nucléaires *et* armes conventionnelles 핵무기와 재래식 무기. arrestation *et* détention d'un criminel 범인의 체포 구금. l'attaque *et* la défense. 공격과 수비. l'avant *et* l'arrière d'une voiture 차의 앞좌석과 뒷좌석. le bien *et* le beau 선과 미. les biens *et* les services 재화와 용역. le boire *et* le manger 식음(食飮); 마실 것과 먹을 것. l'esprit *et* le corps 정신과 육체. l'être *et* le devenir 존재와 생성. bon père *et* bon époux 좋은 아버지이자 남편. les bons *et* les méchants 선인과 악인. le choix *et* l'ajustement des termes 용어의 선택과 조정. le principal coupable *et* ses comparses 주범과 그의

공범자들. les définitions *et* les exemples d'un dictionnaire 사전의 정의와 예. l'endroit *et* l'envers d'un tissu 천의 표면과 이면. son fils *et* sa fille 그의 아들과 딸. fonction d'expression *et* fonction de communication du langage 언어의 표현기능과 소통기능. l'hôpital *et* ses adjonctions 병원과 그에 딸린 부속 건물. jouets en bois *et* ceux en plastique 나무 장난감과 플라스틱 장난감. langue parlée *et* langue écrite 구어와 문어. le lieu *et* l'heure de la réunion 모임의 장소와 시간. le milieu *et* les côtés 중앙과 양측면. les militaires *et* les civils 군인과 민간인. les moeurs d'aujourd'hui *et* celles d'autrefois 오늘날의 풍속과 옛날의 풍속. musique classique *et* musique contemporaine 고전음악과 현대음악. textiles artificiels *et* textiles synthétiques 인조 섬유와 합성 섬유. le vendeur *et* l'acheteur 매도인과 매수인. visiteurs *et* accompagnant d'un malade hospitalisé 입원환자의 방문객들과 환자의 수행인. sentiment qui combine le désir *et* la peur 욕망과 공포가 뒤섞인 감정. accorder ses principes *et* sa vie 그의 원칙과 삶을 일치시키다. allier l'or *et* l'argent 금과 은을 합금하다. alterner l'effort *et* le repos 애를 쓰고 쉬는 일을 번갈아가며 하다. commenter les faits *et* gestes de ses voisins 자기 이웃사람들의 행실에 대해서 이러쿵저러쿵 말하다. définir un triangle comme une figure qui a trois côtés *et* trois angles 삼각형을 세 변과 세 각을 가진 도형으로 정의하다. différencier le vrai *et* le faux 참과 거짓을 구별하다. se donner corps *et* âme à *qn/qc* …에 몸과 마음을 다 바치다; …에 전력을 다하다. examiner les qualités *et* les défauts 장점과 단점을 조사하다. faire des demandes *et* des réponses 묻고 대답하다. montrer du courage *et* de l'aplomb dans une situation difficile 어려운 상황에서도 용기와 침착함을 보이다. périr corps *et* biens 난파하여 선체 하물을 전부 잃다. pousser des oh! *et* des ah! 탄성을 연발하다. prendre un fromage *et* un dessert 치즈와 디저트를 들다.

· Au commencement Dieu créa le ciel *et* la terre.　태초에 하느님이 하늘과 땅을 창조했다.

· C'est mon ami *et* ses frères.　내 친구와 그의 형제들이다.

· Le rose *et* le brun s'accordent bien.　분홍색과 갈색은 잘 어울린다.

· Jean *et* son copain, c'est voleur et compagnie.　장과 그의 친구는 도둑 패거리이다.

· Le gain *et* la perte se compensent.　이익과 손해가 서로 상쇄된다.

· Il a richesse *et* vertu: ceci vaut mieux que cela.　그에게는 부와 덕이 있는데, 후자가 전자보다 더 가치 있다.

· Il y a des hauts *et* des bas dans la vie.　인생에는 좋은 때도 있고 나쁜 때도 있다.

· Il y a en lui du bon *et* du mauvais.　그에게는 장점도 있고 단점도 있다.

· Elle avait pour tout bagage un sac *et* un parapluie.　그녀는 여행 짐이라곤 손가방 하나, 우산 하나가 전부였다.

· J'aime également les chats *et* les chiens.　나는 고양이와 개를 똑같이 좋아한다.

· Toi *et* lui, vous êtes arrivés avant eux.　너와 그는 그들보다 먼저 도착했다.

· Elle *et* lui sont venus.　그녀와 그가 왔다.

· Lui *et* moi, on n'est pas d'accord.　그하고 나는 동의하지 않는다.

· Le ciment *et* l'eau s'amalgament facilement.　시멘트와 물은 쉽게 혼합된다.

· Fauves *et* cubistes ont tenté d'affranchir la peinture de toutes les conventions.　야수파와 입체파는 회화를 온갖 인습에서 자유롭게 하려 했다.

· Propriéte *et* confort achalandent un hôtel.　깨끗함과 편안함은 호텔을 번창시킨다.

· Les mathématiques *et* moi, ça fait deux.　나는 수학을 전혀 모른다.

· Cet homme a abandonné sa femme *et* ses enfants　그는 아내와 자식들을 버렸다.

· Il connaît les tenants *et* les aboutissants de ce scandale.　그는 이 추문에 대해 상세하게 알고 있다.

· Les époux se doivent mutuellement assistance *et* fidélité.　부부는 서로 협조하고 정절을 지킬 의무가 있다.

· L'accident d'avion a fait vingt morts *et* soixante blessés.　비행기 사고로 스무 명이 죽고 예순 명이 다쳤다.

· Fermez vos livres *et* vos cahiers.　책과 공책을 덮으세요.

· Il mange du pain *et* du beurre.　그는 버터 바른 빵을 먹는다.

· L'un *et* l'autre sont venus [est venu] .　두 사람 모두 왔다.

· Cet accident a fait un mort *et* trois blessés.　그 사고로 한 명이 죽고 세 명이 부상당했다.

· Il boirait la mer *et* ses [les] poissons.　그는 갈증이 심하다.

· J'ai tout remboursé, capital *et* intérêt.　나는 원금과 이자를 모두 갚았다.

· A-t-il menti? A-t-il trahi? - Il a fait l'un *et* l'autre.　그가 거짓말을 했소? 배반을 했소? - 두 가지 모두 했소?

· Trop de distance *et* trop de proximité empêche la vue.　너무 멀거나 너무 가까우면 잘 보이지 않는다.

b) [소유형용사 + 명사 + et + 명사]

> vos nom *et* adresse 당신의 이름과 주소. vendre (ses) père *et* mère 어떤 파렴치한 일도 꺼리지 않다.

c) [전치사 + (대)명사 + et + (대)명사]

> avec poids *et* mesures 신중하게, 분별력 있게. contre vents *et* marées 역경에도 불구하고. être à buste de femme *et* queue de poisson 인어. thermomètre à maximum *et* minimum 최고·최저 온도계. édition avec notes *et* commentaires 주석판. anthologie des poètes *et* prosateurs du seizième siècle 16세기 시, 산문 작가선집. cahier de recettes *et* dépenses 수지(收支) 회계부. certificat de bonne vie *et* moeurs 선행증. compte des profits *et* pertes 손익계산서. décomposition de l'eau en hydrogène *et* oxygène 물을 수소와 산소로 분해하기. photo en noir *et* blanc 흑백 사진. voter par assis *et* levé 기립으로 표결하다. apprentissage par essais *et* erreurs 시행착오에 의한 학습. catéchisme par demandes *et* réponses 교리 문답. vêtement unisexe, porté indifféremment par les homme *et* les femmes 남·녀 구별 없이 입는 유니섹스 의상. concerto pour clarinette *et* orchestre 클라리넷 협주곡. rayer du papier avec un crayon *et* une règle 종이에 연필과 자로 줄을 긋다. être différent comme le jour *et* la nuit 판이하게 다르다. être comme l'ombre *et* le corps 일심동체다, 떼어놓을 수 없다. être versé dans les lettres *et* les arts 문예에 조예가 깊다. s'empêtrer dans la neige *et* la boue 눈과 진창에 발이 쑥쑥 빠지다. perturber une assemblée par des cris *et* des sifflets 고성과 휘파람 소리로 회합을 방해하다.

subtiliser sur les mots *et* les tours de phrases 단어와 문장 사용법을 가다듬다.

· Il a été condamné pour coups *et* blessures.　　그는 폭력치상죄로 유죄 선고를 받았다.

· Les trahisons sont toujours motivées par l'intérêt *et* l'ambition.　　반역의 동기는 언제나 탐욕과 야망이다.

d) · M. *et* Mme Jean ont le plaisir de vous faire part de 〔de vous annoncer〕 ···.　　장 부부는 ···을 알려드리게 됨을 기쁘게 생각합니다.

e)

Dupont *et* fils; Dupont, père *et* fils 뒤퐁 부자 상회.

❷ 〔형용사 + et + 형용사〕

craintif *et* désireux d'être vu 눈에 띄는 것을 두려워하면서도 바라는. seul *et* unique désir 유일한 희망. acquiescement pur *et* simple 무조건 승인 〔수락〕. alimentation saine *et* équilibrée 건강하고 균형 있는 식사. alliance défensive *et* offensive 공수동맹. antiquité grecque *et* romaine 고대 그리스 로마. climat sec *et* froid 건조하고 추운 기후. condition nécessaire *et* suffisante 필요충분조건. Confédération générale des petites *et* moyennes entreprises 중소기업 총연합. corpus d'inscriptions latines *et* grecques 라틴어와 그리스어 비문집. édition revue *et* augmentée 증보개정판. éducation physique *et* sportive 체육과 스포츠 교육. épuration du personnel politique *et* administratif 정치인 및 관료의 숙청. exposé court *et* complet 짧으면서 완벽한 구두발표. homme franc *et* direct 솔직하고 직선적인 사람. méthode expéditive *et* sûre 신속하고 확실한 방법. obsevateur le plus patient *et* le plus minutieux 가장 끈기있고 가장 면밀한 관찰자. pays indépendant *et* souverain 독립 주권 국가. poires encore vertes *et* âpres 아직 덜 익고 맛이 신 배. salle enfumée *et* charbonneuse 그슬려서 까맣게 된 방. secrétaire actif *et* efficace 부지런하고 유능한 비서. température tiède *et* agréable 포근하고 상쾌한 기온. temps sombre *et* triste 음산한 날씨. vieux ustensiles grinçants *et* cliquetants 삐걱거리고 달가닥거리는 낡은 집기들. le grand *et* le petit commerce 도매상(인)과 소매상(인). le meilleur chemin vers un ordre international plus prospère *et* plus ouvert. 보다 복되고 개방적인 국제질서에 이르는 가장 좋은 길. vouloir la vie courte *et* bonne 굵고 짧게 살고자 하다.

· Il est devenu riche *et* célèbre.　　그는 부자가 되고 유명해졌다.

· C'est sûr *et* certain.　　그것은 절대로 확실합니다.

· Je suis vieux *et* fatigué.　　나는 늙고 지쳤다.

· La nuit était calme *et* sereine.　　밤은 고요하고 평화로웠다.

· Cette voiture est rapide *et* confortable.　　이 차는 빠르고 안락하다.

· Il est trop bon *et* trop crédule.　　그는 너무 착하고 순진하다.

· Il est trop mou *et* trop bénin de caractère.　　그는 성격이 지나치게 무르고 순하다.

· L'homme est le seul qui soit bimane *et* bipède.　　인간은 두 손과 두 발을 가진 유일한 동물이다.

· Il reste à imaginer une croissance plus vertueuse, plus économe *et* plus autonome, axée sur des valeurs autres que le profit.　남은 문제는 이익 이외의 다른 가치들에 기반을 둔 보다 덕스럽고, 보다 검소하고, 보다 자율적인 성장을 생각하는 것이다.

· Il se sentait faible *et* désarmé devant elle.　그는 그녀 앞에서는 마음이 약해져서 화를 내지 못하게 된다.

· Le scepticisme suppose un examen profond *et* désintéressé.　회의주의는 심오하고 객관적인 검토를 전제로 한다.

· Être autour de la table, en amont, est plus efficace *et* moins humiliant que de devoir demander un papier qui nous intéresse à tel officier allemand.　그러한 독일 장교에게 우리와 관계된 서류를 요청하는 것보다 미리 탁자 가까이에 가 있는 것이 더 효율적이고 덜 굴욕적이다.

❸ [부사(구) + et + 부사(구)]

a)

> çà *et* là 여기저기, 도처에 encore *et* toujours 몇 번이고 되풀이하여. nuit *et* jour; jour *et* nuit 밤낮으로, 끊임없이. à l'intérieur *et* à l'extérieur 국내외에서. à temps *et* à contretemps 시기가 좋을 때와 나쁠 때를 가리지 않고 dans l'un *et* l'autre cas 이 경우에나 저 경우에나. dans ces pages *et* dans les suivantes 이 페이지들과 다음 페이지들에서. de ça *et* de là 여기저기. de côté *et* d'autre 여기저기, 도처에. de droite *et* de gauche 오른쪽으로 왼쪽으로, 이쪽저쪽으로. courir deçà *et* delà 이리저리 뛰어다니다. errer çà *et* là 여기저기 떠돌아다니다. faire vite *et* bien 신속하게 잘하다. ne pas savoir quand *et* comment la crise économique va s'achever 경제 위기가 언제 그리고 어떻게 끝날지 모르다.

· Je lui ai dit clair *et* net ce que j'en pensais.　나는 내가 생각한 것을 그에게 솔직하고 분명하게 말했다.

· La crise nous oblige à changer plus vite *et* plus profondément.　위기는 우리에게 더 빨리 그리고 더 근본적으로 변하지 않을 수 없게 한다.

· Leurs économies ont été plus tôt *et* plus gravement atteintes par la crise.　그들의 경제가 위기에 의해 더 일찍 그리고 더 심각하게 타격을 받았다.

· La République exemplaire dépense certes moins *et* mieux.　모범적인 공화국은 확실히 덜 그리고 더 잘 지출을 한다.

· Prenez une cuiller à café de ce sirop matin *et* soir.　이 시럽을 차 스푼으로 한 스푼씩 아침저녁으로 복용하시오.

· Êtes-vous satisfait? Oui *et* non.　만족하십니까? 그저 그렇습니다.

b)

> envers *et* contre tout [tous] 어떤 일이 있더라도. parler pour *et* contre 찬성하기도 하고 반대하기도 하다.

· Il a réussi envers *et* contre tout.　그는 모든 어려움을 극복하고 성공했다.

· Ils ont résisté envers *et* contre tous les complots de ce dictateur.　그들은 그 독재자의 모든 음모에 대하여 저항했다.

❹ 〔전치사(구) + et + 전치사(구)〕

a)

au vu *et* au su de tout le monde 누구나 보아 알고 있는 바와 같이; 공공연히. par l'épée *et* par le feu 무력으로. coiffure à la brosse *et* au séchoir 솔과 헤어드라이어를 이용한 머리손질. dévouement à la vérité *et* au bien 진리와 선을 위한 헌신. réfugiés exposés à la faim *et* au froid 기아와 추위에 처해있는 피난민들. arbre de la science du bien *et* du mal 선악을 분별하는 지혜의 나무. brigade de répression *et* d'intervention 테러진압부대. chambre de commerce *et* d'industrie 상공회의소. chien bâtard de caniche *et* de fox 카니슈와 폭스테리어 잡종견. une délicate alliance du quotidien *et* de la poésie 일상성과 시의 미묘한 조화. une difficile accommodation de sa conduite *et* de ses principes 행위와 원칙들의 적응 장애. amoindrissement de territoire *et* de puissance 영토와 국력의 감소. antagonisme du travail *et* du capital 노동과 자본의 대립. coexistence de l'ancien *et* du nouveau décret 신·구 법령의 공존. combat de la vie *et* de la mort 생과 사의 싸움. les confins de la vie *et* de la mort 삶과 죽음의 경계. conjonction de la nature *et* de l'histoire 자연과 역사의 결합. convergence de requin *et* du dauphin 상어와 돌고래의 근사성. couplage de la recherche *et* de l'industrie 산학협동. créateur du ciel *et* de la terre 천지 창조자. déclaration des droits de l'homme *et* du citoyen 인권선언. distinction 〔discrimination〕 du bien *et* du mal 선악의 구분. dualisme de la volonté *et* de l'entendement. 의지와 오성의 이원체계. écu bandé d'or *et* de sable 금색과 흑색으로 띠를 두른 방패(꼴의 가문). état d'anémie *et* d'aboulie sociales 침체되고 무기력한 사회 상태. exigence de clarté *et* de cohésion 명료함과 통일성의 요구. frais de port *et* d'emballage 우송료 및 포장료. gare encombrée de voyagers *et* de bagages 여행객과 짐으로 혼잡한 역. loi de l'offre *et* de la demande 수요공급의 법칙. maison d'exportation *et* d'importation 무역회사. monument entouré de bornes *et* de chaînes 기둥과 사슬로 보호해 놓은 기념물. mouvements d'extension *et* de flexion 폈다 구부렸다 하는 운동. la querelle des Anciens *et* des Modernes (프랑스 고전주의 시대 말기에 일어난) 신구논쟁. roman 〔film〕 de cape *et* d'épée 무협소설 〔영화〕. tartine de beurre *et* de confiture 버터와 잼을 바른 빵. terre découlante de lait *et* de miel 젖과 꿀이 흐르는 땅. usé de corps *et* d'âme 심신이 쇠약해진. mot qui varie en genre *et* en nombre 성과 수에 따라 변화하는 낱말. pays abondant en vin *et* en produits de toutes sortes 포도주와 온갖 산물이 풍성한 고장. ressources en hommes *et* en matériel 인적·물적 자원. transport par fer *et* par air 철도 및 항공 수송. décider de la paix *et* de la guerre 평화냐 전쟁이냐 하는 문제에 대해 결정을 내리다. être sain de corps *et* d'esprit 심신이 건강하다. jouer au gendarme *et* au voleur 순경과 도둑잡기 놀이를 하다. naître d'un père anglais *et* d'une mère française 영국인 아버지와 프랑스인 어머니 사이에서 태어나다. parler de choses *et* d'autres 이런 저런 얘기를 하다. vivre de lait *et* de légumes 우유와 야채로 연명하다. aller par monts *et* par vaux 방방곡곡을 〔사방으로〕 돌아다니다. bâtir *qc* à chaux *et* à sable 〔à ciment〕 …을 견고하게 짓다. croître en âge *et* en sagesse 나이를 먹으면서 점점 더 현명해지다. discuter par demandes *et* par réponses 문답형식으로 토론을 전개하다. être uni pour le meilleur *et* pour le pire 고락을 같이 하다.

· Il y a dans cette toile un mélange de vérité *et* de chic.　이 그림에는 진실과 기교가 잘 어우러져 있다.

· Ce bâtiment est un composé de style ancien *et* de style moderne.　이 건물은 옛 양식과 현대적인 양식의 혼합물이다.

· L'homme est capable d'abstraction *et* de généralisation.　　인간은 추상화와 일반화의 능력을 갖고 있다.

· L'âme humaine est un alliage de vertus *et* de vices.　　인간의 마음은 미덕과 악덕의 혼합체이다.

· Les technique de décollage *et* d'atterrissage ont été améliorées.　　이착륙 기술은 개선되었다.

· Les maisons de la culture sont des foyers de diffusions *et* de créations artistiques.　　문화원은 예술 창작 활동과 보급의 중심지이다.

· Qui, de lui *et* de moi, vous paraît le plus sincère?　　그와 나 중에서 누가 당신에게 더 진실하게 보입니까?

· Il a plus de base *et* de surface que moi.　　그는 나보다 기반도 잘 잡혀 있고 능력도 많다.

· Le feu résout le bois en cendre *et* en fumée.　　불은 나무를 재와 연기로 바뀌게 한다.

· La vie est une bataille sans trêve *et* sans merci.　　인생이란 중단도 인정사정도 없는 싸움이다.

b) · Il aimait à nager *et* à plonger.　　그는 수영과 다이빙을 좋아했다.

　　· Il y a à boire *et* à manger dans cette affaire.　　이 일에는 좋은 점도 있고 나쁜 점도 있다.

❺ [동사 + et + 동사]

> aspirer *et* expirer 들이쉬고 내쉬다. ne faire qu'entrer *et* sortir 잠깐 들르다. ne faire que tordre *et* avaler 씹는 둥 마는 둥 게걸스럽게 먹다. laver *et* essuyer la vaisselle 그릇을 씻고 닦다. louer *et* blâmer quand il faut. 필요할 때에는 칭찬하기도 하고 나무라기도 하다. piller *et* incendier un château 성을 약탈하고 불지르다. savoir lire *et* écrire 읽고 쓸 줄 알다. supprimer les troubles politiques *et* ramener la nation à son état antérieur 정치적 혼란을 해결하고, 국가를 이전의 상태로 돌려놓다. se tourner *et* se retourner dans son lit 잠자리에서 몸을 뒤척이다. joueur qui perd chaque partie *et* voit avec effroi arriver l'heure de la dernière 매 판마다 잃고 마지막 판이 다가오는 것에 마음 졸이는 노름꾼. ceux qui veulent toujours commander *et* dominer 언제나 명령하고 지배하려는 사람들.

· Il a un fils *et* veut en faire un avocat.　　그는 아들이 하나 있는데 그를 변호사로 만들고 싶어 한다.

· Il est admiré *et* aimé de tous.　　그는 모든 사람들로부터 감탄과 사랑을 받는다.

· Ils s'affrontent sans cesse *et* se disputent.　　그들은 끊임없이 맞서 다툰다.

· Croissez *et* multipliez.　　생육하고 번성하라((**성서**)).

· Datez *et* signez.　　날짜를 적고 서명하시오.

· Bien faire *et* laisser dire.　　《**속담**》 남이야 무어라고 하건 자기 일을 다 하라.

· Les choses de la vie se composent *et* se décomposent sans cesse.　　인생사는 끊임없이 생멸한다.

· Le coeur se contracte *et* se dilate alternativement.　　심장은 수축과 이완을 반복한다.

· Le gouvernement a brandi le bâton *et* oublié la carotte.　　정부는 강경책만 내세우고 회유책은 잊었다.

· Les voleurs ont attaché *et* bâillonné leur victime.　　도둑들이 희생자를 묶고 입을 틀어막았다.

· Il balançait encore *et* ne pouvait se décider.　　그는 끊임없이 망설이며 결심을 하지 못했다.

· Cette maison a créé *et* lancé ce produit.　　그 상사가 이 제품을 개발하여 시장에 내놓았다.

- Il doit être grand maintenant *et* aller à l'école.　그는 지금쯤 커서 학교에 다닐 것이다.
- Des chevaux hénissaient *et* s'ébrouaient.　말들이 울며 콧김을 거칠게 내쉬었다.
- Il a joué *et* perdu.　그는 판돈을 걸었다가 잃었다.
- Je m'occupe à revoir *et* mettre au point le brouillon de mes Mémoires.　나는 내 비망록 원고를 다시 보고 수정하느라 여념이 없다.
- Je ne pleurerai point *et* ne m'abattrai point.　나는 절대로 울지도 않고 기죽지도 않을 거야.
- Elle ne peut *et* ne doit pas y aller.　그녀는 거기에 갈 수도 없고 가서도 안 된다.
- Promettre *et* tenir, ça fait deux.　약속하는 것과 약속을 지키는 것은 별개의 문제다.
- Elle perdit connaissance *et* s'affaissa.　그녀는 의식을 잃고 쓰러졌다.
- Avez-vous rempli *et* signé la déclaration?　신고서를 작성하고 서명했습니까?
- Il se tue de travail *et* n'avance pas.　그는 죽도록 일을 하지만 진전이 없다.
- Il faut réduire le budget *et* pour ce faire, supprimer des dépenses.　예산을 줄여야 하는데, 그러기 위해서는 지출을 억제해야 한다.
- Ce livre vaut d'être lu *et* relu.　그 책은 여러 번 되풀이해서 읽을 만한 가치가 있다.
- La beauté pure n'a besoin d'aucun ornement *et* se suffit à elle-même.　순수한 아름다움은 어떠한 장식도 필요로 하지 않으며 그 자체로서 충분하다.

❻ [절 + et + 절]

affaires que je crée *et* que je dirige 내가 만들고 운영하는 사업. un homme qui n'était pas enfant de la balle, *et* qui avait appris la musique tout seul 음악가 집안 출신이 아닌 독학으로 음악을 배웠던 사람.

- Il constate que de nouveaux concurrents arrivent sur le marché, *et* que cette concurrence n'est pas toujours loyale.　그는 새로운 경쟁자들이 시장에 진입하고, 그러한 경쟁이 정당하지 못하다는 것을 확인한다.
- La Corée du Nord estime qu'elle était en droit de mettre sur orbite un satellite de communication *et* qu'elle a respecté les règles internationales en annonçant à l'avance son tir aux organismes concernés.　북한은 북한이 통신위성을 궤도에 진입시킬 수 있는 권리가 있고, 관계 기구에 미리 발사를 알림으로써 국제 규정을 준수했다고 생각한다.
- Benoît XVI a réagi avec fermeté, *et* plusieurs évêques ont exprimé des excuses.　베네딕트 16세가 단호한 반응을 보였고, 몇몇 주교들이 사과를 했다.
- Au total 260 personnes ont été infectées par le virus, *et* plus de 1.600 personnes malades pourraient avoir été contaminées.　총 260명이 바이러스에 감염되고 1,600명 이상의 환자들이 전염되었다.
- Au bout des six semaines, 60% des jeunes de cette ville renoncent à demander une allocation *et* plus de la moitié d'entre eux décrochent un travail.　6주가 지난 후에 그 도시의 60%의 젊은이들이 수당 신청을 포기했고, 그들 중의 절반 이상이 일자리를 얻었다.

· Vous allez chanter *et* je jouerai l'accompagnement.　당신이 노래를 하시면 제가 반주를 치겠습니다.

· Je suis toujours moi-même *et* mon coeur n'est point autre.　나는 항상 그대로이고 내 마음도 달라지지 않았다.

· Puisqu'il est un criminel au regard des droits de l'homme *et* puisque le réalisme politique exclut la perspective d'une ingérence, on devrait porter son cas devant une juridiction internationale afin de le mettre au ban de l'humanité.　그는 인권의 측면에서 범죄자이기 때문에 그리고 정치적 현실주의는 내정간섭의 시각을 배제하기 때문에 그를 인류에서 추방하기 위해서 그의 범죄를 국제재판소에 회부하여야 할 것이다.

· Si j'invite un camarade à dîner, *et* s'il n'accepte pas tout de suite, je n'insiste jamais.　친구를 저녁 식사에 초대했는데 그가 즉시 응하지 않으면 나는 절대 강요하지 않는다.

2) 다른 종류의 요소 연결

livre nouveau *et* qui n'est pas encore en librairie 아직 서점에 나오지 않은 신간 서적. maison propre *et* en ordre 깨끗하게 정돈된 집. paletot court *et* sans manches 짧고 소매가 없는 외투. toilette simple *et* de bon goût 수수하고 고상한 차림. sans l'assistance effective d'un avocat, *et* sans que l'intéressé ne soit même averti de son droit de garder le silence 변호사의 실질적인 도움이 없이 그리고 침묵을 지킬 권리에 대해 통보도 받지 못하고. décider quand on va se retirer *et* ce qu'on va laisser derrière nous 언제 철수할 것인지, 그리고 뒤에 무엇을 남겨놓을지를 결정하다. parler des femmes en général *et* abstraitement 여자에 대해 일반적이고 추상적으로 말하다.

· C'est un jeu très simple *et* qu'il est aisé aux enfants de comprendre.　이것은 아주 간단한 놀이이므로 애들이 이해하기 쉽다.

· Les investissements nécessaires à leur approvisionnement sont colossaux *et* de rentabilité incertaine.　그것을 공급하는 데 필요한 비용이 막대 하고 생산성이 불확실하다.

· Les cauris ont servi de monnaie en Afrique orientale *et* au Tchad.　자패는 동아프리카와 챠드에서 화폐로 사용되었다.

· Dites-lui de venir *et* surtout qu'il ne soit pas en retard.　그에게 오라고, 그리고 특히 늦지 말라고 말하시오.

3) 열거

l'introduction, le développement *et* la conclusion d'une dissertation 논술문의 서론, 본론, 결론. médicament à prendre matin, midi *et* soir 아침, 점심, 저녁으로 복용하는 약. pensionnaire logé, nourri *et* blanchi 식사와 세탁을 제공받는 하숙인. tomates, carottes *et* autres légumes 토마토, 당근 그리고 다른 야채들. nourriture, habillement *et* logement 의식주. le vrai, le beau *et* le juste 진선미(眞善美). incolore, inodore *et* sans saveur 무미건조한. Charles, Marcel *et* tutti quanti 샤를르, 마르셀 등등. la même scène traitée tour à tour par Vinci, Michel-Ange *et* Corrège 다빈치, 미켈란젤로, 코레주가 차례로 다룬 똑같은 장면. quatre évangélistes, Matthieu, Marc, Luc *et* Jean 복음서의 네 저자, 마태, 마가, 누가, 요한. apprendre à lire, écrire *et* chiffrer 읽기, 쓰기, 셈하기를 배우다. décliner ses nom, prénoms

> *et* qualités 성과 이름, 자격을 말하다. *et* cætera; *et* cetera 등등, 기타((《약》 etc.)). *et* tout le bataclan; *et* tout le bordel; *et* tout le reste; *et* tout le saint-frusquin 그리고 기타 전부. *et* tout ce qui s'ensuit; *et* tout le tralala 그밖에, 기타 등등.

· Je te baptise au nom du Père, du Fils *et* du Saint-Esprit.　성부, 성자, 성령의 이름으로 너에게 세례를 주노라.

· Il faut donc se tourner vers des énergies nouvelles: le solaire, l'éolien, les biocarburants *et* l'énergie nucléaire.　그러므로 태양열, 풍력, 식물성대체에너지, 핵에너지와 같은 새로운 에너지 쪽으로 방향을 돌려야 한다.

· Je suis la voie, la vérité, *et* la vie.　나는 길이요, 진리요, 생명이니라.

· J'en passe, *et* des meilleur(e)s.　더 기막힌 것들이 있으나 이 정도로 하지요. ((**열거하는 것을 피하면서**))

· Il oublie son parapluie, son rendez-vous *et* tout à l'avenant.　그는 우산을 잃어버리고 약속을 잊어버리고, 모든 게 그런 식이다.

· Tous arrivèrent, d'abord la mère, puis les enfants *et* enfin le père.　모두들 왔는데, 먼저 어머니, 그리고 아이들, 마지막으로 아버지가 왔다.

· Il a passé des journées surchargées à rencontrer des gens, à donner des conférences, à écrire une lettre *et* ainsi de suite.　그는 사람들을 만나고, 강연도 하고 편지도 쓰는 등 몹시 바쁜 나날을 보냈다.

4) 같은 요소의 반복

❶ 강조

il y a des mois *et* des mois 아주 여러 달 전에. pendant des heures *et* des heures 몇 시간 동안이나.

· Son oncle est mort il y a des années *et* des années.　그의 삼촌은 여러 해 전에 작고했다.
· Elle a pleuré *et* pleuré.　그녀는 울고 또 울었다.
· Ce gosse a été absent des jours *et* des jours.　그 녀석이 여러 날 결석했다.
· Après des jours *et* des jours de marche, nous sommes pervenus enfin au Canada.　우리는 여러 날을 걷고 걸은 끝에 마침내 캐나다에 도착했다.
· Après des kilomètres *et* des kilomètres de piste, sa vieille voiture est tombée en panne.　수 킬로의 길을 달리고 달리더니 그의 낡은 자동차는 고장났다.
· Il a lu des pages *et* des pages.　그는 여러 페이지를 읽었다.

❷ [il y a + 무관사명사 + et + 무관사명사]

· Il y a fagot(s) *et* fagot(s).　《**격언**》 나뭇단에도 여러 가지가 있다, 각인각색.
· Il y a fromage *et* fromage.　치즈에도 여러 종류가 있다, 치즈도 치즈 나름이다.
· Il y a jeunes filles *et* jeunes filles.　소녀들에도 여러 부류가 있다.
· Il y a mensonge *et* mensonge.　거짓말에도 여러 종류가 있다.
· Il y a parfum *et* parfum.　향기도 향기 나름이다.

5) et의 반복: 강조

❶ *et* son père *et* sa mère 그의 아버지도 어머니도.

· *Et* ceux qui blâment *et* ceux qui sont blâmés n'entendent pas la véritable nature de l'homme.   비난하는 사람들도 비난받는 사람들도 인간의 진정한 본성을 이해하지 못한다.

· Il n'appartient qu'à la religion *et* d'instruire *et* de corriger les hommes.   인간을 가르치고 꾸짖는 일은 오직 종교만이 할 수 있는 일이다.

❷ 《구어》 수를 세거나 열거할 때 강조의 뜻

> *et* d'un(e), *et* de deux … 하나, 둘 …; 첫째로는 …하고 둘째로는 …하다.

· Il est bête, *et* d'un, et il est méchant, *et* de deux.   그는 어리석고 또한 심술궂다.

6) ❶ [entre … et …]

a)

> accord entre le geste *et* la parole 동작과 말의 일치. un appariement heureux entre le sujet *et* l'auteur 주제와 작가의 훌륭한 결합. perpétuels balancements entre la gauche *et* la droite 좌파냐 우파냐를 놓고 벌이는 끊임없는 망설임. bousculade entre les policiers *et* les manifestants 경찰과 시위대의 몸싸움. combats continuels entre parents *et* enfants 부모자식 간의 끊임없는 대립. compensation entre les gains *et* les pertes 득실의 상쇄. connexité entre la psychologie *et* la morale 심리학과 윤리학과의 연관 [관계] . contradiction entre les paroles *et* les actes d'un homme politique 정치가의 말과 행동 사이의 모순. décalage entre le rêve *et* la réalité 꿈과 현실의 괴리. désaccord entre ses actes *et* ses paroles 언행의 불일치. différence entre le débit *et* le crédit 대차(貸借) 차액. lutte entre le devoir *et* la passion 의무와 정념의 갈등. polémique entre partisans *et* adversaires 지지자와 반대자 간의 논쟁.

· On a assisté à des affrontements entre policiers *et* manifestants.   우리는 경찰과 데모대의 충돌을 목격했다.

· L'amitié entre homme *et* femme est délicate.   남녀 간의 우정이란 미묘한 것이다.

· Il y a déséquilibre entre l'offre *et* la demande   공급과 수요 사이에 불균형이 있다.

· Vous avez le choix entre le thé *et* le café.   차와 커피 중에서 고를 수 있습니다.

· Il y a une parfaite adéquation entre ce qu'il dit *et* ce qu'il fait.   그의 말과 행동은 전적으로 일치한다.

b)

> navette gratuite entre l'hôtel *et* l'aéroport 호텔과 공항 사이의 무료 셔틀 버스. enclaver un adjectif entre l'article *et* le nom 관사와 명사 사이에 형용사를 삽입하다. être entre l'enclume *et* le marteau (두 사람) 사이에 끼어 이러지도 저러지도 못하다. laisser un espace de 1m entre le lit *et* le mur 침대와 벽 사이에 1m의 간격을 두다. perdre son portefeuille entre la gare *et* la maison 역과 집 사이에서 지갑을 잃어버리다. être suspendu entre ciel *et* terre 공중에 떠 있다.

· Entre l'arbre *et* l'écorce il ne faut pas mettre le doigt.   《속담》 손해 볼 일에 끼어들지 말라; 집안싸움

에는 참견하지 말라.

· Ce train est omibus entre Séoul *et* Cheonan　　이 열차는 서울과 천안 사이를 운행하는 완행이다.

c)

> entre 9 *et* 10 heures 9시와 10시 사이에. coupure entre son passé *et* l'avenir 자신의 과거와 미래와의 단절. rouler entre 40 *et* 60 kilomètres à l'heure 시속 40 내지 60킬로미터로 달리다.

· Entre sa sixième *et* sa septième année, il a appris à écrire.　　그는 6, 7세 사이에 글쓰기를 배웠다.

· Ils avaient tous entre 10 *et* 13 ans.　　그들은 모두 10세에서 13세가량 되었다.

· Le taux d'intérêt s'établira entre 7% *et* 8%.　　이율이 7%와 8% 사이에서 결정될 것이다.

· La vitesse de réaction s'apprécie par le temps qui s'écoule entre un événement réalisé *et* un événement anticipé.　　반응 속도는 실제 사건과 예견된 사건 사이에 흘러간 시간으로 측정된다.

d)

> entre haut *et* bas 언성을 너무 높이지 않고. entre la veille *et* le sommeil 비몽사몽간에. couleur entre le gris *et* le bleu 회색과 청색의 중간색. être ballotté entre son père *et* sa mère 양친의 어느 편도 들지 못해 고민하다. être entre la mort *et* la vie 생사지경을 헤매고 있다. parler entre l'aigre *et* le doux. 부드러우면서도 가시 돋친 어조로 말하다.

e)

> hesiter entre se taire *et* parler 침묵을 지킬 것인가 (아니면) 입을 열 것인가를 망설이다.

❷ [à la fois … et …]

> homme à la fois rusé *et* borné 교활하면서도 꽉 막힌 사람. style à la fois plat *et* bouffi 단조롭고도 과장된 문체.

· L'homme est à la fois misérable *et* grand.　　인간은 비참하면서도 동시에 위대하다.

· Ils ont surtout voulu exprimer leur souhait d'une Corée à la fois plus juste *et* plus forte.　　그들은 특히 보다 정의롭고 보다 강한 한국에 대한 소망을 표하고자 했다.

· On ne peut pas être à la fois au four *et* au moulin.　　《**속담**》 한 번에 두 가지 일을 할 수 없다.

2. 시간적 추이

débrayer, *et* passer les vitesses 클러치를 분리시키고 변속하다. enclencher la première *et* démarrer 1단 기어를 넣고 출발하다. manger la croûte *et* laisser la mie 빵의 껍질만 먹고 속은 넘겨 두다. sortir le soir *et* rentrer au petit jour 저녁에 나가 새벽에 돌아오다.

· Il s'est aimé toujours *et* il s'aime.　　그는 자기 자신을 늘 사랑해 왔으며, 지금도 그러하다.

· Allez me chercher ce livre *et* apportez-le-moi.　책을 찾아서 내게 가져다주시오.

· Allez *et* évangélisez les nations.　가서 복음을 전합시다((미사 끝의 경구)).

· Il a divorcé *et* s'est remarié.　그는 이혼하고 다시 결혼했다.

· Cesse de jouer *et* va travailler!　그만 놀고 가서 공부해라!

· Défaites-vous, *et* prenez place.　옷을 벗고 자리에 앉으시오.

· J'ai entendu successivement un choc *et* un cri.　나는 쿵하는 소리에 이어 누군가 비명을 지르는 것을 들었다.

· Il s'est mis en colère *et* leur est rentré.　그는 화가 나서 그들에게 덤벼들었다.

· Il a payé *et* il est parti.　그는 돈을 지불하고 떠났다.

· Elle a pris un bâton *et* l'en a frappé.　그녀는 몽둥이를 집어들어 그를 때렸다.

· Elle est tombé *et* elle a déchaussé.　넘어지면서 그녀의 스키가 벗어졌다.

· Je suis son amie, *et* je la resterai.　나는 그의 친구며 그렇게 남을 것이다.

· Allons, oubliez votre querelle, *et* serrez-vous la main comme si de rien n'était.　자, 당신들의 싸움을 잊으시오. 그리고 아무 일도 없었던 것처럼 악수하시오.

· Ils se sont expliqués *et* ont fini par se mettre d'accord.　그들은 의논을 거쳐 마침내 동의하기에 이르렀다.

· Le sanglier s'accula à un arbre *et* attendit les chiens.　멧돼지는 나무에 등을 기대고 사냥개들을 기다렸다.

· Le chat saute *et* s'agriffe à la tapisserie.　고양이가 뛰어올라 벽걸이 양탄자에 달라붙는다.

· Laissez ceci *et* prenez donc cela, là-bas.　이것을 놓아두고 저기 저것을 가져가시오.

· Il est parti après la guerre *et* nous ne l'avons pas revu depuis.　그가 전쟁이 끝난 후에 떠났는데, 우리는 그 후로 그를 다시 보지 못했다.

· On presse le citron *et* on jette l'écorce.　《속담》 착취할 대로 다 착취하고 버리다.

· Je prends ma voiture *et* je cours chez vous.　내 차를 타고 당신 집으로 가겠소.

· Il a pris son manteau *et* il est parti avec.　그는 외투를 집어들고는 그대로 가버렸다.

· Il simula n'avoir point écouté, *et* continua.　그는 전혀 못들은 척하고는 말을 계속했다.

· Il s'était trompé *et* il s'en est aperçu.　그는 자기가 잘못 생각하고 있음을 깨달았다.

· Il vient d'arriver *et* va repartir.　그는 도착하자마자 다시 출발하려고 한다.

3. 부가적 설명

1)
> *et* pour comble 덤으로, 게다가. *et* pour plus de clarté, j'ajoute que … 더 분명하게 하기 위해 …을 덧붙이는 바입니다.

· *Et* pour couronner le tout, il arrive en retard.　게다가 그는 늦게 오기까지 한다.

· Allons, au travail, *et* au galop.　자, 일하자, 빨리.

· Allez-y, *et* au trot.　자 빨리 가게, 서둘러서.

· Il avait des accointances parmi les hommes du pouvoir, *et* jusque dans le monde de la police.　그는 권력자들과 교분이 있다 보니 경찰계통에까지 줄이 있었다.

- C'est fini, *et* bien fini.　　그것은 끝났는데, 아주 잘 끝났다.

- Il n'a pas osé venir, *et* pour cause.　　그는 오려고 하지 않았어, 당연한 일이야.

- Ce spectacle ne peut, *et* de loin, soutenir la comparaison.　　이 공연은 단연코 손색이 없다.

- Je ne sait plus que dire, *et*, ce qui est plus grave, je ne sais quoi penser.　　나는 이제 무슨 말을 해야 할지 모르는데다가, 더욱 심각하게도 무슨 생각을 해야 할지도 모르겠다.

- Les tarifs seront augmentés, *et* ce, dès le mois prochain.　　요금이 그것도 다음 달부터 오를 것이다.

- C'est un poème, madame Legrand, *et* charmant.　　르그랑 부인, 이것은 시인데, 매우 매혹적인 시입니다.

- Il s'agit que vous le retrouviez, *et* rapidement!　　당신이 그것을 찾아야 한다. 그것도 빨리.

- Il est froid *et* même parfois méchant.　　그는 쌀쌀한데 게다가 때로는 심술궂기도 하다.

- Il est paresseux, *et* qui pis est, très bête.　　그는 게으른데다 한 술 더 떠서 매우 어리석다.

- Il est sensible, *et* très vivement.　　그는 매우 민감하다, 매우 강렬하게.

- Ils sont déjà en mauvais termes *et* toi, par-dessus le marché tu l'injuries?　　이미 사이가 나쁜데, 거기다 대고 욕을 해?

- Ce film est ennuyeux, *et* de plus il est mal joué.　　그 영화는 지루할 뿐 더러 연기도 형편없다.

- Excusez-moi de vous téléphoner de si bonne heure, *et* un dimanche encore.　　이렇게 이른 시간에, 그것도 일요일에, 전화하는 것을 용서해 주세요.

- Il parle français, *et* couramment.　　그는 불어를 하는데, 그것도 유창하게 한다.

- Vous oubliez une chose, *et* une chose très importante.　　그는 한 가지 일, 그것도 매우 중요한 한 가지 일을 잊고 있다.

- Donnez-moi un café *et* bien chaud.　　커피 한잔 주세요, 아주 따뜻하게요.

- Une large majorité des Européens *et* plus particulièrement les Français, les Espagnols et les Allemands suivent avec attention cette campagne électorale.　　많은 유럽인들, 특히 프랑스인, 에스파냐인, 독일인들이 그 선거운동을 주의 깊게 지켜보고 있다.

- C'est en Europe, *et* plus précisément à Paris, dimanche 12 octobre, que la première réponse sérieuse et globale a été apportée à la crise financière mondiale.　　세계 금융위기에 대해 처음으로 진지하고 포괄적인 대응이 이루어진 것은 유럽, 더 정확하게는 파리에서였다.

- Ryad entendait prouver aux pays consommateurs que le Royaume, *et* plus généralement l'OPEP, ne sont pas responsables du doublement des prix du pétrole en un an.　　사우디아라비아는 석유 소비국들에게 사우디왕국, 더 일반적으로 국제석유수출기구가 일 년 만에 유가가 두 배로 오른 데 대한 책임이 없다는 것을 증명하고자 했다.

- Je veux penser à nos soldats qui en ce moment même risquent leur vie pour notre sécurité et pour la paix. *Et* plus encore à ceux qui pleurent un fils, un mari, un fiancé, un père.　　나는 이 순간 우리의 안전과 평화를 위해 생명의 위험을 무릅쓰고 있는 병사들을 생각하고자 한다. 그리고 아들, 남편, 약혼자, 아버지의 희생으로 눈물 흘리는 이들을 더욱 더 생각하고자 한다.

- La discipline scientifique l'avait habitué à penser que, dans le monde social, comme dans celui de la vie organique, tout est problème, *et* problème difficile; que, dans tous les domaines, la recherche de la vérité exige l'application, l'étude, la compétence. 과학 분야에 익숙해져 있는 그는 생물의 세계와 마찬가지로 인간 사회에서도 모든 것은 문제로 남아 있다는 것, 뿐만 아니라 해결하기 어려운 문제라는 것, 그리고 모든 분야에서 진리를 탐구하는 데는 노력과 연구와 그에 준하는 재능이 필요하다고 생각해 왔다.

2) · *Et* avec ça, Madame? 그리고 또 뭐가 필요하시죠, 부인?

· *Et* avec ça, ce sera tout? 이밖에 더 없으신가요, 그게 전부 인가요?

· Il conduit mal *et* avec ça il conduit trop vite. 그는 운전이 서툰데다가 너무 빨리 차를 몬다.

· Elle conduit mal, *et* avec ça la chaussée est et glissante. 그녀는 운전이 서툰데다가 도로가 미끄럽다.

3) · Il aime les enfants *et* vice versa. 그는 아이들을 사랑하고 또 아이들도 그를 사랑한다.

4. 결과

1)

> aller chercher de la laine *et* revenir tondu 혹 떼러 갔다가 혹 붙이고 오다. se cogner contre un mur *et* se meurtrir le front 벽에 부딪혀 이마에 상처를 입다.

· Un instant d'inattention *et* l'accident arrive. 순간의 부주의가 사고를 불러온다.

· Un pas de plus *et* il tombait à l'eau. 한 발짝 더 내 딛자 그는 물속으로 떨어졌다.

· Elle a eu un geste malheureux *et* le vase est tombé. 그녀의 서투른 동작으로 화병이 넘어졌다.

· Il a de l'influence *et* il faut compter avec lui. 그는 영향력이 있는 사람이니까 고려해야 한다.

· Il achoppa sur une pierre *et* il serait tombé sans la corde qui le retint. 그는 돌에 발을 부딪쳤는데, 몸을 지탱하고 있는 줄이 없었다면 넘어졌을 것이다.

· On se bousculait *et* on n'avançait pas. 서로 떼밀어서 앞으로 나갈 수 없었다.

· Vous cherchez votre stylo *et* vous avez le nez dessus. 만년필을 찾으시는데, 바로 곁에 있잖아요.

· Le bateau s'est détaché *et* dérive. 배가 밧줄이 풀려서 표류하고 있다.

· Il a éclaté soudainement un pneu *et* sa voiture s'est renversée. 그는 갑자기 타이어를 터뜨리는 바람에 차가 뒤집혔다.

· J'ai erré dans la ville *et* je me suis perdu. 나는 시내를 이리저리 돌아다니다가 길을 잃어버렸다.

· Elle est un peu fatiguée *et* n'ira pas en classe aujourd'hui. 그녀는 좀 피곤해서 오늘 학교에 가지 못한다.

· J'ai examiné chacune des poires, une à une, *et* elles sont toutes bonnes. 나는 이 배를 하나씩 하나씩 살펴보았는데 모두 좋았다.

· Il fait froid *et* je grelotte. 날씨가 추워서 몸이 떨린다.

· Le temps présent est sombre, *et* je n'augure pas bien de l'avenir prochain. 현 시기는 암울하다. 그러므로 나는 다가오는 미래를 낙관하지 않는다.

· La question était imprévue, *et* j'en ai été bouleversé. 나는 예기치 않은 질문으로 어쩔 줄을 몰랐다.

· Il a manqué un échelon *et* il est tombé. 그는 사다리를 오르다 발을 헛디뎌 떨어졌다.

· On l'a menacé d'un procès, *et* il n'a pas insisté.　소송을 걸겠다고 하자, 그는 고집하지 않았다.

· L'eau montait *et* couvrait les champs.　물이 불어나 들판을 물바다로 만들었다.

· Il a participé à ce travail *et* en connaît d'autant mieux les difficultés.　그는 그 일에 참여했기 때문에 그것의 어려움을 더욱 더 잘 알고 있다.

· Il vendra un terrain, *et* en tirera un joli bénéfice.　그는 땅을 팔아서 상당한 이익을 얻을 것이다.

· Il a été pris de court *et* n'a rien répondu.　그는 졸지에 당해 아무 대답도 못했다.

· Il est surmené *et* sur le point de craquer.　그는 과로로 인해 곧 쓰러지려 한다.

· Tu as passé deux années à étudier le français avant d'aller en France. – Oui *et* c'est autant de gagné.　너는 프랑스에 가기 전에 2년간 프랑스어를 배웠지. – 그래, 그만큼 덕본 셈이지.

· Il toucha le fil *et* tomba foudroyé.　그는 전선을 만져서 감전되어 쓰러졌다.

· Il fallait relire votre texte *et* vous auriez évité ces fautes.　당신의 텍스트를 다시 읽었어야 했다. 그랬더라면 그러한 실수는 피할 수 있었을 것이다.

2) [명령문 ⋯ et ⋯]

❶ · Cherchez *et* vous trouverez.　구하라, 그러면 얻을지어다.

　· Demandez, *et* l'on vous donnera.　구하라 그러면 너희에게 주실 것이다.

　· Dis-moi qui tu hantes, *et* je te dirai qui tu es.　《속담》 사귀는 친구를 보면 그 사람됨을 알 수 있다.

　· Fais ça *et* tu réussiras.　그렇게 하면 성공할 것이다.

　· Faites-nous signe *et* nous partirons.　우리에게 신호를 하면 출발할 것이다.

　· Passe-moi la casse *et* je te passerai le séné.　《속담》 오는 정이 있어야 가는 정이 있다.

　· Prenez ce médicament, *et* vous serez guéri.　이 약을 복용하시오, 그러면 병이 나을 겁니다.

　· Suivez cette rue jusqu'au bout *et* vous arriverez à la gare.　이 길을 따라 끝까지 가면 역이 나옵니다.

　· Travaillez bien, *et* il y a une récompense à la clef.　열심히 일하면 당연히 보상이 있을 것이다.

❷ · Que je puisse seulement voir ma famille, *et* je partirai content.　가족만 볼 수 있다면 만족해서 떠날 것이다.

3) [비교급 ⋯ et ⋯ 비교급] : ⋯하면 할수록 점점 더 [덜] ⋯하다.

· Plus une activité émet de CO2, (*et*) plus elle doit être taxée.　어떤 활동이 이산화탄소 배출을 많이 할수록 세금을 더 많이 내야 한다.

· Plus on le fréquente *et* plus on l'apprécie.　친하게 사귀면 사귈수록 그를 높이 평가하게 된다.

· Plus on juge *et* moins on aime.　따지면 따질수록 덜 좋아하게 된다.

· Moins on a de richesses *et* moins on a de peines.　돈이 적으면 괴로움도 적다.

· Moins on sent une chose *et* plus on est apte à l'exprimer.　사람은 무엇을 덜 느낄수록 말은 더 하기 일쑤다.

· Plus on considère qu'un adversaire est facile *et* plus cela devient difficile.　상대가 용이하다고 생각할수록 그것은 더 어렵게 된다.

5. 대립·대조 : 그런데, 그러나.

· Chacun pour soi *et* Dieu pour tous.　《**격언**》 저마다 자기 일에나 전념하고 남의 일은 신에게 맡겨라.

· Beaucoup d'appelés *et* peu d'élus　부름을 받은 사람은 많으나 뽑힌 사람은 적다((**성서**));《**비유**》 생존경쟁에서 이기는 사람은 적다.

· Ça a à peine trois mois *et* ça tète comme un glouton.　이놈은 태어난 지가채 3개월도 안 되었는데 게걸스럽게 젖을 잘 빤다.

· Ils ont leurs soucis, *et* nous les nôtres.　그들에게는 그들의 근심이 있고 우리에게는 우리의 근심이 있다.

· Tu a de la fièvre *et* tu bois de l'eau glacée.　너는 열이 있는데 얼음물을 먹는구나.

· Ils s'aiment *et* n'osent se l'avouer.　그들은 서로 사랑하지만 감히 서로 고백하지 못한다.

· Tous le condamnaient *et* miraculeusement il a guéri.　모두가 그가 회복 불능이라고 포기했는데 그는 기적과 같이 회복되었다.

· Il est riche *et* malheureux.　그는 부유하지만 불행하다.

· La critique est aisée [facile], *et* l'art est difficile.　《**속담**》 비평은 쉬우나 예술은 어렵다; 말은 쉬우나 행동은 어렵다.

· C'est ainsi *et* pas autrement.　사정이 그렇게 된 것이지 다른 것은 없다.

· C'est mon affaire, *et* non la vôtre.　이건 내 일이지 당신 일이 아니다.

· C'est un chirurgien de Paris, *et* non des moindres, qui l'a opéré.　그를 수술한 사람은 파리의 유명한 외과 의사이다.

· C'est pour son profit *et* non pour le leur.　그것은 그들의 이익을 위한 것이 아니라 그의 이익을 위한 것이다.

· La parole est d'argent *et* le silence est d'or.　《**속담**》 웅변은 은이요, 침묵은 금이다.

· Il est bon de parler, *et* meilleur de se taire.　웅변도 좋지만, 침묵은 더욱 좋다.

· Je suis au fond mystique *et* je ne crois à rien.　나는 사실 신비주의적 성향을 가졌지만 아무런 종교도 갖고 있지 않다.

· La solution était très simple, *et* cependant personne n'y avait songé.　해결책은 아주 간단했는데도, 그것을 생각해낸 사람은 하나도 없었다.

· En été il fait jour tôt *et* il fait nuit tard.　여름에는 동이 일찍 트고 날이 늦게 저문다.

· Il faut manger pour vivre *et* non pas vivre pour manger.　살기 위해 먹어야지, 먹기 위해 살아서는 안 된다.

· Il faut agir, *et* non subir.　무언가 대응을 해야 한다, 그냥 당하고만 있어서는 안 된다.

· Promettre est un, *et* tenir est un autre.　약속을 하는 것과 약속을 지키는 것은 별개의 문제다.

· Vous, vous jouez *et* lui, il travaille.　당신은 놀고 그는 일한다.

· J'ai l'habit d'un laquais *et* vous en avez l'âme.　나는 신분이 천하지만 당신은 정신이 천박합니다.

· Tu a promis, *et* maintenant tu refuses.　너는 약속을 해 놓고 지금에 와서는 거절한다.

· Le roi règne *et* ne gouverne pas.　왕은 군림할 뿐 통치하지 않는다.

- Les jours se suivent *et* ne se ressemblent pas.　《속담》 한 달이 크면 한 달이 작다; 인생엔 즐거운 날도 있고 슬픈 날도 있다.
- Il vient d'arriver *et* veut déjà partir.　그는 조금 전에 도착했는데 벌써 떠나고 싶어 한다.
- Il voit la paille dans l'oeil du voisin *et* ne voit pas la poutre dans le sien.　《속담》 똥 묻은 개가 겨 묻은 개 나무란다.
- Il voulait ouvrir les yeux *et* il ne le pouvait pas.　그는 눈을 뜨고 싶었지만 그럴 수 없었다.
- Voici nos invités qui arrivent *et* le dîner qui n'est pas encore prêt.　우리의 손님들은 도착했는데, 식사는 아직 준비가 되지 않았다.
- Le maire vient d'arriver. - *Et* la mariée qui n'est pas là!　시장이 장금 도착했다. - 그런데 신부가 아직 도착하지 않았다.
- Le haut-parleur appelle les voyageurs. - *Et* Jean qui ne s'est pas encore montré!　확성기는 여행객들을 불러 모으는데 장의 모습은 아직 보이지 않는다.
- Nous n'avons pas encore terminé notre recherche aujourd'hui. *Et* toi qui croyais que nous allions finir hier!　우리는 오늘도 우리의 연구를 끝내지 못했는데, 너는 우리가 어제 끝낼 거라고 생각했었지!

6. 주제의 변경

- *Et* moi aussi, j'avais espéré que vous viendriez à Versailles.　그리고 나 또한 당신이 베르사유에 오기를 바랐었다.
- Comment allez-vous? - Je vais bien, *et* vous?　어떻게 지내십니까? - 잘 지냅니다, 당신은요?
- J'ai accepte, *et* vous?　나는 수락했소, 당신은요?
- Je crois que je vais rentrer, *et* vous?　나는 돌아가려고 하는데, 당신은요?
- Cette robe coûte dans les 300 dollars. - *Et* celle-là?　이 옷은 약 300달러입니다. - 저것은요?
- Son père a 60 ans. - *Et* sa mère?　그의 부친은 60세다. - 그의 모친은요?
- Il n'y a plus de fromage. - *Et* de la viande, il y en a encore?　이제 치즈는 없어. - 그러면 고기는 있나?
- *Et* ce café, garçon?　웨이터, 좀 전에 주문한 커피 어떻게 된 거지?

7. 수량 정도 표현과 함께

1) 수사의 구성 요소

> trente *et* un 31. soixante *et* onze 71. cent *et* un 《옛》 101. quarante *et* unième 41번째의. soixante *et* un participants 61명의 참석자. soixante *et* un mille voix 6만 1천 표.

- La durée d'incubation est de vingt *et* un jours pour la poule.　암탉이 알을 품는 기간은 21일이다.

> ☆ cent *et* un과 같이 et를 넣는 것은 옛 표현이나 현대어에서도 가끔 볼 수 있음. 막연한 수를 나타내고자 할 때도 et를 씀.
> - Il y a cent *et* un moyens de se tirer d'affaires.　곤경에서 벗어나는 방법은 얼마든지 있다.

2) 합산 : ⋯와(=plus).

❶

enfant de deux ans *et* demi. 두 살 반 된 아이. gens de 50 ans *et* plus 50세 이상의 사람들. cent mille euros *et* plus 10만 유로 이상. une douzaine *et* demie 한 타스 반. trois pages (*et*) un tiers 두 페이지와 3분의 1. quatre cents *et* quelques députés 400 몇 명의 의원. coûter deux cent euros *et* des poussières 200유로 남짓의 돈이 들다.

· Trois *et* quatre égalent〔font〕 sept.　3더하기 4는 7이다.

· À malin〔trompeur〕, malin〔trompeur〕 *et* demi.　《속담》 뛰는 놈 위에 나는 놈이 있다.

· La motion a été adoptée par vingt voix *et* deux abstentions.　그 동의안은 찬성 20표와 기권 2표로 채택되었다.

· La température atteint quarante degrés *et* au-dessus.　기온이 40도나 그 이상 오른다.

· Le bâtiment comporte dix étages *et* un sous-sol.　그 건물은 지상 10층과 지하 1층으로 이루어져 있다.

❷

Les Mille *et* un Jours; Contes des Mille *et* une nuits 천일야화. un caporal *et* quatre hommes〔quatre hommes *et* un caporal〕 《구어》 최소단위〔소수〕의 군대. un cinq *et* trois font huit 《구어》 한 쪽 다리가 짧은 사람.

· Il y avait quatre pelés *et* un tondu.　《구어》 (회합 따위에) 모인 사람이 아주 적었다.

· On en viendrait à bout avec quatre hommes *et* un caporal.　그런 일이라면 몇 사람만으로도〔간단히〕 해치울 수 있을 것이다.

3) 시간

huit heures *et* demie 8시 반. neuf heures *et* quart 9시 15분.

· Il est midi〔minuit〕 *et* demi.　낮〔밤〕 12시 반이다.

8. 1) 강조

Et voici que tout à coup ⋯ 그런데 갑자기 ⋯.

· *Et* crac, le voilà parti.　그러더니 그는 훌쩍 떠나버렸다.

· *Et* maintenant, vous voilà content!　당신이 한 일은 헛수고였소!

· *Et* soudain la porte s'ouvrit.　그런데 갑자기 문이 열렸다.

· *Et* que ça ne se renouvelle pas!　이런 일이 또 다시 생기지 않도록 해!

· *Et* sur ce, il nous quitta.　그리고 나서 그는 우리 곁을 떠났다.

· *Et* voilà le travail!　제대로 된 솜씨이다.

· *Et* si elle se fâche?　그런데 그녀가 화라도 내면?

2) 경악·분노 따위의 강한 감정

· *Et* comment!　물론이지!(=bien sûr).

· *Et* ce gosse rentre à minuit!　그 녀석이 자정에야 돌아온단 말이야!

· *Et* s'il réussit? - Il n'y a pas de danger.　그런데 그가 해내면 어떻게 하냐고? - 그럴 염려는 없어.

· *Et* moi, vous ne me demandez pas mon avis?　그래, 내 의견은 묻지 않으십니까?

· *Et* moi qui ne me doutais de rien!　내가 아무것도 짐작하지 못했다니!

· *Et* tu oses me dire ça!　네가 감히 내게 그런 말을 하다니!

· *Et* qu'est-ce que tu veux faire d'autre, ballot?　그리고 또 무슨 짓 하려고 하니, 이 바보야?

3) [et + 부사]

> *Et* plus? 그러고는?

· *Et* alors? dit-il avec humeur.　그래서? 라고 그는 언짢은 듯 말했다.

· *Et* bien, dites donc! Voilà qu'il m'achète à présent!　아, 참! 이제 나는 그의 놀림감이 됐어요 [그에게 한 방 먹었어요] !

· J'ai tort, *et* après?　내가 잘못했다고, 그래서 (어떻게 하겠다는 거야)?

· Vous renverserez le gouvernement, *et* après?　당신이 정부를 전복시킨다고 하고, 그 다음에는?

· Quand il m'a vu, le voleur s'est enfui. - *Et* après?　도둑이 나를 보자 도망쳤다. - 그리고는요?

· Nous arriverons vers dix heures, mettons, *et* après?　우리가 10 시에 경에 도착한다고 하면 그 후에는 어떡하지?

· Il pourra s'en tirer, *et* encore.　그가 잘 헤쳐 나가겠지만, 글쎄 어떨지.

· Je lui ai acheté une voiture, *et* encore!　내가 그에게 차를 한 대 사주었는데 말이야.

4) [et puis] : 그리고 또(=et, plus); 게다가, 더군다나(=d'ailleurs, en outre).

> jouer piano *et* puis forte 약하게, 그리고 다음에 강하게 연주하다.

· Il est brave, *et* puis c'est tout.　그는 그저 용감할 뿐이다.

· Il ne veut pas venir. *Et* puis il n'a pas d'argent.　그는 오고자 하지 않는다, 게다가 돈도 없다.

· Je vais à Ravenne pour me reposer. *Et* puis je voudrais y étudier l'art de la mosaïque.　나는 라벤나에 가서 휴식을 취하고자 한다. 그리고 거기에서 모자이크 예술에 대해 연구하고자 한다.

· On attend, on s'occupe à autre chose. *Et* puis ça revient.　기다리면서 다른 일을 했다. 그러자 그것이 다시 돌아왔다.

· *Et* puis les touristes nipponnes sont attirées par les soins esthétiques.　그리고 일본 여성 관광객들은 미용서비스에 매력을 느끼고 있다.

· *Et* puis après tout, cela ne me regarde pas.　게다가 그것은 요컨대 나와 관계가 없다.

· *Et* puis j'ai eu le Prix du scénario à Cannes!　그리고 나는 깐느 영화제에서 시나리오 상을 받았다.

· *Et* puis? 그래서?

· *Et* puis quoi〔après〕?　그래서 어떻다는 거야?

· *Et* puis quoi encore?　((당치 않은 요구에 대해)) 그래서 뭐 하려고?

5)〔et allez donc〕 : 언행의 과장된 것을 강조

· *Et* allez donc! Ne vous gênez pas!　《비꼼》 체면 좀 차리시지〔너무하군〕!

9. 동사의 반복을 피하기 위해 생략문의 요소 도입

1) 주어

> propositions contradictoires dont l'une est vraie *et* l'autre fausse 하나는 옳고 다른 것은 틀린 모순 명제들.

· Il a gagné la première manche *et* moi la seconde.　그가 첫 판을 이기고 내가 둘째 판을 이겼다.

· Il possède peu, *et* moi encore moins.　그는 가진 것이 별로 없고, 나는 그 보다도 더 없다.

· Son père le veut, *et* sa mère (aussi).　그의 아버지가 그것을 바란다, 그리고 그의 어머니도 그렇다.

· Il est reçu à l'examen *et* moi idem.　그는 시험에 합격했고, 나도 마찬가지이다.

· L'air était plein d'encens *et* les prés de verdure.　공기는 향기 가득하고 초원은 온통 푸르다.

· Plus de 125.000 personnes ont été évacuées dans la province du Liaoning, dans le nord-est de la Chine, *et* plus de 5.000 en Corée du Nord voisine, en raison d'importantes inondations dues à des pluies torrentielles.　폭우로 인한 큰 홍수로 중국 동북부 랴오닝성의 125,000명 이상이 소개되었고, 이웃하고 있는 북한에서도 5,000명 이상이 소개되었다.

2) 보어 · 부사

> faire de la nuit le jour *et* du jour la nuit 낮에 자고 밤에 일하다, 낮과 밤을 거꾸로 생활하다.

· Il parle l'anglais *et* aussi l'allemand.　그는 영어에다 독일어까지 한다.

· Il s'intéresse peu au cinéma, *et* encore moins au théâtre.　그는 영화에 거의 관심이 없는데 연극에는 더욱 더 관심이 없다.

· Il a vécu aux État-Unis *et* antérieurement, en France.　그는 미국에서 산적이 있는데 그전에는 프랑스에서 살았다.

· Vous voyez ici le fleuve *et* là les montagnes.　이쪽에는 강이 그리고 저쪽에는 산이 보이시죠.

· Il est allé à Paris *et* de là en Angleterre.　그는 파리로 갔다가 영국으로 갔다.

· La France dépense moins par élève que les pays de l'OCDE dans le primaire et l'enseignement supérieur, *et* beaucoup plus que ces mêmes pays dans le secondaire.　프랑스는 초등교육과 고등교육에서는 경제협력기구 회원국들보다 학생 1인당 교육비를 덜 지출하고, 중등교육에서는 그들 국가들보다 학생 1인당 교육비를 훨씬 많이 지출한다.

10. 《문어》 서술의 부정법 유도

- *Et* les ennemis de s'enfuir et de jeter leurs armes.　　그러자 적들은 도망치면서 무기를 버렸다.
- *Et* les enfants de sauter et de crier.　　그러자 아이들이 껑충껑충 뛰면서 소리를 질렀다.
- Il approcha, *et* les oiseaux de s'envoler.　　그가 가까이 오자 새들이 날아갔다.
- Il fit une bonne plaisanterie, *et* tout le monde de rire.　　그가 멋진 농담을 하자 모두들 웃었다.
- "Je sais bien quelle est votre tristesse …" *Et* elle de répliquer d'une voix consternée: "Il n'est pas question de tristesse et …"　　"당신의 고통이 어떠한지를 잘 알고 있습니다 …" 그러자 그녀가 놀란 목소리로 답했다: "슬픔이 문제가 아닙니다. 그리고 …"

11. et/ou : 둘 모두 또는 그 중의 하나.

critère du choix de l'époux *et/ou* d'une épouse 남편이나 부인 또는 양자의 선택의 기준. Internet *et/ou* vie privée 인터넷과 사생활 또는 그 중의 하나. photos *et/ou* vidéos 사진이나 비디오 또는 둘 다. responsables d'origine étrangère *et/ou* de gauche 외국 출신의 좌파이거나 또는 외국 출신이나 좌파인 책임자. inviter le président *et/ou* le vice-président 의장과 부의장 모두 또는 그 중의 하나를 초청하다. devenir enseignants *et/ou* cherchers 교육자 겸 연구자가 되거나 또는 그 중의 하나가 되다.

- Consommateur *et/ou* citoyen?　　소비자인 동시에 시민인가, 또는 그 중의 하나인가?
- Démocratie: conception politique *et/ou* morale?　　민주주의, 정치적인 개념인가, 윤리적인 개념인가, 또는 둘 다인가?
- Il a les symptomes du cancer de la langue *et/ou* du larynx.　　그는 설암과 후 두암 또는 그 중 하나의 징후를 가지고 있다.

12.

une chaumière *et* un cœur 단란하고 소박한 가정. devoir à Dieu *et* à Diable; devoir au tiers *et* au quart 여기저기 빚투성이다. parabole du bon grain *et* de l'ivraie (성서의) 좋은 밀과 독보리의 우화. aller de cul *et* de tête 《옛·속어》 무모하게 행동하다, 극성부리다. avoir une affaire au curé *et* aux paroissiens 《옛·구어》 동시에 여러 사람에게 볼일이 있다, 진퇴유곡에 빠지다. avoir son dit *et* son dédit 번번이 위약하다. avoir un œil qui joue au billard *et* l'autre qui compte les points 《구어》 사팔뜨기이다. dire le mot *et* la chose 사실대로 말하다. être aux épées *et* aux couteaux avec *qn* …와 사이가 나쁘다, …와 내놓고 싸우다. être comme cul *et* chemise 떨어질 수 없는 사이다. être comme l'ombre *et* le corps 늘 같이 붙어 다니다. être différent comme le jour *et* la nuit 판이하게 다르다. fumer sans pipe *et* sans tabac 《속어》 노발대발하다. jouer au papa *et* à la maman 아빠 엄마 놀이를 하다. se lier avec Pierre *et* Paul 《구어》 누구하고나 사이좋게 지내다. manger l'huître *et* laisser les écailles 단물만 빼먹다, 이득을 모두 챙기다. tenir *qn* au cul *et* aux chausses 《옛·구어》 …을 귀찮게 쫓아다니다, 괴롭히다. vivre comme chien *et* chat 서로 견원지간이다.

- C'est le blanc bonnet *et* bonnet blanc; C'est chou vert *et* vert chou.　　그것은 결국 마찬가지다.
- C'est le feu *et* l'eau.　　그들은 물과 기름이다, 서로 상극이다.

· C'est Jean qui pleure *et* Jean qui rit.   울다가 금방 웃다.

· C'est saint Roch *et* son chien.   그들은 언제나 붙어 다닌다.

· Cela lui entre par une oreille *et* lui sort par l'autre.   그는 그것을 한 귀로 듣고 한 귀로 흘린다.

· Il ne faut pas mélanger les torchons *et* les serviettes.   《구어》 사람을 봐가면서 대접을 해야 한다.

excepté que

1. [excepté que + *ind/cond*] : ···라는 것을 제외하고.

excepté que j'emploie "nous" au lieu de "je" 내가 "je" 대신 "nous"를 사용하는 것을 제외하고. *excepté que* les participants devaient fournir, non plus deux exemples, mais trois 참여자들이 두 가지 예가 아니라 세 가지 예를 제시해야 한다는 것을 제외하고. *excepté qu'*il ne retranscrit que partiellement ou de manière erronée l'histoire de la naissance du rock and roll 그가 로큰롤 발생의 역사를 부분적으로만 또는 그릇되게 전사하는 것을 제외하고는.

· Que dire de DMB *excepté que* leurs albums sont extraordinaires?   그들의 앨범이 특별하다는 것을 제외하고는 DMB 그룹에 대해 무어라고 말할 것인가?

· Nous avons eu beau temps, *excepté qu'*il a plu un peu vers midi.   정오경에 비가 조금 온 것 말고는 날씨가 좋았다.

· Ils se valent, *excepté que* l'un serait plus travailleur que l'autre.   그들은 한 사람이 다른 사람보다 좀 더 부지런하리라는 점을 제외하고는 우열이 없다.

· J'ai bien aimé ce film *excepté que* je n'ai pas compris la fin!   나는 그 결말을 이해하지 못한 것을 빼고는 그 영화를 매우 좋아했다.

2. [excepté que + *sub*] : 주절의 동사가 접속법을 요구할 때

· Elle désire rien, *excepté que* vous la laissiez en paix.   그녀는 당신이 그녀를 내버려 두어달라는 것 외에는 아무것도 원하지 않는다.

3. [excepté + 접속사]

excepté s'il apprécie la beauté des dessins à la plume 그가 펜 데생의 아름다움을 감상하지 못하면. *excepté* quand vous voyagez vers les États-Unis 당신들이 미국 쪽으로 여행할 때를 제외하면. *excepté* quand "huit" est substantif "huit"가 실사일 때를 제외하고는.

· Ne bougez pas d'ici *excepté* si quelqu'un frappe à la porte.   누군가가 문을 노크할 때를 제외하고는 여기에서 움직이지 마시오.

- J'aimerais mieux bâtir *excepté* si je trouvais une maison convenable.　적합한 집을 찾지 못하면 차라리 집을 짓겠다.
- Nous allons à pied, *excepté* quand il fait mauvais.　우리는 악천후가 아니면 걸어서 간다.

façon/manière

---

1. [de (telle) façon/manière que + *ind/sub*] **: 목적: …하도록.**

de *manière que* tout aille bien 모든 것이 순조롭도록. de *manière que* la raison domine sur le sentiment 이성이 감정을 지배하도록. vivre de *façon qu'*on ne fasse tort à personne 아무에게도 해를 끼치지 않게 살다.

- Arrangez-vous de telle *manière que* Sylvie soit à votre droite.　실비가 당신 옆에 자리하도록 해보세요.
- Il faudrait vous comporter de telle *manière que* tout le monde soit content.　모든 사람들이 만족할 수 있도록 처신해야 할 것이오.
- Il a commencé à courir de telle *façon que* personne n'a pu le rattraper.　그는 아무도 따라잡을 수 없도록 뛰기 시작했다.
- Nous nous sommes entendus de telle *façon que* chacun soit obligé de payer la moitié des dépenses. 우리는 각자가 비용의 반을 지불해야 한다고 합의했다.
- Il faut envoyer les invitations à l'avance de *manière que* les gens aient le temps de répondre.　사람들이 답변할 시간을 가질 수 있도록 초청장을 미리 보내야 한다.
- Il fait les choses de *manière que* tout le monde est content.　그 는 모든 사람들이 만족할 수 있게 일을 한다.
- Il a parlé de (telle) *façon qu'*on l'a compris.　그는 사람들이 알아들을 수 있게 말했다.
- Il a préparé de (telle) *façon que* tout aille bien.　모든 것이 순조롭도록 준비했다.
- Traitons bien les autres de *façon qu'*ils soient gentils envers nous.　그들이 우리에게 친절해질 수 있도록 다른 사람들을 잘 대해줍시다.
- Il travaille de (telle) *manière qu'*il puisse vivre.　그는 살아가기 위해 일을 한다.

2. [de (telle) façon/manière que + *ind*] **: 결과 : (…해서) …하다.**
- Il s'est conduit de (telle) *manière que* tout le monde a été gêné.　그의 행동을 보고 모든 사람들이 거북해 했다.
- Il a crié de (telle) *façon qu'*il m'a réveillé.　그가 소리를 지르는 바람에 잠이 깼다.
- Il a toujours été désagréable dans ses rapports avec les autres, de *manière que* personne ne lui parle plus.　그는 다른 사람과의 관계에서 불유쾌하게 하기 때문에 아무도 더 이상 그에게 말을 걸지 않는다.

· Il marmonne de telle *façon qu'*on ne le comprend pas.　그의 말은 웅얼거려서 알아들을 수가 없다.

· Elle a refusé trois prétendants de *façon qu'*elle n'a plus trouvé personne.　그녀가 세 명의 청혼자를 거절한 후에는 더 이상 청혼자가 없었다.

· Il a beaucoup travaillé de (telle) *manière qu'*il a pu réussir à l'examen.　그는 열심히 공부해서 시험에 합격할 수 있었다.

3. 《문어》 [de façon/manière à ce que + *ind/sub*] : …하도록.

portique disposé de *manière* à ce *qu'*on trouvât de l'ombre à toute heure 언제나 그늘이 지도록 배치된 문. se comporter de *manière* à ce *que* l'autre ne s'attache plus à soi 사람들이 정감을 느끼지 못하게 행동하다.

· Il ne faut pas agir de *façon* à ce *que* l'on devienne ennemi les uns des autres.　서로 적이 되도록 행동해서는 안 된다.

· Dors longtemps de *façon* à ce *que* tu sois frais et dispos.　원기가 왕성해질 수 있도록 오랫동안 잠을 자거라.

fait

1. [au fait] : (문두에서) 그런데, 결국(= à ce propos, à ce sujet).
· Au *fait*, nous avons peu de chance d'y parvenir.　요컨대 우리는 성공할 가능성이 거의 없다
· Au *fait*, c'est vrai, pourquoi est-il allé là-bas?　그러게 거기는 왜 갔니?
· Au *fait*, tu sais qu'on dit qu'il est plein aux as, ce type!　그런데, 그가 굉장한 부자래.
· Mais au *fait*, quand est-ce qu'il part?　그런데, 그는 언제 떠나지?

2. [du fait que + *ind*] : … 때문에, …라는 이유로.
· Du *fait qu'*il est malade, il n'a pu y aller.　그는 아파서 거기에 갈 수 없었다.
· Du seul *fait que* vous êtes mineur, vous ne pouvez être électeur.　미성년자라는 한 가지 이유로 당신은 선거권이 없다.

fois

1. [une fois que + *ind*] : 일단 …하면, 하자마자.

1) · Une *fois que* la chance vient, tout se passe très bien.　운이 닿으면 모든 일이 잘 된다.

　· Une *fois que* l'on met les pieds dans ce genre d'affaire, il est difficile d'en sortir.　한번 그런 일에 발을 들여놓으면 빠져나오기가 어렵다.

　· Une *fois qu'*il a commencé, il boit comme un trou.　그는 한번 시작했다 하면 엄청나게 마신다.

　· Une *fois qu'*il s'est mis à parler, on ne peut plus l'arrêter.　그는 일단 말을 시작하면 멈추지 않는다.

　· Une *fois qu'*on a goûté à la spéculation, on ne peut plus s'arrêter.　투기에 한번 맛들이면 벗어날 수 없다.

2) [une fois + 과거분사/상황보어]

　· Une *fois* arrivé, si l'on me dit de repartir, que dois-je faire?　여기까지 왔는데 돌아가라면 어떻게 하란 말이요?

　· Une *fois* commencé, il faut aboutir à un résultat.　일을 시작했으면 결실을 맺어야 한다.

　· Une *fois* finies ses obligations officielles, il est programmé que le président de la République passe au retour dans son pays natal.　대통령은 공식 일정이 끝나면 귀로에 고향에 들를 예정이다

　· Une *fois* installé, il reste collé à son siège.　그는 한번 앉으면 일어날 줄 모른다.

　· Une *fois* lavé, c'était tout à fait comme neuf.　세탁을 하니 그것은 완전히 새것과 같았다.

　· Une *fois* la grosse averse passée, le ciel s'est éclairci.　한바탕 소나기를 쏟더니 하늘이 개었다.

　· Une *fois* pris dans l'événement, les hommes ne s'en effraient plus.　일단 사건에 끼어들면, 사람들은 더 이상 두려워하지 않는다.

　· Une *fois* les spectateurs sortis, la salle était déserte.　관객이 빠져나간 객석이 썰렁했다.

　· Une *fois* le dossier bouclé, voulez-vous me le faire passer?　서류를 다 작성하면 저에게 주세요.

　· Une *fois* le travail terminé, j'ai poussé un ouf de soulagement.　일이 끝나고 나자 나는 안도의 숨을 내쉴 수 있었다.

　· Une *fois* au sommet, on a une vue totalement dégagée.　정상에 올라서니 시야가 확 트였다.

　· Une *fois* à Séoul, téléphonez-moi.　서울에 오면 내게 전화하세요.

　· Une *fois* dans sa chambre, il n'en sort plus pendant des heures.　그는 한번 자기 방에 들어가면 몇 시간 동안이나 나오지 않는다.

　· Il a commencé à fumer une *fois* entré à la fac.　그는 대학에 들어와서 담배를 피우기 시작했다.

　· J'ai retrouvé mon poste une *fois* guéri.　나는 병이 나아서 직장에 복귀했다.

　· La confiance une *fois* perdue est difficile à regagner.　한번 무너진 신뢰는 회복하기 어렵다.

2. [(à) chaque fois que + *ind*; toutes les fois que + *ind*] : **…할 때마다.**

à chaque *fois que* je faisais un pas 걸음을 옮길 때마다. à chaque *fois qu*'on la voit 그녀를 볼 때마다. chaque *fois que* je pense à cela 그것을 생각할 때마다. chaque *fois que* je suis là-bas 내가 그곳에 갈 때마다. chaque *fois que* l'occasion se présente 기회가 있을 때마다.

· À chaque *fois que* j'essaie de dire quelque chose, il fait la sourde oreille.　내가 무슨 말이라도 하려고 하면 그는 못들은 척 한다.

· À chaque *fois que* le week-end arrive, je vais à la montagne avec mes amis.　주말이면 나는 친구들과 등산을 간다.

· À chaque *fois que* ces deux personnes se rencontrent, ils se disputent à coup sûr.　그 두 사람은 만나기만 하면 꼭 싸운다.

· Chaque fois *qu*'il gagne de l'argent, il dépense tout.　그는 돈을 버는 대로 다 써버린다.

· Chaque fois *que* je lui téléphone, il n'est jamais à son bureau.　그는 내가 전화할 때마다 사무실에 없다.

· Chaque fois *que* je pense à ce moment, je sens mon cœur se serrer.　나는 그때 생각만 하면 가슴이 죄어 온다.

· Chaque fois *que* je le vois, les jambes m'en tremblent.　나는 그를 보면 다리가 후들거린다.

· Toutes les *fois qu*'il vient, c'est pour râler.　그는 올 때마다 투덜댄다.

· Il a l'habitude de se gratter la tête à chaque *fois qu*'il se retrouve dans une situation difficile.　그는 곤란한 상황에 처할 때마다 머리를 긁는 버릇이 있다.

· Il me salue chaque *fois qu*'il me voit.　그는 나를 볼 때마다 내게 인사한다.

· J'ai envie de vomir chaque *fois que* je prends le bus.　나는 버스만 타면 메스껍다.

· Je suis trop tendu chaque *fois que* je suis avec le professeur.　나는 선생님 앞에만 가면 몸이 얼어붙는다.

· Je ressens un point de côté chaque *fois que* je respire.　나는 숨을 쉴 때마다 옆구리가 결린다.

· C'est un prétexte qu'il utilise toutes les *fois qu*'il en a besoin.　그것은 그가 필요할 때마다 써먹는 구실이다.

3. 《속어》 [des fois que + *cond*] : **혹시 …하게 되는 경우에, 혹시 …일지도 모르니까.**

---

des *fois que* vous trouveriez une voiture 자동차를 보게 되면.

· Je vais téléphoner, des *fois qu*'il serait encore chez lui.　그가 아직도 집에 있으면 전화를 걸겠습니다.

· Allons-y vite, des *fois qu*'il y aurait trop de monde.　사람이 너무 붐빌지도 모르니까 빨리 가자.

· Voici un peu d'argent, des *fois que* tu en aurais besoin.　여기 돈이 좀 있다, 혹시 네가 필요할지 모르니까.

· Prends un parapluie, des *fois qu*'il pleuvrait.　비가 올지 모르니 우산을 가져가라.

4. [pour une fois que + *ind*] : **한 번 [이번은] …인데 [이다], 모처럼 …인데 [이다].**
· Pour une *fois que* j'allais me reposer, il est venu me déranger.　모처럼 쉬려고 했는데 그가 와서 방해를 했다.

- Pour une *fois que* j'allais exprès voir mon ami, il n'était pas chez lui.　모처럼 친구를 찾아갔는데 집에 없었다.
- Pour une *fois qu'*on le peut, accordons-nous un moment agréable tous les deux.　모처럼 둘이서 유쾌한 시간을 가져보자.
- Pour une *fois que* tu fais la vaisselle, il n'y a pas lieu de te vanter de l'avoir faite.　한번 설거지 좀 했다고 생색내지 마.
- Pour une *fois que* tu as du temps.　네가 오랜만에 시간이 났구나.
- Allons faire une promenade pour une *fois qu'*il fait beau.　모처럼 날씨가 좋은데 산책하러 가자.

⇒ mesure

1. [hormis que + *ind*] : ⋯하는 것을 제외하고(=excepté que, sauf que).
   - Cet enfant est très bien doué, *hormis qu'*il est étourdi.　그 아이는 침착하지 못한 것을 제외하면 재능이 많다.
   - Il ressemblait à M. Dupont, *hormis qu'*il parlait mieux français.　그는 불어를 더 잘하는 것을 제외하고는 뒤퐁씨를 닮았었다.

2. 《옛》 [hormis que (ne) + *sub*] : ⋯이 아니라면(=à moins que).
   - *Hormis que* le printemps n'arrive bientôt, je ne sais pas ce que nous allons faire.　봄이 곧 돌아오지 않으면 우리는 어떻게 해야 할지 모르겠다.

hors que

1. [hors que + *ind/cond*] : …을 제외하고(=excepté que, sauf que).
   · Il a tout essayé *hors qu'*il demande ton aide.　그는 너의 도움을 청하는 것 이외에는 온갖 시도를 다 해보았다.
   · Il lui a fait toutes sortes de mauvais traitements, *hors qu'*il ne l'a pas battue.　그는 그녀를 때리는 것을 빼고는 온갖 나쁜 대우를 했다.
   · Il a pensé mourir de la même maladie de Mme Dubois, *hors qu'*il fut plus malade.　그는 그가 더 아프다는 것을 제외하고는 뒤부아 부인과 같은 병으로 죽을 것이라고 생각했다.

2. [hors que (ne) + *sub*] : …이 아니라면, …하지 않는 한(=à moins que).

   *hors qu'*il ne soit fonctionnaire 그가 공무원이 아니라면. *hors qu'*un commandement exprès du roi me vienne 지엄한 왕명이 내게 내리지 않으면.

   · Tout propriétaire veut l'ordre, la paix, la justice, *hors qu'*il ne soit fonctionnaire ou pense à le devenir. 지주는 그가 공무원이거나 공무원이 되려고 생각하지 않으면 누구나 질서와, 평화와 정의를 원한다.

3. [hors + 절] : …이 아니라면, …하지 않는 한.

   hors quand il pleut 비가 올 때를 제외하고

id est

즉, 다시 말하면(=c'est-à-dire)((《약》 i.e.)).

adresse *id est* votre nom de domaine 주소, 즉 당신의 도메인 이름.

jusqu'à ce que

1. [jusqu'à ce que + *sub*/《옛·문어》 *ind*] : ⋯할 때까지.

attendre *jusqu'à ce que* la situation soit rétablie 상황이 안정될 때까지 기다리다. débattre un problème *jusqu'à ce que* l'on trouve une solution 해결책을 찾을 때까지 문제에 대해 토론하다. faire la grève *jusqu'à ce que* les revendications soient acceptées 요구가 받아들여질 때까지 파업을 하다. lutter *jusqu'à ce que* mort s'en suive [*jusqu'à ce qu'*on rende son dernier souffle] 목숨이 다 할 때까지 싸우다. remplir un verre *jusqu'à ce que* ça déborde 잔이 넘칠 때까지 채우다. se serrer la ceinture *jusqu'à ce qu'*on achète une maison 집을 살 때까지 허리띠를 졸라매다.

· Attendez là-bas *jusqu'à ce qu'*on vous appelle.　호명할 때까지 저기에서 기다려 주십시오.
· Il va t'attendre *jusqu'à ce que* tu aies terminé ce travail.　그는 네가 그 일을 끝낼 때까지 가다릴 것이다.
· Il faut cuire longuement un os *jusqu'à ce qu'*il devienne mou.　뼈가 흐물흐물 익을 때까지 오랫동안 삶아야 한다.
· Cet enfant demande de l'argent *jusqu'à ce qu'*on veuille bien lui en donner.　그 아이는 돈을 줄 때까지 달라고 조른다.
· Le prix du pétrole montera *jusqu'à ce que* la demande commence à fléchir.　유가가 수요가 줄어들기 시작할 때까지 오를 것이다.
· Ne partez pas *jusqu'à ce qu'*il soit revenu.　그가 돌아올 때까지 떠나지 마시오.
· Tout homme accusé est présumé innocent *jusqu'à ce qu'*il ait été déclaré coupable.　유죄판결이 나기 전까지는 모든 피고인은 죄가 없는 것으로 간주된다.
· Je resterai ici *jusqu'à ce que* vous reveniez.　당신이 돌아올 때까지 여기에 있겠소.
· Restez allongé *jusqu'à ce que* le médecin vienne.　의사가 올 때까지 누워 있으시오.
· Travaillez ferme *jusqu'à ce que* vous réussissiez.　당신이 성공할 때까지 열심히 일하시오.
· Je verrai cet instant *jusqu'à ce que* je meure.　내가 죽을 때까지 그러한 순간을 볼 것이다.

2. 《옛·문어》 [jusqu'à ce que + *ind/cond*] : ⋯할 때까지.

· Il marcha *jusqu'à ce qu'*il fut arrivé à la ville.　그는 그 도시에 도착할 때까지 걸었다.
· Il recula *jusqu'à ce qu'*il atteignit le lit.　그는 침대에 닿을 때까지 뒷걸음질 했다.
· Il promettait de ne point prêcher *jusqu'à ce que* le roi lui permettrait.　그는 왕이 허락할 때까지는 설교를 하지 않기로 약속했다.

3. 《옛·지방어》 [jusqu'à tant que + *sub*] : ···할 때까지(=jusqu'à ce que).

jusqu'à tant que nous soyons prêts à accepter leur proposition 우리가 그들의 제안을 받아들일 준비가 될 때까지.

· Je vais t'attendre *jusqu'à tant que* tu aies terminé ce travail.   네가 그 일을 끝낼 때까지 기다리겠다.

lors

1. [lors même que + *cond*] : 양보 : ···임에도 불구하고, ···일지라도(=bien que, quand même, même si).
· *Lors* même *que* nous n'en aurions pas l'idée distincte, nous sentirions vaguement que notre passé nous reste présent.   우리는 우리의 과거에 대해 어떤 분명한 개념을 가질 수 없다 하더라도 막연하게나마 우리는 그것이 우리속에 현존하고 있다는 것을 느낄 것이다.
· *Lors* même *qu'*il serait riche à millions, il vivrait modestement.   그는 백만장자라 하더라도 소박하게 살 것이다.
· *Lors* même *qu'*on m'offrirait un appartement, je ne changerais pas d'idée.   설사 내게 아파트를 준다하여 도 나는 생각을 바꾸지 않을 것이다.
· *Lors* même *que* vous lui offririez beaucoup d'argent, il refuserait de vendre sa maison natale.   설사 그에게 많은 돈을 준다 하여도 그는 자기의 생가를 팔지 않을 것이다.
· *Lors* même *que* vous l'exigeriez, je ne pourrais vous satisfaire.   당신이 그것을 요구한다 할지라도 나는 당신을 만족시키지 못할 것입니다.
· Cela serait ainsi *lors* même *que* vous ne le voudriez pas.   당신이 원하지 않는다 해도 이것은 이렇게 될 것이다.
· Ce qui est juste est juste, *lors* même *que* le monde devrait crouler.   하늘이 무너져도 옳은 것은 옳다.

2. 《문어》 [lors même que + *ind*] : 대립 : ···한 때라도(=même lorsque, même si).

lors même *que* vous le faites 당신이 그렇게 하더라도.

· Dans tout pays le chant naturel de l'homme est triste, *lors* même *qu'*il exprime le bonheur.   어느 국가에서 나 그것이 행복을 나타낼 때라도 인간의 꾸밈없는 노래는 슬픈 것이다.
· On se réunissait souvent chez lui *lors* même *qu'*il était absent.   우리는 그가 부재중일 때라도 종종 그의 집에 모이곤 했다.

3. [dès lors que + *ind*] : ···하자마자; ···인 이상, ···이므로.
  ⇒ dès

lorsque

1. [lorsque + *ind*] : 동시성: …할 때.

1)
> *lorsqu'*il est arrivé à la gare 그가 역에 도착했을 때. *lorsqu'*il était étudiant 그가 학생이었을 때에.
> *lorsqu'*en juillet je la renconterai 내가 7월에 그녀를 만나게 될 때. *lorsque* cette institution a paru
> 이 기관이 생겼을 때. *lorsque* le rêve nous transporte dans une autre planète 꿈이 우리를 다른 세계로
> 데려갈 때. défendre sa porte, *lorsqu'*on est en conférence 회의 중에 출입을 금하다.

· *Lorsque* j'avais six ans, j'ai vu, une fois, une magnifique image dans un livre sur la forêt vierge.
내가 여섯 살 때 처녀림에 관한 책에서 기막힌 그림을 본 적이 있다.

· *Lorsqu'*il accéda au pouvoir, le pays, au bord de la banqueroute, était contraint à demander l'aide
du Fonds monétaire international.　그가 집권했을 때 파산 지경에 이른 국가는 국제통화기금에 도움
을 청하지 않을 수 없었다.

· *Lorsqu'*il eut achevé son discours, Merlin l'Enchanteur disparut.　그의 말을 마치자 마법사 메를랭은
사라져버렸다.

· *Lorsque* nous sommes arrivés à Séoul, il s'est mis à neiger.　우리가 서울에 도착하자 눈이 내리기
시작했다.

· *Lorsque* le physique est atteint, le moral l'est aussi.　육체가 병들면 정신도 마찬가지로 병든다.

· *Lorsque* vous serez prêt, vous m'avertirez.　준비가 되면 내게 알려주시오.

· *Lorsque* son avion fera escale en Alaska, il rencontrera les soldats de la base aérienne d'Elmendorf.
그의 비행기가 알라스카에 기항할 때 그는 엘멘도르프 공군기지의 병사들을 만날 것이다.

· *Lorsqu'*il se leva, le brouhaha des conversations cessa.　그가 일어서자 사람들의 웅성대던 말소리가
멈췄다.

· *Lorsqu'*il se mêle de travailler, il réussit mieux qu'un autre.　그가 일단 일을 하려고 하면 그는
누구보다 잘 한다.

· *Lorsque* vous y penserez, vous me rapporterez cet outil.　생각이 날 때 그 도구를 내게 돌려주시오.

· *Lorsqu'*il pleut, elle devient mélancolique.　비가 오면 그녀는 마음이 우울해진다.

· *Lorsque* la Chine et le Vietnam se lancèrent dans les réformes, leur sécurité n'était pas menacée.
중국과 베트남이 개혁을 시작했을 때는 그들의 안보가 위협을 받지 않았다.

· Elle avait trois ans *lorsqu'*en 1963 sa famille décida de quitter le Japon pour　retourner au pays.
1963년에 그녀의 가족이 일본을 떠나 고국으로 돌아가고자 결심했을 때 그녀는 세 살이었다.

· Il n'y a ni justice ni liberté possibles *lorsque* l'argent est toujours roi.　여전히 돈이 지배하는 한
가능한 정의도 없고 자유도 없다.

· Tous les créanciers concourent *lorsqu'*ils ont un hypothèque de même date.　저당권 등기의 날짜가

같은 채권자들은 모두가 동등한 권리를 갖는다.

· J'étais sur le point de partir, *lorsque* le téléphone sonna.　　내가 막 출발하려 하는데 전화벨이 울렸다.

· Ç'avait éclaté *lorsqu'*elle était sortie de la maison.　　그녀가 집에서 나왔을 때 그 일이 터졌었다.

· Plus rien n'existe pour lui *lorsqu'*il travaille.　　그가 일할 때는 다른 어떤 것도 그에게 중요하지 않다.

· Mme Park, une mère de famille de 54 ans, se promenait à l'aube le long de la plage *lorsqu'*elle a involontairement franchi une ligne de démarcation.　　54세의 가정주부인 박씨 부인은 새벽에 해변을 따라 산책을 하고 있었는데 본의 아니게 경계선을 넘었다.

· Son père, membre du Parti des travailleurs, fut purgé *lorsqu'*elle était encore enfant.　　노동당의 당원이었던 그녀의 아버지는 그녀가 어렸을 때 숙청당했다.

· Téléphonez-moi *lorsque* vous trouverez le temps.　　시간이 있으면 전화주세요.

2)　· Même *lorsque* tu deviendras un adulte, il ne faudra pas oublier cette promesse.　　어른이 되더라도 이 약속은 잊지 마라.

　　· Même *lorsqu'*on vous humilie, vous ne réagissez pas?　　그런 모욕을 당하고도 가만히 있습니까?

3) 〔전치사 + lorsque〕

· Nous nous écrirons comme *lorsque* nous étions séparés.　　떨어져 있었을 때처럼 서로 편지하기로 합시다.

4) 〔où …, c'est lorsque …〕 : …인 것은 …인 때이다.

· Où ma colère éclata, ce fut *lorsqu'*il nia tout.　　내 분노가 폭발한 것은 그가 모든 것을 부인했을 때였다.

· Où ce bébé est le plus beau, c'est *lorsqu'*il dort.　　그 애기가 가장 예쁠 때는 잠을 자고 있을 때다.

2. 〔lorsque + *ind*〕 : 대립: …인데도

· On fait des discours, *lorsqu'*il faut agir.　　행동을 취해야만 할 때인데도 말만 하고 있다.

· Seul vous vous haïssez, *lorsque* tout le monde vous aime.　　모든 사람이 당신을 좋아하는 데 당신만 스스로를 미워한다.

· Il pensait encore à autre chose, *lorsque* ses parents le grondaient.　　그는 부모님께 꾸중을 들으면서도 다른 생각을 하고 있었다.

· Pourquoi est-ce que tu y es allé, *lorsque* je te l'avais défendu?　　내가 거기에 가지 말라고 했는데 왜 거기에 갔니?

· Pourquoi avez-vous fait cette dépense, *lorsque* nous avons si peu de ressources?　　우리에게 재원이 거의 없는데 왜 그 지출을 했습니까?

3. [lorsque + *cond*] : 양보: …임에도 불구하고, …일지라도.

la nourriture de luxe réservée aux heureux, *lorsqu'*elle devrait être à tous 만인의 것이 되어야 할 것임에도 불구하고 행복한 사람들에게만 마련된 호사스러운 양식.

4. 동사의 생략

· Nombre d'êtres, *lorsque* jeunes encore, ne savent pas ce qui est le plus important dans la vie. 아직 젊을 때는 많은 사람들이 인생에 있어 무엇이 가장 중요한지 모른다.

5. 《문어》 [lors … que]

lors donc *qu'*il fut arrivé 그래서 그가 도착하자. *lors* donc *que* vous viendrez 그래서 당신이 오게 되면.

maintenant que

[maintenant + *ind*] : …하는 지금; …한 이상, 이제는 …하니까.
· *Maintenant que* la pluie a cessé, nous allons pouvoir partir. 비가 그쳤으니 우리가 출발할 수 있겠다.
· *Maintenant que* vous êtes guéri, vous pouvez m'accompagner. 이제 다 나으셨으니 나와 함께 가실 수 있겠습니다.
· *Maintenant que* le temps s'est mis au beau, nous allons pouvoir sortir. 날씨가 좋아졌으니 외출할 수 있겠다.
· *Maintenant qu'*on a terminé le travail, on pourrait aller voir un film. 일이 끝났으니 영화를 보러 갈 수 있겠다.
· *Maintenant que* la réforme a été votée, le pire serait de rester au milieu du chemin. 개혁안이 가결된 이상 가장 좋지 않은 것은 중도에 멈추는 것이다.

mais

1. 대립·대조 : 그러나, 하지만, 그런데.

1)

incroyable *mais* vrai 믿을 수 없지만 사실인. enfant excellent *mais* un peu faible 우수하지만 좀 나약한 아이. femme bien faite, *mais* sans grâce 몸매는 좋지만 매력은 없는 여자. homme pauvre, *mais* convenablement vêtu 가난하지만 단정하게 차려 입은 사람. hôtel modeste, *mais* confortable [propre] 검소하지만 안락한 [깨끗한] 호텔. homme vieilli *mais* toujours ressemblant 나이는 들었지만 변함 없이 옛 모습을 간직하고 있는 사람. père injuste, cruel, *mais* d'ailleurs malheureux 옳지 않고 잔인하지만 다른 한편으로 보면 불행한 아버지. professeur très savant, *mais* peu pédagogue 아주 박식하지만 교수 자질은 부족한 교수. professeur sévère *mais* juste 엄하지만 공정한 교수. romancier talentueux, *mais* invendable 재능은 있으나 책이 안 팔리는 소설가. type génial *mais* irréaliste 천재적이지만 비현실적인 유형(의 사람). voyage coûteux *mais* pourtant utile 비용이 많이 들기는 하지만 유익한 여행. être croyant *mais* peu pratiquant 믿음이 있지만 교회에 충실히 다니지 않다.

· Aujourd'hui c'est ainsi, *mais* demain?　오늘은 이러하지만 내일은 어떨까?

· Il est intelligent, *mais* très paresseux.　그는 영리하기는 하지만 매우 게으르다.

· Elle est intelligente, *mais* inculte.　그녀는 똑똑하지만 교양이 없다.

· C'est possible en théorie, *mais* impossible en pratique.　그것은 이론상으로는 가능하지만 실제로는 불가능하다

· C'est un travail qui n'a l'air de rien, *mais* qui demande de la patience.　이 일은 대수롭지 않아 보이지만 인내를 요한다.

· Je travaille toute la semaine *mais* jamais le dimanche.　주중 내내 일하지만 일요일에는 결코 일하지 않는다.

2)

ambitieux, *mais* pas arriviste　야심 있는, 그러나 출세 지향적이지는 않은.

· J'aime cet auteur, *mais* aucunement ses épigones.　그 작가는 좋아하지만 그의 아류는 질색이다.

· Il a des idées *mais* aucun métier.　그는 좋은 아이디어는 있지만 실제의 경험이 전혀 없다.

· Il est audacieux, *mais* nullement brave.　그는 대담하나 결코 용감하지는 않다.

· On peut détester le crime, *mais* pas la personne.　죄는 미워도 사람은 미워하지 말아라.

· C'est hautement probable, *mais* pas certain.　확률은 높지만 확실한 것은 아니다.

· La situation est tragique, *mais* pas [non] désespérée.　상황이 비극적이기는 하지만, 절망적은 아니다.

· Pour le repas c'est possible, *mais* pas pour l'hébergement.　식사를 제공할 수는 있지만 숙박은 안 된다.

· J'ai frappé à la porte, *mais* pas de réponse.   나는 문을 두드렸다. 그러나 아무 기척이 없었다.

· Te voilà en train de jouer! Va pour un enfant, *mais* pas toi.   너 장난하고 있구나! 어린아이 같으면 몰라도 너는 그래서는 안 돼.

3) · Ils s'aiment, *mais* ne s'estiment guère.   그들은 서로 사랑은 하나 거의 존경하지 않는다.

· Le bateau a chaviré, *mais* n'a pas coulé.   배가 전복되었지만 침몰하지는 않았다.

· Elle le désire, *mais* ne l'aime pas.   그녀는 그의 몸을 탐한다, 그러나 그를 사랑하지는 않는다.

· Il entend, *mais* n'écoute pas.   그는 듣고는 있지만 건성으로 듣는다.

· Il lit le français *mais* ne parle pas.   그는 프랑스어를 읽을 줄은 아는데 말은 못한다.

· Il s'est relevé, *mais* est retombé.   그는 일어났다가 다시 쓰러졌다.

· Un cataplasme soulage, *mais* ne guérit pas.   찜질은 증상을 완화시킬 수는 있지만 낫게 해주지는 않는다.

· Il ne travaille pas, *mais* s'amuse et fait du sport.   그는 공부는 하지 않고 놀거나 운동을 한다.

4) ❶ · Vous ne l'aimez pas, *mais* lui vous aime.   당신은 그를 좋아하지 않지만 그는 당신을 좋아한다.

· Je t'ai appelé deux fois, *mais* c'était toujours occupé .   네게 두 번이나 전화했는데 모두 통화중이었어.

· Il a des défauts, *mais* malgré tout c'est un brave homme.   그는 결점이 있기는 하지만 정직한 사람이다.

· Il a fait beaucoup d'efforts, *mais* je ne crois pas qu'il réussisse.   그는 많은 노력을 했다. 하지만 나는 그가 성공하리라 생각하지 않는다.

· Ce tableau n'a pas de valeur en lui-même, *mais* à cause des enchères, il a été vendu (à) un million de dollars.   그 그림은 그것 자체로는 가치가 없으나 경매에서의 경합 때문에 백만 달러에 팔렸다.

· Il n'a rien, *mais* sa moto a trinqué.   그는 무사하지만 오토바이가 부서졌다.

· Il a l'air très libéral, *mais* ce n'est qu'une façade.   그는 매우 자유분방한 것처럼 보이는데, 겉보기에만 그렇다.

· Il a l'air gai, *mais* il ne l'est qu'extérieurement.   그는 유쾌해 보이지만, 그것은 외관상 그럴 뿐이다.

· Il a bien un vélo, *mais* il ne s'en sert pas.   그가 자전거를 가지고 있기는 한데 그것을 타고 다니지 않는다.

· J'ai une valise, *mais* je n'en ai pas la cléf.   가방이 있는데 그 열쇠가 없다.

· Il a sans doute du talent, *mais* il est paresseux.   그는 재능이 있지만 게으르다.

· Il y a eu des avancées, *mais* le conflit n'est pas résolu.   적극적인 제안들이 있었지만 갈등은 해소되지 않았다.

· Il n'avait rien de cassé, *mais* il était tout contusionné.   그는 부러진 데는 없지만 온통 멍이 들었다.

· Dans ce procès, on s'attendait à un acquittement, *mais* les juges ont condamné.   그 재판에서 사람들은 무죄석방을 기대했었으나 판사들은 유죄를 선고했다.

· Je crains qu'il ne pleuve, *mais* je ne crains pas qu'il neige.   나는 혹시 비가 오지 않을까 두려우나, 눈 오는 것은 두렵지 않다.

· J'ai décroché pour répondre, *mais* on a raccroché immédiatement.　내가 전화를 받자마자 상대방이 전화를 끊었다.

· J'allais dire la même chose, *mais* vous m'avez devancé.　나도 같은 말을 하려고 했는데 당신이 먼저 말하셨군요.

· Je lui ai dit non, *mais* il s'obstine.　그에게 안 된다고 말했지만 계속 고집을 부린다.

· Nous nous sommes disputés hier; *mais* il a été aimable aujourd'hui comme si rien n'était.　우리는 어제 다투었는데 그는 오늘 마치 아무 일도 없었던 것처럼 상냥했다.

· J'écoute *mais* je n'entends rien.　귀를 기울이고 있으나 아무것도 들리지 않는다.

· La carosserie est abîmée, *mais* le moteur est intact.　차체는 찌그러졌지만 엔진은 멀쩡하다.

· Il est pauvre, *mais* il ne laisse pas d'être généreux.　그는 가난하지만 마음이 너그럽다.

· Ses films sont toujours moches, *mais* le dernier, il est fadé!　그의 영화는 늘 형편없는데, 이번 것은 그 중에서 제일 낫다.

· Ce n'est pas très bon, *mais* c'est mangeable.　이건 별로 맛은 없으나 그저 먹을 만하다.

· C'est un peureux, *mais* il crâne.　그는 겁쟁이면서도 용감한 척한다.

· Elle n'est pas belle, *mais* elle a du charme.　그녀는 아름답지는 않지만 매력이 있다.

· Vous êtes patient, *mais* il l'est encore davantage.　당신도 잘 참지만 그는 더욱 더 잘 참는다.

· En dehors, elle est froide, *mais* en réalité elle est très douce.　그녀는 겉보기에는 냉정한 것 같아도 사실은 아주 부드럽다.

· Il est plus âgé que moi, *mais* dans la compagnie, il est mon cadet.　그는 나보다 나이가 많지만, 회사에서는 내가 상급자이다.

· De ces deux maisons, celle-ci est la plus grande, *mais* celle-là est la plus confortable.　이 두 집 중에서 이 집이 더 크지만 저 집이 더 안락하다.

· J'ai rencontré un homme et une femme; celle-ci était fatiguée, *mais* celui-là ne l'était pas.　나는 한 남자와 한 여자를 만났는데, 여자는 피로한 상태였으나 남자는 그렇지 않았다.

· Il est catholique, *mais* il ne pratique pas.　그는 가톨릭교 신자인데 성당에는 나가지 않는다.

· Il est gredin, c'est [il est]　vrai, *mais* il a tant de talent.　그가 망나니인 것은 사실이지만 많은 재능을 가지고 있다.

· Vous êtes content, *mais* je le suis davantage encore.　당신도 만족스럽겠지만 나는 훨씬 더 만족스럽다.

· Il est bien honnête homme, *mais* il est un peu brutal.　그는 매우 정직한 사람이기는 하지만 약간 거칠다.

· La blessure était refermée, *mais* le doigt lui élançait encore.　상처는 아물었지만 그의 손가락은 여전히 욱신거렸다.

· L'examen a été difficile, *mais* il s'en est bien sorti.　시험이 어려웠지만 그는 잘 헤쳐나갔다.

· C'est très beau en théorie, *mais* en fait il en est autrement.　이론적으로는 훌륭하지만 사실은 그렇지 않다.

· Elle faillit éclater en sanglots, *mais* elle s'est ressaisie.　그녀는 울음을 터뜨릴 뻔 했으나 자제했다.

· Il fait bon au soleil, *mais* le fond de l'air est frais.　햇볕은 따스하지만 실제 기온은 차갑다.

· Il a fait un effort, *mais* il n'a pas progressé pour autant.　그는 애를 썼지만 그렇다고 해서 진전은 보지 못했다.

· L'argent ne fait pas le bonheur, *mais* il y contribue.　재산은 행복을 가져다주지는 않지만 행복에 기여한다.

· Le toit est pourri, *mais* les murs tiennent debout.　지붕은 썩었지만 벽은 튼튼하다.

· Il a reçu une bonne instruction, *mais* il n'a pas été éduqué.　그는 훌륭한 학교 교육을 받았지만 예의범절이 없다.

· Je ne sais pas s'il va pleuvoir, *mais* j'emporte mon imperméable, en cas.　비가 올지 나는 모르겠다. 그러나 혹시나 해서 나는 우산을 가지고 간다.

· Il a su ma maladie, *mais* ni pendant ni après il n'est venu me voir.　그는 내가 아프다는 것을 알고 있었는데, 앓고 있는 동안에도 그 후에도 나를 보러 오지 않았다.

· Je veux bien danser, *mais* je m'en acquitte mal.　춤을 잘 추고 싶은데 잘 되지 않는다.

· Je veux bien vous aider, *mais* je n'ai pas le temps.　당신을 돕고 싶은 생각이 간절하지만 시간이 없다.

· Elle a voulu m'embrasser, *mais* j'ai dérobé mon front.　그녀가 내게 키스를 하려고 했으나 나는 이마를 돌려버렸다.

· Il veut acheter ce terrain, *mais* je ne suis pas vendeur.　그는 이 땅을 사고자 하는데 나는 팔 생각이 없다.

❷ 동사의 생략

· L'intention était bonne, *mais* pas le résultat.　의도는 좋았으나 결과적으로 잘 못되었다

· La viande était bonne, *mais* le dessert, exécrable.　고기 맛은 좋았는데 디저트는 지독하게 맛이 없었다.

· Sont-ils venus? Lui, non, *mais* elle, oui.　그들이 왔을까? 그는 안 왔을 테지만 그녀는 왔을 거야.

· Le père était déjà costaud, *mais* alors le fils, pardon!　아비도 건장하지, 그런데 아들은 더욱 굉장하더군!

5) [mais bien] : 대립의 강조 : 오히려, 차라리(=plutôt); 반대로(=au contraire).

· Ce n'est pas son père, *mais* bien son oncle.　그이는 그의 아버지가 아니라 그의 아저씨다.

· Il n'est pas un criminel, *mais* bien un imprudent.　그는 죄인은 아니고 그저 경솔할 뿐이다.

2. 제한

· Comment allez-vous? - Bien, *mais* froidement.　어떻게 지내십니까? 네, 그저 그렇습니다.

· Ce problème a été abordé *mais* pas approfondi.　그 문제가 일단 거론되기는 했으나 깊이 다루어지지는 않았다.

· J'irai, *mais* je ne resterai qu'une seule journée.　가기는 하는데, 하루만 머무를 것이다.

· J'irais bien le voir, *mais* je ne sais pas si ma mère le voudra.　그를 보러가고 싶은데 어머니께 허락하실지 모르겠다.

· Il est béatifié, *mais* il n'est pas encore canonisé.　그는 시복되었으나 아직 성인품에 오르지는 않았다.

· Il boxe bien, *mais* sa garde est trop haute.　그는 권투를 잘하지만 수비자세가 너무 높다.

· Il avait commencé à étudier le piano, *mais* il n'a pas insisté.　그는 피아노 공부를 시작했지만 꾸준히 해나가지 못했다.

· Je le connais, *mais* je n'arrive pas à l'identifier.　아는 사람이긴 한데, 그가 누군지 모르겠다.

· Nous devions l'emmener avec nous, *mais* il est tombé malade.　우리는 그를 데려갔어야 했는데 그가 병이 났다.

· Ce film est bien, *mais* il y a des longueurs.　그 영화는 잘 되긴 했지만 지리한 구석이 있다.

· C'est un homme très intelligent, *mais* il manque d'équilibre.　그는 영리하지만 균형감각이 없다.

· C'est moins bien, *mais* ça s'en approche.　그거 덜 좋은데 비슷하기는 하다.

· Il est bien brave, *mais* il m'ennuie.　그는 아주 선량한 사람이지만 같이 있으면 따분하다.

· Ce village est éloigné, *mais* j'apprécie la beauté de son site.　그 마을은 벽지에 있지만 나는 그 풍경의 아름다움을 높이 평가한다.

· Il est assez grand, *mais* pas trop.　그의 키는 상당히 큰 편이지만, 보기 흉할 정도는 아니다.

· Elle est malade, *mais* ses parents ne le savent pas encore.　그녀는 아프지만 그녀의 부모는 아직도 그것을 모르고 있다.

· Nous avons gagné le match, *mais* ils nous ont fait souffrir.　우리가 시합을 이기긴 했지만 그들은 우리를 애먹였다.

· Mange ce gâteau, *mais* n'en prends pas beaucoup.　이 케익을 먹기는 먹는데 많이는 먹지 마라

· Ils ne sont pas mariés *mais* c'est tout comme.　그들은 결혼은 안했지만 결혼한 것과 거의 마찬가지다.

· Ça ne me plaît pas, *mais* il va falloir faire avec.　마음에 들지 않지만 참을 수 밖에 없겠다.

· Vous pouvez pratiquer ce sport *mais* sans excès.　이 운동은 해도 되지만 지나쳐서는 안 됩니다.

· Il est revenu de son évanouissement, *mais* il n'est pas encore entièrement lucide.　그는 기절한 후 깨어났지만 아직 의식을 완전히 회복하지는 못하고 있다.

· Il la trouvait gentille, *mais* sans plus.　그는 그녀가 상냥하다고 생각했다. 그러나 단지 그뿐이었다.

· On peut continuer à se voir, *mais* en camarades.　계속 만날 수는 있겠지만 친구로서 만납시다.

· Je voudrais le même modèle *mais* en petit.　같은 모델의 작은 걸로 주세요.

3. 부정 뒤에 쓰여 대립을 강조 : (…이 아니고) …이다.

1)
> non pas sur un point, *mais* sur plusieurs 어느 한 점에 관해서가 아니라 여러 점에서. n'avoir rien à perdre *mais* tout à gagner 더 이상 나빠질 것 [잃을 것]이 없다. écrire non plus à la machine, *mais* à l'ordinateur 이제는 타자기로 글을 쓰지 않고 컴퓨터로 쓰다.

· Elle a non pas une fille, *mais* un fils.　그녀에게는 딸이 아니고 아들이 하나 있다.

- Il n'a pas accepté cette proposition de son plein gré, *mais* par force.　그는 자진해서가 아니라 마지못해 그 제안을 수락했다.
- L'art ne consiste pas à copier la nature, *mais* à l'exprimer.　예술은 자연의 재현이 아니라, 자연의 표현에 있다.
- Je ne demande pas du pain, *mais* du gâteau.　나는 빵을 원하는 게 아니라 과자를 원한다.
- J'ai compté les enveloppes: il n'y en a pas 10, *mais* 9.　봉투를 세어 보았는데 10개가 아니라 9개였다.
- Il ne dit pas cela parce qu'il le sait, *mais* parce qu'il en a entendu parler quelque part.　그가 그런 말을 하는 것은 알고 하는 소리가 아니라 어디선가 들어서 하는 것이다.
- Nous ne discutons pas sur une question de principe, *mais* sur une question de fait.　원칙의 문제가 아니고 사실의 문제를 토의하고 있습니다.
- Ce n'est pas un ami, *mais* une simple connaissance.　그 사람은 친구가 아니라 그저 아는 사이일 뿐이다.
- Ce n'est pas ma faute, *mais* la sienne.　그것은 내 잘못이 아니라, 그의 잘못이다.
- Cet objet n'est pas pour l'usage public, *mais* pour l'usage personnel.　이 물품은 공용이 아니라 사용이다.
- Il n'était pas ivre, *mais* simplement gai.　그는 만취한 것은 아니고 단지 거나해 있었다.
- Il faut légiférer non pour l'affichage, *mais* quand le droit n'est pas suffisant ou plus pertinent.　공시를 위해서가 아니라 법이 충분하지 않거나 더 이상 적합하지 않을 때 법률을 제정해야 한다.
- Votre échec ne vient pas de vous-même, *mais* d'ailleurs.　당신의 실패는 당신 자신 때문이 아니라 다른 이유에서 비롯된 것이다.
- Par bonne distribution, il faut entendre non distribution égale, *mais* distribution équitable.　훌륭한 분배란 동등한 분배가 아니라 공정한 분배를 뜻해야 한다.
- Si le Sud n'a arrêté aucun espion depuis dix ans, ce n'est pas parce qu'il n'y en a pas, *mais* parce qu'il a négligé de le faire.　남측이 지난 10년 동안 스파이를 하나도 체포하지 못한 것은 스파이가 없기 때문이 아니라 체포하기를 게을리 했기 때문이다.

2) [non [ne pas] seulement …, mais [aussi, mais aussi, mais également, mais encore, mais même, mais en outre, mais en plus] …] : 단지 … 뿐만 아니라 …도.
- Non seulement son frère, *mais* aussi ses parents sont venus le chercher.　그의 동생뿐만 아니라 그의 부모까지도 그를 찾으러 왔었다.
- Non seulement Internet est sans conteste le média préféré des jeunes, *mais* c'est un média sans frontières.　인터넷은 이론의 여지없이 젊은이들이 선호하는 매체일 뿐만 아니라 또한 국경이 없는 매체이다.
- Non seulement, ce serait une menace pour Israël, *mais* également cela créerait un environnement qui déclencherait une course aux armements au Moyen-Orient.　그것은 이스라엘에 대한 위협이 될 뿐만 아니라 또한 중동에서 군비경쟁을 촉발하는 환경을 조성할 것이다.
- Non seulement il a plu, *mais* (encore) il a fait froid.　단지 비만 온 것이 아니라 날씨도 추웠다.

· Non seulement il est bon, *mais* (encore) il est généreux.　그는 선량할 뿐만 아니라 너그럽기도 하다.

· Non seulement les nouveaux amis africains de la France comptent parmi les locomotives économiques du continent, *mais* ils sont aptes à entretenir la relation décomplexée avec l'Afrique.　프랑스의 새로운 아프리카 우방들은 아프리카 대륙의 경제적인 견인차들일 뿐만 아니라, 아프리카와의 콤플렉스에서 벗어난 관계를 유지할 수 있는 국가들이다.

· C'est une menace non seulement pour cette région *mais* pour le monde entier.　그것은 그 지역뿐만 아니라 전 세계에 대한 위협이다.

· Les Américains ne sont pas seulement amateurs de viande, ce sont *mais* aussi de très gros consommateurs de nouvelles technologies.　미국인들은 고기를 좋아할 뿐만 아니라 새로운 기술의 거대한 소비자들이다.

· Il faut parler non seulement du taux de réussite au bac, *mais* aussi du taux d'accès au bac.　바칼로레아의 합격률뿐만 아니라 응시율에 대해서도 말해야 한다.

· L'accroissement des échanges, non seulement avec la Chine et la Russie *mais* aussi la Corée du Sud, permet au régime de tenir la tête hors de l'eau.　중국과 러시아뿐만 아니라 한국과의 교역의 증가는 그 체제가 익사지경에서 벗어나게 해주고 있다.

· Il a perdu non seulement son argent, *mais* aussi ses amis.　그는 돈뿐만 아니라 친구도 잃었다.

· L'énergie nucléaire n'est pas seulement importante pour mettre fin à notre dépendance vis-à-vis du pétrole étranger, *mais* aussi du point de vue de notre responsabilité dans le changement climatique.　핵에너지는 외국 석유에 대한 의존에 종지부를 찍는 데뿐만 아니라 기후 변화에 대한 우리의 책임의 관점에서도 중요하다.

· Le Clézio est connu en Corée du Sud, non seulement comme écrivain, *mais* aussi comme un de ces étrangers qui a été touché par ce pays.　르 클레지오는 한국에서 작가로서 뿐만 아니라 한국에 의해 감명을 받은 외국인들의 한 사람으로 알려져 있다.

· Il est attaqué non seulement parce que noir, *mais* parce que son père était Kényan, parce qu'il a vécu en Indonésie.　그는 흑인일 뿐 아니라, 그의 아버지가 케냐인이고 인도네시아에서 살았었기 때문에 공격을 받았다.

· Une régulation minimale et un gouvernement réduit constitueraient les moteurs de la croissance économique, non seulement aux États-Unis *mais* dans le monde entier.　최소화된 규제와 작은 정부는 미국에서 뿐만 아니라 전 세계에서 성장의 동력이 될 것이다.

· La littérature n'est pas seulement un art *mais* aussi un savoir sur les textes.　문학은 예술일 뿐만 아니라 텍스트에 대한 학문이다.

3) [mais (bien) plutôt] : (주로 부정문 뒤에서) (…가 아니라) 차라리 …이다.

· Il ne dormait pas, *mais* plutôt il sommeillait.　그는 자는 것이 아니라 졸고 있었다.

· Ce n'est pas lui, *mais* bien plutôt elle qui porte la responsabilité.　책임이 그가 아니라 오히려 그녀에게 있다.

· Le problème n'est plus d'ordre technique, *mais* plutôt d'ordre économique.　이 문제는 기술적 차원의 것이 아니라 오히려 경제적 차원의 것이다.

· Notre but n'est pas une déclaration politique, *mais* plutôt un accord qui couvre toutes les questions dans les négociations et ait un effet immédiat.　우리의 목표는 정치적인 선언이 아니라, 협상의 모든 문제를 포괄하는 그리고 바로 효력을 지니는 합의다.

4. 이의, 부정; 부가설명.

oui, *mais* ⋯ 그렇기는 하지만 ⋯. Me croira qui voudra, *mais* ⋯ 내 말이 믿어지지 않을지 모르지만 ⋯

· *Mais*, n'étiez-vous pas au courant?　하지만 당신은 알고 있었지 않습니까?

· *Mais* faut-il pour autant jeter le bébé avec l'eau du bain?　하지만 아이를 목욕물과 함께 버려야 하겠습니다까?

· *Mais* pourtant vous m'aviez promis de venir.　하지만 온다고 약속하지 않았습니까?

· *Mais* il suffit que les Chinois décident de faire monter la part de l'euro et faire baisser la part du dollar dans leurs réserves pour que cela ait des conséquences extrêmement importantes.　한데 중국이 외환 보유고 중에서 유로의 비중을 늘리고 달러의 비중을 줄이기만 하면 그것은 매우 중요한 결과를 가져온다.

· Aller chez lui? *Mais* j'en viens.　그의 집에 가느냐고요? 아니 거기서 오는 길입니다.

· Question sociale? *Mais* la question morale est antécédent.　사회적 문제라구요? 천만에요, 도덕적 문제가 먼저지요.

· J'aime assez, *mais* je n'en raffole pas.　나는 그것을 꽤 좋아하는 편이지, 열광적인 정도는 아니다.

· Il a du retard, *mais* il va se rattraper.　그는 늦었지만 곧 만회할 것이다.

· J'ai le coeur bon, *mais* enfin je suis homme.　나 좋은 사람이야, 하지만 말이야 나도 인간이거든.

· On l'a blamé, *mais* au fond il n'avait pas tort.　그가 야단을 맞았지만 사실 그는 잘못이 없었다.

· Nous ne cessons de lui avancer de l'argent, *mais* il dépense tout au fur et à mesure.　우리는 그에게 돈을 계속 대주는데, 그는 족족 다 써 버린다.

· Il a dit cela, *mais* c'est manière de parler.　그가 그렇게 말하긴 했지만, 말하자면 그렇다는 것이다.

· Il l'a dit, cetes, *mais* il s'est contredit le lendemain.　그는 확실히 그렇게 말해 놓고 그 다음날 스스로 상반되는 말을 했다.

· Il le dit des lèvres, *mais* le coeur n'y est pas.　그는 그 말을 하지만, 진심이 아니다.

· Il le dit, *mais* c'est fort discutable.　그는 그렇게 말하지만 거기에는 이론의 여지가 많다.

· Il dit qu'il n'y a aucun danger; *mais* je crois que si.　그는 위험이 전혀 없다고 하지만 나는 그렇지 않다고 생각한다.

· Il se dit ingénieur *mais* le fait est qu'il est seulement chef d'atelier.　그는 자기가 엔지니어라고 말하지만 실제로는 공장의 직공장에 지나지 않다.

· La loi est dure, *mais* c'est la loi.　가혹할지라도 법은 법이다; 악법도 법이다.

· Il est en colère, *mais* cela passera.　그가 화가 나 있는데 곧 진정될 거다.

· Ce projet est intéressant, *mais* sans argent, ce n'est qu'un gadget.　　그 계획은 흥미롭기는 한데 자금이 없으면 하나의 안(案)에 불과하다.

· Il était plus fort, *mais* il ménageait visiblement son adversaire.　　그는 훨씬 강했지만 눈에 띄게 정중한 태도로 상대를 대해 주고 있었다.

· Il est très malade, *mais* il s'en tirera.　　그는 중병을 앓고 있지만 이겨낼 거야.

· Il est medecin, *mais* sa compétence s'étend au(-)delà.　　그는 의사이지만 그의 능력은 그 이상이다.

· Je ne suis pas certain, *mais* elle doit être chez elle.　　확실히는 모르지만 그녀는 아마 집에 있을 것이다.

· Son échec n'est pas certain, *mais* il est probable.　　그의 실패가 확실한 것은 아니지만 그럴 가능성은 충분하다.

· Les bureaux sont fermés le samedi, *mais* il y a une permanence.　　사무실은 토요일이면 문을 닫지만 당직 근무를 담당하는 곳이 있습니다.

· Pour cette fois, je vous excuse, *mais* ne recommencez pas.　　이번에는 용서해줄 테니 다시는 그러지 마시오.

· On en a parlé, *mais* il n'y a rien de positif.　　그에 대한 언급은 있었지만 확실한 것은 아무 것도 없다.

· Passe pour une fois, *mais* que cela ne se répète pas!　　한 번은 봐주겠다. 그러나 두 번 다시 그런 일이 생기지 않도록 해라.

· Passe encore de n'être pas à l'heure, *mais* il aurait dû nous prévenir.　　그가 늦는 것은 할 수 없다 하더라도, 우리에게 미리 알렸어야 했다.

· Il pète du feu, *mais* il se calmera.　　지금은 힘이 넘쳐 날뛰지만 곧 조용해 질거야.

· Il avait promis de se taire, *mais* en fait il a tout raconté.　　그는 침묵을 지키기로 약속하였지만, 사실은 모든 것을 다 이야기해 버렸다.

· Vous me raconterez cela, *mais* auparavant asseyez-vous.　　나에게 그 이야기를 좀 해주세요. 한데 우선 앉으세요.

· Il a été reçu à l'examen, *mais* c'était tangent.　　그는 시험에 합격은 했지만 아슬아슬했다.

· On peut refuser un cadeau, *mais* il y a la manière.　　선물을 거절할 수는 있지만, 거절하는 데에도 방식이 있다.

· Cela me semble intéressant, *mais* il faut voir.　　그것은 흥미로운 것 같이 보이는데 좀 생각해 봐야겠어요.

· Il a subi des échecs, *mais* chaque fois il s'est ressaisi aussitôt.　　그는 실패를 거듭했으나, 그때마다 즉시 재기했다.

· Dans l'idéal votre proposition se tient, *mais* elle n'est pas réaliste.　　이론적으로는 당신의 제안이 타당하지만, 현실적이지 못하다.

· Je vais rentrer à la maison, *mais* après avoir mangé.　　집에 가는데, 식사는 하고 가겠다.

· Je veux bien essayer de réparer la fenêtre, *mais* sans garantie.　　창문을 고쳐 보기는 하겠지만 보장은 못합니다.

· Venez me voir à Noël, *mais* écrivez-moi d'ici là.　　크리스마스에 저한테 오시되 그 사이에 편지 주세요.

· Voilà ce qu'il dit, *mais* il faut en déduire.　　그는 그렇게 이야기하지만 에누리해서 들어야 한다.

· Véritablement je l'ai frappé, *mais* il avait trahi ma confiance.　확실히 그를 때리긴 했다. 왜냐하면 그가 나의 신임을 저버렸었기 때문이다.

5. 문두에서 화제의 전환

1)
> ce n'est [c'est] pas pour dire, *mais* …　《구어》 이런 말 하기는 뭣하지만, …. Pardonnez-moi, *mais* je crois que …　죄송하지만 저는 …라고 생각합니다.

· *Mais*, qu'avez-vous donc?　도대체 어떻게 된 일입니까?
· *Mais*, avez-vous de bonnes nouvelles de lui?　그런데, 그에게서 좋은 소식이 있습니까?
· *Mais* c'est égal, je pars en guerre.　여하튼간에 나는 출정하겠다.
· *Mais*, allez-vous vraiment faire cela?　한데 정말 그 일을 할 겁니까?
· *Mais*, dites-moi, que voulez-vous faire de tous ces livres?　한데 이 책들을 어떻게 할 거요?
· *Mais*, passons.　자 너무 신경쓰지 맙시다.
· *Mais*, à propos, vous ne viendriez pas avec moi?　참, 그런데 나와 같이 가지 않으시겠어요?
· *Mais*, j'y pense, avez-vous déjeuné?　참, 점심은 드셨나요?
· *Mais*, j'y pense, que faites-vous demain?　참, 내일 무엇을 하실 겁니까?
· *Mais* j'y pense, c'est aujourd'hui son anniversaire.　참, 생각나는군, 오늘이 그의 생일이지.
· *Mais* au fait, quand partez-vous?　그런데, 언제 떠나세요?
· *Mais* voyons, ça se sent!　그야 뻔하지 않아!
· C'est bien gentil, *mais* c'est l'heure de partir.　감사합니다만 떠날 시간입니다.
· C'est pas pour dire, *mais* elle est un peu détraquée.　이런 말 하기는 뭣하지만, 그녀는 머리가 좀 돌았어요.
· J'écrirais bien, *mais* répondra-t-il?　내가 편지를 쓰겠지만, 그가 답장을 할까?
· Il fait très beau. *Mais* curieusement, je suis très fatigué.　날씨가 매우 좋다. 그런데 나는 너무 피곤하다.
· Il est mort en 1989, *mais* voici que paraît son dernier ouvrage inédit.　그는 1989년에 죽었는데 이번에 그의 미간행 작품이 출판된다.
· Dieu me pardonne, *mais* elle est stupide.　말하긴 뭣하지만 그녀는 머리가 둔해요.

2) [mais enfin]
· *Mais* enfin [《속어》 M'enfin], comment est-ce donc possible?　대체 어떻게 그것이 가능한가?
· *Mais* enfin qu'est-ce qu'elle fait,　대체 그녀는 무엇을 하고 있는 거야?
· *Mais* enfin, que voulez-vous que je fasse?　결국 내가 어떻게 하기를 바라는가요?
· *Mais* enfin, que voulez-vous dire?　결국 무엇을 말하려는 거요?
· *Mais* enfin quel âge as-tu pour faire encore des choses pareilles?　대체 나이가 몇인데 아직도 그런 짓을 하고 다니니?

6. 강조 : 정말, 참.

1) 동일어 반복

· Je trouve le petit-fils fort joli, *mais* fort joli.　　나는 손자가 매우 귀엽다고, 정말 매우 귀엽다고 생각한다.

· Il est reçu très bien, *mais* très bien.　　그는 아주 대접을 잘 받았다, 정말 아주 잘.

· Il m'a trompé, *mais* trompé d'une manière indigne.　　그는 나를 속였지, 속여도 아주 치사하게 속였지.

2) · Il est pingre, *mais* à un point!　　그는 구두쇠라구, 상상을 초월할 정도야!

· Cherche dans le dictionnaire, *mais* vite.　　사전을 찾아 봐라, 빨리 말이야.

· À l'instant, il s'éleva dans tout Israël un seul cri, *mais* éclatant, *mais* unanime.　　그 순간 온 이스라엘에 하나의 외침소리가 울렸다, 아주 우렁차고 이구동성의 외침소리가.

3) 〔mais oui/non/si/naturellement〕

· *Mais* oui, certainement j'y vais.　　물론, 거기에 가고 말고.

· *Mais* non, je vous assure, je n'ai reçu aucune lettre.　　천만에, 단언컨대 아무런 편지도 안 받았다.

· *Mais* oui! C'est évident!　　물론이죠, 그것은 분명합니다!

· Tu viens avec moi? - *Mais* oui 〔bien sûr, certainement〕!　　나와 함께 가겠니? - 그러고 말고!

· Êtes-vous convaincu de son appui? - *Mais* non!　　그의 지지를 확신하십니까? - 천만에요!

· N'est-elle pas anglaise? - *Mais* si!　　그녀는 영국사람 아니겠지? 아니 (영국사람이야).

· Tu es sûr, tu viendras? - *Mais* oui! Ne t'inquiète pas!　　너 틀림없이 오는 거지? - 물론이지, 걱정하지마!

· Elle n'est pas venue hier, non? - *Mais* si, elle est venue.　　그녀가 어제 오지 않았지요, 그렇지요? — 아니오, 그녀가 어제 왔어요.

· Elle parle français? - *Mais* oui!　　그녀가 불어를 해요? - 물론이죠!

· Vous viendrez? - *Mais* naturellement!　　오실 거죠? - 물론이고 말고!

7. 놀라움·분개·초조 따위의 감정 : 아니, 도대체.

1) · *Mais*, comment peut-il me dire ça?　　도대체 그가 어떻게 내게 그런 말을 할 수 있지?

· *Mais* pourquoi?　　하지만 왜?

· *Mais* c'est très bien!　　그거 참 잘 되었다!

· *Mais* c'est une véritable horreur, ce tableau!　　이 그림은 정말 보기 흉하다.

· *Mais* où sont les neiges d'antan?　　옛날의 눈은 도대체 지금 어디에 있는가?; 옛일이 꿈만 같구나.

· *Mais* comme il est insolent d'imaginer une chose pareille!　　그런 생각을 하다니 그는 참 무례하구나!

· *Mais* qu'est-ce que j'ai fait au bon Dieu?　　내가 무슨 잘못을 했기에 이런 지경에 이르렀나?

· *Mais* où est passé cet enfant?　　아니, 이 애가 어디 갔나?

· *Mais* puisque c'est trop tard!　　그러나 너무 늦었잖아!

· *Mais* quel est le problème?　　도대체 뭐가 문제라는 거야?

· Ah! ça, *mais*, je ne me trompe pas, c'est bien lui!　　아니, 이럴 수가, 틀림없어, 그 자라니까!

· Eh *mais*? qu'y a-t-il là-dedans?   도대체 그 안에 무엇이 있소?

· Comment, il n'a rien dit, *mais* c'est impossible!   뭐라고, 그가 아무 말도 안했다고, 설마 그럴 수가 있나!

· *Mais* ce n'est pas du sucre! C'est du sel!   한데, 이거 설탕이 아니고, 소금이잖아!

2) · Non *mais* (des fois)! pour qui tu te prends!   《구어》 아니, 도대체 네가 무어라고 생각하는 거야!

· Non *mais* (des fois)!, où vous croyez-vous?   《구어》 아니, 도대체 어디라고 생각하는 거야!

3) [mais quoi]

· *Mais* quoi, tu n'est pas encore content!   아니 뭐라고, 네가 아직도 만족하지 못한다고!

· *Mais* quoi, vous reculez!   아니, 당신이 물러서다니요!

8. 1) · *Mais* va donc!   그럴 리 없지, 무슨 소리야.

· Non, *mais* alors!   됐어! 그만해!

2) [mais aussi] : 게다가(=au surplus).

· *Mais* aussi, pourquoi a-t-il accepté?   게다가 그는 어째서 승낙했을까요?

3) [mais cependant/pourtant] ⇒ cependant, pourtant

4) 《옛·문어》 [n'en pouvoir mais] : 어쩔 수가 없다; …의 책임이 아니다.

· Vous me reprochez, mais je n'en puis *mais*.   당신이 나를 책망하는데 나로서는 어쩔 수 없는 일이오.

· Je n'en puis *mais*, j'ai tant couru.   얼마나 달렸던지 이제는 지쳤다.

· Si le père a fait une faute, le fils n'en peut *mais*.   아버지가 잘못했다고 해서 그것이 아들의 탓은 아니다.

5) · *Mais* chez qui?   《속어》 설마?

6) · *Mais* comment donc!   물론이지!(=bien sûr).

· Puis-je entrer? - *Mais* comment donc!   들어가도 좋습니까? - 물론 그렇고 말고!

7) · *Mais* encore?   (더 정확한 설명을 요구하며) 그래서요? 그렇다면?.

· C'est à vous d'agir prudemment. - *Mais* encore?   당신이 조심스럽게 행동해야 합니다. - 그렇다면(어떻게 해야 하지)요?

malgré que

1. [malgré que + *sub*/《드물게》*ind*] : …임에도 불구하고(=quoi que).

malgré qu'il ait agi ainsi 그가 그렇게 행동해도. *malgré que* nous le lui assurions 우리가 그에게 그것을 보증했음에도 불구하고. *malgré que* j'aie beaucoup de choses à faire 할 일이 많이 있지만. *malgré qu'il* soit [est] bête 그는 바보지만. *malgré qu'on* ait pu dire ici 사람들이 여기서 뭐라고 했더라도.

· *Malgré que* ce secteur soit plus violent, je crois que nous y risquons beaucoup moins qu'ailleurs. 그 구역이 더 격렬하기는 하지만 다른 곳보다는 훨씬 위험성이 적다고 생각한다.
· Les voilettes de sa femme sentaient le tabac, *malgré qu'il* ne fumât jamais. 그는 담배를 피우지 않지만 그의 아내의 베일에서는 담배 냄새가 났다.

2.

malgré que j'en aie [que tu en aies, qu'il en ait] 《문어》 내가 [네가, 그가] 아무리 싫더라도, 어쩔 수 없이(=quel que mal gré que j'en aie [que tu en aies, qu'il en ait]).

· Il faut se divertir, *malgré qu'on* en ait. 싫더라도 기분전환을 해야 한다.
· Tu dois obéir, *malgré que* tu en aies. 너는 좋든 싫든 복종해야 한다.

manière

⇒ façon

mesure

1. [à mesure que + *ind*] : …함에 따라, …할수록.

à *mesure que* l'automne s'est avancé 가을이 깊어감에 따라. à *mesure que* les années passent 해가 감에 따라서. à *mesure que* le monde progresse 세상이 진보함에 따라. à *mesure que* les marchandises arrivent

상품들이 도착함에 따라.

· À *mesure que* le temps passait, mon espoir grandissait.　시간이 지남에 따라 내 희망도 커졌다.

· À *mesure qu'*on vieillit, on s'assagit.　나이가 들어감에 따라 더 현명해진다.

· Le temps se couvrait à *mesure que* la journée s'avançait.　시간이 지날수록 날이 흐려진다.

· On s'aime à *mesure qu'*on se connaît mieux.　상호간의 이해가 깊어짐에 따라 애정도 깊어진다.

· Vous l'aimerez plus à *mesure que* vous le connaîtrez mieux.　당신이 그를 알면 알수록 당신은 그를 더 좋아할 것입니다.

· Les souvenirs s'embellissent à *mesure que* le temps passe.　추억은 시간이 지남에 따라 미화되기 마련이다.

· Leur relation empirait à *mesure qu'*ils se rencontraient.　만나는 횟수가 많아질수록 그들의 관계는 더욱 나빠졌다.

· Il recule à *mesure que* j'avance.　그는 내가 앞으로 나아감에 따라 물러선다.

2. [dans la mesure où + ind] : …의 범위 내에서, …하는 한; …을 고려한다면.

dans la *mesure* où je le connais 내가 그를 아는 한. dans la *mesure* où il m'en souviens 내가 기억하고 있는 한.

· Dans la *mesure* où elle en a parlé, on ne peut plus le passer sous silence.　그녀가 그에 대해 말을 한 이상 그것을 그대로 덮어 둘 수 없다.

· Je vous aiderai dans la *mesure* où j'en suis capable.　나의 힘이 닿은 한 당신을 도와드리겠습니다.

· Nous sommes aimés des autres dans la *mesure* où nous les aimons.　우리가 다른 사람들을 사랑하는 만큼 우리도 그들로부터 사랑을 받는다.

· Il reprendra le travail dans la *mesure* où ses forces le lui permettront.　그의 기력이 허락하는 한 그는 일을 다시 시작할 것이다.

· Il irait jusqu'à avaler un poison dans la *mesure* où c'est gratuit.　그는 공짜라면 독이라도 마실 놈이다.

3. [au fur et à mesure que + ind] : …함에 따라, …할수록.

au fur et à *mesure qu'*il achève ses mémoires 그의 회고록이 완성되어 감에 따라. au fur et à *mesure que* l'on s'enfonce dans les gorges 계곡으로 들어갈수록. au fur et à *mesure que* l'on désire augmenter la précision des calculs pour l'étude théorique 이론적인 연구를 위해 계산의 정확성을 높이고자 함에 따라. au fur et à *mesure que* la discipline publique se relâche 공공규범이 느슨해짐에 따라.

· Au fur et à *mesure qu'*elle avançait, la voiture s'embourbait.　앞으로 나아갈수록 자동차는 진창 속에 빠졌다.

· Au fur et à *mesure que* ses capacités mentales se développent, l'enfant va apprendre à s'identifier au masculin et au féminin.　정신적인 능력이 발달함에 따라 아이는 남성 또는 여성과 동일시하는 것을

배우게 된다.

· Au fur et à *mesure que* j'écrivais, je recevais des commentaires et des questions de lecteurs dont les deux tiers étaient ces jeunes.　글을 씀에 따라 그들의 3분의 2가 젊은이들인 독자들의 논평과 질문을 받게 된다.

· Au fur et à *mesure que* les heures passaient, son angoisse augmentait.　시간이 지남에 따라 그의 번민도 많아졌다.

· Au fur et à *mesure que* Tartarin reculait, le lion avançait.　타르타렝이 뒤로 물러남에 따라 사자가 앞으로 다가왔다.

· Les délocalisations dans les pays asiatiques vont devenir de moins en moins attractives au fur et à *mesure que* le coût du travail y progressera.　노동 비용이 증가함에 따라 아시아 지역으로의 이전이 점점 덜 매력적인 것이 될 것이다.

à moins que

[à moins que (ne) + *sub*] : …하지 않으면.

à moins qu'il ne soit un monstre 그가 괴물이 아니라면. *à moins qu*'il fasse exprès de ne pas comprendre 그가 고의로 모르는 척하지 않는다면. *à moins qu*'il ne me nomme pas 그가 나를 임명하지 않으면. *à moins que* les socialistes ne prennent pas part au vote 사회당원들이 투표에 참여하지 않는 한. *à moins que* le destin les sépare 운명이 그들을 갈라놓지 않는다면. *à moins qu*'elle ne sortiez 그녀가 외출하지 않으면. *à moins que* je ne me trompe 내 생각이 틀리지 않는다면. *à moins que* vous ne veniez 당신이 오지 않으면. *à moins que* le diable (ne) s'en mêle 악마가 거들어주면 모를까, 돌발적인 사태가 일어난다면 모를까.

· *À moins qu*'il ne pleuve demain soir, j'irai vous voir.　내일 저녁에 비가 오지 않으면 당신을 보러 가겠습니다.

· *À moins qu*'un orage ne survienne, nous serons à l'heure.　폭풍우가 몰아치지 않는다면 우리는 제시간에 도착할 것이다.

· Il le fera, *à moins qu*'on ne l'en empêche en criant très fort.　매우 크게 소리 질러 못하게 하지 않는다면 그는 그렇게 할 것이다.

· Je vais y aller, *à moins que* vous (ne) préfériez y aller vous-même.　당신이 거기에 가기를 원하지 않으면 내가 갈 것이다.

· Je vais vous téléphoner ce soir, *à moins qu*'il ne soit trop tard quand je finirai ce travail.　그 일을 끝냈을 때 시간이 너무 늦지 않을 것 같으면 오늘 저녁에 전화를 드리겠습니다.

· Il ne viendra pas *à moins que* le patron (ne) l'ordonne.　사장이 지시를 하지 않으면 그는 오지 않을 것이다.

· Cela ne se fera pas *à moins que* le diable (ne) s'en mêle.　그것은 악마가 거들어주면 몰라도 이루어지지

않을 것이다.

· La Chine, qui dispose d'un droit de veto, pourrait s'y opposer, *à moins qu'*elle n'accepte les preuves fournies par Séoul.　거부권을 가진 중국은 한국이 제시한 증거를 받아들이지 않는 한 그에 대해 반대할 것이다.

· Nous resterons dimanche chez nous, *à moins que* le temps (ne) s'améliore.　날씨가 좋아지지 않는 한 우리는 일요일에 집에 있을 것이다.

· Il est demandé aux États membres de l'ONU de ne pas réapprovisionner en carburant ou en vivres un navire suspect, *à moins que* son commandant accepte l'inspection de la cargaison.　유엔 회원국은 그 선장이 화물의 검색을 받아들이지 않는 한 수상한 선박에 연료나 식량을 제공하지 않을 것이 요구된다.

moyennant que

1. 《드물게 · 문어》 [moyennant que + *ind/sub*] : **···라는 조건으로, ···하기만 한다면**(=à condition que, pourvu que).

> *moyennant qu'*il eut la grâce de son père 그의 아버지가 그에게 자비를 베풀어 준다면. *moyennant que* l'été me fournit un pavot rouge 여름이 내게 빨간 양귀비 꽃 한 송이를 갖다 주기만 하면.

· On aura ses services *moyennant qu'*on le payera.　대가를 지불하면 그의 도움을 받을 것이다.

2. [moyennant quoi] **그렇게 하면**(=en échange de quoi); **그 덕분에**(=grâce à quoi).
· Donne-moi de l'argent, *moyennant quoi* je ferai le travail.　돈을 주면 일을 하겠다.
· Il a bu toute une bouteille de rouge, *moyennant quoi* il était complètement parti.　그는 적포도주 한 병을 다 마신 탓에 완전히 취했다.

néanmoins

1. **그러나, 그럼에도 불구하고**(=cependant, pourtant, toutefois)
· *Néanmoins*, je m'en accommode.　그러나 나는 만족한다.
· Galilée avait raison, *néanmoins*, il dut se rétracter.　갈릴레이는 옳았지만 말을 번복해야만 했다.
· Il a bon visage, *néanmoins* il est malade.　그는 안색이 좋다. 하지만 실은 몸이 불편하다.
· Corneille a écrit des choses indignes de lui; *néanmoins* c'est un de nos plus grands poètes.　코르네이유는

그에게 어울리지 않는 것들을 쓴 적이 있다. 그럼에도 불구하고 그는 우리의 가장 위대한 시인들 중의 한 사람이다.

· Il était très malade, il est *néanmoins* venu.　　그는 몸이 많이 불편했음에도 불구하고 왔다.

2. [et/mais néanmoins]

mariage improbable et *néanmoins* fascinant 있을 것 같지 않지만 매우 매력적인 결혼. fleur légèrement toxique mais *néanmoins* très jolie 약간 독성이 있지만 매우 아름다운 꽃.

· Une synthèse telle que celle-ci est nécessairement incomplète mais *néanmoins* intéressante à faire.　　이와 같은 합성은 필연적으로 불완전하지만 해보기에는 흥미로운 것이다.
· Elle avait reçu les plus grands soins de ses enfants, mais *néanmoins* elle a fini par mourir.　　그녀는 자녀들의 극진한 간호를 받았지만 그럼에도 불구하고 죽고 말았다.

ni

</br>

1. [ne + 동사 + … ni … ni …] : …도 …도 아니다.

1) ❶

n'avoir *ni* bouche *ni* éperon (말이) 재갈이나 박차를 느끼지 못하다; (사람이) 둔감하다. n'avoir *ni* feu *ni* lieu 일정한 거처가 없다. n'avoir *ni* fin *ni* cesse (que + *sub*) (…할 때까지) 그치지 않다. n'avoir *ni* croix *ni* pile 《옛·비유》 무일푼이다. n'avoir *ni* foi *ni* loi 도덕도 법도 모르다; 무슨 짓이라도 할 수 있다. n'avoir *ni* paix *ni* trêve; n'avoir *ni* trêve *ni* repos 잠시 동안의 휴식도 없다. n'avoir *ni* queue *ni* tête 지리멸렬하다. n'avoir *ni* rime *ni* raison 아무런 의미도 없다, 몰상식하다. n'avoir *ni* sou *ni* maille 《옛》 무일푼이다. ne comprendre [n'entendre] *ni* A *ni* B 전혀 이해하지 못하다. ne connaître *ni* Dieu *ni* diable 아무 종교도 없다(=ne croire à rien, être mécréant). ne désirer *ni* fortune *ni* distinction 재산도 영예도 바라지 않다. ne dire *ni* oui *ni* non 긍정도 부정도 하지 않다. ne dire *ni* bonjour *ni* bonsoir 인사도 않다; 예의바르지 못하다. ne donner *ni* paix *ni* trève à *qn* …을 계속 못살게 굴다. ne faire *ni* une lâcheté *ni* un mensonge 비열한 짓도 거짓말도 하지 않다. ne pouvoir remuer *ni* pied *ni* patte 꼼짝하지 못하다. ne voir *ni* ciel *ni* terre 한치 앞도 보지 못하다.

· La maladie n'a affaissé *ni* son corps *ni* son esprit.　　그는 병에 걸렸어도 육체와 정신이 쇠약해지지 않았다.
· Elle n'aime *ni* lui *ni* ses amis.　　그녀는 그도 그의 친구들도 좋아하지 않는다.
· Il n'aime *ni* vous *ni* moi.　　그는 당신도 나도 좋아하지 않는다.
· Le temps n'a *ni* forme *ni* substance.　　시간이라는 것은 형체도 실체도 없다.

· Il n'a *ni* repos *ni* cesse.　　그는 휴식도 휴지도 안 갖는다.

· Le régime n'a *ni* les institutions *ni* l'expertise pour encadrer un processus de réformes.　　그 체제는 개혁의 과정을 주도할 기관도 전문성도 없다.

· Il n'y a *ni* justice *ni* liberté possibles lorsque l'argent est toujours roi.　　여전히 돈이 지배하는 한 가능한 정의도 없고 자유도 없다.

· Il n'y avait *ni* orange *ni* jus d'orange dans le frigo.　　냉장고에는 오렌지도 오렌지 주스도 없었다.

· Il ne craint *ni* Dieu *ni* diable.　　그는 아무것도 두려워하지 않는다.

· Ce texte n'évoque *ni* le nombre d'armes nucléaires détenues par ce pays, *ni* ses activités d'enrichissement de l'uranium, *ni* celles de prolifération.　　그 문서는 그 국가가 보유하고 있는 핵무기의 수량도, 핵 농축 활동이나 핵 확산활동에 대해서 환기하지 않고 있다.

· Ces moyens de pressions dispose ne doivent mettre en péril *ni* la relation diplomatique *ni* l'économie américaine.　　그러한 압력 수단이 외교관계나 미국경제를 위험에 빠뜨려서는 안 된다.

· Le G20 ne saurait donc négliger *ni* les défis énergétiques *ni* la question monétaire, liée à la persistance des déséquilibres internationaux.　　선진 20개국은 에너지 문제나 지속적인 국제적 불균형과 연관된 통화 문제를 소홀히 다룰 수 없을 것이다.

· Il n'a été précisé *ni* la date, *ni* le lieu de l'événement.　　사건의 날짜도 장소도 명시되지 않았다.

· Ses derniers films n'ont satisfait *ni* les critiques *ni* les spectateurs.　　그의 최근 영화는 비평가들도 관객도 만족시키지 못했다.

· Je n'ai vu *ni* lui *ni* sa soeur depuis longtemps.　　나는 그도 그의 누이도 오래 전부터 보지 못했다.

· Il n'a vu *ni* elle *ni* ses amies.　　그는 그녀도 그녀의 친구들도 보지 못했다.

· Le président n'en a précisé *ni* le montant, *ni* le taux, *ni* la durée, *ni* les modalités.　　대통령은 그 총액이나, 비율, 기간, 방식을 정확하게 밝히지 않았다.

❷　n'être *ni* chair *ni* poisson 죽도 밥도 아니다, 우유부단하다. n'être *ni* figue *ni* raisin 그 어느 편도 아니다, 애매하다; 좋기도 하고 싫기도 [나쁘기도] 하다.

· L'homme n'est *ni* ange *ni* bête.　　인간은 천사도 짐승도 아니다.

· C'est une oeuvre bâtarde qui n'est *ni* un essai *ni* un roman.　　이것은 수필도 소설도 아닌 어중간한 작품이다.

· Ce n'est *ni* un idiot *ni* un paresseux.　　그는 바보도 아니고 게으른 사람도 아니다.

· Ce n'était *ni* une mauvaise mère *ni* une méchante femme.　　그녀는 나쁜 어머니도 악한 아내도 아니었다.

· Le mot d'ordre était *ni* ingérence *ni* indifférence.　　지침은 개입도 아니고 무관심도 아니었다.

❸　ne faire *ni* une *ni* deux 이것저것 생각하지 않고 이내 결심하다, 우물쭈물하지 않다.

· Dès que j'ai appris la nouvelle, je n'ai fait *ni* une *ni* deux, j'ai pris le train pour aller le voir.

소식을 듣자마자 나는 즉시 결심하여 그를 만나러 가려고 기차를 탔다.

· Il n'y a *ni* fric *ni* frac. 제대로 된 〔쓸 만한〕 것이라곤 아무 것도 없다.

> ☆ 직접목적 보어 앞에 붙는 부정관사, 부분관사는 생략됨.
> · Je ne bois *ni* café *ni* thé. 나는 커피도 차도 마시지 않는다.

> ☆ 고문체에서는 ni의 반복을 피하여 마지막 어귀 앞에만 놓이기도 함.
> · Il n'a père, mère, *ni* frère. 그는 부모도 형제도 없다.

> ☆ 마지막의 ni 앞에 et를 놓는 것도 문어체이다.

2)
> n'être *ni* chaud *ni* froid 무관심하다. ne faire *ni* chaud *ni* froid à *qn* ⋯에게 무관심하다, 냉담하다.

· C'est une femme qui n'est *ni* jeune *ni* vieille. 그는 젊지도 늙지도 않은 여인이다.

· Je ne suis *ni* satisfait, *ni* déçu. 나는 만족스럽지도 않고, 실망스럽지도 않다.

· Elle n'est *ni* plus belle *ni* plus laide qu'une autre. 그녀는 다른 사람보다 더 예쁘지도 추하지도 않다.

· Il n'est *ni* bête *ni* paresseux. 그는 바보도 아니고 게으른 사람도 아니다.

· Cette trêve n'est *ni* permanente *ni* vérifiable. 그 휴전은 항구적이지도 않고 확인할 수도 없다.

· Les applications d'une telle recherche fondamentale ne sont *ni* immédiates *ni* automatiques. 그러한 기초 연구의 응용은 바로 이루어지지도 않고 자동적으로 이루어지지도 않는다.

· La création de ces salles d'attente ne serait *ni* utile *ni* souhaitable. 그러한 대기실을 만드는 것은 유용하지도 않고 바람직하지도 않다.

· Un débat sur le niveau des troupes et la participation allemande n'était *ni* pertinent *ni* nécessaire avant cette réunion. 그 회의 전에 이루어지는 부대의 수준과 독일의 참가에 관한 토론은 적절하지도 필요하지도 않다.

· Dans le combat Chinternet contre Internet, il n'est *ni* sûr *ni* souhaitable que le premier sorte vainqueur. 차이나인터넷과 (일반) 인터넷 사이의 싸움에서 차이나인터넷이 승자가 되는 것은 확실하지 않고 바람직하지도 않다.

3) ❶
> ne croire *ni* à Dieu *ni* à Diable 아주 의심이 많다. n'entendre *ni* à dia *ni* à hue 《옛》 전혀 알아듣지 못하다, 마이동풍이다. ne parler *ni* de politique *ni* de religion 정치에 대해서도 종교에 대해서도 말하지 않다. ne répondre *ni* par l'affirmative, *ni* par la négative 긍정으로도 부정으로도 대답하지 않다. ne tenir *ni* à fer *ni* à clou 흔들흔들하다; 제 멋대로 날뛰다. ne vendre *qc ni* pour or *ni* pour argent ⋯을 이 세상의 아무리 값비싼 것을 주어도 팔지 않다.

· Il n'avait été accueilli à Pékin *ni* par des réactions de colère *ni* par des marques de ferveur. 그는 북경에서 노기에 찬 반응을 접하지도 않았고 열렬한 환대를 받지도 않았다.

· Je n'irai *ni* chez l'un *ni* chez l'autre.　나는 그들 누구의 집에도 가지 않겠다.

· Je n'irai *ni* aujourd'hui, *ni* demain, *ni* un autre jour.　나는 오늘도, 내일도, 다른 어느 날도 가지 않겠다.

· Le président du Front national ne s'attarde *ni* sur la crise, *ni* sur l'année à venir.　국민전선의 당수는 위기에 대해서도 다가오는 새해에 대해서도 길게 이야기하지 않았다.

· La Corée du Nord, comme les autres États terroristes, ne peut bénéficier *ni* des aides américaines *ni* des prêts des organisations internationales.　북한은 다른 테러 국가들과 마찬가지로 미국의 지원이나 국제기구의 차관을 받을 수 없다.

· Ce personnage n'est classable *ni* à droite *ni* à gauche.　그 사람은 우파로도 좌파로도 분류할 수 없다.

· La nouvelle n'est confirmée *ni* par les services de renseignement *ni* par le ministère de l'unification à Séoul.　그 소식은 서울의 정보기관이나 통일부에 의해 확인되지 않았다.

· Pourtant, au niveau mondial, les plans ne sont coordonnés *ni* dans leur nature, *ni* dans le temps, *ni* dans leur volume.　하지만 그 계획들은 국제적인 차원에서 그 성격이나, 시기, 규모에 있어서 조율이 되지 않았다.

· Au total, 50.000 jeunes ne seraient, aujourd'hui, *ni* à l'école *ni* au travail.　오늘날 총 5만 명의 젊은이가 학교 다니지도 않고 직장에 나가지도 않는 것 같다.

· Il n'était sans doute *ni* dans ses intentions *ni* dans sa nature d'aborder ce problème de manière frontale.　그 문제를 정면으로 다루는 것은 그의 의중에도 없고 그의 기질에도 맞지 않는다.

· L'annonce de la victoire de son fils Ali n'est une bonne nouvelle *ni* pour eux *ni* pour la démocratie en Afrique.　그의 아들 알리의 승리는 그들에게나 아프리카의 민주주의에 좋은 소식이 아니다.

· Dieu n'est *ni* dedans, *ni* dehors le monde.　《문어》 신은 세상 안에도 밖에도 없다.

· La France ne siégeait *ni* au Comité des plans de défense(DPC), *ni* au Groupe des plans nucléaires (NPG).　프랑스는 방위계획위원회나 핵계획그룹에 의석이 없다.

· Cet enfant ne se trouve *ni* chez lui, *ni* à l'école.　그 아이는 집에도 학교에도 없다.

❷ **ne connaître** *qn* *ni* **d'Eve** *ni* **d'Adam** …을 전혀 모르다, …에 대해 말하는 것을 들어본 적이 없다.

· Je ne le connais *ni* d'Eve *ni* d'Adam.　나는 그를 전혀 모른다.

❸ **n'être bon** *ni* **à rôtir** *ni* **à bouillir** 《구어》 아무 짝에도 못쓰다.

· Je n'ai qualité *ni* pour condamner *ni* pour absoudre.　나는 단죄할 자격도 죄를 용서할 자격도 없다.

4) ❶ **ne boire** *ni* **peu** *ni* **prou** 《문어》 전혀 [조금도] 마시지 않다. *ni* **trop** *ni* **trop peu** 넘치지도 모자라

지도 않게. (n')être *ni* dedans *ni* dehors 《속어》 (일·입장 따위가) 불확실한 상태에 있다, 어떻게 되었는지 모르다. ne pas pouvoir trouver *qc ni* en deça, *ni* au delà 어느 곳에서도 …을 찾지 못하다.

· Il n'a rempli sa tâche *ni* bien *ni* mal.　그는 자기 일을 그저 그렇게 수행했다.

· Il ne viendra *ni* aujourd'hui *ni* demain.　그는 오늘도 내일도 오지 않을 것이다.

· Cela ne va *ni* mieux *ni* pis qu'avant.　전보다 더 나아지지도 더 나빠지지도 않는다, 결국 마찬가지다.

· Il n'est mêlé à cette affaire *ni* de près *ni* de loin.　그는 이 사건에 전혀 연루되어 있지 않다.

· Ce discours officiel n'est crédible *ni* politiquement *ni* économiquement.　그 공식적인 담화는 정치적으로나 경제적으로 믿음이 가지 않는다.

❷

Il a su ma maladie, mais *ni* pendant *ni* après il n'est venu me voir. 그는 내가 아프다는 것을 알고 있었는데, 앓고 있는 동안에도 그 후에도 나를 보러 오지 않았다.

5)

ne savoir *ni* lire *ni* compter 읽을 줄도 셀 줄도 모르다.

· Ce garçon ne sait *ni* lire *ni* écrire.　이 소년은 읽을 줄도 쓸 줄도 모른다.

· Je ne l'ai *ni* aimé *ni* estimé.　나는 그를 좋아하지도 존경하지도 않았다.

· Je n'ai *ni* refusé *ni* accepté.　나는 거부도 승인도 하지 않았다.

· Nos enfants ne sont *ni* séduits *ni* intéressés par Internet.　우리 아이들은 인터넷에 매력을 느끼지도 흥미를 가지지도 않는다.

· Il ne peut *ni* courir *ni* marcher.　그는 뛰지도 걷지도 못한다.

· Cet article ne peut être *ni* repris *ni* échangé.　이 물건은 환불도 안 되고 교환도 안 됩니다.

· Il ne sait *ni* écrire, *ni* même lire.　그는 쓰는 것은 말할 것도 없고 읽을 줄도 모른다.

· Les principaux acteurs économiques n'ont su *ni* mesurer *ni* maîtriser la folie des marchés.　경제의 주역들은 시장의 광기와 같은 행태를 가늠할 줄도 제어할 줄도 몰랐다.

6) · Il ne dit *ni* si c'est bien, *ni* si c'est mal.　그는 좋다 또는 나쁘다는 말이 없다.

7) 다른 요소의 연결

· Ce n'est *ni* fait *ni* à faire.　그것은 형편없이 잘못 되었다, 엉망진창이다.

· On ne savait *ni* s'il venait, *ni* avec qui.　그가 올 것인지 아닌지도, 누구와 함께 올 것인지도 모른다.

2. [ni … ni … ne + 동사]

1) · Ni ami, *ni* frères *ni* parents ne l'attendaient.　친구도 형제도 부모도 그를 기다리지 않았다.

· *Ni* l'Amérique *ni* la Russie n'ont rien à gagner d'une course aux armes nucléaires en Asie orientale ou au Proche-Orient.　미국도 러시아도 동아시아와 중동에서의 핵무기 경쟁에서 전혀 얻을 것이 없다.

· *Ni* les États-Unis, *ni* l'Europe n'entendaient imposer une solution.　미국도 유럽도 하나의 해결안을 강요할 의도가 없었다.

· La délinquance urbaine est depuis longtemps un fléau que *ni* la droite *ni* la gauche n'ont su combattre. 도시 범죄는 오랫동안 우파도 좌파도 퇴치하지 못한 골칫거리이다.

· *Ni* le grand public *ni* les marchés ne s'enthousiasmeront pour des résultats aussi techniques et abscons. 일반대중도 시장도 그토록 기술적이고 난해한 결과에 대해 열광하지 않는다.

· Des équipements tels que de l'artillerie anti-aérienne et anti-char ont été présentés, mais *ni* chars *ni* missiles n'étaient présents au défilé.　대공포나 대전차포와 같은 장비들은 분열행진에 소개되었으나 전차나 미사일은 없었다.

· Mais *ni* la date *ni* le lieu de la rencontre ne sont précisés.　하지만 회합의 날짜도 장소도 명확하게 밝혀지지 않았다.

· *Ni* Hitler *ni* Mussolini n'ont gagné la guerre.　히틀러도 무솔리니도 전쟁을 이기지 못했다.

· *Ni* le changement de ton présidentiel depuis le début de l'année *ni* le rôle accru donné au premier ministre n'ont permis de surmonter la défiance du pays à l'égard du chef de l'État.　연초부터의 대통령 의 어조 변화나 총리의 증대된 역할도 국민들의 국가원수에 대한 불신을 해소해 주지 못했다.

· *Ni* l'armée, *ni* la police, *ni* les autorités locales n'ont réagi.　군대도 경찰도 지역 당국도 반응을 보이지 않았다.

· *Ni* l'argent *ni* la gloire ne nous rendent [rend]　heureux.　돈도 명예도 우리를 행복하게 해주지 않는다.

· *Ni* les distances *ni* les rythmes de vie ne le supporteraient.　거리도 생활의 리듬도 그것을 용인하지 못할 것이다.

· *Ni* Washington *ni* Pékin ne tiennent à voir dérailler leurs efforts.　미국도 중국도 그들의 노력이 허사가 되는 것을 원하지 않는다.

· *Ni* l'Allemagne, *ni* la France, *ni* l'Italie, *ni* l'Espagne ne tireront rapidement l'Europe de l'ornière. 독일이나 프랑스, 이탈리아, 스페인이 신속하게 유럽을 곤경에서 벗어나게 해주지는 못 할 것이다.

2) · *Ni* le jour, *ni* les ténèbres, *ni* le bruit, *ni* le silence, rien ne peut mettre obstacle à l'esprit d'un homme qui sait penser.　빛, 어둠, 소음, 침묵, 어느 것도 생각할 줄 아는 사람의 정신에는 장애가 될 수 없다.

> ☆ 동사는 복수형으로 놓이는 경우가 많지만, ni가 ou의 부정으로 사용되는 경우에는 단수형이 쓰임.
>
> · *Ni* votre candidat *ni* le mien ne sera nommé à ce poste.　당신이 지지하는 후보도 내가 지지하는
> 　후보도 그 자리에 임명되지 않을 것이다.
> 　주어 중의 하나가 1인칭이면 동사는 1인칭 복수형.
> · *Ni* toi〔Anne〕 *ni* moi ne l'avons connu.　　너〔안느〕도 나도 그것을 알지 못했다.
> 　주어 중의 하나가 2인칭이면 2인칭 복수형.
> · *Ni* elle *ni* toi n'ne l'étiez gentilles avec moi.　　그녀도 너도 나에게 친절하게 대해주지 않았다.
> 　주어에 aucun, personne 따위가 있으면 동사는 3인칭 단수.
> · *Ni* moi *ni* personne ne peut le dire.　　나도 어떤 사람도 그것을 말할 수 없다.
> 　문어에서는 문두의 ni를 생략할 수 있다.

> ☆ 드물게 맨 앞의 명사 앞에 ni를 쓰지 않는 구문도 쓰임.
> · Paul, *ni* Bernard, *ni* Marcel, *ni* même Jean, ne sont des philosophes.　　폴도 베르나르도 마르셀도,
> 　그리고 장조차도 철학자가 아니다.

3. [ne … pas … (ni) … ni …]

1) · Il n'a pas d'argent *ni* d'ami.　　그는 돈도 친구도 없다.

　· Il n'a pas d'amis *ni* de camarades.　　그에게는 친구도 동료도 없다.

　· Je n'ai pas de cigarettes *ni* de feu.　　나는 담배도 불도 없다.

　· Il n'y a pas de pain, *ni* de beurre non plus.　　빵도 없고 버터도 없다.

　· Le parti démocrate n'a pas présenté de candidats *ni* d'arguments suffisamment convaincants.　　민주당은
　후보도 내지 못하고, 충분히 설득력 있는 논거도 제시하지 못했다.

　· La France n'a toujours pas de politique *ni* même de message clairs dans un domaine où les représentants
　africaines réclament un soutien international.　　프랑스는 여전히 아프리카의 대표들이 국제적인 지지를
　요구하는 분야에서 명확한 정책이나 메시지조차 지니지 못하고 있다.

2) · Ce n'est pas une tragédie shakespearienne *ni* même une crise politique.　　그것은 셰익스피어적인 비극
　도 아니고 정치적인 위기조차도 아니다.

　· Notre but n'est pas un accord partiel *ni* une déclaration politique.　　우리의 목표는 부분적인 합의나
　정치적인 선언이 아니다.

3) · Il ne faut pas venir trop tôt *ni* trop tard, non plus.　　너무 일찍 와서도 안 되고 또한 너무 늦게 와서도
　안 된다.

　· Ces réacteurs n'auraient pas l'autorisation d'exploitation en Europe *ni* en Amérique en raison d'une sûreté
　insuffisante.　　그 원자로들은 불완전한 안전성 때문에 유럽이나 미국에서 사용 허가를 받지 못할 것이다.

　· Il n'y a pas eu de plan de relance communautaire *ni* même de coordination des politiques économiques au sein des 27.　유럽연합 27개국 내에서의 공동경기부양 계획이나 경제 정책의 공조조차도 없었다.

· Il n'y a pas de résultats importants, *ni* sur le plan diplomatique *ni* sur le plan intérieur.　외교적인 측면에서나 국내적인 측면에서 중요한 결과는 없다.

· Son image n'est pas justiciable *ni* pendant son mandat *ni* après.　그의 이미지는 임기 동안이나 그 후에도 정당화 될 수 없다.

· Cela ne doit pas être un combat entre le monde riche et le monde pauvre, *ni* entre l'Est et l'Ouest. 그것은 부자 세계와 가난한 세계, 또는 동방과 서방 사이의 싸움이 되어서는 안 된다.

· Réduire la faim dans le monde ne sera pas possible sans investissements massifs dans l'agriculture des pays en développement *ni* sans donner la priorité aux cultures vivrières.　개발도상국에 대대적인 투자를 하거나 식량 재배를 우선시 하지 않으면 세계의 기아를 줄이는 것은 불가능하다.

· Je ne m'intéresserai pas à la tactique *ni* à la technique.　나는 전술이나 기술에 관심을 가지지 않을 것이다.

· Le renouveau asiatique ne se présente pas comme une nouvelle vision du monde *ni* même comme une expression de la variété des capitalismes.　아시아의 부흥은 세계의 새로운 비전이나 심지어 자본주의의 다양성의 표현으로 제시되지 않는다.

· Le président géorgien a réaffirmé son intention de ne pas renoncer à l'Abkhazie *ni* à l'Ossétie du Sud. 그루지야의 대통령은 아브카지아나 남오세티야를 포기하지 않겠다는 의사를 재확인했다.

4) · Ne pas acheter, *ni* vendre nos billets au marché noir.　암표는 팔지도 사지도 맙시다.

· Je n'ai pas envie de bavarder *ni* de me mêler aux autres.　나는 떠벌리고 싶은 생각도 다른 사람들과 어울리고 싶은 생각도 없다.

· La Chine ne cherche pas à renverser *ni* d'ailleurs à réformer le système international.　중국은 국제적인 시스템을 뒤엎거나 다른 한편으로 개혁하고자 하지 않는다.

5) · Il n'avait pas prononcé un mot *ni* fait un geste.　그는 한 마디 말도 하지 않았고 몸짓도 하지 않았다.

· Les responsables politiques et les superviseurs n'ont pas apprécié les risques de manière adéquate *ni* pris en compte les ramifications systémiques des actions de régulation domestique.　정치적인 책임 자들과 감독관들은 위험을 적절하게 평가하지도 못했고 국내 규제 행위의 체계적인 파생을 고려하지도 않았다.

6) · Il n'avait pas prévu que des vedettes cubaines réclament des changements profonds, *ni* que l'Eglise catholique s'alarme du risque de voir l'économie couler à pic.　그는 쿠바의 배우들이 근본적인 변화를 요구하거나, 가톨릭교회가 경제가 파산할 위험에 대해 우려할 것은 예견하지 못했다.

· Il ne faut pas rêver que la politique cesse d'être la politique *ni* que l'on puisse gagner une élection sans être un politicien réaliste.　정치가 정치이기를 그만두거나 현실적인 정치가가 아니면서 선거에서 이기기를 꿈꾸어서는 안된다.

· Elle ne veut pas qu'on vienne la voir le dimanche, *ni* même qu'on lui téléphone.　그는 일요일에는 자기를 찾아오는 것도 자기에게 전화를 거는 것도 좋아하지 않는다.

· Il ne sait pas quand il partira, *ni* où il ira.　그는 언제 떠날지 또 어디로 갈지 모르고 있다.

7) 〔… ni … ne … pas/point〕

· Ma maison *ni* mon lit ne sont point faits pour vous.　내 집이나 내 침대가 전혀 당신을 위해 만들어진 것이 아니다.

4. 〔ne … pas 이외의 부정을 나타내는 어구 … (ni) … ni …〕

1)

> n'avoir plus *ni* les moyens politiques *ni* les ressources financières　더 이상 정치적인 수단도 재원도 없다.

· Elle n'a plus de parents *ni* d'amis.　그녀는 이제 부모도 친구도 없다.

· En général, les pandémies grippales n'arrivent jamais quand on les attend, *ni* où on les attend.　대개 유행성 감기는 예기했던 시기나 장소에 발생하지 않는다.

· Ne dites rien (*ni*) à sa femme *ni* à lui.　그의 부인이나 그에게 아무 말도 하지 마십시오.

· Cette tuerie, rapportée par l'envoyé spécial du Monde, n'a donné lieu à aucune enquête *ni* à aucune sanction.　르몽드의 특파원에 의해 보도된 그 살인은 어떤 조사도 제재의 대상이 되지 않았다.

· On n'est jamais si heureux *ni* si malheureux qu'on s'imagine.　사람은 상상하는 것만큼은 결코 행복하거나 불행하지 않다.

· Il n'a point exigé *ni* serments *ni* promesses.　그는 서약도 약속도 요구하지 않았다.

· Il ne parle jamais de ses parents *ni* de ses amis.　그는 부모에 관해서도 친구에 관해서도 이야기하지 않는다.

· Ne parlons plus de lui *ni* de personne d'autre.　이제는 그 사람이나 다른 누구의 얘기도 하지 맙시다.

· Elle n'a jamais vu (*ni*) son père *ni* sa mère.　그녀는 그녀의 아버지도 어머니도 본 적이 없다.

2) · Je préfère ne plus la voir, *ni* lui écrire non plus.　나는 더 이상 그녀를 보지도 않고 그녀에게 편지도 쓰지 않겠다.

· Cette politique ne contribue en rien à améliorer la situation des droits de l'homme en Corée du Nord, *ni* à infléchir le comportement extérieur du régime.　그 정책은 북한의 인권 상황을 개선하거나 그 체제의 대외적인 행태를 바꾸는 데 전혀 기여하지 못했다.

· Si vous croyez que demain les prix seront moins élevés qu'aujourd'hui, vous n'avez plus aucune raison de consommer *ni* d'investir.　만일 당신이 내일의 가격이 오늘보다 높을 것으로 믿는다면 소비하거나 투자할 아무런 이유가 없다.

3) · Pas plus que les autres, il n'avait prédit la crise des subprimes, *ni* vu que les banques islandaises faisaient courir des risques insensés à Reykjavik.　다른 사람들 이상으로 그는 서브프라임 위기를

예측하지 못했고, 아이슬란드 은행들이 아이슬란드가 엄청난 위험을 겪게 하는 것을 보지도 못했다.

5. 1) · On a des amis qui ont les mêmes goûts ou les mêmes affinités mais rien ne nous oblige à les rencontrer *ni* à les connaître puisqu'on reste anonyme derrière son écran d'ordinateur.　　우리는 같은 취향이나 유사성을 가진 친구들이 있으나 컴퓨터 화면 뒤에 익명으로 머물러 있기 때문에 아무것도 그들을 만나거나 서로 알아야만 하도록 강요하지 않는다.

　　2) · Je vous promets de ne rien dire *ni* rien faire.　　아무 말도 아무 행동도 하지 않겠다고 약속합니다.

6. [부정을 나타내는 어구 … ni … ne …]

· Jamais cheval *ni* méchant homme n'amenda pour aller à Rome.　　《속담》 세살 버릇 여든까지 간다.

· Rien *ni* personne ne l'assagira.　　그 어떤 것도, 그 어떤 사람도 그를 현명하게 만들 수는 없을 것이다.

7. [ne + 동사 … (pas) + ni ne + 동사] : 주어가 같은 단순시제의 부정형 동사 연결

1) · Je ne l'aime (pas,) *ni* ne l'estime.　　나는 그를 사랑하지도 존경하지도 않는다.

· Il ne boit d'alcool *ni* ne fume.　　그는 술도 안마시고 담배도 피우지 않는다.

· Il ne marche *ni* ne court.　　그는 걷지도 뛰지도 않는다.

· Je ne crois *ni* ne décrois.　　믿지도 안 믿지도 않는다.

· Je constate que vous ne l'acceptez *ni* ne le refusez.　　당신은 그것을 수락하지도 거절하지도 않는다고 나는 생각할 수밖에 없네요.

· Les injections massives d'argent ne soulagent pas la douleur des banques, *ni* ne ravivent les marchés.　　자금의 대규모 투입이 은행들의 고통을 완화시켜 주지도 않고 시장을 활성화시켜 주지도 않는다.

· Il ne s'occupe de personne *ni* ne s'inéresse à rien.　　그는 아무도 돌 볼 사람도 없고 무엇에도 관심이 없다.

2) · Je ne veux, *ni* ne dois, *ni* ne puis obéir.　　나는 복종하기를 원하지도 않고, 복종해서도 안 되고 복종할 수도 없다.

· Il ne veut *ni* ne peut refuser.　　그는 거절하기를 원하지도 않고 거절할 수도 없다.

3) · Je n'y prends *ni* je n'y mets.　　사실 그대로 말하고 있는 겁니다.

4) · Je ne l'aime *ni* ne l'aime pas.　　나는 그를 좋아하지도 싫어하지도(안 좋아하지도) 않는다.

5) · Un sot *ni* n'entre, *ni* ne sort, *ni* ne s'assied, *ni* ne se lève sur ses jambes.　　바보는 자기 다리로 들어오지도, 나가지도, 앉지도, 일어서지도 못한다.

8. [ni … ne + 동사 … ni … ne + 동사]

1) 주어가 다른 등위절 연결

· *Ni* la garnison ne se rendra, *ni* la ville ne sera prise. = La garnison ne se rendra pas et la ville ne sera pas prise.　수비대가 항복도 하지 않을 것이고, 그 도시가 점령당하지도 않을 것이다.

· *Ni* la civilisation matérielle ne nous satisfait, *ni* la religion ne nous console.　물질문명이 우리를 만족시키지 못하고 종교도 우리의 위안이 되지 못한다.

2) 《문어》 동일한 주어를 등위절 연결

· *Ni* je ne l'aime, *ni* je ne l'estime.　나는 그를 사랑하지도 존경하지도 않는다.

9. [ni l'un … ni l'autre] : 어느 쪽도 …하지 않다.

1) · *Ni* l'un *ni* l'autre ne sont partis [n'est parti].　두 사람 모두 떠나지 않았다.

· *Ni* l'un *ni* l'autre ne sera élu président.　둘 중 누구도 회장으로 선출되지 않을 것이다.

2) · La stabilité et la prospérité de l'Asie orientale sont aussi importantes pour l'avenir du monde que ne l'étaient la stabilité et la prospérité de l'Europe pour le monde de la première moitié du XXe siècle. Et quand on n'a eu *ni* l'un *ni* l'autre, on a vu ce que ça a donné.　유럽의 안정과 번영이 20세기 전반기의 세계에 중요했던 것과 마찬가지로 동아시아의 안정과 번영이 전 세계의 미래에 중요하다. 우리는 그 두 가지가 이루어지지 못했을 때 어떤 결과가 있었는지를 알고 있다.

3) · Un jour, une des femmes les plus puissantes du monde; le lendemain, une femme fragilisée; je ne suis *ni* l'une *ni* l'autre.　하루는 세계에서 가장 영향력있는 여성 중의 하나이고, 그 다음 날은 힘 빠진 여성이 되는 데, 나는 어느 쪽도 아니다.

4) · *Ni* l'une *ni* l'autre solution n'a été retenue　어느 해결책도 채택되지 않았다.

· *Ni* l'un *ni* l'autre raisonnement n'est juste.　어느 추론도 옳지 않다.

5) · Je n'irai *ni* chez l'un *ni* chez l'autre.　나는 그들 누구의 집에도 가지 않겠다.

6) · Ils ne sont pas contents *ni* l'un *ni* l'autre.　그들은 어느 쪽도 만족하지 않는다.

· Ils n'ont fait leur devoir *ni* l'un *ni* l'autre.　그들은 어느 쪽도 숙제를 하지 않았다.

· Je ne les envie *ni* les uns *ni* les autres.　나는 그들 중 어느 쪽도 부러워하지 않는다.

7) · Est-ce de l'amitié ou de l'amour? - Exactement *ni* l'un *ni* l'autre.　그것은 우정인가 애정인가? - 둘 모두 아니다.

> ☆ ni l'un ni l'autre이 주어일 때 l'un et l'autre의 부정이면 동사는 복수 혹은 단수로 쓰이고 l'un ou l'autre의 부정이면 단수로 쓰이는 것이 원칙임.

> ☆ 간혹 l'un ni l'autre의 형태로 쓰이기도 함.
> · Je ne veux l'un *ni* l'autre. 나는 어느 것도 원하지 않는다.

10. 생략문
· Qui de vous deux a tort? - *Ni* lui *ni* moi.   당신들 둘 중에 누가 잘못입니까? - 그도 아니고 나도 아닙니다.

· *Ni* Dieu *ni* maître.   신도 아니고 주인도 아니다((**무정부주의자의 표어**)).

· *Ni* fleurs *ni* couronnes   화환은 사양함.

· *Ni* [Pas] si bien *ni* si mal.   그렇데 좋지도 나쁘지도 않다, 그저 그렇다.

· Comment la trouvez-vous? - *Ni* belle *ni* raide.   그녀를 어떻게 생각하세요? - 예쁘지도 않고 추하지도 않습니다.

· Vous n'avez pas changé. - *Ni* vous non plus.   변함이 없군요. - 당신도 그렇군요(=Vous non plus).

· *Ni* retrait *ni* renforts de soldats français. Telle est la position assumée par Nicolas Sarkozy depuis des mois.   프랑스군의 철수도 증원도 없다. 그것이 몇 개월 전부터 사르코지 대통령이 취해온 입장이다.

· France et Grande-Bretagne seront présentes, mais pas l'Allemagne, *ni* l'Italie, *ni* les Pays-Bas.   프랑스와 영국은 참석할 것이나 독일, 이탈리아, 네덜란드는 참석하지 않을 것이다.

11. 1) 형용사 연결

> artcle *ni* repris *ni* échangé 반품도 교환도 안 되는 상품. un homme *ni* bête *ni* paresseux 우둔하지도 게으르지도 않은 남자.

· Cette sauce est très bonne, *ni* trop salée *ni* trop piquante.   이 소스는 아주 좋다. 너무 짜지도 않고 너무 맵지도 않다.

· J'entends de lon un pas bien connu, *ni* traînant, *ni* trop vif.   질질 끌지도 않고 활기차지도 않은 귀에 익은 발걸음 소리가 멀리서 들려온다.

2) [ni vu ni connu] 아무도 모르게, 눈치 채지 못하게(=sans qu'on le remarque).
· Son frère est parti, *ni* vu *ni* connu.   그의 형은 아무도 모르게 떠났다.
· *Ni* vu *ni* connu, je t'embrouille.   《**구어**》 일이 너무나 감쪽같이 처리되어 어리벙벙하다.
· Les réparateurs de meubles anciens sont très malins, *ni* vu *ni* connu, je t'embrouille.   고가구 수리공들이 매우 간교해서 나도 모르는 사이에 그들의 속임수에 넘어간다.

12. [sans … ni …]

1) ❶

> sans arme *ni* bagage 아무런 준비 없이. sans cesse *ni* repos 휴지도 휴식도 없이. sans fin *ni* cesse 쉼도 끝도 없이. sans hésitation *ni* murmure 두말 않고, 선뜻(=sans discussion). sans lieu *ni* date 발행지·발행일 표시 없음((《약》 s.l.n.d.)). du café sans sucre *ni* lait 설탕도 우유도 넣지 않은 커피. enfant sans frère *ni* soeur 형제도 자매도 없는 아이. personne sans foi *ni* loi 무슨 짓이고 할 수 있는 사람. être sans feu *ni* lieu 집 [의지할 곳] 이 없다. être sans sou *ni* maille 《옛》 무일푼이다.

· Ils se contentent d'une existence spartiate ou misérable, souvent sans électricité *ni* chauffage. 그들은 자주 전기도 없고 난방도 되지 않는 스파르타식의 또는 비참한 생존으로 족해 한다.

· C'est lui qui invite à agir sans laxisme *ni* excès. 그가 지나친 관용이나 과도함에 빠지지 않고 행동하도록 권유했다.

· Il est mort sans argent *ni* amis. 그는 돈도 친구도 없이 죽었다.

· Il est sorti sans col *ni* cravate. 그는 칼라도 달지 않고 넥타이도 매지 않고 나갔다.

· Le voilà à présent sans fortune *ni* rien. 그는 이제 아무것도 가진 게 없다.

· Selon les chiffres de l'OCDE, 1,8 milliard de personnes travaillent sans contrat de travail *ni* prestations sociales. 세계경제개발기구의 수치에 따르면 18억 명의 사람들이 근로계약이나 사회보장 급여 없이 일을 하고 있다.

❷

> sans distinction d'âge *ni* de sexe 남녀노소를 막론하고. sans distinction de race *ni* de confession 인종과 종파의 구별 없이. sans spécification de l'heure *ni* du lieu 시간도 장소도 명시하지 않고

❸

> sans pouvoir manger *ni* boire 삼일 동안 먹지도 마시지도 못하고. sans rien manger *ni* rien boire 아무것도 먹지도 마시지도 않고. sans préciser le calendrier *ni* inclure des objectifs chiffrés 일정을 명시하거나 수치화된 목표를 포함하지도 않고

· Il a exhorté les Français à rester unis et à débattre sans se déchirer *ni* s'insulter. 그는 프랑스인들에게 단합을 유지하고, 토론을 하되 분열되거나 서로 욕하지 말 것을 권유했다.

· Il pense que des autocrates peuvent mener leur pays vers des performances économiques exceptionnelles sans organiser d'élections *ni* respecter les droits de l'homme. 그는 독재자들이 선거를 하지 않거나 인권을 존중하지 않으면서 그들의 국가가 예외적인 경제적 성과를 이룰 수 있게 할 수 있다고 생각한다.

· J'ai réalisé au début une cinquantaine de films comme un fou furieux, sans prendre le temps de m'arrêter *ni* de penser, pour des raisons qui étaient purement commerciales. 나는 초기에 순전히 상업적인 이유로 멈추거나 생각할 시간을 갖지 않고 미친듯이 50여편의 영화를 연출했다.

2) ❶ [sans tambour ni trompette] : 슬그머니, 은밀히.

> partir [déloger, dénicher] sans tambour *ni* trompette 몰래 철수 [퇴거] 하다, 야반도주하다.

❷ [sans rime ni raison] : 아무런 이유도 없이, 터무니없이.
· Il est parti sans rime *ni* raison.　그는 아무런 이유도 없이 떠나버렸다.

❸ [sans queue ni tête] : 지리멸렬한, 일관성이 없는.

> ces films sans queue *ni* tête 그런 지리멸렬한 영화들.

3) [sans … ni … ni …]

> sans tolérer *ni* détournement *ni* abus 전용이나 오용을 용인하지 않고

4) [sans que … ni + *sub*]
· Il est parti sans que son père *ni* sa mère le sachent.　그는 아버지도 어머니도 모르게 떠나버렸다.
· Les aides et transferts de technologie par l'Europe ont renforcé les industries chinoises, sans que celles-ci coopèrent avec les firmes européennes *ni* ne respectent, bien souvent, la propriété intellectuelle.　유럽에 의한 도움이나 기술 이전이 중국 산업을 강화시켰는데, 중국의 산업계는 유럽의 회사들과 협력하지도 않고 매우 자주 지적 재산권을 존중하지도 않는다.

13. 부정의 뜻을 내포하는 어구의 뒤에서
1) · Il est inconcevable que *ni* lui *ni* son frère puissent finir ce travail dans deux jours.　그가 하건 그의 형이 하건 그 일을 이틀 내에 끝내는 것은 생각하기 어렵다.
· Il est impossible que *ni* elle *ni* moi puissions y réussir.　그녀나 나나 그것을 완수하는 것은 불가능하다.

2) · Il désespère d'y arriver (*ni*) par force *ni* par adresse.　그는 힘으로도 책략으로도 성공할 수 없다고 단념한다.

3) · Je vous défends d'aller dehors *ni* de quitter le lit.　밖에 나가는 것도 침상에서 떠나는 것도 안 됩니다.

14. 부등비교에서
1) 비교 2항에서 et, ou 대신에
· Il travaille mieux que Jean *ni* (que) Pierre.　그는 장이나 피에르보다 일을 잘한다.

2) [ni plus ni moins (que …)] : (…) 이상도 이하도 아닌, (…)보다 더도 덜도 아닌; 바로(=exactement tel).

> penser à *qn ni* plus *ni* moins que ci-devant …을 예전과 다름없이 생각하다.

· Il est pour moi *ni* plus *ni* moins qu'un père.　그는 내게 그저 아버지일 뿐이다.

· Il s'agirait *ni* plus *ni* moins d'un impôt déguisé.　그것은 순전히 위장된 세금이 될 것이다.

· Il s'agit, *ni* plus *ni* moins, de reconstruire un État, sinon une nation.　그것은 바로 민족은 아니더라도 국가를 재건하는 것이다.

· C'est du vol, *ni* plus *ni* moins.　그것은 순전히 도둑질이다.

· Son but est d'"impressionner". *Ni* plus *ni* moins.　그의 목적은 강한 인상을 주는 것이다. 그 이상도 그 이하도 아니다.

· Nous sommes traités *ni* plus *ni* moins que les chiens.　우리는 꼭 개처럼 취급 당했다.

· Comme les autres pays de la zone euro - *ni* plus *ni* moins -, la France est irrésistiblement rattrapée par la crise financière venue des États-Unis.　유로지역의 다른 국가들만큼이나 프랑스도 어쩔 수 없이 미국발 금융 위기의 영향을 받게 되었다.

or

1. 그런 중에, 그때; 그런데.

1)
> *or*, pour revenir à ce que nous disions 그런데 우리 이야기로 돌아오자면.

· *Or* il est temps, mon frère, de montrer qui nous sommes.　그런데, 형제여, 우리가 누구인지를 보여줄 때다.

· Ils ont besoin de faire entrer l'argent dans les caisses. *Or* l'exposition "Picasso et les maîtres" est un rarissime succès financier.　그들은 기금에 돈을 모을 필요가 있었다. 그런데 전시회 "피카소와 거장들"은 재정적으로 보기드문 성공을 거두었다.

· Elle pleurait pendant des jours entiers. *Or*, un soir, son mari entra, l'air glorieux.　그녀는 여러 날 내내 울었다. 그러고 있는 중에 어느 날 저녁 남편이 의기양양한 표정으로 집에 돌아왔다.

· La surexploitation des écosystèmes compromet leur capacité à fournir une eau saine aux générations futures. *Or* il s'agit d'une arme primordiale dans la lutte contre la pauvreté, les maladies et la faim.　생태계의 과도한 개발은 후세대들에게 위생적인 물을 공급할 능력을 훼손시킨다. 그런데 그것은 빈곤과 질병, 기아를 퇴치하는 데 가장 중요한 무기이다.

· Le continent africain a connu une croissance de 5,4 %. *Or* le taux de pauvreté augmente au rythme de deux points quand la croissance du PIB recule d'un point.　아프리카는 5.4%의 성장률을 기록했다.

그런데 국내총생산은 1포인트 후퇴했는데 빈곤율은 2포인트 증가했다.

· La loi bioéthique de 2004 a autorisé des dérogations lorsque les recherches sur l'embryon sont susceptibles de permettre des progrès thérapeutiques. *Or* il est prévu de réviser ce texte avant l'été prochain.   2004년의 생명윤리법은 배아에 관한 연구가 치료학상의 발전을 가능하게 하는 경우에는 예외를 허용했다. 그런데 다음 여름 전에 그 조문을 수정할 것으로 예견된다.

· Nous sommes ainsi considérés comme un pays femelle, faible et qui change tout le temps d'avis. *Or* la Chine ne semble respecter que la force.   우리는 여성적이고, 약하고, 항상 의견을 바꾸는 나라고 여겨지고 있다. 그런데 중국은 힘만 중시하는 것 같다.

· Tout le système repose sur la confiance du marché, sur la valeur des bons du Trésor américains. *Or* si des banques et des États pensent que les États-Unis ne sont plus solvables alors tout s'effondrera? 모든 체계는 시장의 미국 국채의 가치에 대한 신뢰에 기반을 두고 있다. 그런데 은행과 국가들이 미국이 더 이상 지불능력이 없다고 생각하면 모든 것이 붕괴될 것인가?

· Le régime nord-coréen a joué un rôle central dans l'acquisition par la Syrie de missiles balistiques. *Or* les méandres du trafic du nucléaire suivent souvent ceux de la prolifération en matière balistique. 북한이 시리아의 탄도미사일 확보에 중심적인 역할을 했다. 그런데 핵의 교묘한 밀거래 방식은 자주 탄도 미사일 밀거래 방식에 의해 이루어지고 있다.

2) · Le sage est heureux. *Or* Socrate est sage, donc Socrate est heureux.   현자는 행복하다. 그런데 소크라테스는 현자다. 그러므로 소크라테스는 행복하다.

· Tous les hommes sont mortels, *or* un roi est un homme; donc un roi est mortel.   모든 사람은 죽는다. 그런데 왕은 사람이다. 그러므로 왕은 죽는다.

· A égale B, *or* B égale C, donc A égale C.   A는 B와 같고 B는 C와 같다. 따라서 A는 C와 같다.

3) ❶ [or ça] : 자, 그럼; 아, 그래서, 그러면.

❷ [or donc] : 그런데, 그렇지만((**or의 강조**)).

or donc, pour en venir au fait 그런데 본론을 말하자면.

· *Or* donc, le 30 juin, je quittai Mokpo, le petit port où j'avais séjourné pendant une dizaine de jours. 그런데 나는 6월 30일에 내가 10여 일 동안 머물렀던 조그만 항구인 목포를 떠났다.

2. 그런데도, 그렇기는 하지만(=cependant).

· La météo a annoncé la neige; *or* il fait beau.   기상대에서는 눈이 올 것이라고 예보했는데 날씨가 좋다.

· Il a dit qu'il n'y participerait pas. *Or* il vient de décider le contraire en nous joignant ses efforts.   그는 거기에 참여하지 않을 것이라고 말했다. 그런데 그 반대의 결정을 하고 우리와 함께 노력하기로 했다.

· Dans la théorie économique, le développement et la hausse du niveau de vie d'un pays émergent comme la Chine est financé par l'épargne des pays déjà développés. *Or* c'est l'inverse qui s'est produit ces dernières années.　경제이론에서 중국과 같은 신흥국의 개발과 생활수준 향상은 선진국의 적립금에 의한 금융 지원을 받는다. 그런데 최근 몇 년 동안의 현상은 그 반대이다.

· La Chine pourra éventuellement penser à dissocier la question du régime et de la stabilité du pays. *Or*, ce n'est pas le cas pour l'instant.　중국은 궁극적으로 그 국가의 체제의 문제와 안정성의 문제를 분리할 생각을 할 수도 있다. 그러나 지금으로서는 그렇지 않다.

· Le non irlandais montre qu'il n'est pas possible de réformer l'Union si la règle de l'unanimité n'est pas abandonnée. *Or* pour passer outre en l'état actuel des traités, il faut l'unanimité.　아이슬란드의 거부는 만장일치 규칙이 폐기되지 않으면 유럽연합의 개혁이 불가능함을 보여준다. 그러나 조약들의 현재 상태에서 계속 추진하기 위해서는 만장일치가 필요하다.

· Pour assurer cet équilibre l'indépendance et l'impartialité du ministère public devraient être sacralisées. *Or* elles ne cessent d'être rognées.　그러한 균형을 보장하기 위해서는 검찰의 독립과 공정성이 매우 중요시되어야 한다. 그런데 그것들이 계속 훼손되고 있다.

· Ils envisageaient plus de 300.000 destructions d'emplois, et un chômage accru. *Or* l'emploi s'est rétracté de 247.000 postes seulement, et le taux de chômage s'est légèrement réduit après dix-huit mois consécutifs de hausse.　그들은 30만 개의 일자리가 없어지고 실업률이 증가할 것으로 예측했다. 그런데 27만개의 일자리만 줄어들고, 실업률도 18개월 연속 증가한 후에 소폭 하락했다.

· Nous pensions que la crise financière s'apaiserait début 2009. *Or* elle persiste: après la crise déclenchée par les subprimes, le secteur financier est affecté par un deuxième choc dû au ralentissement de l'économie.　우리는 2009년 초에 금융위기가 진정되리라고 생각했다. 그러나 그것이 지속되고 있다. 서브프라임에 의해 촉발된 위기 이후에 경제 침체로 인한 두 번째 충격에 의해 영향을 받고 있다.

ou

1. 또는, 혹은, …이거나.

1) ❶

lui *ou* moi 그 사람 또는 나. une montre *ou* autre automate 시계나 다른 자동기계장치. se demander [ne pas savoir] si c'est du lard *ou* du cochon 《구어》 무엇인지 의아해 하다 [모르다].

· On appelle "spam" (*ou*) "pourriel" ou "pollupostage" l'envoi massif de courrier électronique à des destinataires ne l'ayant pas sollicité.　요구하지 않는 수신자에게 전자우편을 대량으로 보내는 것을 "spam", "pourriel" 또는 "pollupostage"라고 부른다.

· C'est elle *ou* lui.　그것은 그녀이거나 또는 그 사람이다?

· Est-ce une dame *ou* une jeune fille?   그녀는 기혼인가요 미혼인가요?

· Est-ce de l'amitié *ou* de l'amour? - Exactement ni l'un ni l'autre.   그것은 우정인가 애정인가?
  - 둘 모두 아니다.

· Celui-ci *ou* celui-là, c'est kif-kif!   이거나 저거나 마찬가지야.

❷ · Elle *ou* moi, nous irons vous voir ce soir.   그녀 아니면 내가 오늘 저녁에 당신을 보러 갈 겁니다.

· Son père *ou* sa mère l'accompagnera 〔l'accompagneront〕.   그의 아버지나 어머니가 그를 따라갈
  것이다.

· Sa perte *ou* son salut dépend de sa réponse.   그가 파멸하느냐 구원되느냐 하는 것이 그의 답변에
  달려 있다.

· La peur *ou* la misère ont fait commettre bien des crimes.   공포나 빈곤이 많은 범죄를 저지르게
  했다.

· Le bonheur *ou* la témérité ont pu faire des héros; mais la vertu seule peut former de grands hommes.
  행복 또는 무모함이 영웅을 만들 수 있었다, 그러난 덕만이 위대한 사람을 만든다.

· Le soldat *ou* l'élève répond présent à l'appel.   병사나 학생은 점호에서 〔출석부를 때〕 예라고
  대답한다.

· Paul *ou* sa femme viendra.   폴이나 그의 부인이 올 것이다.

· Fille *ou* ville qui parlemente est à demi rendue.   《속담》 아가씨든 도시든 대화에 응한다면 반은
  함락한 것이나 다름없다.

> ☆ 두 개의 주어 명사가 서로 배제하는 것이 아니라 결합되고 강화되는 것으로 볼 수 있는 경우에는
>   동사를 복수로 일치시키고, 서로 배제적인 뜻으로 쓰인 것으로 볼 수 있는 경우에는 단수로
>   일치시킨다.

❸
sauf erreur *ou* omission 오기나 누락이 있는 경우를 제외하고. l'interdiction d'entrée aux étrangers
malades du sida *ou* porteurs du VIH 에이즈 환자나 에이즈 유발 인체면역결핍바이러스 보균외국인
에 대한 출입금지. opinion fondée sur le raisonnement *ou* l'expérience 이성이나 경험에 기초한 견해.
jouer *qc* à pile *ou* face …을 동전에 걸다, …의 운을 하늘에 맡기다. jouer *qc* à croix *ou* pile 《옛》 동
전을 던져서 …을 결정하다. jouer à pair *ou* impair 홀짝 놀이를 하다.

· Nous avons décidé de jouer notre départ à pile *ou* face.   우리는 동전을 던져서 출발 여부를
  결정하기로 하였다.

· Il faut éviter au maximum de publier l'adresse électronique sur des forums *ou* des sites internet.
  전자 주소를 인터넷 토론방이나 사이트에 공개하는 것을 최대한 피해야 한다.

2) ❶

à tel *ou* tel degré 어느 정도는. mort *ou* vif 죽거나 말거나, 어떻게 되건. agressivité constitutionnelle *ou* accidentelle chez l'adulte 성인의 체질적인 또는 우발적인 공격성의 발현. borne inférieure *ou* supérieure d'un ensemble [d'une suite] 집합 [수열]의 하한 또는 상한. ceintures marines *ou* rouges 곤색 또는 붉은 색 허리띠. établissements dangereux, insalubres *ou* incommodes 위험하거나 비위생적이거나 불쾌한 시설. messages personnels *ou* professionnels 개인적인 또는 직업적인 메시지. question morale *ou* politique 윤리적인 또는 정치적인 문제. somme égale *ou* supérieure à cinq cents euros 오백 유로 상당 또는 그 이상의 금액. traitement indiqué dans telle *ou* telle affection 이러저러한 증상에 추천되는 치료법. bien que cette justification ne soit pas correcte *ou* réelle 그러한 정당화가 옳거나 또는 현실적이지 않음에도 불구하고

· Je vous enseignerai par là ce que c'est qu'une fausse *ou* véritable gloire.　그를 통해 거짓된 또는 진정한 영예가 무엇인지를 가르쳐 주겠다.

· Vous êtes pour *ou* contre.　당신은 찬성합니까, 반대합니까?

· Êtes-vous célibataire *ou* marié?　당신은 미혼입니까 기혼입니까?

· Cette maladie peut être aiguë *ou* chronique.　이 병은 급성일 수도 있고 만성일 수도 있다.

· Il est optimiste *ou* pessimiste, suivant les cas.　그는 경우에 따라 낙관적이기도 하고 비관적이기도 하다.

· La plupart des choses ne sont bonnes *ou* mauvaises que par comparaison.　대부분의 사물은 오직 비교에 의해서만 좋거나 나쁠 뿐이다.

· Fait-il chaud *ou* froid? - Entre les deux.　날씨가 더운가, 추운가? - 덥고 추운 중간이야.

· Plaidez-vous coupable, *ou* non coupable?　피고는 자신이 유죄라고 생각하는가 무죄라고 생각하는가?

· Ici, pleuvent les nouvelles vraies *ou* fausses.　이곳에는 진짜건 가짜건, 새로운 소식들이 쏟아져 들어온다.

· Viendrez-vous seul *ou* accompagné?　혼자 오시나요, 아니면 누구와 함께 오시나요?

❷

chaque *ou* tous les deux jours 매일 혹은 이틀마다. un *ou* plusieurs candidats 한 명 또는 여러 명의 후보. une *ou* plusieurs personnes 한 사람 또는 여러 사람.

3) ❶

à tort *ou* à raison [《옛》 à droit] 옳건 그르건 간에. à Pâques *ou* à la Trinité (기약할 수 없는) 먼 훗날에; 영영 (않다). un jour *ou* l'autre 조만간에. d'une façon *ou* d'une autre; de façon *ou* d'autre; d'une manière *ou* d'une autre 어떻게 해서든지; 어쨌든, 어떻든 간에. de gré *ou* de force 자발적이건 강제에 의해서건 간에, 좋든 싫든 간에. de près *ou* de loin 다소간이라도, 어떤 형태로도(=de quelque manière). par nécessité, par intérêt *ou* par atavisme 필요성이나 이해관계 또는 유전적 특질에 의해. peu *ou* prou 《문어》 다소간, 얼마만큼(=plus ou moins). pour une raison *ou* (pour) une autre 이러저러한 이유로; 어떤 이유가 있어서. ampoule électrique à baïonnette *ou* à vis 삽입식

혹은 나사식 전구. militants de négritude *ou* de l'arabité 흑인성 또는 아랍성의 투사들. permutation de letttres *ou* de syllabes 문자나 음절의 뒤바뀜. sans distinction d'origine, de race *ou* de religion 출신, 인종 또는 종교상의 차별 없이. risque de suppression erronée *ou* de non-lecture de messages importants 삭제를 잘못하거나 중요한 메시지를 읽지 않을 위험. ne différer que du plus *ou* du moins 많고 적고의 차이일 뿐이다. écrire au stylo *ou* au crayon 만년필 또는 연필로 쓰다. faire qc à bis *ou* à blanc …을 이럭저럭 해내다. gaspillage par manque de soin *ou* d'attention 태만 또는 부주의로 인한 손실. ne pas savoir si l'on est dedans *ou* dehors 《**속어**》 (일·입장 따위가) 불확실한 상태에 있다, 어떻게 되었는지 모르다.

· Peu *ou* point de piano.　피아노는 거의 또는 전혀 치지 못한다.

· Bien *ou* mal (fait), c'est fini.　좋건 나쁘건 그것은 끝났다.

· Tôt *ou* tard, la vérité apparaîtra.　언젠가는 진실이 밝혀질 것이다.

· Il doit être chez lui *ou* au bureau.　그는 자택 아니면 사무실에 있을 것이다.

· Nous allons partir aujourd'hui, (*ou*) demain, *ou* la semaine prochaine.　우리는 오늘이나 내일, 또는 다음 주에 떠날 것이다.

· On y va par bateau *ou* par avion.　배나 비행기로 갈 것이다.

· Dites clairement si cette somme est beaucoup *ou* peu.　이 금액이 많은지 적은지 분명히 말을 하세요.

· Le point de vue change, suivant qu'on est d'un parti *ou* d'autre.　어떤 측에 속하느냐에 따라 각자의 견해가 달라진다.

· Il lui était parfaitement égal d'être ici *ou* là.　여기든 저기든 그에게는 전혀 상관없다.

· C'est pour aujourd'hui *ou* pour demain?　《구어》 당장에 말입니까?

· Cela doit être présenté d'une façon *ou* d'une autre.　그것은 어떤 방식으로든지 제시되어야 한다.

· Je me fiche d'être là *ou* ailleurs.　난 여기 있거나 다른 곳에 가 있거나 아무 상관없다.

· Il obéira de gré *ou* de force.　원하든 아니든 간에 그는 복종하게 될 것이다.

· Il faudra de longues décennies, pour que ce principe s'inscrive, peu *ou* prou, dans la réalité sociale du pays.　그 원칙이 그 나라의 사회적 현실에 어느 정도 자리잡기 위해서는 수십 년의 오랜 세월이 필요할 것이다.

· Il viendra nous voir tôt *ou* tard　그가 조만간에 우리를 보러 올 것이다.

· Des hommes d'affaires viennent de tous les États-Unis, mais aussi d'Europe, de Corée, de Chine *ou* d'Australie pour écouter le gourou.　그 현자의 이야기를 듣기 위해 사업가들이 미국의 모든 주에서 뿐만 아니라 유럽, 한국, 중국 또는 호주에서 왔다.

· Qu'il soit question de ceci *ou* de cela, il n'est jamais d'accord avec vous.　무엇에 관한 일이건, 그는 당신과 의견이 일치하지 않는다.

· Vous pouvez vous servir d'un stylo *ou* d'un crayon.　만년필이나 또는 연필을 사용하세요.

· Viens donc dimanche *ou* lundi.　그러면 일요일이나 또는 월요일에 오너라.

· Venez avec Jean *ou* avec Paul.　장 또는 폴과 같이 오세요.

❷ tout le monde *ou* presque   모든 또는 거의 모든 사람들.

· Tous *ou* presque sont confrontés à des situations financières difficiles.   모두가 또는 거의 모두가 어려운 금융 상황에 처해 있다.

· Il est midi, *ou* approchant.   열두 시경이다.

· Il faudra attendre dix ans *ou* davantage.   10년 또는 그 이상을 기다려야 할 것이다.

❸ [plus ou moins; 《약》 pl. ou m.] : 다소, 많든 적든.

> activité plus *ou* moins syndicalisée 다소간 조합화된 활동. phrase plus *ou* moins bonne 비교적 잘된 문장. placard plus *ou* moins logeable 수납량이 다소 많은 벽장. donner plus *ou* moins d'ampleur à une jupe 치마에 다소 여유를 두다, 치마를 다소 크게 만들다. réussir plus *ou* moins bien 그럭저럭 잘 해내다.

· Il y a plus *ou* moins d'exagérations dans ses paroles.   그의 말에는 다소 과장이 섞여 있다.

· Cela vous coûtera 300 euros, plus *ou* moins.   그것은 대략 300유로 정도 내시면 될 겁니다.

· Il est plus *ou* moins intelligent [riche].   그는 제법 똑똑하다 [부자이다].

· Ces affaires étaient plus *ou* moins aléatoires.   그 사업은 다소간 모험적인 것이었다.

· Il est des éléments qui s'assimilent plus *ou* moins facilement.   다소 쉽게 소화되는 성분이 있다.

· Les séquelles sont plus *ou* moins tardives et durables.   후유증은 비교적 늦게 나타나고 또한 지속된다.

4)
> matière électrisée qui attire *ou* repousse les corps légers 가벼운 물체를 당기거나 밀어내는 대전체(帶電體). pizzas à consommer sur place *ou* à emporter 그 자리에서 먹거나, 또는 싸가져 갈 피자. additionner *ou* soustraire des chiffres 숫자를 더하거나 빼다. être libre de partir *ou* de rester 가든지 안 가든지 자유다. servir à s'inscrire *ou* s'identifier 등록하거나 신분을 확인하는 데 도움이 된다.

· Son attitude change selon qu'on l'admire *ou* la critique.   그의 태도는 사람들이 칭찬하는가 비난하는가에 따라 달라진다.

· Découvrir *ou* créer, n'est-ce pas même chose?   발견하는 것과 창조하는 것은 같은 것이 아닙니까?

· Il ne s'agit point s'il viendra *ou* ne viendra pas.   그가 오고 안 오고는 문제가 아니야.

· Il passe ses loisirs à lire *ou* à dormir.   그는 독서를 하거나 잠을 자면서 여가를 보낸다.

· Un bon acteur sait pleurer *ou* rire à volonté.   좋은 배우는 마음 내키는 대로 울거나 웃을 줄 안다.

· Tout procès peut se gagner *ou* se perdre.   소송이란 이길 수도 있고 질 수도 있다.

· Je ne sais pas si le TGV est plus rapide, *ou* l'avion est plus rapide.   고속열차가 더 빠른지, 비행기가 더 빠른지 모르겠다.

· Il faut tenter de s'aimer *ou* au moins de se comprendre.   서로 사랑하거나 또는 적어도 서로 이해하려고 해야 한다.

5) ❶ · Est-ce moi qui vous quitte, *ou* vous qui me chassez?　내가 당신 곁을 떠났습니까, 아니면 당신이 나를 쫓았습니까?

· Il est perdu, *ou* il s'en faut.　그는 망했거나 망하기 일보 직전이다.

· Vous prenez le menu *ou* vous mangez à la carte?　정식으로 하시겠습니까, 코스마다 하나씩 골라서 먹는 것으로 하시겠습니까?

· Vous rentrez directement chez vous, *ou* vous faites des courses?　집으로 바로 가십니까 아니면 장을 보고 가십니까?

❷ · C'est un homme mort, *ou* autant vaut.　그 사람은 죽은 사람이나 마찬가지이다.

❸ · Je lui ai demandé si ce projet lui allait *ou* s'il lui déplaisait.　나는 그에게 그 계획이 마음에 드는지 아니면 들지 않는지 물어보았다.

· Il est peu soucieux qu'on l'ignore *ou* qu'on le voie.　그는 그를 무시하건 그를 쳐다보건 별로 개의치 않는다.

· Je me fous qu'il parte *ou* qu'il reste.　나는 그가 떠나건 머무르건 신경 쓰지 않는다.

· Quand vous sortirez *ou* quand vous rentrerez, ayez bien soin de m'avertir.　당신이 외출하거나 또는 돌아올 때는 내게 꼭 알려주세요.

· Qu'il pleuve *ou* qu'il vente.　비가 오거나 바람이 불거나, 어떤 날씨에도.

· Que vous le vouliez *ou* que vous ne le vouliez pas, il faudra bien mourir un jour.　당신이 원하든 아니면 원하지 않든 간에 언젠가는 죽어야 할 것이다.

6) ❶ [ou non]

> soit qu'il se meuve *ou* non 그가 움직이든 그렇지 않든 간에. que vous le vouliez *ou* non 당신이 그것을 원하든 말든. vérifier s'il dit oui *ou* non la vérité 그가 한 말의 사실 여부를 확인하다.

· Content *ou* non, tu dois le faire.　만족하든 그렇지 않든 너는 그렇게 해야 한다.

· Réussir *ou* non dépend de nos efforts.　성공하고 못하고는 우리의 노력에 달려 있다.

· Il n'a pas encore été affiché si le cours aura lieu *ou* non.　강의가 있을지 없을지 아직 공고된 바 없다.

· Je me suis demandé s'il voulait venir *ou* non. 나는 그가 오기를 원했을까 아니면 원하지 않았을까 자문해 보았다.

· Je doute si j'accepterais *ou* non.　받아들여야 할지 아닐지 모르겠다.

· Que tu me croies *ou* non!　믿거나 말거나.

· Qu'importe qu'il soit *ou* non content?　그가 만족하건 말건 무슨 상관이야?

· Qu'il vienne *ou* non, cela m'est égal.　그가 오건 안 오건 상관없다.

❷ [ou pas]

· Prêts *ou* pas prêts, il faut partir.　준비되었건 또는 준비가 되지 않았건 간에 출발해야 한다.

· Vous y allez *ou* pas?　가십니까 안 가십니까?

· Avez-vous de l'argent *ou* pas?　돈이 있습니까, 없습니까?

· Il s'est demandé si le projet allait bien marcher *ou* pas.　그는 그 계획이 잘 진행될까 아니면 그러지 못할까를 자문해 보았다.

· Ce livre est à vous *ou* pas?　이 책이 당신 거요 아니요?

· J'ai l'initiative de rester *ou* pas.　남아있을 것인지 아닌지는 내가 결정할 문제이다.

· Qu'il soit d'accord *ou* pas, c'est le même prix.　그가 동의하든 않든 결국은 마찬가지다.

· Peu importe qu'il vienne *ou* pas.　그가 가든 말든 내 알 바 아니다.

· Cette machine marche-t-elle *ou* pas?　이 기계가 작동이 되는 거야, 안 되는거야?

· Qu'il pleuve *ou* pas, nous partons.　비가 오든 안 오든 우리는 떠난다.

❸ [ou jamais] : (기회 따위가) 다시는 없다.

> c'est le moment [le cas]　*ou* jamais de *inf* …할 기회는 지금밖에 없다.

· C'est maintenant *ou* jamais.　지금이 유일한 기회다.

· C'est le cas *ou* jamais.　다시없는 절호의 기회다.

· C'est l'occasion *ou* jamais.　이번이 아니면 다시는 기회가 없다.

· C'est le moment *ou* jamais de le faire.　지금이야말로 그렇게 할 때다.

❹ 《구어》 [… ou quoi ?] :…이 아니면 무엇이겠는가?

· Tu es aveugle *ou* quoi?　네가 장님이 아니면 무엇이겠는가? 너는 눈을 어디다 두고 다니는 거니?

· Il est naïf *ou* quoi?　그가 순진한 것이 아니면 무엇이겠는가?

· Il a perdu l'esprit *ou* quoi?　그가 정신이 나갔어?

7) [ou bien]

> maintenant, *ou* bien plus tard 지금 또는 나중에.

· J'ai envie de manger une poire *ou* bien une pomme.　배나 사과를 먹고 싶다.

· Pencheront-ils vers Barak Obama, qui est plus à même de défendre leurs intérêts économiques? *Ou* bien resteront-ils fidèles à des gens avec lesquels ils peuvent plus facilement s'identifier comme McCain et Sarah Palin?　그들은 그들의 경제적 이익을 더 잘 옹호해줄 수 있는 버락 오바마 쪽으로 기울 것인가? 아니면 멕케인이나 사라 페일린과 같이 그들과 더 쉽게 일체가 될 수 있는 사람들에게 계속 지지를 보낼 것인가?

· Le Sankei allait jusqu'à évoquer des rumeurs selon lesquelles ce pays annoncerait la mort du président *ou* bien une passation de pouvoir.   산케이 신문은 그 나라가 대통령의 사망 또는 권력의 이양을 발표할 것이라는 소문을 거론하기도 했다.

· Dans la presse de droite, les Noirs sont appelés Négres *ou* bien Bingo-Bongo.   우파의 언론에서는 흑인들을 니그로 또는 빙고봉고라고 부른다.

· Cette fois, en envoyant Bill Clinton à Pyongyang, l'administration Obama a-t-elle simplement voulu s'enlever une épine du pied (l'affaire des journalistes arrêtées pouvait devenir un élément de pression sur les États-Unis) *ou* bien explorer de nouvelles voies de dialogue avec Pyongyang?   이번에 빌 클린턴 대통령을 평양에 보내면서 오바마 행정부는 단순히 발의 가시를 빼고자 했을까(체포된 기자 사건은 미국에 대한 압력 요소가 될 수 있었다), 또는 북한과의 새로운 대화의 길을 열고자 했을까?

· Bien des questions restent sans réponse. Faut-il croire en ce nouveau visage de la droite? *Ou* bien le scrutin reflète-t-il la permanence de divisions profondes dans la Pologne de 2010?   많은 문제가 아직 답이 없이 그대로 남아있다. 우파의 새로운 모습을 믿어야 할까? 아니면 이 투표가 2010년의 폴란드 내의 깊은 분열이 지속됨을 반영하는 것일까?

8) 다른 요소의 연결

❶

hier, *ou* dans les jours qui ont précédé 어제 또는 그 전날에. en Sicile *ou* quelque part par là 시칠리아 또는 그 부근 어느 곳에. librement *ou* par contrainte 좋든 싫든 간에(=de gré *ou* de force).

· Êtes-vous pour, contre *ou* sans opinion ?   찬성, 반대 혹은 기권 어느 쪽입니까?

· Vous payez par chèque *ou* avec une carte de crédit?   수표로 지불하시겠습니까 아니면 카드로 지불하시겠습니까?

· Voir un film à la télé *ou* dans la salle, ça fait une différence.   영화를 텔레비전으로 보는 것과 영화관에서 보는 것과는 커다란 차이가 있다.

· Vous voulez votre bifteck saignant *ou* à point?   비프스테이크를 설익혀 드릴까요 아니면 적당히 익힐까요?

❷ 《문어》 [직접의문문 + ou si …] : 직접의문형과 간접의문형의 혼합
· Est-il sortie, *ou* si elle est à la maison?   그녀는 외출 중인가, 아니면 집에 있는가?

9) ou의 반복 : 강조

· *Ou* tu étudies, *ou* tu regardes la télévision, mais fais quelque chose.   공부를 하건 텔레비전을 보건 간에 무언가를 해라.

· *Ou* c'est vous *ou* c'est moi, mais il faut quelqu'un pour faire ce travail.   그것이 당신이건 아니면 나건 간에 그 일을 할 누군가가 필요합니다.

· De deux choses l'une: *ou* tu fais tes devoirs, *ou* tu me portes cette lettre à la poste.   숙제를 하거나 아니면 이 편지를 우체국에 가서 부치거나 둘 중에 하나를 해라.

2. 동일한 것을 다른 이름으로 지칭 또는 설명적 어구 첨가 : 즉, 다시 말하면.

le baobab *ou* arbre à pain 바오밥, 즉 빵나무. le nom *ou* substantif 명사, 즉 실사. Tartuffe, *ou* l'Imposteur 타르튀프, 또는 위선자((Molière의 작품)). les pilotes-suicides *ou* kamikazes 자살 조종사, 즉 카미카제.

· Cuvier a créé la paléontologie, *ou* science des espèces disparues. 퀴비에르는 고생물학, 다시 말해서 사라진 종을 연구하는 학문을 창시했다.

3. 양자택일 : …이거나 [이든지] 아니면.

1) ❶

jouer (à) quitte *ou* double 모두 잃느냐 따느냐의 승부를 하다, 흥망을 걸고 해보다. voter pour *ou* contre 가부를 투표하다.

· Avec *ou* sans glaçon?   (음료 따위에) 얼음을 넣어드릴까요?
· Votre café, avec *ou* sans sucre?   커피에 설탕을 타시겠습니까, 안 타시겠습니까?
· Du super *ou* de l'ordinaire?   (휘발유를) 고급으로 넣을까요 보통으로 넣을까요?
· La liberté *ou* la mort!   자유냐 죽음이냐!; 자유 아니면 죽음을 달라!
· Marche *ou* crève!   전진이냐 죽음이냐!
· La bourse *ou* la vie!   돈 내놔, 안 내놓으면 죽인다!
· Prudence *ou* timidité, il n'a rien dit.   신중해서인지 아니면 수줍어서인지 그는 아무 말도 하지 않았다.
· Choisissez votre groupe, eux *ou* nous.   그들 또는 우리 중에서 당신의 그룹을 선택하세요?
· C'est une question de vie *ou* de mort.   생사가 달린 문제이다.
· C'est tout *ou* rien.   그것은 전부 아니면 무다.
· Il faut être enclume *ou* marteau.   죽느냐 사느냐의 문제다; 먹느냐 먹히느냐이다.
· Lequel des deux fut le plus intrépide, de César *ou* d'Alexandre?   시저와 알렉산더 중 누가 더 용감하냐?
· Il faut passer par là *ou* par la porte.   《구어》 그걸 참고 하든지 아니면 포기하든지 양자택일해야 한다.
· Il faut qu'une porte soit ouverte *ou* fermée.   ≪속담≫ 선택을 해야 한다, 입장을 확실히 해야 한다.
· Vous préférez du cash *ou* un chèque?   현금과 수표 중에 어느 것을 원하세요?
· Préférez-vous les (cartes postales) en noir *ou* les en couleurs.   《구어》 흑백엽서를 원하세요 아니면 컬러 엽서를 원하세요?
· Prenez-vous du thé *ou* du café?   차를 드시겠어요, 아니면 커피를 드시겠어요?
· Vous pouvez prendre, au choix, fruits *ou* fromage.   의향대로 과일 또는 치즈를 드십시오.

❷

avoir le choix de *inf* *ou* non …하고 안 하고는 자유다.

· Être *ou* ne pas être, voilà la question.　　사느냐 죽느냐, 이것이 문제다.

· C'est à prendre *ou* (à) laisser.　　그 값 [조건] 으로 사든지 [받아들이든지] 말든지 양단간에 결정 해야 합니다.

· Il faut choisir de partir *ou* de rester.　　떠날 것인지 남아 있을 것인지 결정을 해야 한다.

· Il fallait s'incliner *ou* partir.　　단념하든지 떠나든지 해야 했다.

· Il faut se rendre, *ou* se battre.　　항복을 하든지 아니면 싸워야 한다.

· Vous êtes libre d'accepter *ou* de refuser.　　수락하거나 거부하는 것은 당신의 자유입니다.

· Il est l'arbitre de la paix *ou* de la guerre.　　그는 평화냐 전쟁이냐에 대한 결정권을 쥐고 있는 사람이다.

· Je me trouve dans l'alternative de refuser *ou* d'accepter.　　나는 거절하지 않으면 수락할 수밖에 없다.

· Ça passe *ou* ça casse.　　흥하든 망하든; 모 아니면 도지.

❸ · Vous devez choisir si vous acceptez *ou* si vous refusez.　　수락할 것인지 거절할 것인지 결정해야 합니다.

· Je dirai demain si c'est oui *ou* si c'est non.　　내일 중으로 가부를 말하겠다.

· Il faut que ça pète *ou* que ça dise pourquoi.　　좌우지간 끝장을 내야 한다.

· Il faut choisir: c'est lui *ou* c'est moi.　　그 사람인지 아니면 나인지를 선택해야 한다.

❹ · Oui *ou* non, répondez.　　예냐 아니오냐, 대답하시오.

· Répondez-moi, c'est oui *ou* non?　　대답하세요, 그렇습니까 아니면 그렇지 않습니까?

· Tu viens, oui *ou* non?　　갈거야 안 갈거야?

· Oui *ou* merde?　　《구어》 예냐 아니오야?; 그래 안 그래?

· Répondez-moi par oui *ou* par non.　　예 또는 아니오로 대답하시오.

❺ [l'un ou l'autre]

l'un *ou* l'autre projet 어느 한 쪽의 계획. l'un *ou* l'autre sexe 남성 혹은 여성. les États alignés sur l'un *ou* l'autre des deux blocs 두 진영의 어느 한 쪽에 동조하는 국가들. être toujours chez l'un *ou* chez l'autre 남의 집에 자주 방문하다.

· C'est l'un *ou* (c'est) l'autre.　　택일해야 한다, 둘 다는 불가능하다.

· C'est tout l'un *ou* tout l'autre.　　이 쪽 아니면 저 쪽이다; 타협은 없다.

· L'un *ou* l'autre, ça m'est égal.　　이 쪽이든 저 쪽이든 내겐 마찬가지이다.

· Ils partiront l'un *ou* l'autre.　　그들 중 한 사람이 떠날 것이다.

· L'un *ou* l'autre l'emportera.　　둘 중 한 쪽이 이길 것이다.

· L'un *ou* l'autre n'existerait pas.　　둘 다 존재하지 않을 것이다.

2) [ou (bien) … ou (bien)] : 선택의 강조

- *Ou* bien c'est elle *ou* bien c'est moi, il faut choisir.　　그녀인지 아니면 나인지 선택해야 한다.
- *Ou* il payera *ou* (bien) il ira en prison.　　그는 돈을 갚든지 감옥에 가든지 해야 할 것이다.
- *Ou* bien c'est elle *ou* bien c'est sa soeur, il faut choisir.　　그 사람인지 아니면 그의 누이인지 선택해야 한다.
- Est-ce, madame, *ou* ma faute, *ou* la vôtre?　　부인, 그것이 내 잘못입니까, 아니면 당신 잘못입니까?
- Le ciel n'est ouvert *ou* qu'aux innocents *ou* qu'aux pénitents.　　천국은 죄가 없는 사람들에게만 또는 회개한 사람들에게만 열려 있다.
- Le champion américain de l'Internet vient de dire clairement au pouvoir chinois: *ou* bien les attaques cessent et le moteur de recherche google.cn peut fonctionner sans entraves, *ou* bien Google cesse ses activités en Chine, quitte à se retirer du pays.　　미국 최대의 인터넷 회사는 중국에 분명히 말했다: 공격이 중지되고 검색엔진 google.cn이 제약없이 기능을 하거나, 구글이 중국에서 철수하더라도 활동을 중지해야 한다.
- La contradiction devant laquelle il est placé reste entière. *Ou* bien, cette crise est passagère et il faut en sortir le plus vite possible. *Ou* bien, c'est la crise la plus grave depuis un siècle. Dans ce cas, c'est la machine elle-même de l'économie mondiale qu'il faut repenser.　　그가 처한 모순이 전적으로 그대로 유지되고 있다. 그 위기가 일시적인 것이고, 그렇다면 그로부터 가능한 한 빨리 벗어나야 한다. 또는 그것이 1세기 전부터의 가장 심각한 위기이고, 그 경우에는 세계 경제 구조 자체를 다시 생각해야 한다.
- Lequel vaut mieux, *ou* posséder *ou* espérer?　　소유하는 것과 기대하는 것 중 어느 것이 더 좋은가?

4. 어림수 : …내지는.

deux *ou* trois cas que j'ai cités 내가 예로 든 두세 가지 경우. quatre *ou* cinq étudiants 4명 내지 5명의 학생. une *ou* deux fois par semaine 일주일에 한두 번. groupe de six *ou* sept personnes 예닐곱 사람의 모임. vers l'âge de 9 *ou* 10 mois 생후 9내지 10개 월 쯤에. vers deux *ou* trois plombes du matin 새벽 두세 시 경에.

- Selon les avocats de la défense, seulement deux *ou* trois dizaines d'entre eux pourraient l'être.　　변호사들에 의하면 그들 중에 단지 20 내지 30여 명만이 그럴 수 있다는 것이다.
- Après 5 minutes de silence, il aboie deux *ou* trois mots.　　5분 정도 침묵하더니 그는 두세 마디 내질렀다.
- Ils y sont tous allés, hors trois *ou* quatre.　　그들은 3, 4인을 제외하고 모두 거기로 갔다.
- Elle est arrivée deux *ou* troisième.　　그녀는 2등 아니면 3등으로 도착했다.
- Il s'est écoulé deux *ou* trois minutes.　　2, 3분이 지나갔다.
- Ils étaient trois *ou* quatre.　　그들은 서너 명이다.
- C'est la cinq *ou* sixième fois.　　대여섯 번째이다.
- Oté deux *ou* trois chapitres, ce livre est excellent.　　두세 장을 제외하면 이 책은 훌륭하다.

· Son visage marquait trois *ou* quatre ans de plus que son corps.　그의 얼굴은 몸보다 서너 살 더 들어 보였다.

· Il ne reste que deux *ou* trois places.　두세 자리만 남았다.

· Je l'ai vue deux *ou* trois fois alors que j'étais en Chine.　중국에 있을 때 나는 그녀를 두세 번 보았다.

· Quatre *ou* cinq amis sont venus chez nous.　네댓 명의 친구들이 우리 집에 왔다.

5. 명령문이나 접속법 다음에서 결과 : 그렇지 않으면(=sinon).

1) · Tu viens, *ou* tu auras de mes nouvelles.　와라, 그러지 않으면 두고 봐라. ((**명령·위협**))

　· Vas-y *ou* je me fâche.　거기에 가라, 그러지 않으면 내가 화를 낸다.

　· Va te coucher *ou* j'appelle le croquemitaine!　가서 자거라, 그러지 않으면 귀신 온다!

　· N'approche pas *ou* je tire.　가까이 오지 마라, 그러지 않으면 쏜다.

　· Il faut commencer tout de suite, *ou* le patron va être mécontent.　곧 시작해야 한다. 그러지 않으면 사장이 불만족스러워 할 것이다.

　· Vous ferez cela *ou* vous dira pourquoi.　《**구어**》 그렇게 하지 않으면 재미없다. ((**명령·위협**))

　· Montrez-moi patte blanche, *ou* je n'ouvrirai point.　내게 흰 발을 보여줘요, 그러지 않으면 문을 열지 않을 거예요.

　· Retenez-moi *ou* je fais un malheur!　나를 말리지 않으면 큰일 날거야!

2) · Arrosez cette plante, *ou* bien elle crèvera.　이 식물에 물을 주세요. 그렇지 않으면 죽겠어요.

　· Dépêchez-vous, *ou* bien il sera trop tard.　서두르시오, 그러지 않으면 너무 늦습니다.

6. alors, encore, même, plutôt, mieux 따위의 다른 부사와 함께 : 말한 것을 명확히 하거나 수정

1) · C'était se livrer à leurs juges, *ou* plutôt à leurs bourreaux.　그것은 심판관들에게, 아니 보다 정확히 말해 자신의 처형자들에게 몸을 내맡기는 것이었다.

　· Vienez à trois heures, *ou* mieux, à deux heures.　세 시에 오세요, 아니 두 시가 더 좋겠습니다.

　· Ils se disputaient en disant que c'était un pays de mystères, un paradis sur terre *ou* encore un endroit d'un tout autre genre.　그들은 그곳이 신비의 나라라거나, 지상낙원이라거나, 전혀 다른 곳이라거나 하면서 다투고 있었다.

　· Il ne faut pas sous-estimer leur capacité à se tromper, en accordant par exemple la meilleure note possible à certaines entreprises à la veille de leur déroute. *Ou* encore en assurant les investisseurs de l'extrême solidité de certains titres financiers à la veille de la crise des subprimes.　예를 들어 파산 직전의 일부 회사에 최고 등급을 부여하는 등의 오류를 범하는 그들의 능력을 평가절하해서는 안 된다. 게다가 투자자들에게 서브프라임 위기 직전에 일부 금융 주식이 매우 견실하다고 보증하기도 하는 오류를 범했다.

　· Dans la crise financière grecque, le principal reproche à faire aux agences de notation, c'est de ne pas avoir su déceler assez tôt que le gouvernement grec truquait ses comptes publics. *Ou encore de ne pas avoir su deviner plus en amont que les problèmes de compétitivité des pays d'Europe du Sud mettaient en danger leur solvabilité même.*   그리스 금융위기에서 신용평가사들에 대한 주된 비난은 그들이 좀 더 일찍 그리스 정부가 공공계좌를 속였다는 것을 밝히지 못했다는 것이다. 게다가 남유럽국가들의 경쟁력의 문제가 그들의 결재능력 자체를 위험하게 한다는 것을 좀 더 일찍 알아내지 못했다는 것이다.

2) [ou alors] : 아니면(=sinon).
⇒ alors

outre que

[outre que + *ind/cond*] : …뿐만 아니라.

· *Outre qu*'elle aime la lecture, elle écrit des poèmes.   그녀는 독서를 좋아할 뿐만 아니라 시도 쓴다.
· *Outre qu*'il est très maladroit, il ne fait attention à rien.   그는 아주 서투를 뿐만 아니라 아무 것에도 주의를 기울이지 않는다.
· *Outre qu*'il est bon, il est très généreux.   그는 선량할 뿐만 아니라 매우 너그럽다.
· *Outre que* ce vêtement est bon marché, sa qualité est bonne.   이 옷은 쌀 뿐만 아니라, 질이 좋다.
· *Outre qu*'elle est instruite, elle est très élégante.   그녀는 유식할 뿐만 아니라 매우 우아하다.
· *Outre que* l'objectif est inchangé, toute approche du conflit repose inévitablement sur un volet militaire, une aide au développement.   목표가 변하지 않았을 뿐만 아니라 분쟁에 대한 접근이 불가피하게 군사적인 부문과 발전을 위한 원조에 의거하게 된다.
· *Outre que* le nombre d'armes atomiques pourrait être fortement réduit, le Président s'est engagé à faire ratifier le traité d'interdiction complète des essais nucléaires(CTBT) par le Congrès.   핵무기의 수를 현저하게 줄일 수 있을 뿐만 아니라, 대통령은 의회가 핵실험을 완전히 금지하는 조약을 비준하게 하겠다고 약속했다.
· *Outre qu*'ils vivent à six dans trois pièces, ils ont un chien et un chat.   그들은 방 세 칸에서 여섯 명이 사는데다, 개와 고양이까지 있다.

parce que

1. 이유

1) 왜냐하면, …이기 때문에.

❶ · Elle a acheté une Kia, *parce qu'*elle sont économique.　그녀는 기아차를 경제적이기 때문에 샀다.

· J'ai adopté un chat, *parce qu'*ils sont affectueux.　나는 고양이가 다정하기 때문에 한 마리를 기르기로 했다.

· Je ne l'aime pas, *parce qu'*il est laid.　나는 그가 추하기 때문에 좋아하지 않는다.

· J'attendais *parce que* je pensais qu'elle allait revenir.　그녀가 돌아올까 싶어서 기다리고 있었다.

· L'émission télévisée a été censurée, *parce qu'*elle pouvait inciter à la violence.　폭력을 조장할까봐 텔레비전 방송에 규제가 가해졌다.

· Nous avons choisi ce moment, *parce que* plus tard pourrait être trop tard, peut-être pour toujours.　우리가 지금을 선택한 것은 나중은 너무 늦을 것 같아서이다, 아마도 영원히.

· Ils se disputent *parce que* leurs opinions divergent toujours.　그들은 항상 의견이 맞지 않아 싸운다.

· L'athlète qui est arrivé le premier a été disqualifié *parce qu'*il est sorti de son couloir.　1위로 들어온 선수는 레인 침범으로 탈락 판정을 받았다.

· Une nouvelle hausse du prix sera difficile *parce que* les investisseurs sont devenus allergiques au risque avec la crise du crédit.　가격이 다시 상승하는 것은 신용위기로 인해 투자자들이 위험에 대해 과민반응을 보이게 되었기 때문에 어렵게 되었다.

· Je suis en retard *parce qu'*il y avait des embouteillages.　나는 교통이 혼잡해서 지각했다.

· L'ancien patron de la Fed est responsable, *parce qu'*il a laissé les taux d'intérêt trop bas, trop longtemps.　전임 연방준비은행 의장이 너무 오랫동안 이율을 너무 낮게 유지했기 때문에 그에 대한 책임이 있다.

· Ce n'est pas surprenant *parce que* depuis deux ans que je suis en charge de la préparation olympique, je vois bien qu'il y a peu de résultats masculins sur l'ensemble des sports.　내가 올림픽을 준비한 2년 동안 스포츠 전반에 걸쳐 남성 부분에서 거의 성과가 없었기 때문에 그것은 놀라운 일이 아니다.

· On dit que le nord de la province d'Hamgyong est la Sibérie coréenne, en raison de son climat, mais aussi *parce que* c'est traditionnellement une région de bannissement.　함경북도 지방은 그 기후 때문이기도 하지만 전통적으로 유배지이기 때문에 한국의 시베리아라고들 한다.

· Nous sommes *parce que* nous devenons.　우리는 변화하기 때문에 존재한다.

· Cet enfant a fait toute une comédie *parce que* sa mère ne voulait pas lui acheter des bonbons.　이 아이는 엄마가 사탕을 사주지 않는다고 한바탕 소동을 부렸다.

· Il faut régler la question du Pakistan *parce qu'*Al-Qaida et les talibans trouvent refuge au Pakistan.

알카에다와 탈레반이 파키스탄에 은신처를 두고 있기 때문에 먼저 파키스탄의 문제를 해결해야 한다.

· Marie a frappé Jean, *parce qu*'il l'a insultée.　　마리가 장을 때렸어, 욕을 했거든.

· Nous partons *parce qu*'ils nous attendent.　　우리는 그들이 우리를 기다리기 때문에 이만 갑니다.

· Je n'avais jamais pensé à la mort *parce que* l'occasion s'en était pas présentée.　　내게는 그럴 기회가 한 번도 없었기 때문에 죽음에 대해 생각해 본 일이 없다.

· Certains refusent Internet, *parce* qu'ils ont peur de ne plus lui résister: des gens qui y passaient trop de temps.　　일부 사람들은 더 이상 거기에 저항할 수 없게 될까 봐 두려워서 인터넷을 거부한다: 사람들이 거기에 너무 많은 시간을 보낸다.

· Il transpire *parce qu*'il a de la fièvre.　　그는 열이 있어서 땀을 흘린다.

· Il ne réussira pas, *parce qu*'il est inconstant.　　그는 변덕스럽기 때문에 성공하지 못할 것이다.

· Il est tombé, *parce que* le chemin était glissant.　　그는 넘어졌다, 왜냐하면 길이 미끄러웠기 때문이었다.

· Elle tremble de tous ses membres *parce qu*'elle a peur.　　그녀는 무서워서 사지가 떨린다.

· Je suis venu, *parce que* j'ai appris que vous étiez malade.　　그는 내가 아프다는 소식을 듣고 왔다고 말했다.

❷ [부사 + parce que]

· John m'a désigné comme un gauchiste délirant, principalement *parce que* je me suis opposé aux mauvaises politiques de George Bush.　　존은 내가 주로 조지 부시 대통령의 좋지 않은 정책을 반대한다고 나를 헛소리를 하는 극좌파라고 지칭했다.

· Les positions françaises restent menacées, notamment *parce que* les dépenses militaires augmentent partout dans le monde, sauf en Europe.　　유럽을 제외한 전 세계 각지에서 군비가 증가하고 있기 때문에 프랑스의 입지가 위협을 받고 있다.

· Si la démocratie sert le capitalisme, notamment *parce qu*'elle garantit les droits individuels, la réciproque n'est nullement évidente.　　민주주의가 특히 개인의 권리를 보장하기 때문에 자본주의에 도움을 준다면, 그 역은 아니다.

> ☆ justement, notamment précisément, uniquement 등의 부사 다음에 puisque는 쓰이지 않는다.

❸ 문두위치

· *Parce qu*'elle avait trop chaud, Marie a enlevé son manteau.　　너무 더워서 마리는 외투를 벗었다.

· *Parce que* les provocations nord-coréennes sont dirigées vers Washington à des fins de marchandage diplomatique, c'est aux Américains de régler la question.　　북한의 도발이 외교적 흥정을 목적으로 하여 미국을 향하고 있기 때문에 미국이 문제를 해결해야 한다.

· Et *parce que* les autres renoncent à l'entreprise, tu te crois obligé d'y renoncer toi-même?　　그래 다른 사람들이 포기한다고 너도 꼭 그래야만 한다고 생각하니?

· *Parce qu*'il a réussi à son examen, il est tout joyeux.　　그는 시험에 합격해서 아주 기뻐하고 있다.

· *Parce qu'*elle vend surtout des petits véhicules, cette entreprise bénéficie du contexte de crise et de prix élevé du pétrole, même s'il ne faut pas nier les baisses de ventes observées.　판매량이 줄어든 것을 부정해서는 안 되지만 그 기업은 특히 소형차를 판매하기 때문에 위기와 유가 상승의 성황 덕을 보았다.

· *Parce qu'*il n'est pas venu, la situation s'est aggravée.　그가 오지 않았기 때문에 상황이 악화되었다.

❹ 원인절이 의문을 내포할 때

· Dites-vous cela *parce que* c'est votre opinion?　그것이 당신 의견이기 때문에 그런 말을 하는 겁니까?

· Viendra-t-il *parce qu'*il vous aime?　그가 당신을 너를 좋아하기 때문에 오는 것이겠지요?

> ☆ 원인절이 의문을 내포할 때 puisque는 쓰이지 않는다.

❺ 분리구분

· C'est *parce qu'*il est malade qu'il n'est pas parti en voyage.　그가 여행을 떠나지 않은 것은 아팠기 때문이다.

· C'est *parce que* tu es là que je suis contente.　내가 기쁜 것은 네가 있기 때문이야.

· Ce n'est pas *parce que* tu as échoué une fois que tu dois te décourager.　네가 한번 실수한 것이 네가 낙담해야 할 이유는 아니다.

· Ce n'est pas *parce que* les tentatives précédentes ont échoué qu'il ne faut pas tenter une nouvelle entreprise.　이전의 시도들이 실패한 것이 새로운 시도를 하지 말아야 하는 이유는 아니다.

· Ce n'est pas *parce qu'*il est riche qu'il méprise les autres.　그가 다른 사람들을 무시하는 것은 부유해서가 아니다.

· C'est *parce qu'*il a fait cette bêtise que ça s'est passé ainsi.　그가 그런 바보짓을 해서 같은 일이 이렇게 되었다.

· C'est *parce qu'*il a manqué le train qu'il est en retard.　그가 늦는 것은 기차를 놓쳤기 때문이다.

· Ce n'est pas *parce que* les grands États réduisent leurs arsenaux que des régimes voyous ou des groupes extrémistes renonceront à acquérir des technologies menaçantes.　불량체제나 극단주의적 단체들이 위협적인 기술 습득을 포기하게 되는 것은 강대국들이 그들의 무기를 감축하기 때문이 아니다.

· Ce n'est pas *parce qu'*il est riche que je l'aime, mais *parce qu'*il est gentil envers moi.　내가 그를 좋아하는 것은 그가 부자이기 때문이 아니라, 그가 내게 친절하기 때문이다.

❻ · Serait-ce *parce qu'*il était malade qu'il n'est pas venu en classe?　그가 아파서 결석한 것일까?

❼ [(non) pas parce que + *ind* …, mais parce que + *ind*]

· Je l'aime, (non) pas *parce qu'*il est riche, mais *parce qu'*il est gentil envers moi.　나는 그를 좋아하는데 그것은 그가 부자이기 때문이 아니라, 그가 내게 친절하기 때문이다.

2) [si + *ind* ···, c'est (parce) que + *ind*] : ···하는 것은 ···이기 때문이다.

· Si le Sud n'a arrêté aucun espion depuis dix ans, ce n'est pas *parce qu'*il n'y en a pas, mais *parce qu'*il a négligé de le faire.　남측이 지난 10년 동안 스파이를 하나도 체포하지 못한 것은 스파이가 없기 때문이 아니라 체포하기를 게을리 했기 때문이다.

· S'il a une si mauvaise note, c'est *parce qu'*il n'a pas étudié en temps ordinaire.　그가 그토록 성적이 좋지 않은 것은 평소 공부를 안 했기 때문이다.

· Si un milliard de personnes dans le monde n'ont pas accès à une eau saine, c'est *parce que* les investissements nécessaires à leur approvisionnement sont colossaux et de rentabilité incertaine.　세계에서 10억명의 사람이 위생적인 물을 접할 수 없다면, 그것은 그러한 물을 공급하는 데 필요한 비용이 막대하고 생산성은 불확실하기 때문이다.

· S'ils ont convaincu les financiers, c'est *parce que* ces recherches conduisent à justifier leurs efforts budgétaires.　그들이 금융가들을 설득한 것은 그러한 연구가 예산상의 노력을 정당화 할 수 있도록 해주기 때문이다.

· S'il faut une nouvelle loi contre les violences faites aux femmes, c'est *parce qu'*elles subissent des violences spécifiques.　여성 폭력에 대한 새로운 법이 필요한 것은 여성들이 특징적인 폭력을 당하기 때문이다.

· Si les Coréens réagissent avec flegme aux tensions, c'est en partie *parce que* la politique de réconciliation n'a jamais été suivie d'une période de véritable fraternisation entre les deux pays.　남북한이 긴장에 대해 냉정하게 반응하는 것은 부분적으로 화해정책이 양국간의 진정한 우의적인 시기로 이어지지 않았기 때문이다.

· Si elle se tait, c'est *parce qu'*elle est timide.　그녀가 말을 하지 않는 것은 수줍어서야.

· Si, selon les chiffres de l'OCDE, 1,8 milliard de personnes travaillent sans contrat de travail, c'est *parce que* beaucoup d'États ne respectent pas les normes de l'OIT.　경제협력개발기구의 수치에 따르면 18억명의 사람이 노동계약 없이 근로를 한다면, 그것은 많은 국가가 국제노동기구의 규범을 준수하지 않기 때문이다.

3) 생략문

❶ · Il est attaqué non seulement *parce que* noir, mais parce que son père était Kényan.　그는 흑인일 뿐만 아니라 아버지가 케냐인이기 때문에 공격을 받았다.

· C'est une initiative politique habile, *parce que* rassembleuse.　그것은 결집력으로 보아 능숙한 정치적 제안이다.

· Il est un peu brusque *parce que* timide.　그는 약간 무뚝뚝한데, 왜냐하면 수줍어 하는 성격이라서 그렇다.

· Nous sommes têtus, *parce que* Frans-Comptois.　우리는 고집이 세지, 프랑쉬콩테 사람이라서.

· Ainsi, à en croire cet écrivain, l'actuel ministre des affaires étrangères serait condamnable *parce que* coupable de cosmopolitisme anglo-saxon.　그리하여 그 작가의 말을 믿자면, 현재의 외무장관은 앵글로

색슨적인 범세계주의 혐의가 있어 비난받을 것이다.

· Je ne sens plus rien *parce que* très enrhumé.　　나는 감기가 심해 냄새를 못 맡는다.

· Il n'est pas venu *parce qu'*occupé.　　그는 바빠서 오지 못했다.

· Il repoussa notre offre *parce qu'*arrivée trop tard.　　우리의 제의가 너무 늦었기 때문에 그는 우리의 제의를 거절했다.

❷ · Ne venez pas nous voir, *parce que* … — *Parce que* quoi?　　우리를 보러 오지 마세요, 왜냐하면 … - 왜냐하면 뭐죠?

❸ · C'est impossible. - *Parce que*?　　그것은 불가능해. - 왜? ((**상대방이 이유를 설명하는 것을 독촉할 때**))

4) 〔parce … que〕

> *parce*, comme dit saint Augustin, *que* … 성 오귀스텡이 말했듯이 …이기 때문에. *parce*, dit l'Évangile, *que* c'était leur pays 복음서에 씌여 있듯이 그것이 그들의 나라이기 때문에. *parce seulement que*, dans un si grand malheur, il n'avait point désespéré des affaires de la république 단지 그가 커다란 불행에 처해서 공화국 일에 대해 절망하지 않았기 때문에.

2. pourquoi로 시작하는 질문에 대답

1) 왜냐하면.

❶ · Pourquoi n'avez-vous rien dit? - *Parce que* je craignais sa réaction.　　당신은 왜 아무 말도 하지 않았습니까? - 그가 반발할까 두려워서요.

· Pourquoi ne vient-elle pas plus souvent? - *Parce qu'*elle est malade.　　왜 그녀가 좀 더 자주 안 오지요? - 몸이 불편해서 그렇습니다.

· Pourquoi ne venez-vous pas avec nous? - *Parce que* je n'ai pas le temps.　　어째서 우리와 함께 안가시나요? - 시간이 없어서요.

· Pourquoi faut-il s'inquiéter?- *Parce que* le chef de l'État, comme beaucoup de nos compatriotes, paraît ignorer les inerties de la démographie.　　왜 불안해 해야 하지요? - 왜냐하면 많은 우리 동향인들처럼 국가원수가 인구통계학의 관성을 모르는 것 같아서입니다.

· La France n'est pas la seule à procéder à des expulsions. D'autres agissent de même: Allemagne, Suède, Italie, par exemple. Pourquoi? *Parce que* l'Union est confrontée à un problème qu'il ne sert à rien d'ignorer et qui ne va pas disparaître.　　프랑스가 추방을 하는 유일한 나라가 아니다. 예를 들어 독일, 스웨덴, 이탈리아 등이 똑같이 행동한다. 왜? 그것은 유럽연합이 모른 채 해서 전혀 도움이 되지 않는, 그리고 사라지지 않을 문제에 직면에 있기 때문이다.

· Pourquoi cette proposition est-elle féconde du point de vue environnemental? *Parce que* la destruction de la biosphère depuis plusieurs décennies est en bonne partie attribuable à la surconsommation d'énergie suscitée par l'excessive dépense des États-Unis.   왜 그러한 제안이 환경적인 측면에서 폭넓게 적용될 수 있는가? 그것은 수십 년 전부터의 생물계의 파괴가 상당부분 미국의 과도한 지출에 의해 야기된 에너지의 지나친 사용에 기인하기 때문이다.

❷ · Pourquoi n'a-t-il pas accepté cette invitation? Est-ce *parce qu'*il aurait été malade?   그가 왜 그 초청을 수락하지 않았을까? 몸이 아팠기 때문일까?

2) · Je te demande pourquoi tu ne manges pas? - *Parce que* j'ai bien mangé tout à l'heure.   왜 안 먹느냐고 묻고 있다. - 조금 전에 많이 먹어서.

· Je vois maintenant pourquoi il m'a fait ce compliment. C'est *parce qu'*il avait quelque chose à me demander.   그가 나를 칭찬한 이유를 알았다, 그것은 내가 부탁할 것이 있어서 그랬다.

3) 단독으로: 그거야 뭐((**대답을 피하거나 얼버무릴 때**)).

· Pourquoi dis-tu ça? - *Parce que*, répondit-elle.   왜 그런 말을 하니? - 그거야 뭐, 하고 그녀가 대답했다.

· Pourquoi? demanda le patron, surpris. - *Parce que*, répondit-il lentement.   왜? 라고 사장이 놀라서 물었다. - 그거야 뭐, 하고 그가 천천히 대답했다.

3. 주절의 부정이 종속절까지 포함

· Je ne dis pas ça *parce que* c'est mon père.   그가 나의 아버지이기 때문에 이 이야기를 하는 것은 아니다.

· Il ne l'a pas fait *parce qu'*il l'a voulu.   그가 원해서 그렇게 한 것이 아니다.

· Elle n'a pas pu venir *parce qu'*elle était malade.   그녀가 아파서 못 온 것이 아니다.

4. 주절의 부정과 함께 원인의 불충분함을 표현

· *Parce que* les autres trahissent, on n'a pas le droit de trahir.   다른 사람들이 배반한다고 해서 남을 배반할 권리는 없다.

· L'imprimerie ne chômerait pas, *parce que* tu prendrais un jour de vacances.   당신이 하루 쉰다 해서 인쇄소가 휴업하지는 않을 거요.

5. 1) 선행하는 문장에 대한 이유

· Nos copains nous envoient des photos de leurs petits-enfants, les diaporamas rigolos sur le président. *Parce que* tout le monde a l'ADSL.   우리 친구들이 손자들의 사진이나 대통령에 대한 재미있는 슬라이드 영상물들을 보내주는 데, 그것은 모두가 ADSL 초고속인터넷망을 가지고 있기 때문이다.

· Ils estiment qu'à choisir, il vaut mieux un Proche-Orient en ébullition qu'un Iran nucléaire. *Parce que* celui-ci entraînerait une prolifération généralisée: l'Arabie saoudite, l'Algérie, la Turquie, le Brésil, bien d'autres nations, s'engouffreraient dans la brèche.   그들은 선택해야 한다면 이란이 핵을 가지는 것보다

는 중동이 혼란스러운 것이 더 낫다고 생각한다. 그것은 이란이 핵을 가지게 되면 핵확산이 일반화되어 사우디아라비아, 알제리, 터키, 브라질 등 다른 많은 나라들이 그러한 선례를 이용할 것이기 때문이다.

2) 선행하는 질문에 대한 설명·답변
· Comment se fait-il que le coût du lycée étant supérieur à la moyenne OCDE, nos résultats soient seulement dans la moyenne? *Parce qu'*il n'y a pas de lien entre la dépense d'éducation et la performance obtenue.　우리의 고등학교 교육비가 경제협력개발기구 평균 이상인데 결과는 불과 평균 수준인 것은 어떻게 될까요? 교육비와 그 성과와의 관계가 없기 때문입니다.

3) 선행하는 질문의 이유 설명
· Vous ne viendriez pas au café? Non? *Parce que* nous aurions pu prendre quelque chose ensemble. 카페로 오시지 않겠어요? 안 되시겠다고요? 왜냐하면 무엇을 함께 들었으면 해서요.

partant

《옛·문어》 따라서, 그러므로(=ainsi, donc, par conséquent).
· Plus d'emplois, *partant* moins de chômage.　일자리가 늘어나니 실업이 줄어든다.
· Plus d'amour, *partant* plus de joie.　사랑이 많으니 기쁨이 더 크다.
· Vous avez signé au contrat, et *partant* vous êtes obligé.　당신이 계약서에 서명을 했고, 따라서 의무가 있다.
· L'accession à la Maison Blanche de Barack Obama marquera de ce point de vue la consécration des questions environnementales au plus haut niveau de la politique américaine et, *partant*, internationale. 버락 오바마의 백악관 입성은 그러한 관점에서 환경문제를 미국, 그리고 결과적으로 국제적인 정책의 가장 높은 단계에서 매우 중요시되는 계기가 될 것이다.
· Accusant les États-Unis de ne pas avoir tenu leur engagement de la rayer de leur liste des États soutenant le terrorisme, et *partant*, de bloquer toute possibilité de prêts par des organisations internationales, la Corée du Nord avait prévenu qu'elle cessait le démantèlement de son réacteur.　북한은 미국이 북한을 테리지원국 리스트에서 삭제한다는 약속을 지키지 않았고, 결과적으로 국제기구로부터 대여받을 수 있는 모든 가능성을 봉쇄하고 있다고 비난하면서 원자로 해체를 중단한다고 통고했다.

pendant que

1. [pendant que + *ind*] : 동시성: …할 때.

pendant que nous sommes au Japon 우리가 일본에 있는 동안에. *pendant que* Madame Dupont n'est pas là 뒤퐁 부인이 거기에 없는 동안에. *pendant qu'*il était au bain 그가 목욕을 하고 있을 때.

· *Pendant que* nous entreprendrons ces changements, nous devrons bien entendu veiller au risque de vouloir trop en faire.   우리가 그러한 변화를 시도할 때 과도하게 할 위험에 주의해야 한다.

· *Pendant que* nous sommes ici, nous voyons, pour la première fois depuis longtemps, les républicains et les démocrates réunis pour essayer d'élaborer une solution à la crise fiscale.   우리가 여기에 있는 동안 오랜만에 처음으로 공화당원들과 민주당원들이 재정위기에 대한 해결안을 마련하기 위해 모인 것을 보았다.

· *Pendant que* nous sommes seuls, je puis vous raconter ce qu'ils faisaient.   우리들만 있을 때 그들이 무엇을 했는지 당신에게 말해줄 수 있다.

· *Pendant qu'*on hésite, la situation se détériore.   사람들이 머뭇거리는 동안 상황은 악화된다.

· *Pendant que* le soleil se levait, les oiseaux chantaient.   해가 솟아오를 때 새들이 노래하고 있었다.

· *Pendant que* George Bush menait sa guerre contre le terrorisme et déclenchait deux conflits en Irak et en Afghanistan, la donne asiatique changeait.   부시 대통령이 테러에 대한 전쟁을 수행하고, 이라크와 아프가니스탄에서의 두 전쟁을 일으키고 있는 동안에 아시아의 판도가 변화하고 있었다.

· *Pendant que* le petit vieux mettait les assiettes sur la table, la petite vieille ronchonnait.   작은 노인이 식탁위에 요리 접시를 놓고 있는 동안, 계속해서 그 아내는 투덜거렸다.

· *Pendant que* je regardais par la fenêtre, il est sorti.   내가 창문을 통해 바라보고 있을 때 그가 나갔다.

· *Pendant que* je vivrai, je ne puis jamais voir tranquillement tous les maux qui vous peuvent arriver.   내가 살아있는 동안 당신에게 일어날 수 있는 모든 불행을 절대로 태연하게 바라볼 수 없다.

· *Pendant que* Jésus-Christ vécut parmi les hommes, il les instruisit.   예수 그리스도가 사람들 가운데 사실 때, 그들을 가르치셨다.

· *Pendant que* l'un volait, l'autre surveillait les alentours.   한 사람이 물건을 훔치는 동안 다른 한 사람은 망을 보았다.

· Allongez la jambe droite, *pendant que* la gauche fléchit.   왼쪽 다리는 구부리고 오른쪽 다리를 쭉 뻗으세요

· Amusons-nous *pendant que* nous sommes jeunes.   젊었을 때 즐깁시다.

· Tu amuseras le caissier *pendant qu'*on ouvrira le coffre.   금고를 열 동안 현금출납원의 관심을 딴 데로 돌리도록 하게.

· Il faut battre le fer *pendant qu'il* est chaud.　《격언》쇠는 달구어졌을 때 두드려야 한다; 일은 제 때에 처리해야 한다.

· Ils faisaient du bruit *pendant que* nous nous exercions dans la pièce voisine.　우리가 옆방에서 운동을 하는 동안에 그들이 소란스럽게 굴곤 했다.

· Va mettre le couvert *pendant que* je prépare le repas.　내가 식사 준비를 하는 동안 상을 차려라.

· Pousse la voiture *pendant que* je fais marcher le moteur.　내가 시동을 걸테니까 차를 좀 밀어줘.

2. [pendant que + *ind*] : 대립: …인데.

· *Pendant que* les Européens se divisent sur l'aide à apporter à la Grèce, la Chine, la Corée, le Japon et les pays de l'Asean viennent de mettre en place un fonds de 120 milliards de dollars pour prévenir les crises de liquidités.　유럽 국가들이 그리스에 대한 지원 문제로 분열되어 있는데, 중국과 한국, 일본, 아세안 국가들은 유동성 위기를 예방하기 위한 1,200억 달러 규모의 펀드를 조성했다.

· *Pendant que* les joueurs africains s'expatrient massivement en Europe dès le plus jeune âge, la majorité des joueurs asiatiques évoluent au Japon ou en Corée du Sud.　아프리카의 선수들이 이른 나이 때부터 대거 유럽으로 진출하는 데, 많은 아시아의 선수들은 일본 또는 한국으로 진출한다.

· *Pendant qu'ils* opèrent à l'abri de la concurrence sur leur propre marché, ces grands groupes étatiques chinois ou leurs filiales passent à l'offensive sur les nôtres.　그러한 중국의 대규모 국영 그룹 또는 그 자회사들은 자기네 시장에서는 경쟁으로부터 보호를 받아가며 활동을 하면서, 우리들의 시장에서는 공세적으로 활동을 하고 있다.

· *Pendant que* ses amis travaillent, il est là à ne rien faire.　친구들은 일하고 있는 데, 그는 거기에서 아무 것도 하지 않고 있다.

· *Pendant que* Ségolène Royal, affaiblie par les frasques de son courant, voit sa cote de popularité s'effondrer, Martine Aubry tisse sa toile.　자기 파의 분별없는 행동들로 해서 약화된 세골렌 루아얄의 지지율이 추락하고 있는데 마르틴 오브리는 착실히 자기 집을 짓고 있다.

· Il y a des gens qui mangent à leur faim *pendant que* d'autres manquent du nécessaire.　다른 사람들은 필수품이 부족한데 마음껏 먹는 사람들이 있다.

· Faut-il demander pourquoi les joueurs très habiles se ruinent au jeu, *pendant que* d'autres hommes y font leur fortune?　다른 사람들이 도박에서 큰돈을 버는데 비해 능란한 도박꾼들이 왜 망하는가를 물을 필요가 있을까?

· La communauté internationale ait détourné le regard, *pendant que* le régime sri-lankais tentait de terminer la guerre de trente-sept ans.　스리랑카 정부가 37년간의 전쟁을 끝내려고 시도하고 있는데 국제사회는 외면하고 있다.

· Les déplacements quotidiens effectués en voiture y ont explosé de 60% en dix ans, *pendant que* la population n'augmentait que de 12%.　10년 동안 인구는 12% 증가했는데, 자동차를 이용한 이동은 60%의 폭발적인 증가를 보였다.

· Le tyran tout-puissant mène une vie de satrape *pendant que* la disette frappe tout le pays.　온 나라가

빈곤에 시달리는데 절대권력을 가진 폭군은 호사스러운 생활을 한다.

· Les uns travaillent *pendant que* les autres se reposent.　다른 사람들은 쉬고 있는데 어떤 사람들은 일한다.

3. [pendant que + *ind*] **: 이유·원인: …이므로, …이니까.**

· *Pendant qu*'il fait beau, nous allons étendre les draps au soleil.　날씨가 좋아서 햇볕에 시트를 말려야겠다.

· *Pendant que* j'y pense, n'oubliez pas de venir chez moi demain soir.　생각난 김에 하는 말인데, 내일 저녁에 우리 집에 오는 것을 잊지 마시오.

· *Pendant que* tu y es, ramène mes affaires à la maison.　이왕 오는 김에 내 소지품을 집으로 가져다주게.

· *Pendant que* vous y êtes, Docteur, pourriez-vous examiner mon foie.　선생님, 이왕이면 내 간도 검진해 주실 수 있겠습니까?

· Le papier se dilacéra, *pendant que* l'on voulait se l'arracher.　서류가 서로 빼앗으려다가 찢어졌다.

· Traitez-moi de voleur, *pendant que* vous y êtes!　《비꿈》 이왕이면 나를 도둑으로 취급하시지요!

pour que

1. [pour que + *sub*] **: 목적: …하기 위해.**

1)
> négociations secrètes entre Washington et Pékin *pour que* la Banque de Chine ne vende pas les emprunts du Trésor américain qu'elle détient 중국 은행이 보유하고 있는 미국 국채를 팔지 않도록 하기 위한 미국과 중국 사이의 비밀 협상. accoter une bouteille *pour qu*'elle ne se renverse pas 병이 넘어지지 않도록 괴다. encourager *qn* d'un sourire *pour qu*'il continue ses études …에게 학업을 계속하도록 격려의 미소를 짓다. faire tout ce qu'il peut *pour que* sa femme soit contente 아내가 만족할 수 있도록 할 수 있는 모든 것을 다하다. fermer la porte *pour que* son enfant ne sorte pas 아이가 나가지 못하도록 문을 닫다. implorer *qn pour qu*'il fasse ça …에게 그것을 해주기를 간청하다. tendre la joue à son enfant *pour qu*'il embrasse 입맞춤할 수 있도록 아이에게 뺨을 내밀다.

· *Pour que* ce nouveau prélèvement ait une chance d'être accepté, il doit répondre à trois critères: il doit être simple, juste et efficace.　새로운 과세가 받아들여질 수 있기 위해서는 세 가지 기준에 부합해야 한다. 즉 단순하고, 공정하고, 효율적이어야 한다.

· *Pour que* la consommation croisse notablement plus vite que le PIB, le revenu disponible des ménages doit aussi croître.　소비가 국내총생산보다 현저하게 빨리 증가하기 위해서는 가계의 가처분소득 또한 증가해야 한다.

· *Pour que* les passagers fussent à l'aise, le capitaine réduisit la vitesse.　승객들이 편안하도록 선장이 속도를 줄였다.

· Mais *pour que* cette confiance revienne, encore faut-il que les agents économiques n'aient pas le sentiment que l'État augmentera les impôts.　그런데 그러한 신용이 회복되기 위해서는 경제주체들이 국가가 세금을 올릴 것이라고 생각하지 않아야 한다.

· Il a dû accepter cette concession *pour que* le G20 soit un succès.　그는 주요 20개국 회의가 성공적인 것이 되도록 하기 위해 그 양보를 수락해야 했다.

· Le président a affirmé à plusieurs reprise sa volonté de s'impliquer dans ce conflit *pour que* soit refermée une blessure.　대통령은 상처가 다시 아물도록 하기 위해 그 분쟁에 개입할 의사를 여러 차례 밝혔다.

· Nous avons l'engagement de la France *pour que* ceux qui veulent venir faire des études puissent le faire.　우리는 공부하러 오고자 하는 사람들이 그렇게 할 수 있도록 프랑스로부터 약속을 받았다.

· Arrange-toi *pour qu'*il vienne.　그가 오도록 해봐.

· Un accord a été conclu en 2007 *pour que* le Nord désactive puis démantèle ses installations nucléaires en échange d'une aide énergétique.　북한이 에너지 원조를 받는다는 조건으로 핵시설 가동을 중지하고 폐기시키기 위한 협정이 2007년에 체결되었다.

· Eclairez-moi *pour que* je regarde le moteur.　엔진을 볼 수 있도록 불 좀 비추어 주시오.

· Les deux pays allaient s'efforcer *pour que* ces incidents n'aient pas des conséquences imprévues. 두 나라는 그 사건들이 예기치 않은 결과를 가져오지 않도록 노력할 것이다.

· Je vais vous expliquer encore une fois le fonctionnement des prépositions *pour que* vous ne vous trompiez plus.　여러분들이 잘못 생각하지 않도록 전치사의 기능에 대해 다시 한 번 설명하도록 하겠다.

· Que faire alors *pour que* ce peuple ne soit pas abandonné à la folie d'une dictature ubuesque?　그 국민이 기괴한 독재의 광기에 내맡겨지지 않도록 하기 위해 무엇을 할 것인가?

· Il a fait beaucoup *pour que* l'équipe gagne le championnat.　그는 팀이 우승할 수 있도록 많은 일을 했다.

· Ils insistent *pour qu'*elle participe à la réunion.　그들은 그녀가 회의에 참석할 것을 강요한다.

· Le dirigeant du nouvel ensemble doit mobiliser ses équipes *pour que* 1+1 soit supérieur à 2.　새로운 그룹의 지도자는 1+1이 2이상이 되도록 하기 위해 그의 팀들을 운용해야 한다.

· Le Vietnam, le Chili et bien d'autres prient *pour que* les capitaux américains et japonais qui se sont enfuis reviennent au plus vite, afin de financer leur développement.　베트남과 칠레 그리고 많은 다른 나라들이 개발을 위한 재원을 조달하기 위해 미국과 일본의 빠져나간 자본들이 되돌아오기를 바란다.

· Le gouvernement prendrait des mesures *pour qu'*un tel incident ne se reproduise pas à l'avenir.　정부는 미래에 그러한 사고가 일어나지 않도록 조치를 취할 것이다.

· Je prie *pour qu'*elle revienne saine et sauve.　나는 그녀가 무사히 돌아오기를 빈다.

· Je veux réduire l'impôt sur les sociétés *pour que* les entreprises restent aux États-Unis et y créent des emplois.　나는 기업들이 미국에 머물러 일자리를 창출할 수 있도록 회사에 부과하는 세금을 줄이고자 한다.

2) [pour (ne) pas que + *sub*]

· Il faut fermer la porte *pour* ne pas *qu*'il ne sorte.　그가 나가지 못하도록 문을 닫아야 한다.

· Elle a fait de son mieux *pour* ne pas *que* son mari ne soit dérangé par autre chose que son travail. 그녀는 남편이 그의 일 이외의 다른 일로 인해 마음이 흐트러지는 일이 없게 하려고 최선을 다했다.

2. [pour que + *sub*] : 결과 · 인과관계

1) · Il faut attendre 1975 *pour que* soit commercialisée la première voiture de série conçue en Corée du Sud, la Pony de Hyundai.　1975년이 되어서야 한국에서 만들어진 첫 번째 자동차인 현대의 포니가 상용화되었다.

· Qu'est-ce qui te chagrine ainsi, *pour que* tu fasses une tête pareille?　무슨 일이 슬프게 해서 그런 얼굴을 하고 있니?

· Qu'est-ce que vous lui avez dit, *pour qu*'il soit parti sans dire un mot?　그에서 무어라고 했기에 그가 한마디도 하지 않고 떠났습니까?

· Que lui a-t-elle dit, *pour qu*'il soit si bouleversé?　그녀가 무어라고 했기에 그가 그렇게 정신이 나가 있습니까?

· Ça a dû être très grave *pour qu*'il se mette en colère.　그가 화를 내는 것을 보니 그것이 매우 심각한 것 같다.

· Qu'avez-vous fait *pour que* l'affaire en arrive là?　일이 그 지경에 이르기까지 당신은 도대체 무엇을 했습니까?

· Qu'est-ce que vous avez fait *pour qu*'on parle de vous comme ça?　도대체 어떻게 했기에 사람들이 당신에 대해 그런 말을 합니까?

· Les moutons sont timides, le moindre bruit extraordinnaire suffit *pour qu*'ils se précipitent.　양들은 겁이 많아서, 조금이라도 이상한 소리가 나면 도망가기 바쁘다.

· Le krach observé depuis quelques jours, et plus encore ce matin, sur l'ensemble des places boursières met une pression terrible sur le G7, et *pour que* celui-ci annonce des mesures fortes et coordonnées. 며칠 전부터, 그리고 오늘 아침까지의 전체 주식시장의 대폭락은 선진 7개국에 커다란 압력이 되었고, 선진 7개국은 강하고 서로 공조가 이루어진 조치를 하겠다고 예고했다.

2) [assez/trop/suffisamment ⋯ pour que + *sub*]

· Il a assez de pain *pour que* je ne lui en fournisse pas davantage.　그는 충분한 양의 빵이 있어서 그에게 더 이상 빵을 제공해 주지 않았다.

· Il y a dans le peuple français quand il est rassemblé assez d'énergie, d'intelligence et de courage *pour que* nous ayons ensemble confiance dans l'avenir.　프랑스 국민들이 결집했을 때는 충분한 에너지와 지성과 용기가 있어서 우리 모두는 미래에 대해 믿음을 가질 수 있다.

· Il parle assez fort *pour qu*'on entende.　그는 사람들이 다 들을 수 있을 정도로 크게 말했다.

· Il ne parle pas assez haut *pour qu*'on l'entende.　그는 목소리가 낮아서 잘 들리지 않는다.

· Il est assez grand *pour qu*'on ne le traite plus comme un enfant.　그는 이제 커서 더 이상 어린애 취급을 할 수 없다.

· Il est assez riche *pour que* nous lui demandions de contribuer à cette bonne oeuvre.　우리는 그가 부유해서 그 좋은 일에 기여하도록 부탁할 수 있다.

· Vous êtes trop faible *pour que* nous vous imposions ce fardeau.　당신은 너무 약해서 그러한 짐을 지게 할 수 없다.

· Il est trop menteur *pour qu*'on puisse le croire.　그는 거짓말을 너무 잘해서 믿을 수 없다.

· Le temps est trop précieux *pour qu*'on le gaspille.　시간은 너무 귀중한 것이라 낭비할 수 없다.

· Il n'est pas trop tard *pour que* l'ONU donne de la voix.　유엔이 의견을 제시하기에 너무 늦은 것은 아니다.

· Soyez suffisamment à l'heure *pour qu*'on n'ait pas à vous attendre.　충분한 시간 전에 와서 사람들이 당신을 기다리지 않게 하시오.

· Le mois de novembre verra peut-être entrer au Congrès suffisamment de républicains partisans du libre-échange *pour que* les trois protocoles soient approuvés.　아마도 11월에는 자유무역을 지지하는 충분한 수의 공화당원들이 의회에 진출해서 세 의정서를 승인할 것이다.

3. [pour que + *sub*] : 용도 · 필요

mesures nécessaires *pour que* ces nouvelles solutions se développent 그 새로운 해결책들이 추진되는 데 필요한 조치. qualité indispensable *pour qu*'on réussisse 성공하기 위해서 꼭 필요한 자질.

· C'est suffisant *pour qu*'on obtienne un bon logiment.　그 정도면 좋은 숙소를 얻기에 충분하다.

· C'était, sinon un préalable, du moins une condition *pour que* puissent s'ouvrir des négociations avec les Palestiniens.　그것은 팔레스타인과의 협상이 이루어지기 위한 선결조건은 아니라 하더라도 적어도 하나의 조건이었다.

· Nous réformerons la formation professionnelle indispensable *pour que* chacun ait la chance d'un emploi.　우리는 각자가 직업의 기회를 가지는데 불가결한 직업 교육을 개혁하고 있다.

· Il nous suffira de trois jours *pour que* le travail soit achevé.　우리가 그 일을 끝내는 데는 사흘이면 족할 것이다.

· Comme tous les agriculteurs bio, il a vu la demande excéder l'offre ces dernières années et il ne voit aucune raison *pour que* ça change.　그는 모든 무공해 재배 농민들처럼 최근 몇 년 동안 수요가 공급을 초과하는 것을 보았고, 그것이 바뀌어야 할 아무런 이유도 모른다.

4. [pour que + *sub*] : 찬성 · 지지

· Je suis *pour que* tout le monde vienne.　나는 모든 사람이 다 오는 데 대해 찬성한다.

· Je suis *pour qu*'on y aille.　거기에 가는 데에 나는 찬성한다.

5. 양보·대립

1) ❶ [pour + 형용사/부사 + que + *sub*] : 아무리 …이라 하더라도.

> *pour* ingrat *que* soit un homme 사람이 배은망덕하다 하더라도. *pour* peu *qu'*il ait d'ambition 그가 아무리 야망이 없더라도

- *Pour* bon *que* soit le visage, il est malade. 그는 안색이 좋지만 실은 몸이 불편하다.
- *Pour* froid et austère *que* l'on soit, il est généreux pour les pauvres. 그는 아주 냉정하고 엄하지만 가난한 사람들에게는 너그러운 사람이다.
- *Pour* grands *que* soient les rois, ils sont ce que nous sommes. 왕들이 아무리 위대하다 하더라도 우리와 다르지 않다.
- *Pour* intelligent *qu'*il soit, il n'a pas encore compris. 그는 영리하지만 아직 이해하지 못했다.
- *Pour* pauvre *que* l'on soit, on peut être heureux. 아무리 가난해도 행복할 수 있다.
- *Pour* riche *qu'*il soit, ce pays n'en contient pas moins des terres sous-développées. 그 나라는 부유하지만 아직 개발되지 않은 땅들이 있다.
- *Pour* sages *que* soient les hommes, ils ne sont pas infaillibles. 인간이 아무리 현명해도 오류를 범하지 않는 것은 아니다.
- L'eau, *pour* profonde *qu'*elle soit, n'en est pas moins transparente à ravir. 물은 아주 깊지만 황홀해질 정도로 맑다.
- Ces arguments, *pour* justifiés *qu'*ils soient, n'ont guère de valeur, et l'Union européenne ne saurait s'exonérer de ses responsabilités. 그러한 논거는 정당화되었다 하더라도 거의 효력을 지니지 못하며, 유럽연합은 그 책임을 면할 수 없다.

❷ 《드물게》 [pour + 형용사 + que + *ind*]
- *Pour* petite *qu'*elle est, elle est précieuse. 그것은 아무리 작다 해도 귀한 것이다.
- *Pour* riche *qu'*il est, il vit très simplement. 그는 매우 부유하지만 아주 검소하게 생활한다.

❸ 《드물게》 [que + *sub/ind*] 의 생략
- Pierre, *pour* agile de corps, est lent d'esprit. 피에르는 몸은 민첩해도 머리는 둔하다.

2) [pour + aussi/si + 형용사 + que + *sub/ind*]
- *Pour* si précieux *qu'*il le tînt, Bonaparte entendait ne pas le mettre au pinacle. 보나파르트는 그를 소중하게 여겼지만 찬양하고 싶지는 않았다.
- Cette critique du capitalisme, *pour* aussi vive *qu'*elle soit, n'était après tout qu'une critique. 그 자본주의 비판은 아무리 신랄해도 결국은 하나의 비판에 지나지 않는다.
- Ces deux frères, *pour* si différents *qu'*ils soient, se rejoignent dans l'amour de la musique. 그 두 형제는 무척 다르지만 음악을 좋아하는 점에서는 일치한다.

pourquoi

1. 직접의문 : 왜, 어째서, 무엇 때문에.

1) · *Pourquoi* a-t-il accepté?   게다가 그는 어째서 승낙했을까요?

   · *Pourquoi* avez-vous acheté ça?   왜 그것을 샀습니까?

   · *Pourquoi* n'avez-vous rien dit?   당신은 왜 아무 말도 하지 않았습니까?

   · *Pourquoi* doutez-vous de lui?   왜 그를 의심합니까?

   · *Pourquoi* sommes-nous en Afghanistan?   우리는 왜 아프가니스탄에 있는가?

   · *Pourquoi* faites-vous cela?; *Pourquoi* est-ce que vous faites cela?   왜 그런 짓을 합니까?

   · *Pourquoi* voulez-vous partir?   왜 떠나려 하십니까?

   · *Pourquoi* pleure-t-elle ainsi?   그녀가 왜 저리 울고 있습니까?

   · Et *pourquoi* êtes-vous resté si peu de temps à ce poste?   그런데 왜 그 자리에 그렇게 단기 동안만 계십니까?

   · *Pourquoi* travaille-t-il autant?   그는 어째서 그토록 일을 하지?

   · *Pourquoi* ne venez-vous pas avec nous?   어째서 우리와 함께 안 가시나요?

   · *Pourquoi* es-tu venu ici?   너 여기를 왜 왔니?

2) 복합도치 : 주어가 명사, 강세대명사일 때

   · *Pourquoi* la Chine a-t-elle choisi d'agir de manière aussi contre-productive pour son image, et même ses intérêts?   왜 중국은 그의 이미지와, 심지어 그의 이익에 그토록 역효과를 내는 방식으로 행동하는 것을 선택했을까?

   · *Pourquoi* cet enfant pleure-t-il?   이 아이가 왜 우니?

   · *Pourquoi* les experts sont-ils inquiets?   왜 전문가들이 불안해 하는가?

   · Mais *pourquoi* ce renouveau confucéen inquiète-t-il les Occidentaux?   그런데 그러한 유교의 부흥이 서양인들을 불안하게 하는가?

   · *Pourquoi* le régime cubain choisirait-il, dans cette affaire, le dialogue plutôt que la manière forte?   왜 쿠바가 그 사안에 있어서 강경한 방법 보다는 대화를 선택했을까?

   · *Pourquoi* la Chine refuse-t-elle de réévaluer substantiellement sa monnaie?   왜 중국이 자국의 통화를 실질적으로 평가절상하는 것을 거부하는가?

3) [pourquoi + est-ce que …]

   · *Pourquoi* est-ce que tu n'as pas mis cette robe.   너는 왜 그 옷을 입지 않니?

   · *Pourquoi* est-ce que vous ne m'avez pas téléphoné?   왜 내게 전화를 하지 않았습니까?

   · *Pourquoi* est-ce qu'elle est partie si tôt?   그녀가 왜 그렇게 일찍 떠났습니까?

4) ❶ 《구어》 [pourquoi + 정치구문]

· *Pourquoi* elle va à Pusan?　그녀가 왜 부산에 갔습니까?

· *Pourquoi* c'est comme ça?　왜 그럴까?

· *Pourquoi* tu es là?　너 왜 왔니?

· *Pourquoi* elle fait ça?　그녀가 도대체 왜 그러는 거야?

· *Pourquoi* tu pleures?　너 왜 우니?

· *Pourquoi* vous prenez ce détour?　왜 이 우회로로 가십니까?

· *Pourquoi* la France doit reconnaître le Cuba?　프랑스가 왜 쿠바를 승인해야만 하는가?

· *Pourquoi* la Banque centrale européenne(BCE) n'intervient pas sur l'euro?　왜 유럽중앙은행이 유로화
에 대해 개입하지 않는가?

❷ 《속어》 [pourquoi que + *ind*]

· *Pourquoi* que vous faites cela?　왜 그런 짓을 합니까?

· *Pourquoi* que tu ne l'as pas dit plus tôt?　왜 좀 더 일찍 그 이야기를 하지 않았니?

5) [pourquoi *inf*]

· *Pourquoi* ne pas l'avouer?　왜 그것을 고백하지 않니?

· *Pourquoi* se fier à un homme comme lui?　왜 그 같은 사람을 믿을까?

· *Pourquoi* faire?　왜 하려고 해?

· *Pourquoi* faire simple quand on peut faire compliqué?　《구어 · 비꿈》왜 그토록 쉬운 것을 복잡하게
생각하지?

· *Pourquoi* ne pas hausser le niveau de l'ensemble des examens?　왜 전체 시험들의 수준을 높이지 않는가?

· *Pourquoi* s'impatienter?　왜 조바심을 낼까?

· *Pourquoi* t'inquiéter pour si peu?　왜 그토록 사소한 일로 불안해 하니?

· *Pourquoi* ne pas inviter les Legrand?　왜 르그랑씨 가족들은 초대하지 않습니까?

· *Pourquoi* ne pas vous joindre à nous?　어째서 우리들과 합류하지 않습니까?

· *Pourquoi* les avoir leurrés par de faux espoirs?　왜 헛된 희망으로 그들을 속였는가?

· *Pourquoi* rester, *pourquoi* partir?　왜 머물고, 왜 떠나는가?

· *Pourquoi* ne pas transformer la terminale en période propédeutique?　왜 고등학교 3학년 과정을 예비교
육기간으로 바꾸지 않는가?

· Si une hausse des cotisations, qui amputerait le pouvoir d'achat, n'est pas imaginable, *pourquoi*
s'interdire de rechercher un rééquilibrage entre fiscalité du travail et du capital?　구매력을 약화시키게
될 분담금의 인상을 고려할 수 없다면 왜 근로세와 자본세 사이의 균형의 회복을 모색하지 않는가요?

6) [pourquoi + (대)명사]

· *Pourquoi* ça?　왜 그럴까?

· *Pourquoi* un tel changement, qui marquera un tournant historique pour ce pays?　　그 나라에 역사적 전환점이 될 그러한 변화가 왜 필요한가?

· *Pourquoi* cette curieuse anomalie?　　왜 그러한 기묘한 비정상적인 일이 일어나는가?

· *Pourquoi* celle-là plutôt qu'une autre?　　왜 다른 것도 아닌 그것이지?

· *Pourquoi* cette exception indésirable qui nous ramène au rang de démocratie de deuxième ordre?　　왜 우리를 2류의 민주주의가 되도록 하는 그러한 바람직하지 않은 예외가 있는가?

· *Pourquoi* cette obstination à se taire?　　어째서 이토록 침묵만을 지키려고 하는가?

· *Pourquoi* ces questions?　　왜 그런 질문들을 합니까?

· *Pourquoi* cette obsession à réduire les déficits en si peu de temps?　　왜 그렇게 짧은 시간에 적자를 줄이려는 강박관념을 사로잡혀 있는가?

· *Pourquoi* le spam? Le but premier du spam est de faire de la publicité à moindre prix par envoi massif de courrier électronique non sollicité.　　왜 스팸메일을 사용하는가? 스팸메일의 첫째 목적은 원하지 않는 전자메일을 대량으로 보내서 저렴한 비용으로 광고를 하려는 것이다.

7) [pourquoi + non/pas]

· *Pourquoi* non [pas] ?　　왜 그렇지 않습니까? 왜 안됩니까? 물론이죠.

· *Pourquoi* pas ici?　　여기는 왜 안 됩니까?

· Êtes-vous content? - Moi? *Pourquoi* pas?　　만족하십니까? - 저요? 만족하고 말고요.

· Il le fait bien, *pourquoi* pas vous?　　그가 그것을 잘하는데, 당신 왜 못합니까?

· Jouons une partie de billard. - *Pourquoi* pas?　　당구 한 게임 칩시다. - 마다할 이유가 없지요.

· Il a réussi, *pourquoi* pas moi?　　그는 성공했는데 나라고 왜 못합니까?

· La Corée du Sud est intéressée, *pourquoi* pas la France?　　한국은 관심을 가지는데 왜 프랑스는 그렇지 않습니까?

8) 단독으로

· Mais *pourquoi*?　　하지만 왜?

· L'euro a accru ses pertes face au dollar; dans l'union monétaire, les bourses ont chuté plus qu'ailleurs. *Pourquoi*? Pour deux raisons: l'ampleur de la dette souveraine dans les pays de la zone; l'absence de mécanisme adéquat pour y faire face.　　유로의 달러 대비 손실이 커지고, 다른 지역에서보다 유로지역에서 증시가 더 하락했다. 왜 그런가? 두 가지 이유이다: 유로 지역국가들의 국가 채무의 규모가 크고, 그에 대한 적절한 메카니즘이 없기 때문이다.

2. 간접의문

1)
> comprendre *pourquoi* il a beaucoup plu cette anneé 왜 금년에 비가 많이 왔는지 이해하다. expliquer *pourquoi* il était absent à la réunion 그가 왜 회의에 불참했는지 설명하다.

· Je ne comprends toujours pas *pourquoi* il a agi comme ça ce jour-là.　그날 그가 왜 그렇게 행동했는지 여전히 이해를 못하겠다.

· Je vous demandez *pourquoi* vous riez.　왜 웃는지 묻고 있소.

· On se demande *pourquoi* sa soeur a agi ainsi.　그의 누이가 왜 그렇게 행동했는지 모두 의아스럽게 생각한다.

· Dites-nous *pourquoi* vous êtes en retard.　왜 늦게 왔는지 말하시오.

· Il ne dit pas *pourquoi* il ne vous salue pas.　그는 당신에게 인사를 하지 않는 이유를 말하지 않는다.

· Je commence à entrevoir *pourquoi* il roule en 2CV.　나는 그가 2마력짜리 자동차를 타고 다니는 까닭을 알 것 같다.

· Il leur explique *pourquoi* les jours allongent.　그는 그들에게 왜 낮이 길어지는가를 설명한다.

· Les intempéries ne suffisent pas à expliquer *pourquoi* les récoltes ont été si maigres.　수확이 그렇게 나빴던 이유가 악천후 때문만은 아니다.

· Il m'a exposé *pourquoi* il avait pris cette décision.　그는 왜 그러한 결정을 내렸는지 내게 설명했다.

· Je ne sais pas *pourquoi* il n'est pas venu. 나는 그가 왜 오지 않았는지 모르겠다.

2) ❶

> sans me dire *pourquoi* 내게 이유를 말하지 않고. être inquiet sans savoir *pourquoi* 까닭도 모르고 불안하다.

· Tu devines *pourquoi*.　네가 이유를 생각해 봐라.

· Dis-moi *pourquoi*.　왜 그런지 말해다오.

· Elle est venue, je ne sais (pas) *pourquoi*.　그녀가 왔는데, 무엇 때문인지는 모르겠다.

· Je ne sais pas *pourquoi*, mais je ne l'aime pas.　무슨 이유인지 모르겠지만 나는 그를 싫어한다.

❷ · Ne me demandez pas *pourquoi*;　《옛·구어》 Demandez-moi *pourquoi*. 왜 그런지 나는 모른다.

· Vous ferez cela ou vous dira *pourquoi*.　《구어》 그렇게 하지 않으면 재미없다. ((**명령·위협**))

· Il faut qu'il vienne, ou qu'il dise *pourquoi*.　《구어》 그가 와야 한다. 그렇지 않으면 재미없다. ((**명령·위협**))

· Il faut que ça pète ou que ça dise *pourquoi*.　좌우지간 끝을 내야 한다.

3. 1) [c'est pourquoi + *ind*] : 그 때문에.

· C'est *pourquoi* il est totalement désemparé.　그가 어찌할 바를 모르는 것은 바로 그러한 이유에서이다.

· C'est *pourquoi* plusieurs critères devront entrer en ligne de compte pour éclairer le choix.　그것이 선택을 분명히 하기 위해 몇 가지 기준이 고려되어야 하는 이유이다.

· C'est *pourquoi* ils ne sont pas venus.　그래서 그들이 오지 않은 겁니다.

· C'est *pourquoi* j'ai voulu que soit créée une telle institution.　그것이 내가 그러한 기관이 설립되기를 바랐던 이유이다.

· Il a travaillé pendant six heures, c'est *pourquoi* il est si fatigué.　그는 6시간이나 일을 했다. 그래서

그가 그렇게 피곤한 거다.

· Il pleut, c'est *pourquoi* je ne veux pas sortir.　비가 온다, 그래서 외출하고 싶지 않다.

· C'est *pourquoi* ils proposent un système méritocratique de gouvernement.　그것이 그들이 능력중심의 정부체제를 제안하는 이유다.

· Face à un tel phénomène, les banques centrales n'ont plus aucune marge de manoeuvre. C'est *pourquoi* l'objectif de la Banque centrale européenne est d'avoir une inflation inférieure à 2 %.　그러한 현상에 대해 중앙은행들은 더 이상 수단의 여지가 없다. 그래서 유럽 중앙은행은 인플레이션을 2% 이하로 유지하는 것을 목표로 하고 있다.

· Nul ne sait, c'est *pourquoi* la Fédération internationale de gymnastique a annoncé jeudi avoir ajourné provisoirement la réunion.　아무도 모른다. 그것이 국제체조연맹이 잠정적으로 회의를 연기하겠다고 목요일 발표한 이유이다.

· Ni l'Amérique ni la Russie n'ont rien à gagner d'une course aux armes nucléaires au Proche-Orient. C'est *pourquoi* nous devrions nous unir dans les efforts pour empêcher l'Iran d'acquérir l'arme atomique. 미국도 러시아도 중동에서 핵무기 경쟁에서 얻을 것이 없다. 그래서 우리는 이란이 핵무기를 보유하는 것을 방지하기 위해 힘을 합해야 할 것입니다.

2) [voici/voilà pourquoi] : 이것 [그것] 때문이다.

· Voilà *pourquoi* elle est partie.　그녀가 떠난 것은 바로 그 때문이다.

· Voilà *pourquoi* il voulait venir à Paris.　그것이 그가 파리에 오고자 한 이유이다.

· Il ne paie jamais quand c'est son tour. Voilà *pourquoi* je le déteste.　그는 자기 차례가 되어도 돈을 내지 않는다. 내가 그를 싫어하는 것은 그 때문이다.

· Le riz ne se vend pas bien. C'est *pourquoi* beaucoup de paysans ne le cultivent pas.　쌀이 잘 팔리지 않는다. 그래서 많은 농민들이 쌀을 재배하지 않는다.

4. 《옛》 그 때문에(=pour lequel).

la raison *pourquoi* il s'est suicidé 그가 자살한 이유.

· Il n'y a point de raison *pourquoi* ici plutôt que là　거기가 아니고 여기이어야 할 이유가 전혀 없다.

pourtant

1. 그러나, 그런데, 그렇지만(=cependant, néanmoins, toutefois).

· Vous n'irez pas? *Pourtant* c'est votre devoir. [C'est *pourtant* votre devoir.]   안 가신다구요? 하지만 꼭 가셔야 되는데요.

· Je te l'avais *pourtant* dit.   하지만 나는 네게 그것을 말했었다.

· Il n'a pas compris ce qu'on lui disait, *pourtant* il est intelligent.   그는 사람들이 그에게 말하는 것을 이해하지 못했다. 하지만 그는 매우 영리하다.

· On croyait qu'il était innocent. *Pourtant* il était coupable.   사람들은 그가 결백하다고 생각했다. 그런데 그가 범인이었다.

· Ce n'est *pourtant* pas si compliqué.   하지만 그것은 그렇게 복잡하지 않다.

· C'est un homme froid, austère, généreux *pourtant*.   그는 냉정하고 엄하지만 너그러운 사람이다.

· Il vous a donné un cadeau? Ce n'est *pourtant* pas dans ses habitudes.   그가 당신에게 선물을 주었어? 한데 그는 평소에 선물을 주지 않는다.

2. [et pourtant] : 대립시키며 연결

· C'est une note grave, douce et *pourtant* pénétrante.   그것은 장중하고, 부드러우면서도 폐부를 찌르는 곡조다.

· Ces deux jeunes filles sont amies et *pourtant* très différentes.   그 두 소녀는 친구이지만, 매우 다르다.

· Il n'a obtenu que 60 à son examen. Et *pourtant* il avait bien étudié.   그는 시험에서 60점밖에 받지 못했다. 하지만 그는 열심히 공부했다.

· Il n'avait pas révisé et *pourtant* il a réussi.   그는 복습을 하지 않았는데도 합격했다.

· Il semble plus vieux que moi, et *pourtant* nous avons le même âge.   그는 나보다 나이가 들어 보이는데 우리는 동갑내기이다.

· Pour l'instant, la reprise économique ne s'est pas traduite dans les faits et *pourtant*, les attentes sont fortes du côté des salariés.   현재로서는 경제 회복이 실물에 반영되지 않고 있다. 하지만 급여 생활자들의 기대는 매우 크다.

3. [mais pourtant] : 완화된 대립

débat vif mais *pourtant* utile 격렬하기는 하지만 유익한 토론.

· On la craint et la fuit, mais *pourtant* on la respecte.   사람들이 그녀를 무서워하고 피하지만 존경하고 있다.

· Il n'a pas pu entrer à l'université. Mais *pourtant* il donnait de grands espoirs.   그는 대학에 갈 수 없었지만 커다란 희망을 주었다.

· Vous me dites qu'il ne va pas bien, mais *pourtant* il est très gai.   당신은 그가 잘 지내고 있지 못하다고 말했다. 하지만 그는 매우 쾌활하다.

· Excusez-moi d'arriver en retard. - Mais *pourtant* vous m'avez bien promis d'être à l'heure.   늦어서 미안합니다. - 한데 당신은 내게 제시간에 오겠다고 약속하지 않았습니까.

pourvu que

[pourvu que + *sub*]

1. ···하기만 한다면(=à condition que).

1)
pourvu que leur manifestation ne trouble pas l'ordre public 그들의 시위가 공공질서를 어지럽히지만 않는다면.

· *Pourvu qu*'il y consente, je me charge du reste.   그가 그에 동의만 하면 나머지는 내가 맡는다.

· *Pourvu que* vous ne fassiez pas trop de bruit, vous pourrez jouer dans le couloir.   너무 시끄럽게만 하지 않으면 복도에서 놀아도 좋다.

· Tu peux aller t'amuser *pourvu que* tu soit rentré avant 10 heures.   10시 전에 들어오기만 한다면 놀러가도 좋다.

· Je veux bien vous acheter une voiture *pourvu que* vous veuilliez bien payer le tiers du prix.   당신이 차 값의 3분의 1을 내기만 하면 당신에게 차를 사주겠다.

· Il ne dira rien *pourvu qu*'on le laisse tranquille.   가만히 내버려두기만 하면 그는 아무 말도 하지 않을 것이다.

· Le président américain s'est dit prêt à présenter à son Congrès un accord *pourvu qu*'il soit juste et équilibré.   미국 대통령은 그것이 공정하고 균형을 이룬 것이라면 협정안을 의회에 제출할 준비가 되어 있다고 말했다.

· N'importe quoi, *pourvu que* ce soit quelque chose de frais.   시원한 것이면 무엇이든 좋습니다.

· Peu m'importe que ce soit lui ou moi, *pourvu qu*'on prenne une décision.   결정만 내려진다면 그것이 그 사람이든 아니면 나든 중요하지 않다.

· Il fait n'importe quoi, *pourvu que* cela lui rapporte de l'argent.   그는 돈이 생기는 일이라면 무슨 일이든 한다.

· On te pardonnera, *pourvu que* tu fasses ta soumission.   네가 복종만 맹세한다면 용서해주겠다.

· Néron me tue, *pourvu qu*'il règne.   네로는 통치하게만 된다면 나를 죽인다.

2) [pourvu ··· que + *sub*]

> *pourvu* toutefois *que* + *sub* 단 ···이면. *pourvu*, en même temps, *que* vos aumônes grossissent à proportion 동시에 당신의 헌금이 비례하여 증가한다면.

2. 《드물게》 ···이니까, ···인 이상(=du moment que, dès lors que).

· Moi, *pourvu que* je mange à ma faim ···   나는 배부르게 먹었으므로 ···.

3. [pourvu que + *sub*] : 독립절로 쓰여 희망을 나타냄

1) · *Pourvu qu'*il ne lui arrive aucun accident !   그에게 아무 사고도 없었으면 좋으련만.

· *Pourvu que* l'été arrive vite!   여름이 빨리 오면 좋으련만.

· *Pourvu qu'*il n'ait pas la migraine, lui aussi.   그도 역시 두통을 앓지 않으면 좋을 텐데.

· *Pourvu que* ça dure !   이것이 언제까지나 계속되어 준다면 !

· *Pourvu qu'*il ne soit pas en retard !   제발 그가 늦지 않으면 좋으련만.

· *Pourvu que* ce ne soit pas une plaisanterie !   제발 이것이 농담 삼아 한 말이 아니었으면 좋으련만.

· *Pourvu qu'*il fasse beau demain!   내일 날씨가 좋으면 좋으련만.

2) · *Pourvu* au moins *qu'*il s'en rende compte!   최소한 그가 그것을 이해만 해준다면 좋으련만.

puisque

1. 원인·논리적 이유 : ···이므로, ···인 이상(=étant donné que, comme).

1)
> *puisque* vous appréhendez si fort ···   당신이 그토록 근심하는 것을 보니 ···

· *Puisque* personne ne vous attend, restez avec nous ce soir.   아무도 당신을 기다리지 않으므로 오늘 저녁 우리와 함께 머무르시오.

· *Puisque* nous avons des moyens, il serait injuste de ne pas l'aider.   우리가 재력이 있으므로 그를 돕지 않는 것은 옳지 못할 것이다.

· *Puisque* vous avez très souvent mal à la tête, faites-vous examiner les yeux.   머리가 자주 아프다고 하니 눈 검사를 해 보시오.

· *Puisqu'*il y a de la lumière, il doit y avoir quelqu'un dans la maison.   불이 켜져 있는 것으로 보아 집 안에 누군가가 있는 것이 틀림없다.

· *Puisque* c'est comme ça, il faut trouver une solution.   일이 이렇게 된 이상 해결책을 찾아야 한다.

· *Puisqu'*il est comme un frère pour nous, il nous donnera tout ce que nous lui demanderons.　그는 우리 형제나 다름없으니, 어떤 부탁이라도 들어줄 것이다.

· *Puisqu'*il en est ainsi, je ne conteste plus.　사정이 이러하니 더 이상 이의를 제기하지 않겠다.

· *Puisqu'*il en est ainsi [《구어》 *Puisque* c'est comme ça], je retourne chez ma mère.　사정이 그러한 이상 나는 어머니 집으로 되돌아가겠소.

· *Puisqu'*il ne travaille pas en ce moment, il a entamé la lecture du livre posthume de Soeur Emmanuelle.　그는 지금 일을 하지 않기 때문에 임마누엘 수녀의 유작을 읽기 시작했다.

· *Puisqu'*il s'agissait de piétinement, plusieurs centaines de milliers d'hommes piétinèrent encore pendant des semaines qui n'en finissaient pas.　수십만의 인간들이 오도가도 못하는 신세이므로 한없이 계속될 것만 같은 그 여러 주일 동안 별수 없이 발을 동동 구르며 묶여있을 수밖에 없었다.

· Ma fille veut aller seule en France. - *Puisqu'*elle a 20 ans, laisse-la faire.　내 딸이 혼자 프랑스에 가고자 한다. - 20살이니까 그렇게 하도록 내버려두렴.

· On les attend pourtant, *puisque* les casques bleus doivent assister l'armée congolaise dans ses opérations contre les rebelles.　그렇지만 반군에 대한 작전에서 유엔군이 콩고군을 도와주도록 되어 있기 때문에 사람들은 그들을 기다린다.

· Bien sûr, j'ai le temps de discuter, *puisque* je n'ai plus de clients.　물론 더 이상 손님이 없기 때문에 토론할 시간이 있다.

· On ne peut croire que la crise est sous contrôle, *puisque* rien ne permet, pour l'heure, d'affirmer qu'elle l'est.　현재로서는 그렇게 말할 수 있게 해주는 것이 아무 것도 없기 때문에 위기가 진정되었다고 믿을 수 없다.

· C'est le système le plus coûteux au monde, *puisqu'*il absorbe l'équivalent de 18 % du PIB.　그것은 국민 총생산의 18% 가량이 투입되기 때문에 세계에서 가장 비용이 많이 드는 시스템이다.

· Le choix du mot attaque est une satisfaction pour Séoul, *puisqu'*il exclut que le naufrage ait pu résulter d'un accident.　한국은 침몰이 사고에 의한 것이라는 것을 배제하기 때문에 공격이라는 낱말의 선택을 만족스럽게 생각한다.

· La banque centrale ne s'exprime presque jamais à ce sujet *puisque* la politique de change est du ressort de l'administration américaine.　환율정책은 행정부의 관할에 속하기 때문에 중앙은행은 그 문제에 대해 언급을 하지 않는다.

· Je suis bien obligé de venir à la séance, *puisque* je suis président.　내가 의장직을 맡고 있으니 회의에 가지 않을 수가 없다.

· Les hommes meurent, *puisqu'*ils naissent.　사람들이 태어나는 이상 죽어가는 것은 당연하다.

· Cette concurrence n'est pas loyale, *puisque* certains pays ne sont pas liés par la convention de 1997 contre la corruption.　그 경쟁은 일부 국가들이 1997년의 부패 방지협약에 의해 구속을 받지 않기 때문에 정당하지 못하다.

· Le premier ministre britannique est invité à la réunion de l'Eurogroupe, bien que la Grande-Bretagne n'en fasse pas partie, *puisqu'*elle n'a pas adopté la monnaie unique européenne.　영국은 유럽 단일

통화를 채택하지 않았기 때문에 영국이 유로그룹의 일원이 아님에도 불구하고 영국의 총리가 유로그룹 회의에 초청을 받았다.

· Rien ne nous oblige à les rencontrer ni même à les connaître *puisqu*'on reste anonyme derrière son écran d'ordinateur. 컴퓨터 화면 뒤에 익명으로 머물러 있기 때문에 아무것도 그들을 만나거나 서로 알아야만 하도록 강요하지 않는다.

· Il ne sert de rien de consulter, *puisque* c'est une chose résolue. 그것은 해결된 것이기 때문에 문의할 필요가 없다.

· Certains soutiennent que l'aide n'est plus tellement nécessaire, *puisque* les pays les plus pauvres, en Afrique, ont connu une belle croissance. 일부 사람들은 아프리카의 가장 빈곤한 나라들이 양호한 성장률을 기록했기 때문에 원조가 이제 더 이상 그토록 필요하지 않다고 주장한다.

· L'élection dans l'État de New York, a été suivie attentivement à la Maison Blanche, *puisqu*'on a vu le Parti républicain se diviser. 공화당이 분열되었기 때문에 공화당은 뉴욕 주의 선거를 주의 깊게 지켜보았다.

· Une civilisation est un héritage de croyances, de coutumes et de connaissances, lentement acquises au cours des siècles, difficiles parfois à justifier par la logique, mais qui se justifient d'elles-mêmes, *puisqu*'elles ouvrent à l'homme son étendue intérieure. 문명이란 수 세기에 걸쳐 서서히 쌓인 지식과 관습, 신앙의 유산으로써, 이러한 것들은 때로는 논리적으로 규명하기가 어려운 경우가 있지만, 인간에게 인간 내면의 폭을 열어주기 때문에 그 자체로써 정당화된다.

2) 주절의 동기

· Eh bien! *puisqu*'il le veut, acceptons. 그래, 그가 원하니 받아들입시다.

· *Puisqu*'on dit qu'il en est ainsi, je ne peux pas faire autrement que de le croire. 사람들이 다 그렇다니까 나도 믿을 수밖에 없다.

· *Puisque* vous insistez, j'accepte. 당신이 고집을 부리시니 승낙을 하겠습니다.

· *Puisqu*'on vous en prie, et que rien ne s'y oppose, n'hésitez point à le faire. 사람들이 당신에게 요청하고 아무것도 그에 반대하지 않으니 주저하지 말고 그렇게 하세요.

· *Puisque* vous voulez savoir, il a eu l'air d'un petit prince offensé. 당신이 알고 싶어 하니까 얘기하는데, 그는 모욕당한 어린왕자 같은 모습이었죠.

· *Puisque* vous vouliez me voir, me voici. 당신들이 나를 보기 원하기에 내가 여기왔다.

· J'y vais *puisque* tu le dis. 네가 가라고 하니까 가겠다.

· Je le veux bien, *puisque* vous le voulez. 당신이 원하기 때문에 나도 원한다.

3) 의문문과 쓰여 질문의 이유를 나타냄

❶ · *Puisque* je vous dis que ses travaux sont vraiment remarquables, pourquoi ne me croyez-vous pas? 당신들에게 그의 업적은 정말 주목할 만하다고 말했는데, 왜 다들 믿지 않죠?

· Pourquoi le demander, *puisque* vous le savez? 그것을 알고 있는데 왜 물으시죠?

· Pourquoi vient-il ici, *puisque* je l'ai défendu?   내가 오지 말라고 했는데, 그가 왜 왔죠?

❷ · Qui va venir? *Puisque* vous savez tout.   누가 옵니까? 당신은 모르는 것이 없잖아요.

4) [puisqu'il est question de *qn/qc*; puisqu'il s'agit de *qn/qc*] : …에 관한 이야기인데(=à propos de).
· *Puisqu*'il s'agit de votre ami, comment se fait-il que nous ne l'ayons plus rencontré?   당신 친구에 관한 이야기인데, 이제 그를 만날 수 없는데 어찌된 일이오?

5) 생략문

> compétition mondiale que les joueurs nord-coréens retrouveront en 2010, *puisqu*'assurés d'aller en Afrique du Sud, avec leur voisin sud-coréen 이웃 한국과 함께 남아프리카공화국에 갈 것이라고 확신하기 때문에 북한 선수들이 다시 보게 될 국제 경기. résidents qui ne seraient pas expulsables, *puisque* Français par la naissance 출생에 의해 프랑스인이 되었기 때문에 추방할 수 없는 거주자들.

· Un participe passé est mis ici à la place de l'infinitif, plus simple d'utilisation, *puisque* invariable.   여기에서 변화하지 않기 때문에 사용하기가 더 간단한 부정법 대신에 과거분사가 쓰였다.
· Sa faute est impardonnable, *puisque* préméditée et voulue.   그의 잘못은 계획적이고 고의적이었으므로 용서할 수 없다.
· Il est modeste, *puisque* grand savant.   그는 위대한 학자여서 겸손하다.
· Ces constructions ne contredisaient nullement le processus de paix, *puisque* prévues dans des quartiers juifs de Jérusalem qui feront partie intégrante d'Israël.   그 건축은 그것이 완전히 이스라엘에 속하는 예루살렘의 유태인 구역에 예정되어 있기 때문에 평화를 위한 과정에 전혀 배치되지 않는다.

2. 용어·개념의 적절함을 설명
1) ❶ · C'est presque un miracle, *puisqu*'il a fallu la main de Dieu, qui s'appelait Thierry Henry, pour que les tricolores égalisent au bout de la nuit.   날이 샐 무렵 프랑스 팀이 비기기 위해서는 티에르 앙리라고 하는 신의 손이 필요했기 때문에 그것은 거의 기적이었다.
· Le gouvernement, *puisqu*'il est question du ministre, devrait décider comment faire.   장관이 문제되고 있으므로, 정부는 어떻게 해야 할지 결정해야 할 것입니다.
· Ce n'est pas le cas de la Corée du Nord: toujours, en théorie, en état de guerre *puisque* seulement un armistice est intervenu en 1953.   1953년에 단지 휴전협정만 맺어졌기 때문에 이론적으로는 여전히 전쟁 상태에 있는 북한의 경우는 다르다.
· Une telle somme, considérable à l'échelle de ce pays *puisqu*'elle représente environ un quart du PIB, serait à 60 % versée par des banques et des groupes chinois.   국민총생산의 약 4분의 1에 해당하기 때문에 그 나라의 규모에 비해 상당하다고 할 수 있는 그러한 액수의 60%가 중국의 은행과 그룹에 의해 지불된다.

· On mesure encore mal le danger de ce virus H1N1, certes beaucoup plus contagieux qu'une grippe classique, mais moins redoutable *puisqu*'il n'a jusqu'à présent causé que 1.799 morts dans le monde. 전통적인 독감보다 더 전염성이 강하나, 지금까지 전 세계에서 1,799명의 사망자만 초래하여 덜 무섭다고할 수 있는 그 H1N1(신종인플루엔자) 바이러스의 위험성을 아직도 제대로 가늠하지 못하고 있다.

❷ · Qu'est-ce qui a rendu possible cette dépense excessive? Un endettement déraisonnable, *puisque* libellé dans la monnaie que les États-Unis peuvent émettre avec une souplesse interdite aux autres pays. 무엇이 그러한 과도한 지출을 가능하게 하는가? 그것은 미국이 다른 국가들에게는 허용되지 않은 유연성을 가지고 발행하는 통화(달러)에 기록되어 무분별하다고 할 수 있는 채무다.

2) [puisque + 무관사명사 + il y a]

· Son départ, *puisque* départ il y a, est fixé à demain?　그가 출발한다고 하니 말인데, 그의 출발이 내일로 정해졌다고?.

· Cette situation est indigne d'une démocratie. *Puisque* honte il y a, la responsabilité première de l'État est d'y mettre un terme.　그러한 상황은 민주주의에는 합당하지 않다. 그것은 수치스러운 일이기 때문에 국가의 첫 번째 책임은 그것을 종식시키는 것이다.

3. 독립절 : 감탄·강조의 뜻을 나타냄

· *Puisque* je vous dis d'essayer!　어서 해 보라니까요.

· *Puisque* je te dis qu'il a raison.　글쎄 그가 옳다니까.

· Mais *puisque* je te dis qu'il n'y a pas d'argent.　하지만 돈이 없다고 말하지않소.

· *Puisque* je te dis qu'il ne parle pas chinois!　그는 중국어를 못 한다니까.

· *Puisque* je vous le dis!　내가 그렇다고 말하니까 틀림없소.

· Mais *puisque* c'est trop tard!　그러나 너무 늦었잖아!

· Enfin, *puisqu*'il le faut.　여하튼 할 수 없지.

· Je ne veux pas y aller. - Mais *puisque* c'est moi qui paie.　나는 거기에 가고 싶지 않아. - 하지만 내가 비용을 지불한다잖아.

· C'est vrai qu'il a réussi à l'examen? - *Puisque* je te le dis!　그가 시험에 합격했다는 게 정말이야? - 정말 그렇다니까.

quand

1. 동시성

1)
> *quand* les vacances arrivent 휴가가 시작되면. *quand* tu es à l'étranger 네가 외국에 있을 때. *quand* l'âge est venu 노년이 찾아왔을 때. *quand* le soleil est oblique 저녁 무렵, 해가 기울었을 때. *quand* vient la retraite 은퇴 시기가 올 때. *quand* vient son tour 그의 차례가 되었을 때. *quand* Deng Xiaoping se rendit à Tokyo, en 1978, pour y signer un traité de paix et d'amitié 등소평이 1978년에 평화우호조약을 체결하기 위해 동경에 갔을 때.

· *Quand* elle est arrivée à l'aéroport, l'avion partait [était parti] ?   그녀가 공항에 도착했을 때 비행기는 막 출발하려는 참이었다 [이미 출발했다].

· *Quand* nous sommes arrivés, le train venait de partir.   우리가 도착했을 때, 기차가 막 떠났다.

· *Quand* on est jeune, souvent on est pauvre.   젊을 때는 대체로 가난하다.

· *Quand* il était petit, il était très intelligent,   그는 어렸을 때 매우 영리했다.

· *Quand* il a eu fini son travail, il est sorti.   일을 끝내고 난 다음 그는 외출을 했다.

· *Quand* deux personnes sont mises sous traitement, cinq autres contractent le VIH.   두 사람이 치료를 받고 있을 때 다른 다섯 사람이 에이즈 바이러스에 감염되었다.

· *Quand* il est parti, il est venu nous saluer.   그가 떠날 때 우리에게 인사하러 왔다.

· *Quand* la tourterelle a perdu sa compagne, elle ne s'appareille plus avec une autre.   멧비둘기는 자기 짝을 잃으면 다른 멧비둘기와는 짝짓기를 하지 않는다.

· *Quand* une se relevait, une autre prenait sa place.   한 여자가 일어나자 다른 여자가 그 자리를 차지했다.

· Nous allions partir *quand* il est arrivé.   우리가 출발하려고 하는데 그가 도착했다.

· On ne t'entend pas très bien; articule *quand* tu parles.   잘 안 들린다. 말할 때 발음을 분명히 해.

· Rien ne l'arrête *quand* il a choisi.   그가 선택을 했을 때에는 아무 것도 그를 막을 수 없다.

· Tu comprendras *quand* tu seras grand.   크면 너도 알게 될 것이다.

· Je crois qu'on n'est plus soi *quand* on chante.   노래를 부르는 동안은 무아의 경지에 빠지는 거라고 생각한다.

· L'homme se découvre *quand* il se mesure avec l'obstacle.   인간은 역경과 싸울 때 자신을 발견하게 된다.

· Je me disposais à partir *quand* il est entré.   출발하려는 채비를 하고 있는데 그가 들어왔다.

· La douille est éjectée *quand* le tireur réarme.   사수가 재장전할 때 탄피는 방출된다.

· J'étais là *quand* c'est arrivé.   나는 그 일이 벌어졌을 때 여기 있었다.

· Il n'était pas là *quand* on l'a appelé.   그는 출석을 부를 [점호할] 때 거기에 없었다.

· Il fait bon dormir *quand* on est fatigué.   피곤할 때 잠을 자는 것은 좋다.

· Il faut se supporter *quand* on vit ensemble.　함께 살아가는 동안 서로 참고 지내야 한다.
· Ils finissaient de dîner, *quand* je suis arrivé.　내가 도착했을 때 그는 저녁 식사를 끝내고 있었다.
· Vous pouvez juger de sa joie *quand* elle l'a revu.　당신은 그녀가 그를 다시 보았을 때의 기쁨을 상상하실 수 있을 겁니다.
· J'y penserai à loisir *quand* je serai seul.　혼자 있을 때 천천히 생각해보겠다.
· Pensez que je n'étais pas là *quand* il est mort!　그의 임종을 지켜보지 못하다니!
· Prête-moi le livre *quand* tu l'auras lu.　읽고 나면 그 책을 내게 빌려다오.
· Le président n'a pas reçu le dalaï-lama *quand* il est passé à Washington au mois d'octobre.　대통령은 10월에 달라이라마가 워싱턴에 들렀을 때 그를 만나주지 않았다.
· On ne refuse pas le bonheur *quand* il frappe à votre porte　행복이 당신의 문을 두드리는데 거절할 수는 없다.
· Tu pourrais répondre *quand* on t'appelle.　이름을 부르면 대답해라.
· Les procédures judiciaires peuvent être reprises contre lui *quand* il quitte ses fonctions.　그에 대한 사법 절차가 그가 직무를 마치고 떠날 때 재기될 수 있다.
· Les imbéciles vendent *quand* tout baisse, achètent *quand* tout hausse.　어리석은 사람들은 가격이 내릴 때 팔고, 가격이 오를 때 산다.

> ☆ 여러 개의 주어를 가질 때 강조하기 위해 각 주어 앞에 quand을 반복하기도 함. *quand* une femme *quand* un homme ont cette chance rare de s'attirer 여자와 남자가 서로 마음이 끌리는 그러한 드문 행운을 가질 때에는.

2) · Il est arrivé juste *quand* nous partions.　그는 우리가 막 떠나려고 할 때 도착했다.

3)

quand il n'y a plus de foin dans le ratelier 《비유》 돈 [자금]이 떨어지면. *quand* les poules auront des dents 해가 서쪽에서 뜰 때.

· *Quand* on n'a pas ce que l'on aime, il faut aimer ce que l'on a.　《속담》 좋아하는 것을 가지고 있지 않을 때에는 가지고 있는 것을 좋아해야 한다.
· *Quand* on n'a pas de tête, on a des jambes.　머리가 나쁘면 다리가 아프다.
· *Quand* le blé est mûr il faut le couper.　모든 일에는 때가 있다.
· *Quand* la corde est trop tendue, elle casse.　무슨 일이든 한도가 있는 법이다.
· *Quand* le chat n'est pas là, les souris dansent.　《속담》 호랑이 없는 곳에 토끼가 왕이다, 강자가 없을 때는 약자가 왕이다.
· *Quand* il pleut sur le curé, il dégoutte sur le vicaire.　《속담》 주인이 재앙을 만나면 그 밑의 사람에게도 그 여파가 미친다.
· *Quand* on prend du galon, on n'en saurait trop prendre.　《속담》 좋은 기회는 아무리 이용해도 지나치지 않는다.

· *Quand* (il) y en a pour un, (il) y en a pour deux.; *Quand* (il) y en pour deux, (il) y en a pour trois. 《**속담**》 한 [두] 사람 몫이면 두 [세] 사람이 나눌 수 있다; (음식 따위가) 충분히 있다; (자리가) 충분히 넓다.

· On désapprend *quand* on cesse d'apprendre.　배우기를 그만두면 잊는다.

· Il faut battre le fer *quand* il est chaud.　《**속담**》 쇠는 달았을 때 두드려라, 기회는 잃지 말고 잡아야 한다.

4) [quand + 조건법] : 가상적인 사실

· Ce livre vous consolerait *quand* vous auriez du chagrin.　이 책은 당신이 슬플 때 위로해 줄 거요.

· Nous pourrions faire une promenade ensemble *quand* vous seriez guéri.　당신이 회복이 되면 함께 산책을 할 수 있을 것이오.

5) 분리구문

· C'est *quand* il dort que ce bébé est le plus beau.　그 애기는 잠잘 때가 가장 예쁘다.

· C'est *quand* on galvaude le sens des mots - droits de l'homme, présomption d'innocence - que commence la déliquescence de la morale citoyenne.　시민 윤리가 타락하기 시작하는 것은 인권이나 무죄추정과 같은 낱말의 의미를 욕되게 할 때이다.

· Ce n'est pas *quand* la maison brûle qu'on reconstruit les fondations.　집이 불탔을 때 기초를 다시 세우는 것이 아니다(미리 기초를 튼튼히 해야 한다).

6) · Il ne travaille que *quand* ça lui plaît.　그는 자기 마음에 들 때만 일한다.

7) · C'est tout juste s'il me répond *quand* je lui parle.　그는 내가 말을 걸면 겨우 대답한다.

8) [il fera beau quand + *ind*] : …하는 일은 결코 없다.

· Il fera beau *quand* elle fera cela.　그녀가 그런 일을 하는 일은 결코 없다.

9) [à peine … quand + *ind*] : 막 [겨우] …했을 때 …했다.

· J'étais à peine couché *quand* les voisins ont sonné.　내가 막 잠자리에 들었을 때 이웃 사람들이 초인종을 울렸다.

2. 습관적 행위 : …할 때마다(=chaque fois que).

· *Quand* il s'agit de se mettre à table, il est toujours le premier.　밥상머리에 앉는 것이라면 그가 언제나 일등이다.

· *Quand* le bâtiment va, tout va.　건축업이 잘 된다는 것은 경기가 좋다는 증거다.

· *Quand* il a bu, il ne se contrôle plus.　그는 술을 마시면 자제력을 잃는다.

· *Quand* il est branché sur ce sujet, il est intarissable.　그 주제와 관련될 때면 그는 이야기가 끝이 없다.

· *Quand* je dis "jamais", je m'entends: à moins d'un événement imprévu.　내가 "결코"라고 할 때, 이는 예상치 못한 사건이 발생하지 않는다는 조건에서 하는 말이다.

· *Quand* il est en colère, il ne se possède plus.　그는 화가 나면 참지를 못한다.

· *Quand* il a embrayé sur ce sujet, on ne peut plus l'arrêter.　그가 그 주제에 대해서 말하기 시작하면 아무도 그를 말릴 수가 없다.

· *Quand* il fait beau, nous faisons une promenade.　날씨가 좋을 때면 우리는 산책을 한다.

· *Quand* je faisais part des avis des dirigeants à l'équipe, personne ne voulait écouter.　내가 팀에 지도부의 의견을 전달하고자 할 때마다 아무도 듣고자 하지 않았다.

· *Quand* il avait fini ses devoirs, il les montrait à sa mère.　그는 숙제를 끝내고 나면 어머니에게 보여주곤 했다.

· *Quand* on est en fureur, on ne connaît plus rien.　격분했을 때는 자제력을 잃게 마련이다.

· *Quand* il parle de son projet, il devient lyrique.　자기 계획에 대해 이야기할 때면 그는 열정적이 된다.

· *Quand* on lui parle de ses enfants, elle triomphe.　아이들 이야기가 나오면 그녀는 의기양양하다.

· *Quand* j'en rencontrais une qui me paraissait un peu lucide, je faisais l'expérience sur elle de mon dessin no.1 que j'ai toujours conservé.　나는 어른들 가운데 조금이라도 명석해 보이는 사람을 만날 때면 내가 항상 지지고 다니던 내 그림 1호를 보여주며 그 사람을 실험해 보았다.

· Pas moyen de l'arrêter *quand* il est lancé.　그는 이야기를 시작하면 도무지 그칠 줄을 모른다.

· Il se bute facilement *quand* on s'avise de le contredire.　그의 말에 반대하려고 하면 그는 금세 고집불통이 된다.

· Ce que t'es bateau *quand* t'es soûl !　《속어》 술 취하면 넌 정말 넌더리가 나.

· Il est crevant *quand* il imite son patron.　그가 사장 흉내를 내면 사람의 배꼽을 잡게 한다.

· Il est dangereux *quand* il a bu.　그는 주사(酒邪)가 심하다.

· Il est irrésistible *quand* il raconte son histoire.　그가 이야기를 하면 웃지 않을 수 없다.

· Il est toujours sobre *quand* il conduit.　그는 운전할 때는 술을 하지 않는다.

· Elle sourit *quand* on lui demande si elle est heureuse.　그녀는 사람들이 행복한지를 물으면 미소를 짓는다.

· Mon frère me stupéfait toujours *quand* il est au volant.　내 형은 운전대만 잡으면 나를 깜짝 놀라게 한다.

3. 원인·조건 : …이므로; …한다면(=du moment que).

1)

quand les circonstances s'y prêtent 상황이 허락하면. se dévêtir *quand* il fait chaud 더울 때 웃옷을 벗다.

· *Quand* je te le dis, tu peux me croire.　내가 하는 말이니까 믿어도 된다.

· *Quand* on vient de dedans, il fait plus froid encore.　안에 있다 나오면 더 춥다.

- *Quand* la corde est trop tendue, elle casse.　무슨 일이든 한도가 있는 법이다.
- *Quand* on regarde la structure de la dépense en France, on constate que la France dépense moins par élève que les pays de l'OCDE dans le primaire et l'enseignement supérieur, et beaucoup plus que ces mêmes pays dans le secondaire.　프랑스의 지출 구조를 살펴보면 프랑스는 초등교육과 고등교육에서는 경제협력기구 회원국들보다 학생 1인당 교육비를 덜 지출하고, 중등교육에서는 그들 국가들보다 학생 1인당 교육비를 훨씬 많이 지출한다는 것을 확인한다.
- *Quand* on parle du loup, on en voit la queue.　《**속담**》 호랑이도 제 말 하면온다.
- *Quand* le diable devient vieux, il se fait ermite.　《**속담**》 악마도 늙으면 은자가 되는 법이다((**젊어서 한량이었던 사람이 늙어서 하는 말**)).
- *Quand* on se plaint de tout, il ne vous arrive rien de bon.　무슨 일에나 불평하는 사람에게는 좋은 일이 일어날 수 없다.
- *Quand* on ne sait rien, on supporte tout, mais, si une lumière apparaît dans la nuit, on va vers elle.　아무것도 모르면 모든 것을 견딘다. 하지만 어둠 속에 빛이 들면 그 빛을 향하게 된다.
- *Quand* le vin est tiré, il faut le boire　《**속담**》 내친걸음이다; 물러설 수 없다.
- *Quand* on sait que, déjà, 39% seulement des 55-64 ans travaillent encore et que les autres sont réduits à un chômage d'attente pendant des années, comment ne pas comprendre que le report de l'âge de la retraite suscite au moins l'incompréhension?　이미 55세 내지 66세 연령의 39%만이 일을 하고 있고 다른 사람들은 여러 해 동안 대기실업 상태에 있다는 것을 알면 연금 수령 연령의 연장이 적어도 불안을 유발할 수 있다는 것을 어떻게 이해하지 못할까?
- Mais, va donc, *quand* je te dis d'y aller.　내가 가라고 했으니까 어서 가.
- Il m'a bien débarrassé *quand* il est parti.　그가 떠나서 참 시원하게 됐어.
- Tout change *quand* la pluie fait son apparition.　비가 오기 시작하자 모든 것이 변했다.
- Je ne peux durer plus d'une journée à Grenoble *quand* j'y mène Louise.　루이즈를 데리고 갈 때에는 하루 이상 그르노블에 눌러있을 수가 없다.
- Leur mission première est la protection des citoyens: mieux vaut appliquer le principe de précaution que de se trouver confronté à une pandémie incontrôlable. Surtout *quand* on connaît l'imprévisibilité de ces virus, leur transmission possible de l'animal à l'homme et la mondialisation immédiate de leur circulation au gré des transports aériens.　그들의 첫 번째 임무는 시민을 보호하는 것이다. 제어할 수 없는 전염병에 직면해서 대처하는 것보다는 예방의 원칙을 적용하는 것이 낫다. 특히 그 바이러스가 예측이 불가능하고, 동물에서 사람으로 전이될 가능성이 있고, 항공 수송을 통해 바로 전 세계로 퍼질 수 있다는 것을 알기 때문이다.

2) [quand ce n'est (pas) …]

- *Quand* ce n'est le chef de l'État, le ministre de l'industrie prend le relais et intervient dès qu'une entreprise menace de fermer un site et de procéder à des licenciements.　기업이 공장을 폐쇄하고 해고를 하고자 하면, 국가수반 아니면 산업부 장관이 뒤를 이어 개입하게 된다.
- Il se repose le dimanche, *quand* ce n'est pas le samedi.　그는 토요일이 아니면 일요일에 쉰다.

4. 대조 · 대립 : …한데(=alors que).

1) · Comment aborder sereinement cette question *quand* la République ne prouve pas qu'elle respecte l'égalité des citoyens.　공화국이 시민의 평등을 존중한다는 것을 보여주지 않는데 어떻게 그 문제를 차분하게 접근하겠는가?

· Le taux de pauvreté augmente au rythme de deux points *quand* la croissance du PIB recule d'un point.　국내총생산은 1포인트 줄어드는데 빈곤율은 2포인트 증가한다.

· Il serait malvenu de ne pas autoriser ces entreprises à venir ici *quand* nos multinationales se déploient dans leurs pays.　우리의 다국적기업이 그들 나라에 들어가 있는데 그 기업들이 여기에 오는 것을 허락하지 않는 것은 부적절할 것이다.

· Que faut-il attendre de cette réunion, *quand* on sait que la Chine, proche de la Corée du Nord et opposée à de lourdes sanctions, peut utiliser son droit de veto?　북한의 우방이자 중한 제재에 대해 반대하는 중국이 거부권을 행사할 수 있다는 것을 아는데, 그 회의에서 무엇을 기대해야 하는가?

· La Corée du Sud a connu une croissance positive au premier trimestre *quand* la plupart des autres pays asiatiques restaient dans le rouge.　대부분의 다른 아시아 국가들이 적자 상태인데 한국은 1분기에 플러스 성장을 기록했다.

· Il se plaint, *quand* il a tout lieu d'être content.　그는 당연히 기뻐해야 할 텐데 불평을 한다.

· Ainsi, entre 1997 et 2009, l'investissement est passé de 32% à 46% du PIB, *quand* la consommation des ménages chutait de 45% à 36% du PIB.　그리하여 1997년과 2009년 사이에 가계 소비는 국민총생산의 45%에서 36%로 하락했는데 투자는 국민총생산의 32%에서 46%로 증가했다.

· Le taux de croissance de la zone euro va tomber à 1,5 %, *quand* les pays émergents continueront de galoper au rythme de 6,7 %.　신흥국들이 6.7%의 성장률로 급성장하는데 유로 지역의 성장률은 1.5%로 추락할 것이다.

· Comment ils pourraient venir nous aider *quand* il n'y a qu'une seule patrouille disponible pour toute une ville?　전 도시에 순찰대가 하나밖에 없는데 어떻게 그들이 우리를 도와주러 올 수 있겠는가?

2) [pourquoi … quand …]

· Pourquoi ne pas lui acheter une montre *quand* tous ses amis en ont une?　그의 친구들은 모두 시계를 가지고 있는데 왜 그에게는 시계를 사주지 않을까?

· Pourquoi faire simple *quand* on peut faire compliqué?　왜 그토록 쉬운 것을 복잡하게 생각하지?

· Pourquoi faut-il que moi, je travaille *quand* tous les autres se reposert.　다른 사람들은 쉬고 있는데 왜 나는 일을 해야만 하지?

5. 양보 : 설사 …할지라도(=même si).

1) [quand + *ind/cond*]

> *quand* le diable y serait; *quand* ce serait le diable; *quand* le diable s'en mêle 아무리 해도, 어떤 어려움이 있어도.

- *Quand* tu cries en pleurant, on ne t'entend pas.   네가 울면서 소리를 질러도 아무에게도 그 소리가 들리지 않는다.
- *Quand* il me le donnerait pour rien, je n'en voudrais pas.   그가 그것을 내게 거저 준다 해도 나는 그것을 원하지 않는다.
- *Quand* le diable y serait, vous ne me ferez pas croire cela.   아무리 그렇게 말해도 나는 그것을 믿을 수 없다.
- La reprise, *quand* elle aura lieu, se fera immanquablement par à-coups, avec de nouvelles secousses et des rechutes.   경기회복은, 설사 이루어진다 하더라도, 틀림없이 불규칙적으로 이루어지고, 새로운 충격과 하강으로 이어질 것이다.
- L'endettement public est tel que les hommes politiques ne sont pas crus *quand* ils jurent que l'inflation ne sera pas la porte de sortie à la situation présente.   공공부채가 많아서 정치인들이 인플레이션이 현재의 상황에 대한 출구가 되지 않을 것이라고 말을 해도 믿지 않는다.
- Est-il justifié de brandir la menace d'interrompre des matchs *quand* une telle décision serait inapplicable, sans prendre le risque de déclencher des violences à la sortie des stades?   경기장에서 나올 때 폭력을 유발할 위험을 감수하지 않고는 그러한 결정이 실행될 수 없음에도 불구하고 경기를 중단하겠다고 협박하는 것이 정당화될 수 있는가?

2) [quand ce/ça ne serait que …]
- J'aimerais bien aller en France *quand* ce ne serait qu'une fois dans ma vie.   내 생애에 단 한 번만이라도 프랑스에 가고 싶다.
- Il aimerait bien faire l'ascension du Baekdu *quand* ça ne serait que pour dire qu'il y est monté une fois.   그는 거기에 한 번 올라가봤다고 말하기 위해서라도 백두산을 등정하고자 할 것이다.

3) [même quand + *ind*]
- Même *quand* vous élevez la voix, elle ne vous entend pas.   당신이 목소리를 높여도 그녀는 당신의 말을 듣지 못한다.
- Je ne capitule pas même *quand* je rencontre de grandes difficultés.   나는 커다란 난관에 부딪혀도 포기하지 않는다.
- Le premier secrétaire du parti socialiste peine à s'affranchir des dogmes, même *quand* ils sont devenus des leurres.   사회당의 제1서기는 비록 그것들이 환상이 되었더라도 그 교의들로부터 벗어나려고 애를 쓰고 있다.
- Il ne prend jamais de remède même *quand* il a mal à la tête.   그는 두통이 있어도 절대 약을 복용하지 않는다.
- Beaucoup d'États ne respectent pas les normes de l'OIT, même *quand* ils signent ses conventions.   많은 국가들이 국제노동기구의 협약에 서명을 해도 그 규범을 준수하지 않는다.
- Cette réforme subsistera même *quand* le président ne sera plus là.   비록 대통령이 없더라도 이 개혁은 계속 추진될 것이다.

4) 〔quand (bien) même + *ind/cond*〕

> *quand* (bien) même on a la peine 힘든 일이 있더라도. *quand* (bien) même ils sont très grands 그들이
> 매우 위대하다 하더라도. *quand* bien même les industries du disque et du cinéma en seraient les
> principales bénéficiaires 음반과 영화 산업이 그 주요 수혜자라 하더라도. *quand* bien même les profits
> se transforment en pertes colossales 이익이 막대한 손실로 변해도.

· *Quand* bien même cela devrait arriver, le président Barack Obama userait probablement de son droit
de veto.　설사 그러한 일이 일어나더라도 버락 오바마 대통령은 거부권을 행사할 것이다.

· *Quand* (bien) même il aurait tort, je dois lui obéir.　설사 그가 그르다 하더라도 나는 그에게 복종해야
한다.

· *Quand* (bien) même on lui aurait donné beaucoup d'argent, il n'aurait pas consenti.　그에게 많은
돈을 주었다 하더라도 그는 동의하지 않았을 것이다.

· *Quand* (bien) même vous seriez le chef de l'État, je ne pourrais vous vendre une marchandise que
je n'ai pas.　설사 당신이 국가 원수라 하더라도 내가 가지고 있지 않은 물건을 팔 수는 없을 것이오.

· *Quand* (bien) même il m'aurait supplié, je n'y serais pas allé.　설사 그가 내게 간청을 했더라도 나는
거기에 가지 않았을 것이다.

· *Quand* bien même il viendrait, il est déjà trop tard.　설사 그가 온다 하더라도 이미 늦었다.

· Dans le secteur de l'agriculture, les personnels de l'administration ont doublé *quand* bien même le poids
de l'agriculture dans l'emploi total et la richesse nationale était divisé par deux.　전체 고용과 국부에서
의 농업의 비중이 반으로 줄었는데도, 농업 부문 행정부의 인원이 두 배 늘었다.

· Il a donné le sentiment de privilégier une réforme comptable *quand* on aurait pu attendre une réforme
de société.　사람들은 사회개혁을 기대할지 몰라도 그는 회계부분 개혁을 우선시한다는 느낌을 주었다.

· Son nouveau film, d'une déchirante mélancolie, évoque une préparation aux adieux, *quand* bien même
le cinéaste, à 72 ans, ressemble à un roc.　72세의 그 영화인은 바위와 같아 보였지만 애절한 우수에
깃든 그의 새 영화는 작별에 대한 준비를 환기시킨다.

· Je veux bien le croire *quand* même je ne les ai pas vus.　내가 그들을 본 것은 아니지만 그렇게
믿고 싶다.

6. 설명적 동격

en juin 2007, *quand* il a enfin accepté de céder la place à Gordon Brown 그가 마침내 고든 브라운에게
자리를 물려주기로 한 2007년에. au XXe siècle, *quand* une industrie était trop importante 산업이 너무
중요시되는 20세기에.

· Les inondations dans la capitale pourraient atteindre le niveau de 1967, *quand* toute la ville s'était retrouvée
sous les eaux.　수도에서의 홍수는 전 도시가 물에 잠겼던 1967년의 수준에 이를 수도 있을 것이다.

· Ce pays a décidé de lier sa monnaie au dollar à la mi-2008, *quand* la valeur du billet vert s'est mise
à décliner.　그 나라는 달러화의 가치가 하락하기 시작한 2008년 중반에 자국 통화를 달러와 연동시키기

로 결정했다.

· C'est ce qui s'était passé lors de la Grande Dépression, *quand* Roosevelt avait racheté nombre de maisons.
그것은 루스벨트 대통령이 많은 주택을 다시 사들였던 대공황 때 일어났던 일이다.

· Nous revoici à l'époque d'Homère *quand* les déesses présidaient d'un nuage aux batailles des héros.
우리는 여신들이 구름 위에서 영웅들의 전투를 지휘했던 호메로스의 시대로 되돌아간 것이다.

7. 등위접속사적 용법 : 그때, 그런데(=et alors).

· Il allait au pas, ⋯ *quand*, tout à coup, sa monture s'arrêta.　　그는 보통 걸음으로 가고 있었다, 그런데 갑자기 말이 멈추었다.

· Ce pays s'en est rendu compte dans les 1930, ⋯ *quand* il a été lâché par ses alliés traditionnels.
그 나라는 1930년대에 그것을 깨달았고, 전통적인 동맹국들로부터 버림을 받았다.

· On croit la neige épaisse encore, *quand* déjà la voici qui cède et tout à coup, de place en place, laisse reparaître la vie.　　눈이 아직 두껍게 쌓여 있는 것으로 생각하고 있는데, 어느새 눈이 갑자기 사라지더니, 군데군데 새 생명이 싹을 틔운다.

> ☆ quand ⋯ 은 종속절이지만 문맥에 따라 제2등위절로 해석되는 경우가 있다. 특히 불의의 사건, 정황의 갑작스런 변화를 나타낼 때 등위절로 해석됨.

8. 명사절의 유도

1) 논리적 주어

❶ · C'est fort rare *quand* il se grise.　　그가 취하는 경우는 극히 드물다.

　· C'est vraiment beau *quand* elle le console.　　그녀가 그를 위로하는 모습은 참으로 아름답다.

　· Ça me fait frémir *quand* j'y pense.　　그 생각만 해도 소름이 끼친다.

　· On ne peut pas dire que c'est uniquement la faute des joueurs, *quand* on est dans ces conditions-là.
그러한 상황에 있는 것이 오로지 선수들만의 잘못이라고 말할 수는 없다.

❷ · *Quand* l'Europe agit de façon coordonnée et concrète, c'est évidemment une bonne chose.　　유럽이 공조하여 구체적으로 행동하면, 그것은 분명이 좋은 일이다.

2) 속사

❶ · Où était-ce? Ah, oui, *quand* elle lui dit tout.　　그게 어디였더라? 아, 그래, 여자가 남자에게 모든 걸 털어놓는 대목이었어.

❷ [où ⋯, c'est quand ⋯⋯] : ⋯인 것은 ⋯인 때이다.

　· Où ma colère éclata, ce fut *quand* il nia tout.　　내 분노가 폭발한 것은 그가 모든 것을 부인했을 때였다.

3) 직접목적보어

· Moi, j'aime *quand* il neige.　　나는 눈이 올 때가 좋다.

4) 전치사와 함께

> comme *quand* il était parti 그가 떠났을 때처럼. cette expression belle de *quand* il était enfant 그가 어렸을 때의 아름다운 표정.

· La photo date de *quand* nous sommes allés à Paris.　　그 사진은 우리가 파리에 갔을 때의 것이다.
· Cet argent sera pour *quand* ils auront vieilli.　　그 돈은 그들의 노후에 대비한 것일 것이다.
· Je vais à pied, excepté *quand* il fait mauvais.　　악천후가 아니면 걸어서 간다.
· Depuis quelques mois, je m'interdis d'acheter des DVD, d'aller au resto, de sortir, je fais attention à toutes mes dépenses, comme *quand* je ne gagnais pas ma vie.　　몇 달 전부터 나는 DVD도 사지 않고, 식당에도 가지 않고, 외출도 하지 않고, 내가 생활비를 벌지 못할 때처럼 모든 지출에 신경을 쓴다.
· Nous avons réservé ça pour *quand* tu seras grand.　　우리는 네가 크면 그것을 주려고 남겨놓았다.
· Je me souviens, moi, de *quand* elle est arrivée.　　나는 그녀가 여기 왔을 때의 일을 기억한다.

9. 형용사적 보어

· C'est sa figure *quand* elle était jeune.　　이건 그녀가 어렸을 때 모습이다(=la figure qu'elle avait *quand* elle était jeune).
· Cela m'a rappelé ton pauvre papa *quand* il parlait de moi au temps de nos fiançailles.　　이것은 우리가 약혼 때 내 이야기를 하던 너의 불쌍한 아빠를 생각나게 해주었다.

10. 독립절

1) 감탄·놀라움

· *Quand* je vous (le) dis!　　틀림없다니까요, 글쎄!(=*Quand* je vous le dis, il faut bien le croire.)
· *Quand* je vous le disais!　　내가 뭐라고 합디까!, (그것 보세요,) 내가 그렇다고 말하지 않았습니까! (=*Quand* je vous le disais, il fallait le croire.)
· *Quand* je [on]　pense que ces monuments ont plus de deux mille ans!　　이 기념물들이 2천년이 더 되었다니 놀랍군요!

2) 명령: [quand + 전미래]

· *Quand* vous aurez fini de vous bécoter!　　이제 키스는 끝내는 게 어때!

3) 금지·부인: [quand + 단순미래]

· *Quand* tu resteras là comme une emportée.　　멍하니 있는 것은 그만 둬!

4) 부정·부인: [quand + 단순미래]

· *Quand* tu me verras faire de ces gaffes-là.　내가 그런 실수를 할 리 없지!

5) · Et *quand* cela [ce] serait!　그렇다 해도 상관없어!

11. [quand même]

1) 인과관계에 의거한 양보: 그렇지만, 그래도(=cependant, pourtant).

· Vous aurez beau vous y opposer, il fera à sa tête *quand* même.　당신이 그에 대해 반대를 해도 소용없다. 그는 자기 생각대로 할 것이다.

· Il s'agit de la force *quand* même, puisque le capitaine du bateau chinois a été arrêté et fait l'objet de poursuites judiciaires.　그것은 그래도 중국 배의 선장이 체포되고 사법적인 소추의 대상이 되었기 때문에 강제력에 의한 것이다.

· Jean m'a déçu. - Il est *quand* même très intelligent.　장이 나를 실망시켰다. - 그래도 그는 매우 영리하다.

· Je lui avais défendu de venir, il est venu *quand* même.　나는 그에게 오지 말라고 했는데, 그래도 그는 왔다.

· Nicolas Sarkozy s'est dit *quand* même responsable de tout cela.　니콜라 사르코지는 어쨌든 자신이 그 모든 것에 대한 책임이 있다고 말했다.

· Ce n'est *quand* même pas si compliqué.　하지만 그것은 그렇게 까다롭지 않다.

· C'est *quand* même pas sain d'être à la maison quand on devrait être au boulot.　일을 해야만 할 때 집에 있는 것은 어쨌든 정상적인 것이 아니다.

· Qu'il fasse beau ou non, il va partir *quand* même.　날씨가 좋건 나쁘건 그는 떠날 것이다.

· Que vous veniez ou que vous ne veniez pas, j'irai *quand* même.　당신이 오든 오지 않든 나는 갈 것이다.

· Il a manqué son coup la première fois. Mais il voudrait *quand* même essayer une autre fois.　그는 첫 번째 시도를 실패했지만 다시 한 번 시도를 하고자 할 것이다.

· Il est *quand* même clair que les gens comprennent que c'est difficile.　그래도 사람들이 그것이 어렵다는 것을 이해한다는 것은 분명하다.

· Il n'a obtenu que 80. - Ses résultats sont *quand* même remarquables.　그는 80점밖에 얻지 못했다. - 그래도 그의 결과는 주목할 만한 것이다.

· Je ne veux pas, je le ferai *quand* même.　싫지만 그렇게 하겠소.

· Partons *quand* même.　어쨌든 [그래도] 떠납시다.

· On ne peut *quand* même nier qu'il ne soit un grand poète.　그렇지만 그가 위대한 시인이라는 것은 부인할 수 없다.

· Cette solution présente *quand* même un petit défaut.　그렇지만 그 해결책은 작은 결점이 있다.

· Hillary Clinton, la secrétaire d'État, a *quand* même dû rassurer les alliés sud-coréens et japonais.　그렇지만 힐러리 클린턴 국무장관은 동맹국인 한국과 일본을 안심시켜야만 했다.

· Sans reproche, il aurait pu *quand* même nous remercier.　탓하려는 것은 아니지만 그는 우리에게 사의를

표할 수 있었을 텐데.

· Il faut *quand* même rappeler que depuis l'échec des négociations de Doha, les accords de libre échange constituent le seul moyen pour les États de stimuler le commerce bilatéral.　어쨌든 도하 협상이 실패한 이래 자유무역협정이 쌍방무역을 촉진하는 유일한 수단이라는 것을 상기해야 한다.

· Il n'y a jamais eu de pays dans le monde dont l'économie est en déclin et qui puissent *quand* même maintenir leur supériorité militaire.　세계에서 그 경제는 기우는데도 군사적 우위를 유지하는 나라는 없었다.

· Évitant de se prononcer sur ce point, le président s'est *quand* même senti obligé d'évoquer la question lors de son discours devant le Congrès.　대통령은 그 점에 대해 언급을 피하면서도 의회 연설 과정에서 그 문제를 환기하지 않을 수 없다고 느꼈다.

2) 단언에 대한 묵시적 이의 · 반박

· C'est un film superbe. - Il est *quand* même trop long.　그것은 아주 멋진 영화야. - 하지만 너무 길어.

· Le café me fait mal au coeur. - Tu as vidé *quand* même la cafetière ce matin.　나는 커피 마시면 가슴이 답답해. - 그래도 너 오늘 아침에 커피포트에 있던 것을 다 마셨잖아.

· Tout le monde aussi est admiratif devant une énergie débordante, mais elle a *quand* même des limites. 모든 사람들이 넘치는 에너지에 감탄하고 있다. 하지만 그러한 에너지는 한계를 가지고 있다.

· Il ne restait que ma carte de crédit dans mon portefeuille. Mais c'est déjà pas mal *quand* même! 지갑에 신용카드만 남아 있다. 그래도 그게 어디냐?

3) 《구어》 분개 · 강조 : 얼마나, 정말.

· C'est *quand* même triste!　그것 참 슬픈 일이구나!

· C'est *quand* même étonnant ce malade!　그 환자는 참 놀랍구나!

· *Quand* même! Tu exagères.　정말이지 지나치구나.

12. 1) 《옛》 [quand (et) …] : …와 같이, 동시에(=avec, en même temps que).

· Il est arrivé *quand* (et) moi.　그는 나와 동시에 도착했다.

· Mon père me menait *quand* (et) lui à la chasse.　아버지는 자신과 함께 나를 사냥에 데리고 갔었다.

· Il fit mourir sa soeur, venue *quand* et lui en Égypte.　그는 자신과 같이 이집트에 온 누이를 죽게 했다.

2) 《옛 · 지방어》 *quand* (et) *quand* 동시에(=en même temps).

· Vous avez trouvé *quand* et *quand* le délectable.　당신들은 동시에 탐지 가능한 것을 찾았다.

의   문   사

1. 직접의문 : 언제, 어느 때.

1) · *Quand* viendra-t-il?; *Quand* est-ce qu'il viendra?; 《구어》 Il viendra *quand* ?　 그가 언제 옵니까?

· Au fait, *quand* est-ce qu'elle part?　 그런데, 그녀는 언제 떠나지?

· *Quand* aurai-je la joie de vous revoir?　 언제 또 당신을 만날 수 있는 기쁨을 가질 수 있을까요?

· *Quand* serez-vous prêts?　 언제 준비가 되지요?

· *Quand* penses-tu revenir ?　 당신은 언제 돌아오실 생각입니까?

· *Quand* Pierre viendra-t-il ?　 피에르는 언제 옵니까?

· *Quand* ça finira-t-il?　 그것이 언제 끝나겠니?

· *Quand* est-ce qu'elle vous en a parlé?　 그녀가 언제 당신에게 그 이야기를 했습니까?

· *Quand* est-ce qu'on se voit?　 우리 언제 서로 볼까?

2) · *Quand* ça?　 언제라고?

· Pensez-vous que davantage de soldats américains devraient être envoyés en Afghanistan? Combien? Et *quand*?　 당신은 더 많은 미군이 아프가니스탄에 파견되어야 한다고 생각하십니까? 얼마나? 그리고 언제?

2. 전치사와 함께

· À *quand* le départ?　 출발은 언제요?

· À *quand* un tribunal international pour le Congo?　 콩고 건에 대한 국제 법원은 언제로 예정되어 있는가?

· À *quand* remettons-nous notre réunion?　 우리의 회의를 언제로 연기합니까?

· De *quand* date la découverte de l'Amérique?　 아메리카 대륙이 언제 발견되었지?

· De *quand* est ce journal?　 그 신문은 언제 것이죠?

· Depuis *quand* apprenez-vous le français?　 언제부터 불어를 배웠습니까.

· Depuis *quand* est-il absent?　 그가 언제부터 결석이지요?

· Depuis *quand* parle-t-on de pays émergents?　 언제부터 신흥국에 대해 이야기 해왔는가?

· Depuis *quand* est-il permis d'entrer sans frapper?　 《비꼼》 언제부터 노크도 없이 들어오게 되었소?

· Pour *quand* est votre départ?　 당신의 출발이 언제죠?

· Jusqu'à *quand* ?　 언제까지?

· Jusqu'à *quand* comptes-tu mener ainsi une vie désordonnée?　 언제까지 그렇게 무계획하게 살려고 하니?

· Il restera ici jusqu'à *quand*?　 그가 언제까지 여기 있게 되지요?

· C'est pour *quand*, ton départ? - Pour ce soir [dans huit jours] .　 너의 출발이 언제로 예정되어 있니?
　 - 오늘 저녁 [일주일 후] 이야.

3. 간접의문

1)
> préciser où et *quand* on va commencer   어디에서 언제 시작할지 명확히 밝히다.

- Il n'a pas encore été affiché *quand* la réunion aura lieu.   회의가 언제 있을지 아직 공고된 바 없다.
- Le prochain président aura à décider comment on va se retirer, *quand* on va se retirer et ce qu'on va laisser derrière nous.   다음 대통령은 어떻게, 언제 철수할 것인지, 그리고 뒤에 무엇을 남겨놓을지를 결정해야 할 것이다.
- Je n'ai pu découvrir *quand* il était arrivé.   나는 그가 언제 도착했는지 알 수 없었다.
- Il lui a demandé *quand* elle viendrait.   그는 그녀에게 언제 올지를 물었다.
- Il était trop tôt pour déterminer *quand* l'envoyé spécial américain pour la Corée du Nord pourrait rencontrer leurs interlocuteurs nord-coréens.   미국의 북한 특사가 언제 북한의 대화 상대자들을 만나게 될지 결정하는 것은 너무 일렀다.
- Il est difficile de prévoir *quand* aura lieu le pic de l'épidémie.   언제 전염병이 절정에 이를지 예측하는 것은 어렵다.
- Je ne sais *quand* il m'a quitté.   그가 언제 떠났는지 모르겠다.
- Personne ne sait *quand* s'arrêtera la dégradation de la situation économique.   언제 경제상황의 악화가 멈추게 될지 아무도 모른다.
- Nul ne sait *quand* et comment la crise économique va s'achever.   아무도 경제 위기가 언제 그리고 어떻게 끝날지 모른다.

2)
- Dites-moi jusqu'à *quand* vous serez en France?   프랑스에 언제까지 계실지 말씀해 주세요.
- Savez-vous jusqu'à *quand* elle restera en Chine?   그녀가 언제까지 중국에 머무를지 아세요?
- Je ne sais pas depuis *quand* elle est malade?   나는 그녀가 언제부터 몸이 불편한지 모른다.

3) on ne sait *quand* 언제인지 모르지만.
- Partons n'importe *quand*.   언제든지 떠납시다.
- Je ne sais depuis *quand*, mais il est devenu plus qu'un ami.   언제부터인지 모르지만 그는 내게 친구 이상의 존재가 되었다.

4. [quand + 전미래] : 명령을 나타냄.

- *Quand* auras-tu fini de parler par énigmes?   수수께끼 같은 말을 언제 끝낼 거요?

que

I. 명사절

1. 주어

· *Qu*'elle m'écrive cette lettre me procure un plaisir immense.　그녀가 내게 이 편지를 쓴 것이 내게 큰 기쁨을 안겨준다.

· *Qu*'il ne m'en ait pas parlé m'étonne beaucoup.　그가 그것에 대해 내게 말하지 않은 것은 놀라운 일이다.

· *Qu*'il ait été puni nous est resté en travers de la gorge.　그가 벌을 받았다는 사실은 우리 마음속에 응어리가 되어 남았다.

· *Qu*'ils aient tenu dans la durée dans un pays où le taux de syndicalisation (8%) est très faible, est déjà un exploit.　노동조합의 비율이 8%로 아주 낮은 국가에서 그들이 그러한 기간 동안 지속할 수 있었던 것만으로 이미 큰 성과다.

· *Qu*'il ne vienne pas ne me surprend pas du tout.　그가 오지 않은 것이 내게는 전혀 놀랍지 않다.

· De là vient *qu*'il est totalement désemparé.　그가 어찌할 바를 모르는 것은 바로 그러한 이유에서이다.

· D'où vient *qu*'il n'a pas répondu?　어째서 그는 대답하지 않았을까?

· Qu'importe *qu*'il soit content ou non?　그가 만족하건 말건 무슨 상관이야?

> ☆ 문두에 위치하면 동사는 원칙적으로 접속법으로 씀.

2. 직접목적보어

1) [que + 직설법/조건법]

avancer *que* la légitimité arrivera forcément 공정함이 필연적으로 이루어질 것이라고 주장하다. déduire de sa pâleur *qu*'il est malade 얼굴이 창백한 것을 보고 그가 앓고 있다고 추측하다. dire *qu*'il est malade [qu'elle viendra] 그가 아프다고 [그녀가 올 것이라고] 말하다. faire valoir *qu*'elle a raison 그녀가 옳다고 강조 [주장] 하다. juger *que* l'accusé est coupable 피고가 유죄라고 판결하다. jurer *qu*'il dira toute la vérité 모든 진실을 이야기하겠다고 맹세하다. postuler *qu*'ils sont d'accord sur ce point 그들이 그 점에 대해서 동의한다고 가정하다. prêcher *que* la liberté doit être interdite aux méchants 악인들에게 자유가 주어져서는 안 된다고 강조하다. prédire *qu*'elle va partir demain 그녀가 내일 떠날 것이라고 예상하다. réaliser *qu*'il s'est trompé 그가 잘못했음을 깨닫다. téléphoner à *qn que* la réunion est remise …에게 모임이 연기되었다고 전화하다.

· Je vous accorde *que* vous avez raison sur ce sujet.　이 문제에 대해서 당신이 옳다는 것을 인정합니다.

· Il nous a fait accroire *qu*'il était riche.　그는 자기가 부자라고 우리를 속이려 들었다.

· J'admets *que* j'ai eu tort.　제가 틀렸음을 시인합니다.

· La mairie a affiché *que* les élections seraient reportées.　시 당국에서 선거가 연기되었다고 공고했다.

· Je vous affirme *que* j'ai payé toutes mes dettes.　당신에게 단언하지만 빚을 모두 갚았소.

· Il a ajouté *que* cette apparition des rats était une curieuse chose.　그는 이처럼 쥐들이 나타나는 것이 예삿일이 아니라고 덧붙였다.

· Il allègue *que* la liberté excessive se détruit enfin elle-même.　지나친 자유는 결국 자멸하고 만다고 그는 주장한다.

· Il a annoncé à ses amis *qu'*il allait bientôt se marier.　그는 친구들에게 곧 결혼할 것이라고 알렸다.

· J'ai appris *que* vous étiez rentré de voyage.　나는 당신이 여행에서 돌아왔다는 소식을 들었다.

· Il a argué *qu'*il n'avait rien entendu.　그는 아무 말도 못 들었다고 주장했다.

· Elle nous a assuré *qu'*elle l'avait vu la veille.　그녀는 전날 그를 보았다고 우리에게 단언했다.

· J'atteste *que* cet homme est innocent.　나는 그 사람이 결백하다는 것을 증언한다.

· Ces paroles attestent *qu'*il n'a rien compris.　이런 말로 미루어보아 그가 아무것도 이해하지 못했다는 것을 알 수 있다.

· J'avoue tout bonnement *que* je ne sais rien.　나는 솔직하게 아무것도 모른다고 하는 것을 고백한다.

· Elle a bredouillé *que* ce n'était pas de sa faute.　그녀는 자기 잘못이 아니라고 중얼거렸다.

· Elle vous a caché *qu'*elle m'avait vu.　그녀가 당신에게 나를 본 사실을 숨겼다.

· J'ai calculé *qu'*il faudra trois jours pour y aller.　나는 거기 가는 데 3일 걸릴 것이라고 예상했다.

· Je vous certifie *que* le testament est authentique.　나는 당신에게 그 유서가 진짜라는 것을 보증한다.

· Je lui ai communiqué *que* nous arriverions bientôt.　나는 그에게 우리가 곧 도착할 것이라고 연락했다.

· Il a compris *qu'*elle ne voulait pas se marier.　그는 그녀가 결혼할 의사가 없다는 것을 그는 알게 되었다.

· Je comptais *qu'*il viendrait.　나는 그가 오리라 생각했다 〔기대했다〕.

· Vous concéderez bien *que* j'ai raison sur ce point.　그 점에서는 내가 옳다는 걸 인정하시겠지요.

· Je conçois *que* vous êtes fatigué.　당신이 피곤하다는 것을 알겠다.

· Nous en avons conclu *qu'*il accepterait.　우리는 그가 동의할 것으로 결론을 내렸다.

· Il me confia *qu'*il comptait partir.　그는 나에게 출발할 계획이라고 말해 주었다.

· Je vais lui confirmer *que* nous comptons arriver demain.　나는 그에게 우리가 내일 도착할 것이라는 것은 확언하려고 한다.

· Les experts ont conjecturé *que* la reprise économique serait lente.　전문가들은 경기 회복이 느릴 것이라고 내다보았다.

· Vous pouvez constater *que* je ne me suis pas trompé.　내가 틀리지 않았다는 것을 당신이 직접 확인할 수 있습니다.

· Vous conviendrez *qu'*il a raison.　당신은 그가 옳다는 것을 받아들여야만 할 것입니다.

· Les analyses du sol martien corroborent *que* la vie serait possible sur la planète.　화성에서 가져온 흙을 분석한 결과 그 혹성에 생명이 가능할 것이라는 확증이 간다.

· Je crois *qu'*il est parti.　나는 그가 출발했다고 생각한다.

· Son ton décelait *qu'*il était anxieux.　그의 어조는 그가 불안스러워 하고 있음을 보여주었다.

· J'ai déchiffré sur son visage *qu'*il se parjurait.　나는 그의 얼굴 표정을 보고 그가 위증하고 있음을 알아챘다.

· Le gouvernement a décidé *que* les impôts seraient augmentés.　정부는 세금을 인상하기로 결정했다.

· Il a déclaré *qu'*il avait tout observé.　그는 모든 것을 다 보았다고 말했다.

· J'ai découvert *que* vous avez raison.　나는 당신이 옳다는 것을 알았다.

· Nous décrétons *que* vous partirez demain.　우리는 당신이 내일 떠나도록 결정합니다.

· Je lui ai démontré *que* son argumentation était fausse.　나는 그에게 그의 이론이 틀렸다는 것을 증명해 주었다.

· Son regard dénonça *qu'*il m'avait reconnu.　그가 나를 알아보았다는 것은 그의 시선으로 알 수 있었다.

· L'enquête a déterminé *que* l'assassin était le jardinier.　수사 결과 살인자가 정원사라고 결론지었다.

· Il nous a longuement développé *qu'*il avait réinventé le procédé.　그는 자신이 그 방법을 재발명했다는 것을 우리에게 장황하게 설명했다.

· Paul devinait *qu'*il se passait quelque chose.　폴은 무슨 일이 일어나고 있음을 감지했다.

· Il dissimule *que* cette solution ne lui plaît pas.　그는 이 해결책이 마음에 드는 체한다.

· Je ne doute pas *qu'*il est sincère.　나는 그의 진실성을 의심하지 않는다.

· Descartes a écrit *qu'*il faut savoir bien conduire sa pensée.　데카르트는 자신의 사고를 올바르게 이끄는 것을 알아야만 한다고 썼다.

· L'histoire nous enseigne *que* la dictature conduit à la guerre.　우리는 역사를 통해 독재가 전쟁으로 이끈다는 사실을 알고 있다.

· Je viens d'entendre *qu'*elle ne viendra pas.　나는 그녀가 오지 않으리라는 소식을 방금 들었다.

· Il m'a envoyé *que* j'avais tort.　그는 내가 틀렸다고 말했다.

· J'espère *que* tu vas bien.　네가 잘 지내기를 바란다.

· J'estime *que* vous avez suffisamment travaillé aujourd'hui.　나는 당신이 오늘 충분히 일했다고 생각한다.

· L'enquête a établi *qu'*il était coupable.　수사 결과 그가 유죄임이 밝혀졌다.

· Il explique à ses élèves *que* la terre est ronde.　그는 학생들에게 지구가 둥글다는 것을 설명한다.

· Le conférencier a exposé *que* l'avenir serait sombre.　연사는 장래가 어둡다고 말했다.

· Figurez-vous *que* vous êtes malade.　가령 당신이 병에 걸렸다고 생각해 보세요.

· Il se flatte *qu'*on aura besoin de lui.　그는 사람들이 자기를 필요로 하게 되리라고 기대하고 있다.

· Je te garantis *que* tout ira bien.　모든 것이 잘 될 것이라고 보장한다.

· J'ignorais *qu'*il était malade.　나는 그가 아픈 줄 몰랐다.

· J'imagine *qu'*il a voulu plaisanter.　나는 그가 농담하려는 것이었다고 생각한다.

· Cela implique *que* vous avez menti.　그것은 당신이 거짓말을 했음을 의미한다.

· Ils ont indiqué *qu'*il existait plusieurs approches possibles.　그들은 몇 가지 가능한 접근방법이 있다고 지적했다.

· J'en infère *que* nous pouvons réussir.　나는 그로부터 우리가 성공할 수 있다고 결론을 내린다.

· Il m'a informé *qu'*il refusait.   그는 거절의 뜻을 내게 알렸다.

· Il a insinué *qu'*il ne reviendrait peut-être plus.   그는 이젠 되돌아오지 않을 것임을 암시했다.

· J'ai lu dans le journal *qu'*il était mort.   신문을 보고에서 그가 죽었다는 것을 알았다.

· Il maintient *qu'*il a raison.   그는 자기가 옳다고 주장한다.

· Montrez-moi *que* vous avez raison.   당신이 옳다는 것을 증명해 보이시오.

· Il nie *qu'*il est venu à quatre heures.   그는 4시에 왔다는 것을 부인한다((**실제로 그는 왔음**)).

· Il a obtenu de son fils *qu'*il continuerait ses études.   그는 아들로부터 학업을 계속하겠다는 약속을 얻어냈다.

· On ne doit pas omettre *qu'*il n'est pas au courant.   그가 모르고 있다는 것을 잊어서는 안 된다.

· On lui oppose *qu'*il est trop jeune.   너무 어리다는 이유를 들어 그에게 반대한다.

· Vous oubliez *que* c'est interdit.   당신은 그것이 금지되어 있다는 것을 잊고 있군요.

· Je parie *qu'*il a oublié d'éteindre le gaz.   분명히 그는 가스불 끄는 것을 잊었을 것이다.

· Il pense *que* cela changera.   그는 그게 바뀔 거라고 생각한다.

· Je vous précise *que* toutes ces informations ont été vérifiées.   분명히 말하건대 이 모든 정보는 확인된 것입니다.

· Je n'aurais pu présager *qu'*il en arriverait à cette extrémité.   그가 이렇게 극단적으로 행동하리라고 예측할 수 없었다.

· Vous venez prétendre *que* vous ne l'avez pas vu!   그를 보지 못했다고 주장하는 겁니까?

· J'ai prouvé *qu'*il était le fils de M. Kim.   나는 그가 김씨의 아들이라는 것을 입증했다.

· Elle m'a raconté *qu'*elle avait vu, un jour, une soucoupe volante.   그녀는 나에게 어느 날 비행접시를 보았다고 말했다.

· Je vous répète *que* vous ne devez pas y aller.   되풀이해서 말하지만 당신은 그 곳에 가면 안 됩니다.

· Je lui ai répliqué *qu'*il mentait.   그의 말이 거짓이라고 나는 즉각 응수하였다.

· Répondez-lui *que* je ne peux le recevoir dans l'immédiat.   지금 당장은 만날 수 없다고 그에게 대답하시오

· Elle a résolu *que* sa fille nous rejoindrait.   그녀는 자기 딸이 우리와 합류하는 것으로 결정을 내렸다.

· Il sait bien *qu'*elle l'aime toujours.   그는 그녀가 그를 항상 사랑한다는 것을 잘 안다.

· Elle a senti *qu'*on lui tapait sur l'épaule.   그녀는 누군가가 자기 어깨를 치는 것을 느꼈다.

· Je vous signale *que* je ne serai pas là demain.   제가 내일 없으리라는 사실을 알려드립니다.

· Elle a souligné *qu'*il avait été un excellent collaborateur.   그녀는 그가 뛰어난 협력자였다는 것을 역설했다.

· Il a sous-entendu *qu'*il le ferait.   그는 그것을 하겠다는 것을 암시했다.

· Je soutiens *que* ce n'est pas possible.   나는 그것이 불가능하다고 주장한다.

· Il a bien spécifié *qu'*il resterait deux jours.   그는 이틀간 머물겠다고 분명히 말했다.

· Le contrat stipule *que* les associés sont solidaires.   계약은 조합원들이 연대책임이 있음을 규정하고 있다.

· Je lui ai suggéré *que* c'était moins facile qu'il ne pensait.   나는 그에게 그것이 생각만큼 쉽지 않다고 넌지시 알려주었다.

· Je peux témoigner *qu'*il était là.   그가 거기에 있었다고 증언할 수 있다.

· Elle trouve *que* son mari ne s'occupe pas d'elle.   그녀는 남편이 보살펴주지 않는다고 생각한다.

· Je vois *que* votre coeur m'applaudit en secret.   나는 당신이 마음속으로 나를 찬양하고 있는 것을 알고 있소.

> ☆ 종속절의 주어가 여럿일 때 각 주어를 강조하기 위해 que를 반복하기도 함.
> · Il semblait ne pas savoir *que* le printemps, *que* l'été, *que* l'automne, *que* l'hiver ont des plaisirs nouveaux. 그는 봄, 여름, 가을, 겨울이 각각 색다른 즐거움을 가지고 있다는 것을 모르는 것 같았다.

2) 〔que + 접속법〕

> attendre *que* la poire soit mûre 기회가 무르익기를 기다리다. pour éviter *qu'*elle me trouve 그녀가 나를 찾아내지 못하도록. implorer *que* l'on laisse vivre son père 그의 아버지를 살려줄 것을 애원하다. nécessiter *qu'*on prenne des mesures urgentes 긴급조치를 필요하게 하다.

· J'abomine *que* l'on me contraigne.   나는 강요당하는 것이 질색이다.

· Le directeur n'acceptera pas *que* vous partiez.   부장은 당신이 떠나는 것을 받아들이지 않을 겁니다.

· On ne m'accorde pas *que* je refasse ce travail tout seul.   사람들은 내가 이 일을 혼자 다시 하는 것을 허락하지 않는다.

· Il a mal accueilli *qu'*on ne lui ait rien dit.   그는 자기에게 아무 말도 하지 않은 것을 못마땅하게 여겼다.

· Je n'admets pas *qu'*il vienne sans prévenir.   나는 그 사람이 기별도 없이 오는 것을 용납할 수 없어.

· Admettons *qu'*il se soit trompé.   그가 잘못 생각했다고 가정해봅시다.

· J'admire *que* vous restiez impassible devant tant de sottises.   당신이 그 많은 어리석은 짓들을 보면서 태연하다니 놀랍다.

· Il adore *qu'*on s'occupe de lui.   그는 사람들이 자기에게 관심을 갖는 것을 무척 좋아한다.

· Il n'affirme pas *qu'*il soit innocent.   그는 자신이 결백하다고 주장하지는 않는다.

· Agréez *que* je vous félicite.   축하 말씀 드리는 것을 허락해주십시오

· Il aime *que* l'on soit heureux autour de lui.   그는 자기 주위 사람들이 행복하기를 바란다.

· Le poète frustré ambitionne *que* son fils devienne académicien.   낙심한 시인은 자기 아들이 한림원 회원이 되기를 갈망한다.

· J'apprécie *que* vous vouliez m'aider.   당신이 나를 도와주고 싶어 하는 데 대해 고맙게 생각합니다.

· J'appréhende *qu'*il ne vienne.   그가 오지나 않을까 염려된다.

· Je n'approuve pas *qu'*il agisse ainsi.   나는 그가 이런 식으로 행동하는 데 대해 찬성하지 않는다.

· Il attend *que* cela soit fini.   그는 그것이 끝나기를 기다린다.

· Elle autorise *qu'*on sorte.   그녀는 외출을 허용한다.

· Je ne peux pas vous certifier *que* le testament soit authentique.   나는 당신에게 그 유서가 진짜라고 보증할 수 없습니다.

· J'ai choisi *qu'*il vienne me chercher.　나는 그가 나를 찾으러 오는 방법을 택했다.

· Je commande à mon fils *qu'*il fasse son travail.　나는 내 아들에게 자기의 일을 하라고 명령한다.

· Je ne comprends pas *qu'*il puisse s'ennuyer.　그가 왜 따분해하는지 모르겠다〔이해가 되지 않는다〕.

· Je ne compte pas *qu'*elle aille à Paris.　나는 그녀가 파리에 가리라고 생각하지 않는다.

· Je conçois *qu'*il ne vienne pas.　그가 안 오는 것은 이해할 수 있는 일이다.

· Je conçois mal *que* l'on puisse dire cela.　나는 사람들이 그런 말을 할 수 있다는 게 이해가 되지 않는다.

· Je condamne *que* tu agisses ainsi.　나는 자네가 그와 같은 행동을 하는 것이 못마땅하다.

· Les esperts n'ont pas osé conjecturer *que* la reprise économique puisse avoir lieu.　전문가들은 경기 회복이 있을 것이라고 감히 점칠 수가 없었다.

· Je conseille *qu'*on prenne le taxi plutôt que le train.　기차보다는 택시를 타는 편이 좋겠습니다.

· Je ne considère pas *qu'*il soit trop tard.　나는 너무 늦었다고 생각하지 않는다.

· Avez-vous constaté *qu'*il soit rentré chez lui?　그가 집에 돌아왔는지 확인하셨습니까?

· Il conteste *que* votre rôle ait été important.　그는 당신이 중요한 역할을 했다는 것을 인정하지 않는다.

· On craint *qu'*il (ne) soit mort.　사람들은 그가 죽지나 않았을까 걱정한다.

· On a critiqé *que* cette décision n'ait pas appliquée.　사람들은 그 결정이 시행되지 않은 데 대해 비난했다.

· Elle n'a pas daigné *qu'*il lui rende visite.　그녀는 그의 방문을 승낙하지 않았다.

· Il a décidé *que* l'on ne sache rien de ce projet.　그는 그 계획을 아무에게도 누설하지 않도록 결정했다.

· Il défend *qu'*on fume en sa présence.　그는 자기 면전에서 담배 피우는 것을 금한다.

· Je demande *que* vous m'écoutiez.　제 말에 귀 좀 기울여 주십시오.

· Elle ne désapprouve pas *que* vous veniez.　그녀는 당신이 오는 것을 반대하지 않는다.

· Elle désire *qu'*il vienne la voir.　그녀는 그가 자기를 보러 오길 원한다.

· Elle déteste *qu'*on lui tienne tête.　그녀는 자기한테 대어드는 것을 참지 못한다.

· Je dois à Pierre *qu'*on m'ait offert du travail.　내게 일자리가 생긴 것은 피에르 덕분이다.

· Il dissimule *que* cette solution ne lui plaise pas.　그는 이 해결책이 마음에 드는 체한다.

· Je doute *qu'*aucun d'eux réussisse.　그들 중에서 어느 누구든 성공하는 사람이 있을지가 의문이다.

· Qu'est-ce qui empêche *qu'*elle soit heureuse?　그녀는 무엇 때문에 행복하지 못한가?

· Il encaisse mal *qu'*on le fasse attendre.　그는 사람들이 그를 기다리게 하는 것을 참지 못한다.

· Je n'endure pas *qu'*on se moque de moi.　나는 조롱당하는 것을 참지 못한다.

· J'envisage *que* je puisse revenir sur ma décision.　나의 결정을 취소할 수 있으리라고 생각한다.

· Je n'espère pas *qu'*il vienne.　저는 그가 오리라고는 생각하지 않습니다.

· Elle exige *qu'*il vienne.　그녀는 그에게 오라고 명령한다.

· Figurez-vous *que* vous soyez malade.　가령 당신이 병에 걸렸다고 생각해 보세요.

· La code de la route impose *que* l'on mette une ceinture de sécurité.　도로교통법은 안전띠의 착용을 의무화하고 있다.

· Cette décision implique *que* vous participiez activement.　그러한 결정은 당신이 적극적으로 참여한다는

것을 전제로 한다.

· Ses amis lui ont inspiré *qu'*il retente l'examen.   그의 친구들은 그에게 다시 응시해 볼 마음이 생기게 했다.

· On m'a interdit *que* je propage cette rumeur.   나는 그 소문을 퍼뜨리지 말라는 명령을 받았다.

· Rien ne justifie *que* l'on prenne des mesures d'exceptions.   어떤 것도 예외적인 조치를 취하는 것을 정당화할 수 없다.

· Il ne méconnaît pas *que* ce (ne) soit là une exception importante.   그는 그것이 중요한 예외일 수 있다는 것을 모르지 않는다.

· Je ne mets pas en doute *qu'*il soit sincère.   나는 그의 진실성을 의심하지 않는다.

· Il nie *qu'*il soit venu à quatre heures.   그는 4시에 왔다는 것을 부인한다((**실제로 왔는지 안 왔는지 모름**)).

· J'ai obtenu de ma petite soeur *qu'*elle vienne.   난 여동생한테서 오겠다는 언질을 얻어냈다.

· Il ordonne *que* tout le monde soit convoqué chez lui.   그는 모두에게 자기 집으로 모이라고 지시한다.

· Il a permis *qu'*elle s'en aille.   그는 그녀가 가는 것을 허락했다.

· Je préfère *qu'*il vienne seul.   그가 혼자 왔으면 좋겠다.

· Nous réprouvons *qu'*il parte.   우리는 그가 떠나가는 것에 반대한다.

· Son poste requiert *qu'*il soit discret.   그는 지위상 언동을 조심하지 않으면 안된다.

· Il souffre *que* je l'accompagne.   그는 내가 그를 따라 가는 것을 용인한다.

· Je souhaite *que* vous songiez quelquefois à moi.   가끔 저를 생각해 주시길 바랍니다.

· Je souhaite *qu'*aucune obstacle ne vienne s'opposer à nos projets.   우리의 계획이 어떤 장애물에 의해서도 방해받지 않기를 바란다.

· Il ne supporte pas *qu'*on le contredise.   그는 남들이 자기 생각을 반박하는 것을 못 참는다.

· Supposons *que* vous ayez une maladie grave.   당신이 중병에 걸렸다고 가정해 봅시다.

· Ce discours ne vaut pas *qu'*on l'écoute.   그 연설은 들어볼 만한 가치가 없다.

· Il ne veut pas *qu'*on le dérange.   그는 아무도 그를 방해하지 않았으면 한다.

· Nos parents veulent *que* nous soyons heureux   부모님은 우리가 행복하기를 바란다.

3) ❶

croire bon *que* + *sub* ···하는 것이 좋다고 생각하다.

· Il a jugé souhaitable *qu'*il vienne.   그는 그녀가 오는 것이 바람직하다고 생각했다.

· Elle trouve drôle *qu'*il ait oublié de la prévenir.   그녀는 그가 그녀에게 미리 연락하는 것을 잊어버렸다는 것은 이상한 일이라고 생각한다.

· Il trouve étonnant *qu'*elle ne nous ait pas prévenu.   그는 그녀가 우리에게 미리 알리지 않았다는 것은 놀라운 일이라고 생각한다.

 ❷

avoir pour désagréable *que* + *sub*; 《**예**》 avoir désagréable *que* + *sub* ···을 좋지 않다고 판단하다,

> …에 동의하지 않다. avoir pour agréable *que + sub*; 《옛》 avoir agréable *que + sub* …을 좋다고
> 판단하다, …에 동의 [찬성]하다. avoir pour conséquence(s) *que + ind* 결과로서 …을 가져오다,
> …의 결과를 초래하다. prendre pour excuse *que + ind* …라고 핑계대다.

· Tenez pour assuré *qu*'il viendra.　　그는 반드시 올 것이다.

· Il tient pour peu probable *qu*'elle ait menti.　　그는 그녀가 거짓말했을 가능성이 거의 없다고
생각한다.

· Les pourparlers sur le nucléaire nord-coréen ont pour objectif *que* la Corée du Nord renonce
à ses ambitions atomiques.　　북한 핵에 대한 회담은 북한이 핵에 대한 야망을 포기하도록 하는
목적을 가지고 있다.

4)
> jurer son honneur *qu*'il ne sait rien 명예를 걸고 아무 것도 모른다고 맹세하다.

· Je te parie trois bouteilles de champagnes *qu*'il n'y arrivera pas.　　그가 오지 않는 쪽에 샴페인 세
병을 걸겠다.

3. 간접목적보어

s'alarmer *que + sub* …한 것에 겁먹다, 당황하다, 깜짝 놀라다. se chagriner *que + sub* …한 것을 슬퍼하다.
se défier *que + sub* …임을 의심하다; 알아채다. s'irriter *que + sub* …때문에 화가 나다. s'offenser *qu*'on
ne l'ait pas averti 그에게 미리 알려주지 않았다고 화를 내다. s'offusquer *que + sub* …한 것에 기분이 상하다.
requérir un journal *que* soit insérée une rectification 신문사에 정정문의 게재를 요구하다. se venger *qu*'on
l'ait outragé 모욕을 당한 데 대해 복수하다.

· Elle s'affecte *que* sa mère soit morte trop tôt.　　그녀는 어머니가 너무 일찍 돌아가셔서 가슴 아파 한다.

· Il s'afflige *que* sa mère soit souvent malade.　　그는 어머니가 자주 아파서 크게 상심하고 있다.

· Je me suis aperçu *qu*'il était le temps de partir.　　나는 떠날 시간이 되었다는 것을 알아차렸다.

· Assurez-vous *que* la porte est bien fermée.　　문이 잘 닫혀 있는지 확인하시오.

· Je m'attends *qu*'il viendra demain.　　나는 그가 내일 오리라고 기대한다.

· Il a besoin *qu*'on l'aide.　　그는 다른 사람의 도움을 필요로 한다.

· Il blâme son fils *qu*'il agisse de telle façon　　그는 그의 아들이 그런 식으로 처신한다고 나무란다.

· Il consent *que* je parte.　　그는 내가 떠나는 것에 동의한다.

· Convenez *qu*'il a raison.　　그가 옳다는 것을 인정하시오.

· Nous l'avons convaincu *qu*'il devait rester.　　우리는 그가 있어야 한다고 설득했다.

· On m'a déconseillé *que* je fasse trop de sport.　　나는 지나친 운동을 하지 말라는 충고를 받았다.

· Nous défions bien *qu*'on en fasse autant.　　그만큼 할 수 있는 사람이 있으면 해보시오.

· Il se désespère *que* vous n'ayez pas réussi.　　그는 당신이 성공하지 못한 것에 대해 실망하고 있다.

· Je ne disconviens pas *qu*'il eût été préférable d'attendre.　　기다리는 것이 더 나았으리라는 점을 인정한다.

- Je m'étonne *qu'*il soit rentré si tôt.　　그가 이렇게 빨리 돌아오다니 놀랍다.
- Faites attention *que* le chien ne sorte pas.　　개가 나가지 않도록 주의하시오.
- Je me félicite *que* Paul ne soit pas venu.　　나는 폴이 오지 않은 것을 나는 기쁘게 생각한다.
- Il s'est froissé *qu'*on ne l'ait pas invité.　　그는 자기를 초대해 주지 않아서 기분이 상했다.
- Je m'indigne *qu'*il soit si lâche.　　나는 그가 그토록 비열한 것에 분노하고 있다.
- Il a menacé son patron *que* tout se saura.　　그는 모든 것이 다 알려질 것이라고 주인에게 협박했다.
- Il les ai persuadés *que* tout irait bien.　　그는 그들에게 모든 일이 다 잘 될 거라고 설득했다.
- Il se plaint *qu'*on l'ait calomnié.　　그는 사람들이 자신을 모략했다고 불평한다.
- Il protesta *qu'*il n'en savait rien.　　그는 아무것도 몰랐다고 우겨댔다.
- Je me réjouis *que* vous soyez en bonne santé.　　당신이 건강하시다니 기쁩니다.
- Je me suis rendu compte *que* je n'étais pas doué en musique.　　나는 내가 음악에 재능이 없다는 것을 깨달았다.
- Je me soucie *qu'*il soit en retard.　　나는 그가 늦을까 염려된다.
- Il se souvenait *qu'*il avait posé le paquet à cette place.　　그는 소포를 그곳에 놓았던 것이 생각났다.
- Je ne me souviens pas *qu'*il l'ait dit.　　그가 그런 말을 했는지 기억이 나지 않는다.
- Je tremble *qu'*il ne l'apprenne.　　그가 알게 되지나 않을까 걱정이다.

> ☆ [à/de + 명사] 나 [à/de *inf*] 를 보어로 하는 동사나 형용사가 절을 보어로 취할 때 [à/de ce que
> + *ind/sub*] 의 형태가 되고 à/de가 생략되어 [que + *ind/sub*] 의 형태가 되기도 함.
> - Veillez (à ce) *que* l'ordre ne soit pas troublé.　　질서가 문란해지지 않도록 신경을 쓰다.
> - Il jouit (de ce) *qu'*on lui montre tant de respect.　　그는 사람들이 그에게 그토록 존경을 표하는
> 것을 좋아한다.

4. 형용사의 보어

être charmé *que* + *sub* …하여 매우 기쁘다. être dédaigneux *que* + *sub* …한 것을 경멸하다. être horrifié *que* + *sub* …한 것에 아연해 하다, 분개하다. être indigné *que* + *sub* …한 것에 분개하다. être joyeux *que* + *sub* …에 대해 기뻐하다. être peu soucieux *qu'*on nous ignore ou qu'on nous voie 우리를 무시하건 우리를 쳐다보건 별로 개의치 않다. être vexé *qu'*il n'ait pas réussi 성공하지 못해서 기분이 상하다.

- Je suis affligé *qu'*on vous ait si mal reçu.　　당신이 그토록 냉대 받아서 슬프고 가슴 아프다.
- Je suis bien aise *que* vous soyez venu.　　와주셔서 대단히 감사합니다.
- Elle était un peu blessée *qu'*il ne la tutoyait plus.　　그녀는 그가 더 이상 말을 놓고 하지 않아서 기분이 좀 상했다.
- Je suis certain *qu'*il n'était pas là.　　그가 거기 없었다는 것을 나는 확신한다.
- Vous êtes conscient *que* vous l'empêchez de réussir?　　당신이 그의 성공의 장애물이 된다는 것을 알고 계십니까?

· Je suis fort content *que* vous veniez.   당신이 와주셔서 매우 기쁩니다.

· Il est convaincu *que* vous réussirez.   그는 당신의 성공을 믿어 의심치 않는다.

· Je suis déçu *qu'*il ne m'ait pas répondu.   나는 그가 답장을 해주지 않아서 실망했다.

· Je suis désireux *que* vous réussissiez.   나는 당신이 성공하길 원한다.

· Je suis désolé *qu'*il ne se trouve pas ici.   그가 여기에 없다는 것이 나는 정말 애석하군요.

· Je suis enchanté *que* vous ayez pu venir.   오실 수 있게 되어 대단히 기쁩니다.

· Tout le monde est étonné *qu'*il soit parti ainsi.   그가 그렇게 떠난 것에 모두가 놀라고 있다.

· Je suis fâché *que* tu aies échoué.   네가 실패한 것을 애석하게 생각한다.

· Je suis fier *que* tu aies réussi.   나는 네가 성공한 것을 자랑으로 여긴다.

· Je suis flatté *qu'*il vienne.   그가 온다니 기쁘다.

· Il est furieux *que* tu ne sois pas venu le voir.   그는 네가 그를 보러 오지 않았다고 몹시 화를 내고 있다.

· Je suis heureux *qu'*il aille mieux.   그의 건강이 좋아져서 기쁩니다.

· Je suis inquiet *qu'*il n'ait pas écrit.   그가 소식을 보내오지 않아 불안하다.

· Il est irrité *qu'*on l'a fait attendre.   그는 자기를 기다리게 한 데 대해 화가 나있다.

· Je suis malheureux *que* ceci vous soit arrivé.   당신에게 이런 일이 일어나다니 마음이 아픕니다.

· Il est mécontent *que* vous ne soyez pas venu.   그는 당신이 오지 않은 것에 대해 불만이 많다.

· Il est navré *que* vous ne l'ayez trouvé.   그는 당신이 그를 만나지 못한 데 대해 몹시 유감스럽게 생각하고
있습니다.

· Je suis persuadé *qu'*un jour je serai reconnu.   언젠가는 제가 인정받을 것이라고 확신합니다.

· Je suis ravi *que* vous ayez réussi.   당신이 성공해서 매우 기쁩니다.

· Je suis sûr *qu'*il viendra.   나는 그가 돌아오리라고 확신한다.

· Je ne suis pas sûr *qu'*il viendra〔vienne〕.   나는 그가 올지 확신이 서지 않는다.

· Je suis surpris *qu'*elle ne soit pas venue.   그녀가 오지 않았다니 놀랍다.

5. 속사

1) ❶

le comble est *que* + *ind* 어처구니없게도 …이다. la merveille est *que* + *ind/sub* 신기한 점은 …이다.
le résultat est *que* + *ind* 결과는 …이다.

· Ma crainte est *qu'*il n'arrive trop tard.   내 걱정은 그가 지각하지 않을까 하는 것이다.

· Le drame est *que* l'économie de la drogue en Afghanistan représente aujourd'hui 3,5 milliards
de dollars, soit près de 40% du PIB.   비극적인 것은 오늘날 아프가니스탄에서 마약 경제가
35억 달러로 국민총생산의 40%를 차지한다는 것이다.

· Mon espoir est *que* vous réussirez.   나의 희망은 당신이 성공하는 것이다.

· Le fait est *que* vous avez raison.   사실, 당신이 옳아요.

· Il se dit directeur, mais le fait est *qu'*il est seulement chef d'atelier.   그는 자기가 부장이라고
말하지만 실제로는 직공장에 지나지 않다.

· La bonne nouvelle est *que* la progression du chômage se ralentit.　좋은 소식은 실업의 증가세가 둔화되고 있다는 것이다.

· Mon opinion est *que* tu fais ton devoir.　내 의견은 네가 의무를 다하고 있다는 것이다.

· Le problème n'était pas *qu'*il n'y avait aucune règle, c'est que les règles étaient mauvaises ou pas appliquées.　문제는 어떤 규정도 없었다는 것이 아니라, 규정이 잘못되었거나 적용되지 않았다는 것이다.

· La vérité est *qu'*il ne s'y attendait.　사실인즉 그는 그렇게 될 줄 몰랐다.

❷
le certain est *que* … 확실한 것은 …이다. l'étonnant est *que* + *ind/sub* 놀라운 것은 …이다.

· L'essentiel est *que* nous ayons la victoire.　중요한 일은 우리가 승리하는 것이다.

· L'important est *qu'*elle soit à l'heure demain.　중요한 것은 그녀가 내일 시간을 지키는 것이다.

· L'intéressant est *que* déjà les mathématiques et les sciences ne sont pas perçues du tout de la même façon par les élèves.　흥미로운 점은 수학과 과학이 이미 학생들에게 절대로 같이 인식되고 있지 않다는 것이다

· Le mieux serait *qu'*ils disent "stop" pour sauver l'Italie.　가장 좋은 것은 그들이 이탈리아를 구하기 위해 "그만"이라고 말하는 것일 것이다.

2) ❶
le diable, c'est *que* + *sub* 문제는 …하는 데 있다. le diantre, c'est *que* … 문제는 …이다. la vérité, c'est *que* … 사실을 말하자면 …이다.

· L'une des particularités de ces marchés, c'est *qu'*ils restent dominés par des fabricants locaux.　그 시장들의 특징 중의 하나는 그 시장들이 여전히 지역 제조업자들에 의해 지배당하고 있다는 것이다.

· Une chose regrettable, c'est *qu'*il a manqué de politesse.　유감스러운 것은 그에게 예절이 없었다는 것이다.

· Une chose regrettable, c'est *qu'*il ne soit pas venu à cette réunion.　유감스러운 것은 그가 그 집회에 오지 않았다는 것이다.

· Le comble, c'est *qu'*il est parti sans payer.　어처구니없게도 그는 계산도 하지 않고 갔다.

· Le fait nouveau depuis quelques jours, c'est *que* la possibilité d'un éclatement du système existe.　며칠 전부터 제기된 새로운 사실은 체제의 붕괴 가능성이 상존한다는 것이다.

· L'idéal, ce serait *qu'*elle l'épouse.　최선의 방법은 그녀가 그와 결혼하는 것이다.

· Le mal, c'est *qu'*il n'est pas là.　곤란한 점은 그가 거기에 없다는 점이다.

· Le malheur, c'est *que* le système d'alarme n'a pas fonctionné.　불운했던 것은 경보장치가 작동하지 않았다는 것이다.

· Son opinion à lui, c'est *que* nous avons tort.　그의 의견으로는 우리가 잘못했다는 것이다.

· Le deuxième point, c'est *que* nous avons peut-être tendance à surestimer cette crise. 두 번째 점은 아마도 우리가 그 위기를 과대평가하는 경향이 있다는 것이다.

· Le point fondamental, c'est *que* ce pays veut devenir une puissance nucléaire et pour y parvenir, davantage d'essais nucléaires sont nécessaires. 근본적인 점은 그 나라가 핵강국이 되기를 바라고, 그러기 위해서는 더 많은 핵실험이 필요하다는 것이다.

· Le seul point commun, c'est *qu'*ils sont tous musulmans. 유일한 공통점은 그들이 모두 이슬람교도들이라는 것이다.

· Le problème, avec un gel des dépenses, c'est *qu'*on utilise la hache là où il faudrait utiliser le scalpel. 지출의 동결로 인한 문제는 메스를 써야 할 곳에 도끼를 쓴다는 것이다.

❷ l'amusant, c'est *que* + *sub* 재미있는 것은 …하는 것이다. le comique de l'histoire, c'est *que* + *ind* 이 이야기의 우스운 점은 바로 …이다. le curieux de l'affaire, c'est *que* + *ind* 그 사건의 이상한 점은 …이다. le fâcheux, c'est *que* + *ind/sub* 난처한 점은 …이다. le plus joli de l'histoire, c'est *que* … 이 이야기의 백미는 …이다. le moins que l'on (en) puisse dire, c'est *que* … 적어도 말할 수 있는 것은 …라는 것이다. le plaisant de la chose, c'est *que* … 재미있는 점은 …이다.

· L'admirable, c'est *qu'*autour de lui on faisait cercle. 놀라운 것은 그의 주변을 사람들이 에워쌓았다는 것이다.

· Le plus bizarre, c'est *que* la digue a été construite avant même de savoir ce qu'on voulait y faire et pourquoi. 가장 이상한 것은 무엇을 원하는지 왜 그런지를 알지 못한 채 그 댐이 건설되었다는 것이다.

· Le difficile dans cette affaire, c'est *qu'*on doit obtenir le consentement de tous. 그 일의 어려운 점은 모든 사람의 동의를 얻어야 한다는 것이다.

· L'embêtant, c'est *que* je dois partir bientôt. 난처한 일은 내가 곧 떠나야 한다는 사실이다.

· Le plus important, c'est *qu'*il vienne vite. 가장 중요한 것은 그가 속히 오는 것이다.

❸ ce qu'il y a de plus fort, c'est *que* + *ind* 가장 놀라운 [지독한] 것은 …라는 것이다. ce qu'il y a d'étrange dans sa conduite, c'est *que* … 그의 거동에서 이상한 점은 …이다. ce qui me chagrine, c'est *que* … 나를 슬프게 하는 것은 …이다. ce qui compte, c'est *que* + *sub* 중요한 것은 …하는 것이다. ce qui est curieux, c'est *que* + *ind* 이상한 [신기한] 점은 …라는 것이다.

· Ce que j'avais dit il y a six ans, c'est *qu'*on ne savait pas combien cela allait coûter, quels effets cela aurait sur nos relations avec le reste du monde. 내가 10년 전에 말했던 것은 그것이 얼마나 많은 비용을 치르게 될지, 나머지 다른 세계와의 관계에 어떤 영향을 미치게 될지 몰랐다는 것이다.

· Ce qu'il a dit en premier, c'est *que* les deux parties devaient montrer leur retenue. 그가 먼저 말한 것은 쌍방이 자제력을 보여야 한다는 것이었다.

· Ce qui est certain, c'est *que* son fils est mort.　확실한 것은 그의 아들이 죽었다는 것이다.

· Ce qui est sûr, c'est *qu'*il ne viendra pas.　확실한 것은 그가 오지 않는다는 것이다.

· Ce qui est vrai, c'est *que* la City va devoir repenser son modèle et *que* la supervision financière va devoir être renforcée.　사실은 시티은행이 그의 모델을 재고하고, 금융에 대한 감독이 강화되어야만 할 것이라는 것이다.

· Lui, ce qui fait sa force, c'est *qu'*il fait tout lui-même.　그의 장점은 모든 것을 그의 힘으로 한다는 것이다.

· Ce que je veux dire, c'est *que*, pour prendre ces décisions, il faut savoir pour qui on se bat et quelles sont ses priorités.　내가 말하고자 하는 것은 결정을 하기 위해서는 누구를 위해 싸우고 그 우선순위는 무엇인지 알아야 한다는 것이다.

6. 논리적 주어

1) ❶

il agrée *que* + *sub* …함이 적당하다. il va de soi [sans dire] *que* + *ind* …은 자명하다; …은 당연하다. il m'amuse *que* + *sub* …하는 것이 재미있다. il appert de ce jugement *que* + *ind* 그러한 판결로 미루어 …임이 명백하다. il n'en demeure pas moins *que* + *ind* …임에 변함이 없다. il m'ennuie *que* + *sub* …하는 것은 난처하다 [걱정이다]. encore est-il *que* + *ind* 여하간 …라는 것은 사실이다. il est hors d'apparence *que* + *sub* …한 것 같지는 않다. il est hors de doute *que* + *ind* …임은 확실하다. il ne fait pas de doute *que* (ne) + *sub/ind* …인 것은 의문의 여지가 없다. il passe pour certain *que* … …은 확실시되고 있다. il reste *que* + *ind* 그렇다고 해도 [역시] …이다, 아무튼 …임에는 변함이 없다. il en résulte *que* + *ind* 위의 사실에서 …라는 사실이 나온다. il suit de là *que* + *ind*; d'où il suit *que* + *ind*; d'où il résulte *que* + *ind* 그 결과 [따라서] …이다. il me vient à la pensée *que* + *ind* …라는 생각이 떠오르다. d'où vient-il *que* + *ind* …? 어찌해서 …입니까?

· Il advient même *qu'*il neige parfois dans ce pays.　하긴 이 고장에도 이따금씩 눈이 오긴 한다.

· Il s'agit *que* vous le retrouviez.　당신이 그것을 찾아야 한다.

· Il apparaît, à la lecture des textes, *que* la loi est pour tous.　이 글들을 읽어 보면, 법은 만인을 위한 것임이 명백하다.

· Il n'apparaît pas *que* tous aient compris.　모두가 다 이해한 것 같지는 않다.

· Il arriva *que* je le rencontrai.　나는 우연히 그를 만나게 되었다.

· Il arrive *qu'*elle sorte après dîner.　그녀가 저녁식사 후 외출을 하는 일이 있다.

· Il convient *que* ce projet soit mieux étudié.　이 계획안은 좀 더 검토하는 것이 좋겠다.

· Il me déçoit *que* vous ne veniez pas.　당신이 오지 않는다니 실망스럽습니다.

· Il découle de vos prémisses fausses *que* vous arrivez à une conclusion erronnée.　당신이 잘못된 결론을 얻게 되는 것은 당신의 그릇된 전제에서 비롯된다.

· D'une erreur initiale [De ce que le calcul était faux], il dérive *que* le résutat est faux.　결과가 잘못된 것은 처음의 잘못에 기인한다 [계산이 틀렸기 때문이다].

· Il n'empêche *que* j'ai raison. 그래도 역시 내가 옳다.

· Il entre dans mon amour-propre *que* je suis ton frère.   내가 너의 형제라는 사실에 자부심을 느낀다.

· Il faut *qu'*on obéisse à la raison.   이성에 따라야만 한다.

· Il importe beaucoup *qu'*il vienne.   그가 오는 것이 매우 중요하다.

· Il paraît *que* la situation s'est améliorée.   상황이 호전된 것 같다.

· Il est parvenu à ses oreilles *qu'*elle était allée là-bas.   그녀가 거기에 갔었다는 소문이 그의 귀에 들려왔다.

· Il ressort de cet examen *que* la situation est mauvaise.   그것을 검토한 결과 사정이 나쁘다는 것이 분명해졌다.

· Cette tentative a réussi; il n'est reste pas moins *qu'*elle était très hasardeuse.   이 시도는 성공했지만 그렇다고 해도 그것은 아주 위험한 것이었다는 점에는 변함이 없다.

· Il n'en résulte pas *qu'*il soit ruiné.   그로 인해 그가 파산한 것은 아니다.

· Il me semble *que* vous charriez un peu.   당신은 좀 과장하는 듯하다.

· Il suffit *que* vous soyez là pour me rendre heureux.   당신이 계시는 것만으로도 나는 행복합니다.

· Il ne tiendra pas à moi *qu'*il ne réussisse.   그가 성공하는 것은 나에게 달려 있지 않을 것이다.

· Il vaut mieux *que* vous partiez.   당신이 떠나는 편이 더 낫습니다.

❷ il se conclut de *qc que* + *ind* …에서 …라는 결론이 내려지다. il se confirme *que* + *ind* …라는 것인 확인 [입증] 되었다. il se dégage de l'étude des faits *que* + *ind* 사실의 검토에 의해 …이라는 것이 밝혀지다.

· Il se dit *que* le ministre va démissionner.   장관이 사임할 것이라고들 한다.

· Il s'ensuit *qu'*il a tort.   그러니 그가 틀렸다.

· Il ne s'ensuit pas *qu'*elle doive refuser.   그렇기 때문에 그녀가 거절하리라는 법은 없다.

· Il se fait *que* le train arrive un peu en retard.   기차가 약간 늦게 도착하게 되었다.

· Comment se fait-il *qu'*elle parte demain?   그녀는 왜 내일 떠나게 되었나?

· Il s'impose *que* nous agissions vite.   신속하게 행동하는 것이 절대로 필요하다.

· Il se peut *qu'*elle soit un peu en retard.   그녀가 약간 늦을 수도 있다.

· Il se trouve *que* la porte était fermée.   문이 닫혀 있었다.

❸ cela m'agace *que* + *sub* …하는 것은 내 신경에 거슬린다. cela [ça] m'amuse *que* + *sub* …하는 것이 재미있다. cela n'empêche pas *que* + *ind/sub* 그래도 …이다. cela m'ennuie *que* + *sub* …하는 것은 난처하다 [걱정이다] .

· Cela m'arrangerait *qu'*il parte.   그가 떠난다면 좋을 텐데.

· Cela me déçoit *que* vous ne veniez pas.   당신이 오지 않는다니 실망스럽습니다.

· Ça m'embête *qu'*il parte demain.　그가 내일 떠난다니 난처한 일이군요.

· Ça m'énerve *que* tu ne sois jamais à l'heure.　너는 항상 제 시간에 오지 않아서 나를 짜증나게 한다.

· Ça m'épate *qu'*il ait réussi.　그가 성공했다니 놀라운 일이군.

· Ça m'étonne *qu'*il ne soit pas encore arrivé.　그가 아직도 도착하지 않다니 놀랍다.

· Cela m'étonnerait *qu'*il ait dit cela.　그가 그렇게 말했을 리가 없을 텐데.

· Ça me gêne *qu'*il me rende un tel service.　그가 그런 일까지 해주다니 불안하다.

· Ça me peine *qu'*il parte déjà.　그가 이미 떠나다니 매우 애석하다.

· Cela me procure un plaisir immense *qu'*elle m'écrive cette lettre.　그녀가 내게 이 편지를 쓴다는 것이 내게 큰 기쁨을 안겨준다.

· Ça ne vaut pas la peine *qu'*on en parle.　그것은 언급할 만한 가치가 없다.

2) ❶

il est bienséant *que* + *sub* …하는 것은 예의바르다 [적합하다] . il est compréhensible *que* + *sub* …인 것은 납득할 수 있다, 당연하다. il est très concevable *que* + *sub* …인 것은 충분히 상상할 수 있다. il est constant *que* + *ind* …은 확실하다. il n'est pas croyable *que* + *sub* …라는 것을 믿을 수 없다. il est curieux *que* + *sub* …한 것은 이상 [신기] 하다. il est dangereux *que* + *sub* …하는 것은 위험하다. il est explicable *que* + *sub* …라는 것은 설명이 가능하다. il est improbable *que* + *sub* …라는 것은 있을 수 없는 일이다. il est inadmissible *que* + *sub* …하는 것은 있을 수 없는 일이다. il est incertain *que* + *sub* …하는 것은 확실치 않다. il est incompréhensible *que* + *sub* …하는 것을 이해 [납득] 할 수 없다. il est inconcevable *que* + *sub* …하는 것은 생각도 할 수 없다, 있을 수 없다. il est incontestable *que* + *ind* …라는 것은 확실하다. il est incroyable *que* + *sub* …라는 것은 믿어지지 않는다. il est indécent *que* + *sub* …하는 것은 옳지 못하다, 부적당하다. il est indiscutable *que* + *ind* …라는 것은 이론의 여지가 없다. il est indubitable *que* + *ind* …라는 것은 의심할 여지가 없다. il est inexact *que* + *sub* … 하는 것은 틀린 것이다. il est intolérable *que* + *sub* …하는 것은 용납할 수 없다. il est malheureux *que* + *sub* …하는 것은 불운이다 [유감이다] . il est manifeste *que* + *ind* …한 것은 명백한 [뚜렷한] 일이다. il est patent *que* + *ind* …한 것은 명백하다. il est sous-entendu *que* + *ind* …은 말할 것도 없다. il est usuel *que* + *sub* …하는 것이 보통이다.

· Il est affligeant *que* l'on perde ses parents.　부모를 여읜다는 것은 비통한 일이다.

· Il me serait agréable *que* vous veniez.　와주신다면 기쁘겠습니다.

· Il est anormal *que* la malhonnêteté soit ainsi encouragée par la loi.　부정이 그런 식으로 법률에 의해 장려되는 것은 부당한 일이다.

· Il est apparent *qu'*elle s'est trompée.　분명히 그녀가 잘못 생각했다.

· Il est bizarre *qu'*il soit toujours malade le vendredi.　그가 금요일이면 항상 아프니 이상한 일이다.

· Il est bon *que* vous l'ayez prévenu.　당신이 그에게 미리 알린 것은 잘했다.

· Il est certain *que* cette solution est meilleure.　이 해결책이 더 낫다는 것은 분명하다.

· Il n'est pas convenable *que* vous sortiez seul.　당신 혼자 외출하는 것은 바람직한 일이 못됩니다.

· Il est clair *qu'*il se trompe.　　그가 틀렸다는 것은 명백하다.

· Il est désagréable à Marie *qu'*il pleuve.　　마리는 비가 와서 기분이 언짢다.

· Il est difficile *qu'*un enfant fasse mieux.　　어린아이가 더 잘하는 것은 어렵다.

· Il n'est pas digne de Marie *qu'*elle agisse ainsi.　　이러한 행동은 마리답지 않다.

· Il est douteux *qu'*il vienne ce soir.　　그가 오늘 저녁에 올지는 확실치 않다.

· Il n'est pas douteux *qu'*il a raison.　　그가 옳다는 것은 확실하다.

· Il est bien entendu *que* tout cela reste entre nous.　　물론 이 모든 것은 우리들만 알고 있어야
합니다.

· Il est bien étonnant *que* cela ne se soit pas produit plus tôt.　　그런 일이 좀 더 일찍 일어나지
않은 것이 매우 놀랍다.

· Il est bien étrange *qu'*il ait refusé.　　그가 거절했다니 아무래도 이상한 일이다.

· Il est évident *qu'*il a raison.　　그가 옳다는 것은 명백하다.

· Il est exact *que* les prix de l'essence baisseront.　　휘발유 가격이 내릴 것이 확실하다.

· Il est exceptionnel *qu'*elle vienne me voir.　　그녀가 나를 만나러 오는 것은 이례적인 일이다.

· Il est fâcheux *qu'*il ne vienne pas.　　그가 오지 않은 것은 유감스러운 일이다.

· Il est faux *que* vous m'ayez vu là, je n'y était pas.　　당신이 거기서 나를 보았다는 것은 잘못이다,
나는 거기에 있지 않았다.

· Il est heureux *qu'*on ne lui ait pas volé son passeport!　　그의 여권까지 훔쳐가지 않은 것이 천만
다행이다.

· Il est important *qu'*on le sache.　　그것을 아는 것이 중요하다.

· Il est impossible *qu'*on fasse mieux.　　더 잘하는 것은 불가능하다.

· Il est indéniable *qu'*il a tort.　　명백히 그가 잘못했다.

· Il n'est pas indifférent *que* le peuple soit éclairé.　　민중을 깨어나게 하는 것은 중차대한 일이다.

· Il est indispensable *que* vous partiez maintenant pour arriver à l'heure.　　제시간에 도착하기 위해서
는 반드시 지금 떠나야 합니다.

· Il est inévitable *qu'*il en soit ainsi.　　일이 이렇게 되는 것은 피할 수 없다.

· Il est inexplicable *qu'*il soit parti.　　그가 떠난 것은 이해할 수 없다.

· Il est inutile *que* vous reveniez.　　다시 오실 필요 없습니다.

· Il est logique *qu'*elle soit invitée à ce congrès.　　그녀가 이 회의에 초청되는 것은 당연하다.

· Il est nécessaire *qu'*on agisse vite.　　신속하게 행동하는 것이 필요하다.

· Il n'est pas nécessaire *qu'*il vienne.　　그가 올 필요는 없다.

· Il est possible *que* je confonde.　　내가 잘못 알고 있는지 모르겠다.

· Il est possible *que* je te suivrai.　　내가 너를 뒤따라갈지도 모른다.

· Il est préférable *que* vous partiez demain.　　내일 떠나는 것이 더 좋겠습니다.

· Il est probable *qu'*il viendra.　　그는 십중팔구 올 것이다.

· Il n'est pas probable [Il est peu probable] *que* cela se soit passé ainsi.　　그것이 그런 식으로

일어난 것 같지는 않다.

· Il serait souhaitable *qu'*il trouve un travail.   그가 일자리를 찾는 것이 바람직할 것이다.

· Il est sûr *que* le travail sera fini avant vingt heures.   작업이 저녁 여덟 시 전에 끝나리라는 것은 확실하다.

· Il n'est pas surprenant *qu'*il ait échoué.   그가 실패했다고 해도 놀랄 일이 아니다.

· Il est vrai *qu'*il a une mauvaise santé.   그의 건강이 좋지 않은 것은 사실이다.

· Il est vraisemblable *qu'*il réussira à l'examen.   그가 시험에 합격할 것 같다.

· Il n'est pas vraisemblable *qu'*il se soit trompé.   그가 잘못 생각했던 것 같지 않다.

❷ · Il devenait évident *qu'*il mentait.   그가 거짓말하고 있다는 것이 명확해졌다.

· Il ne paraît pas certain *qu'*il vienne.   그가 올지 확실치 않다.

· Il paraît douteux *qu'*il vienne.   그가 올지 의심스럽다.

· Il paraît évident *qu'*on va augmenter les impôts.   세금 인상이 확실시 된다.

· Il me paraît préférable *que* vous sortiez.   나는 당신이 나가는 것이 좋을 듯하다.

· Il me paraît superflu *que* vous me consultiez. 당신은 나와 상의할 필요가 없을 것 같습니다.

❸
c'est bête *que* + *sub* ···한다는 것은 어리석은 짓이다. c'est heureux *que* + *sub* ···한 것은 다행이다. c'est difficile *que* + *sub* ···하는 것은 어렵다. c'est indispensable *que* + *sub* ···하는 것은 불가피하다. c'est possible *que* + *sub* ···하는 것은 가능하다.

· Comme c'est contrariant *qu'*il ne vienne pas!   그가 오지 않아 참 난처하게 됐군.

· Ça m'est égal *qu'*elle vienne.   그녀가 와도 나는 상관없다.

· Cela m'est égal *que* tel ou tel candidat soit élu.   어느 후보가 당선되든 나와는 상관없는 일이야

· Cela est étrange *que* mes propres enfants me trahissent.   내 자신의 자식들이 나를 배반하다니 그것 참 이상하다.

· C'est formidable *qu'*on ne me dise jamais rien.   내게 전혀 아무 말도 하지 않다니 놀라운 일이다.

· Ce serait injuste *qu'*il soit puni à la place du coupable.   잘못한 사람 대신 그가 벌을 받는 것은 부당한 일이다.

· C'est juste *qu'*il soit récompensé.   그가 보상을 받는 것은 당연하다.

· C'est bien malheureux *qu'*elle ne puisse pas venir.   그녀가 올 수 없다니 대단히 유감스럽군요.

· C'est marrant *qu'*il n'ait rien dit.   그가 아무 말도 하지 않은 것은 이상하다.

· C'est probable *qu'*il sera en retard.   그는 십중팔구 늦을 것이다.

· C'est rare *qu'*il se cravate d'un noeud papillon.   그가 나비넥타이를 매는 일은 드물다.

· C'est vrai *que* je suis vieux et fatigué.   내가 늙고 지친 것은 사실이다.

3)

> il est de la bienséance *que* + *sub* …하는 것은 예절에 맞다. il est d'une importance capitale *que*
> + *sub* …하는 것이 매우 중요하다. il est de toute [stricte] justice *que* + *sub* …하는 것은 아주 당연하
> 다. il est de toute nécessité *que* + *sub* 반드시 …하지 않으면 안된다. il est de notoriété publique
> *que* + *ind* …은 주지의 사실이다. il est de tradition *que* + *ind* …하는 것이 관례이다. il est d'usage
> *que* + *sub* …하는 것이 관례이다.

4)

> c'est un bonheur *que* + *sub* …임은 다행한 일이다. c'est une chose admise *que* + *ind* …한 것은 용인되는
> 일이다. c'est un fait établi *que* + *ind* …라는 것은 정해져 있다 [확실하다] . c'est bien la raison *que*
> + *sub* …하는 것은 지당한 일이다. c'est la tradition *que* + *ind* …하는 것이 관례이다. c'est un usage
> *que* + *sub* …하는 것이 관례이다.

· C'est une chose inadmissible *qu'*il doive mourir.　그가 죽어야 한다는 것은 용납할 수 없는 일이다.

· C'est dommage *que* je ne puisse pas vous voir.　당신을 볼 수 없다니 유감입니다.

· C'est grand [bien] dommage *qu'*elle l'ait accepté.　그녀가 그것을 수락한 것은 대단히 유감스러운 일이다.

· C'est un hasard *qu'*il ait réussi.　그가 성공한 것은 우연한 일이다.

· C'est merveille *que* vous soyez vivant!　당신이 살아있다니 정말 놀랍군요.

· C'est miracle *qu'*il résiste dans ces conditions.　그가 그런 상황에서도 견딘다는 것은 기적이다.

· Est-ce la peine *que* j'y aille?　내가 거기 갈 필요가 있을까?

5)

> il n'y a pas de doute *que* (ne) + *sub/ind* …인 것은 의문의 여지가 없다. il y a peu de vraisemblance
> *que* + *sub* …인 것 같지 않다.

· Il y a de l'apparence *qu'*il disait vrai.　그가 진실을 말한 것 같다.

· Il n'y a pas d'apparence *que* je vive encore longtemps.　내가 더 오래 살 것 같지는 않다.

6) 비인칭수동문

> il est admis *que* + *ind* …한 것은 용인되는 일이다. il a été convenu que … …하기로 결정되었다. il
> est [《구어》 c'est] défendu *que* + *sub* …하는 것이 금지되어 있다. il est écrit *que* + *ind* …라고 쓰여
> 있다; 어쩔수 없이 …하도록 되어 있다. il fut édicté *que* … 법령에 의해 …라고 정해졌다. il a été
> résolu *que* … …라고 결정되었다.

· Il est officiellement accepté *que* l'on parte en vacances.　휴가 가는 게 공식적으로 인정되었다.

· Il a été arrêté *qu'*on se réunirait chez vous.　당신 집에서 모이기로 결정이 되었습니다.

· Il sera décidé *que* tout le monde partira.　모든 사람이 떠나도록 결정될 것이다.

· Il n'est pas du tout démontré *qu'*il ait été coupable.　그가 죄인이라는 것은 전혀 증명되지 않았다.

· Il est dit aux clients *que* le magasin n'ouvre qu'à dix heures.　고객들은 가게가 10시가 되어야만

열린다고 들었다.

- Il ne sera pas dit *que* je vous ai abandonné.　　내가 당신을 버렸다고 이야기되지는 않을 것이다.
- Il est établi *que* ce tableau est faux.　　이 그림이 가짜임이 밝혀졌다.
- Il n'est pas exclu *qu'*il accepte notre offre.　　그가 우리의 제의를 수락할 수도 있다.
- Il est prouvé *qu'*il est coupable.　　그가 유죄라는 것은 명백하다.
- Il n'est pas prouvé *qu'*il soit coupable.　　그가 유죄라는 증거는 없다.
- Il est stipulé dans l'annonce *qu'*il faut écrire au journal.　　광고에는 신문에 편지를 내야 한다고 명기되어 있다.

7) 생략문

> n'empêche *que* + *ind* 그래도 …이다. peu importe (à qn) *que* + *sub* …한 것은 (…에게) 문제될 것 없다 [상관없다] . plaise [plût] au ciel　*que* + *sub* ! 제발 …이기를! reste *que* + *ind* 그렇다고 해도 [역시] …이다, 아무튼 …임에는 변함이 없다.

- À Dieu ne plaise *que* je vous déplaise.　　나 때문에 당신이 불쾌해지지 않기를 바랍니다.
- Plaise à Dieu *qu'*il réussisse!　　그가 성공하면 좋을 텐데!
- Plût au ciel *qu'*il soit encore vivant!　　그가 아직 살아있기를!
- Vous avez raison. Reste *qu'*il va falloir convaincre les autres.　　당신이 옳습니다. 그래도 이제부터 모두를 설득시켜야만 합니다.
- Mieux vaut *que* vous partiez.　　당신이 떠나는 편이 더 낫습니다.

7. 문두에 분리된 절

1) · *Qu'*il doive préparer son examen, cela l'absorbe entièrement.　　시험을 준비해야 하기 때문에 그는 시간의 여유가 전혀 없다.
- *Qu'*il ait tort, cela est certain.　　그의 잘못이 확실하다.
- *Qu'*il ait refusé votre proposition, c'est bien possible.　　그가 당신의 제안을 거부했다는 것은 정말로 있을 수 있는 일이다.
- *Qu'*il ne t'ait pas écrit depuis longtemps, cela ne signifie pas qu'il soit fâché contre toi.　　그가 네게 오래 전부터 편지하지 않았다는 사실이 너한테 화가 났기 때문은 아니다.

2) · *Que* la richesse ne fasse pas le bonheur, il s'en aperçoit.　　부가 행복하게 만들어주지 않는다는 것을 그는 깨닫고 있다.
- *Qu'*il soit honnête, tout le monde en convient.　　그가 정직하다는 것은 모든 사람이 인정한다.
- *Qu'*il soit sage, j'en suis certain.　　그가 현명하다는 것을 나는 확신한다.
- *Qu'*il soit travailleur, je l'affirme.　　나는 그가 부지런하다고 단언한다.
- *Que* la mort nous fasse périr tout entier, je n'y contredis point.　　죽음이 우리를 모조리 멸망시킨다는 것에 나는 조금도 이의를 제기하지 않는다.

· *Que* l'on veuille agir ainsi, c'est ce que je ne crois pas.　사람들이 그렇게 행동하기를 원한다고 하는 것을 나는 믿지 않는다.

· *Que* le travail soit un trésor, vous le savez.　일이 보배라는 것을 잘 아시죠.

3) · *Qu'*il s'en aille, peu m'en chaut.　그가 가버리든 말든 나한테는 거의 상관없어.

> ☆ 문두의 절에는 접속법이 일반적이나 현실성을 강조할 때는 직설법을 사용하기도 함.
> · *Qu'*il aimait cette femme, elle le savait depuis longtemps.　그가 그 부인을 사랑하고 있었다는 것을 그녀는 오래전부터 알고 있었다.
> · *Que* l'homme est né pour le bonheur, certes toute la nature l'enseigne.　인간이 행복을 태어났다는 것을 자연 전체가 가르쳐주고 있다.

8. 동격

1) 명사의 동격

❶

> une vive appréhension *qu'*on ne nous ôte ce qui nous appartient 우리 소유물을 누군가가 앗아가지나 않을까 하는 강한 두려움. crainte *qu'*il ne vienne 그가 오지나 않을까 하는 우려. idée *que* le monde va s'améliorer 세상이 좋아지리라고 하는 생각. possibilité *qu'*il soit mort 그가 죽었을 가능성. à la [avec cette] différence *que* + *ind*; à une [cette] différence près *que* + *ind* …라는 것을 제외하고는, …라는 차이는 있지만. arriver [aboutir] à la conclusion *que* + *ind* …이라는 결론에 이르다. avoir la chance *que* + *sub* 운 좋게 …하다. avoir [prendre] conscience *que* + *ind* …한 것을 의식 [자각] 하다; 깨닫다. avoir la conviction *que* + *ind* …을 확신하고 있다. avoir [donner] la garantie *que* + *ind* …하리라는 보장을 받다 [해주다]. avoir [être dans] la persuasion *que* … …이라고 확신하다. faire courir le bruit *que* … …라는 소문을 퍼뜨리다. poser le cas *que* + *sub* …라고 가정하다. tenir la preuve *que* + *ind* …라는 증거를 쥐고 있다. Dieu [Le ciel] m'est témoin *que* + *ind* 신에 맹서하건대 절대 …이다.((**서약할 때**))

· Le danger *qu'*il se produise un accident est très faible.　사고가 발생할 위험성은 매우 적다.

· L'idée *que* j'étais désormais seul m'était insupportable.　이제 혼자라는 생각을 하니 견디기 어려웠다.

· J'ai idée *qu'*il sera d'accord.　내 생각에는 그가 동의할 것 같다.

· La pensée *que* tout le monde le surveillait le faisait frémir.　그는 모든 사람에게 감시당하고 있다는 생각에 소름이 끼쳤다.

· Nous sommes allés aussi en Espagne, à la différence *que* nous n'y sommes restés que huit jours.　우리는 일주일밖에 머무르지 않았지만 우리도 역시 스페인에 갔었다.

· J'ai la certitude *qu'*il viendra.　나는 그가 올 거라는 확신을 갖고 있다.

· Elle a la ferme croyance *qu'*il arrivera demain.　그녀는 그가 내일 도착할 것이라고 확신하고 있다.

· Il y a quelque danger *qu'*il (ne) parte trop tard.　그가 너무 늦게 떠나지나 않을까 다소 염려된다.

· Il n'y a pas de danger *qu'*il revienne!　그가 다시 올 염려는 없다.

· J'ai (l')envie *qu'*elle reste ici.　　나는 그녀가 여기에 머물러 있기를 바란다.

· J'ai l'espérance *qu'*il nous aidera.　　나는 그가 우리를 도울 거라는 기대를 갖고 있다.

· J'ai le ferme espoir *qu'*il réussira.　　나는 그가 성공할 것이라는 확신을 가지고 있다.

· Il n'y a peu d'espoir *qu'*il vienne.　　그가 올 가능성이 거의 없다.

· J'ai horreur *qu'*on me dérange.　　나는 방해받는 것을 몹시 싫어한다.

· J'ai l'impression *que* notre guide nous a perdus.　　아무래도 안내인이 우리가 길을 잘못 들게 한 것 같다.

· J'ai l'impression *qu'*elle se moque de vous.　　그녀가 당신을 조롱하는 것 같다.

· Il avait la sensation *qu'*on le traquait.　　그는 누군가에 의해 추적당하고 있다는 느낌이 들었었다.

· J'ai le sentiment *qu'*il fait fausse route.　　그가 길을 잘못 들었다는 생각이 든다.

· Beaucoup ont le sentiment *qu'*avec l'élection d'un nouveau président, la politique extérieure du pays sera meilleure.　　많은 사람들이 새 대통령의 당선으로 대외 정책이 더 나아질 것이라는 생각을 하고 있다.

· J'ai le soupçon *que* ces gens conspirent.　　나는 그 사람들이 음모를 꾸미고 있다는 의구심이 든다.

· Ces faits démontrent la necessité *qu'*une réforme est necessaire.　　이 사실들은 개혁이 필요하다는 것을 보여주고 있다.

· Il a émis le souhait *que* nous partions.　　그는 우리가 떠났으면 하는 바람을 내비쳤다.

· Je suis témoin *qu'*il n'a pas quitté son domicile ce soir-là.　　나는 그가 그날 저녁 그의 집을 떠나지 않았다는 사실의 증인이다.

· Mme Clinton a souligné qu'il était important d'envoyer à la Corée du Nord le message clair *que* des actes de provocation ont des conséquences.　　클린턴 여사는 북한에 도발행위는 중대한 결과를 가져올 것이라는 메시지를 보내는 것이 중요하다고 강조했다.

· Ce livre vaut la peine *qn'*on le lise.　　그 책은 읽어볼 만한 가치가 있다.

❷ · Le bruit circule *qu'*elle s'est mariée.　　그녀가 결혼했다는 소문이 떠돈다.

· Le bruit se répandit *qu'*il avait disparu.　　그가 모습을 감추었다는 소문이 널리 퍼졌다.

· L'idée m'est venue *que* ça ne pouvait pas aller ainsi.　　그것이 그렇게 되어서는 안 되겠다는 생각이 들었다

❸ [le fait que + *ind/sub*]

sans parler du fait *que* + *ind* ‥라는 사실은 말할 것도 없고　outre le fait *que*, depuis 2002, le chômage des jeunes d'origine étrangère a doublé 2002년 이후로 외국 출신 젊은이들의 실업이 두 배로 늘었다는 사실은 말할 것도 없이.　outre le fait *qu'*un tel scénario bouleversera considérablement les équilibres stratégiques asiatiques 그러한 시나리오는 아시아의 전략적 균형을 심각하게 흔들리게 할 것이라는 사실 외에.　j'apprécie le fait *que* ‥ 나는 …라는 사실을 인정한다.

· Le fait *qu'*il a accepté ne prouve pas qu'il viendra.　　그가 초청을 수락했다는 사실이 그가 꼭 온다는 것은 아니다.

· Le fait *que* vous soyez mon ami ne vous autorise pas à faire cela.　당신이 나의 친구라고 해서 그것을 해도 된다는 것은 아니다.

· Il est courageux du fait *qu'*il veuille partir.　떠나고자 하다니 그는 용감하기도 하다.

> ☆ 직설법과 접속법의 선택은 화자의 사실에 대한 실제성 판단에 따라 결정됨.

2) 대명사의 동격

❶
> à cela [ceci] près *que* + *ind* …라는 것을 제외하고, en cela *que* … …라는 점에서는.

· Avec ça *que* tu étais malade!　네가 아팠다고!

· J'ai des choses plus importantes à faire, avec ça *que* j' n'ai pas le temps.　시간도 없지만, 더 중요한 할 일들이 있다.

· La bêtise a ceci de terrible *qu'*elle peut ressembler à la plus profonde sagesse.　어리석음은 가장 심오한 지혜와 흡사할 수 있다는 놀라운 점이 있다.

· La vertu a cela d'heureux *qu'*elle se suffit à elle-même.　덕은 그 자체로 충분하다는 훌륭한 점이 있다.

· Ça m'a appris beaucoup de choses, *qu'*on m'ait envoyé à Paris.　나는 파리에 파견되어 많은 것을 배웠다.

· Est-ce que c'est vrai ce qu'on dit, *qu'*il est de nationalité française.　그가 프랑스 국적이라고 하는데 사실입니까?

· Ces deux frères diffèrent en ce *que* l'un est blond, tandis que l'autre est brun.　그 두 형제는 하나는 금발인데 비해 다른 하나는 갈색 머리인 점에서 다르다.

· Les services se distinguent des marchandises en ce *qu'*elle sont immatériels.　용역은 형태가 없다는 점에서 상품과 구별된다.

❷
> encourager *qn* à ce *qu'*il poursuive ses études …에게 학업을 계속하도록 격려하다. se décourager de ce *que* + *sub* …한 것에 대해 낙담하다. déduire son grand âge de ce *qu'*il marche courbé 그가 구부리고 걷는 것을 보고 나이가 많다고 추측하다.

· Je m'attendais à ce *que* tu viennes en retard comme toujours.　나는 여느 때와 다름없이 네가 늦게 오리라고 예상했다.

· Il a battu ce chien jusqu'à ce *que* mort s'ensuive.　그는 그 개를 죽을 때까지 때렸다.

· Cherchez à ce *qu'*on soit content de vous.　사람들이 당신에게 만족할 수 있도록 하시오.

· Votre proposition correspond à ce *que* l'on abandonne le projet.　당신의 제안은 계획을 포기하자는 것과 같다.

· Je consens volontiers à ce *qu'*il vienne avec nous.　나는 그가 우리와 함께 오는 것에 기꺼이 동의한다.

· Je l'ai décidé à ce *qu'*il prenne du repos.　나는 그가 휴식을 취하게 했다.

- Elle est habituée à ce *qu*'on ne lui résiste pas.   그녀는 남이 자기에게 반항하지 않는 것에만 익숙하다.
- Tout nous pousse à ce *que* nous agissions rapidement.   모든 상황으로 보아 재빨리 행동해야 한다.
- Je tiens à ce *que* vous veniez.   당신이 꼭 오시기를 바랍니다.
- De ce *que* je ne dis rien, il ne faut pas conclure que je ne vois rien.   내가 아무 말도 하지 않는다고 해서 아무것도 모른다고 생각해서는 안 된다.
- Cette conclusion erronnée découle de ce *que* vous n'avez pas vérifié vos prémisses.   그러한 잘못된 결론은 당신이 전제를 검토해 보지 않은 데서 비롯된다.
- Il s'effraie de ce *qu*'on attende tant de lui.   그는 사람들이 그에게 큰 기대를 걸고 있다는 것을 두려워한다.
- Je m'étonne de ce *qu*'il ne soit [n'est] pas venu.   그가 오지 않았다니 놀랍군요.
- Il est irrité de ce *qu*'on l'a fait attendre.   그는 자기를 기다리게 한 것에 대해 화가 나 있었다.
- Je me réjouis de ce *que* vous soyez en bonne santé.   당신이 건강하시니 기쁩니다.
- Tout cela vient de ce *que* vous négligez nos conseils.   이 모든 것은 당신이 우리의 충고를 무시하는 데서 비롯되는 것이다.

9. [voici/voilà que + *ind*]

et voici *que* tout à coup ⋯ 그런데 갑자기 ⋯.

- Puis soudain voici *que* lui survenait un grand orage de dure actualité.   그리고는 어려운 현실의 격동이 그에게 닥쳐왔다.
- Voilà *que* s'affrontent deux puissances, l'étranger et l'indigène.   외국인과 토착민, 두 세력이 대치하고 있다.
- Voilà *qu*'il commence à pleuvoir.   비가 오기 시작한다.
- Voilà *que* le maire arrive ; Voilà *qu*'arrive le maire.   시장이 도착한다.
- Allons bon! voilà *que* ça recommence!   저런! 또 시작이군!
- Voilà *que* ça le reprend !   저 봐, 또 그런 짓 하고 있군!

10. 생략적 주절 뒤에

1)
aucun [nul] doute *que* (ne) + *sub/ind* ⋯인 것은 의문의 여지가 없다. bonheur *que* + *sub* ⋯임은 다행한 일이다. quel bonheur *que* + *sub* ⋯하다니 얼마나 다행한 [기쁜] 일인가. rien d'impossible *que* + *sub* ⋯하는 것이 전혀 불가능하지 않다.

- Dommage *que* vous ne puissiez l'attendre.   당신이 그를 기다릴 수 없다니 유감이다.
- Dommage *que* sa virtuosité manque d'âme.   그의 뛰어난 솜씨에 생동감이 결여되어 있다는 것은 유감이다.
- Dommage *qu*'il ait, vendredi à Grenoble, tenu un discours incendiaire sur la nationalité et les délinquants d'origine étrangère.   그가 금요일 그르노블에서 국적과 외국 출신의 범죄자들에 대해 선동적인 연설을

한 것은 유감이다.

· Nul doute *qu'*il ne soit trompé.   그가 틀렸다는 것은 의심의 여지가 없다.

· Point de [Nul] doute *qu'*il viendra [*qu'*il ne vienne] .   그는 틀림없이 올 것이다.

· Quel malheur *qu'*il ne soit pas arrivé à l'heure!   그가 제시간에 오지 않아서 정말 유감이군!

2) · Bagatelle *que* tout cela!   다 쓸데없는 것들이야!

· Chimères *que* tout cela!   그런 건 모두 공상이야.

· Histoire *que* tout cela!   전부 거짓말이다.

3) · Encore heureux *qu'*on ne lui ait pas volé son passeport!   그의 여권까지 훔쳐가지 않은 것이 천만
다행이다.

· Possible *qu'*il ait oublié.   아마도 그가 잊은 것 같다.

· Possible *que* je vous suivrai.   당신을 따라갈지도 모릅니다.

· Probable *qu'*il viendra.   그는 십중팔구 올 것이다.

· Sûr *que* je te l'acheterai.   확실히 너한테 그걸 사주마.

4) ❶ [quel + 명사 + que + 명사]

· Quel scandale *que* cette affaire!   그 일은 참 추문이야!

· Quelle erreur *que* la tienne!   네 실수는 참으로 큰 실수다!

❷ [명사 + que + de *inf*]

· Quel bonheur *que* de te rencontrer!   만나게 되어 정말 기쁘구나!

· Quelle chance *que* de vous rencontrer!   당신을 만나다니 얼마나 다행스런 일인가!

II. 독립절
1. 감탄

· *Qu'*il est sot!   그는 정말 바보야!

· *Que* je suis heureux!   얼마나 나는 행복한가!

· *Que* c'est bien!   아이 좋아라.

· *Que* ce chien est intelligent!   이 개 참 영리하구나!

· *Que* ça fait du bien!   그것 참 좋다.

· *Que* c'est bien dit!   그것 참 명언일세.

· *Qu'*il est frivole de se comporter ainsi dans une place publique!   공적인 자리에서 그런 행동을 하다니
그는 참 경박하기도 하군!

· *Qu'*elle parle bien!   그녀는 참 말 잘 한다!

2. [que + *sub*]

1) 명령 · 금지

que le crique me croque si … 만약 …라면 귀신에게 잡혀가도 좋다.

- *Qu'*il s'adresse ailleurs. 《구어》 그 사람 다른 데 가보라고 해 〔꺼져버리라고 해〕.
- *Qu'*il aille se faire pendre ailleurs. 《구어》 다른 데나 가서 혼 좀 나보라지 ((**나쁜 짓을 한 사람을 내쫓을 때**)).
- S'il n'est pas content, *qu'*il aille le dire à Rome. 《구어》 불만스럽더라도 그가 참을 수밖에 없다.
- Haut les mains, *que* personne ne bouge! 손 들고 아무도 움직이지 마.
- *Qu'*elle entre! 그녀를 들여보내시오!
- *Qu'*il fasse autant pour vous que j'ai fait pour lui. 내가 그를 위해 한만큼 그도 당신을 위해서 해야 한다.
- Et *que* ça ne se renouvelle pas! 이런 일이 또 다시 생기지 않도록 해!
- Passe pour une fois, mais *que* cela ne se répète pas! 한 번은 봐주겠다. 그러나 두 번 다시 그런 일이 생기지 않도록 해라.
- *Que* chacun se retire et *qu'*aucun n'entre ici. 모두 물러가게 하고 아무도 들어오지 못하게 하시오.
- *Que* personne ne sorte! 아무도 나가지 마라.
- *Que* tout le monde se taise! 모두들 조용히 하시오.
- *Qu'*il vienne quand il voudra ! 그가 원하면 오게 하시오!

2) 기원 · 희망 · 후회

- *Que* Dieu vous assiste! 《옛 · 구어》 (재채기를 했을 때 또는 적선을 하지 않는 사람에게) 하느님께서 당신을 보살펴주시길!
- *Que* Dieu vous bénisse! 신의 은총이 그대에게 임하기를!;《구어》 (재채기한 사람에게) 별일 아니기를! 곧 나아지기를!
- *Que* le ciel te confonde! 벌이 내리기를!
- *Que* ce bonheur dure éternellement! 이 행복이 영원히 지속되기를!
- *Que* le diable l'emporte! 《옛》 그 녀석 귀신이 안 잡아가나!
- *Que* Dieu vous entende! 신이 당신의 말을 들어주기를!
- *Que* la paix soit toujours avec vous! 항상 평화가 깃들기를 빕니다.
- *Que* ta volonté soit faite. 당신의 뜻이 이루어지기를.
- *Qu'*on en finisse, une bonne fois pour toutes, avec une telle idée. 사람들이 그러한 생각은 완전히 버렸으면 좋겠다.
- *Que* Dieu vous garde! 신의 가호가 있기를!
- *Que* je meure, si je mens! (맹세를 하며) 내 말이 거짓이면 죽어도 좋소!
- Ah! *qu'*il ne fût jamais né! 아, 차라리 그가 태어나지 않았더라면!
- *Que* le bon Dieu 〔le diable〕 te patafiole! 《옛 · 구어 · 지방어》 악마에게나 잡혀가라! 뒈져라!

· *Que* le ciel te punisse!　벌이 내리기를!

· *Qu'*il repose en paix!　그의 영혼이 고이 잠들기를!

· *Qu'*il réussisse!　그가 성공하기를!

· *Que* cela vous serve de leçon.　그것에서 교훈을 얻으시길 바랍니다.

3) 놀라움·의구·분노

· Moi, *que* je vous haïsse!　내가 당신을 증오하다니!

· Moi, seigneur, *que* je fuie!　나으리, 내가 도망가다니요!

· *Qu'*il se soit oublié à ce point!　그가 자기 자신을 그토록 잊어버릴 수가 있을까!

· Moi, *que* je me taise!　내가 입을 다물라구요!

4) 위협·협박·도전

· *Que* je t'y attrape!　《구어》 내게 붙들리기만 해봐라.

· *Qu'*on se le dise.　내 말대로 하는 것이 이로울 걸.

· *Que* je ne t'y reprenne pas!　또 그 따위 짓을 해 봐라!

· *Que* je vous y reprenne!　또 그 따위 짓을 해봐!

· *Qu'*il y vienne!　《구어》 어디 할 테면 해봐라!

III. 부사절 유도

1. 시간 : quand, lorsque, pendant que에 상당

1) · Il ne s'était pas écoulé trois secondes *que* j'entendis un coup de feu.　3초도 채 지나지 않았는데 총성이 들렸다

· Vous croyez avoir résisté jusqu'au sang et remporté la victoire, *qu'*il faut recommencer le combat. 당신이 피를 흘리며 저항해서 승리를 쟁취했다고 생각했을 때 다시 전투를 시작해야 했다.

· La prière était finie *que* le nouveau tenait encore son chapeau.　기도는 끝났는데 새로 온 사람은 여전히 모자를 들고 있었다.

· Coupeau dormait déjà *qu'*elle continuait ses aménagements.　쿠포는 이미 자고 있는데 그녀는 집안 정돈을 계속하고 있었다.

· Son auto n'avait pas quitté depuis dix minutes la rue d'Université, *qu'*un ancien fiacre à galerie, s'arrêtait devant la porte cochère.　그의 자동차가 위니베르시테 가(街)를 떠난 지 10분도 채 안되어 구식의 짐마차 한 대가 대문 앞에 와서 멈추어 섰다.

· La voiture aux provisions est venue, *que* j'étais malade.　보급 차량이 왔을 때 나는 몸이 불편했다.

2) 〔à peine … que …〕 : …하자마자.

· À peine avait-il achevé *que* tous applaudirent.　그가 말을 끝내자마자 모두들 박수를 보냈다.

· À peine était-il arrivé *qu'*il voulait déjà repartir.　그는 도착하자마자 떠나고자 했다.

· À peine j'avais éteint *que* les moustiques ont commencé à me piquer.   불을 끄자마자 모기들이 물기 시작했다.

· À peine avait-elle dit ces paroles *qu'*une lumière fantastique éclaira la chaumière.   그녀가 그 말을 하자마자 환상적인 빛이 초가집을 비추었다.

· À peine était-il mort *que* ses enfants se disputaient déjà son argent.   그가 죽자마자 자식들이 돈을 차지하려고 다투었다.

· À peine le soleil est-il levé〔Le soleil est à peine levé〕 *qu'*on se met en marche.   해가 뜨자마자 사람들은 걷기 시작한다.

· À peine étions-nous sortis *qu'*il se mit à neiger.   우리가 밖으로 나가자마자 눈이 오기 시작했다.

· Il était à peine sorti *qu'*il commença à pleuvoir.   그가 밖으로 나오자마자 비가 오기 시작했다.

· J'avais à peine le dos tourné *qu'*il a disparu.   내가 등을 돌리자 그가 사라졌다.

· J'avais à peine entreouvert la porte *que* le chien s'est sauvé.   내가 문을 조금 열자마자 개가 도망쳤다.

· J'avais à peine entreouvert la porte *que* le chien s'est sauvé.   내가 문을 조금 열자마자 개가 도망쳤다.

· Chasle était à peine parti *qu'*Antoine dut recevoir le tailleur pour l'essayage d'un vêtement noir. 샬르가 떠나자마자 앙투안느는 상복을 가봉하기 위해 재단사를 만나야만 했다.

3) 〔ne … pas plus tôt … que …〕: …하자마자.
· Je n'étais pas plus tôt rentré *qu'*il fallut repartir.   돌아오자마자 나는 다시 떠나야했다.

2. 목적 : afin que, pour que에 상당.

1) · Approchez-vous *que* nous puissions parler un peu.   같이 이야기 좀 나눌 수 있도록 가까이 오시오.
· Attends, *que* je t'attrape.   뒤쫓아 갈 테니 기다려.
· Ôte-toi de là, *que* je m'y mette.   《구어》 거기에 앉게 좀 비켜.((남의 지위를 빼앗는 출세주의자에 대해 하는 말))
· Elle a pris soin *que* la date de son départ ne soit pas connue.   그녀는 아무도 자기 출발 날짜를 모르도록 신경을 썼다.
· Taisez-vous donc, *qu'*on entende l'orateur!   연사의 이야기를 듣게 조용히 좀 하시오.
· Votre lampe, je crois, est restée à l'office. Venez, *que* je vous l'allume.   당신의 램프는 분명히 사무실에 있을 거예요. 오세요, 불을 켜드릴 테니.

2) · Prenez garde *qu'*il ne s'en aperçoive.   그가 눈치채지 않도록 조심하시오.
· Prenez garde *qu'*il ne tombe (pas).   그가 넘어지지 않도록 주의하시오.

3) ❶ · Conduisez-vous tellement *qu'*on n'ait rien à vous reprocher.   남에게 아무런 비난을 받지 않도록 행동하시오.
· Faites si bien *qu'*il le reconnaisse.   그가 그것을 인정하도록 해보시오.

❷

> de manière *que* tout aille bien 모든 것이 순조롭도록.

· Fais en sorte *que* leurs chambres soient en ordre. 그들의 방이 정돈되도록 하라.

· Parle plus haut, de sorte *qu'*on puisse t'entendre. 네 목소리를 들을 수 있도록 더 크게 말해라.

· Il travaille de façon *qu'*il puisse vivre. 그는 살아가기 위해 일을 한다.

❸ · Il n'y a pas moyen *qu'*il soit à l'heure. 그가 약속 시간에 맞춰 오기는 불가능하다.

· Il s'en faut d'un point *qu'*il n'ait été admissible. 1점만 더 얻었더라면 그는 시험에 합격했을 것이다.

3. 이유·원인·근거 : parce que, puisque에 상당.

1) · Qu'est-ce que tu as donc, *que* tu ne dors pas? 잠을 자지 않는데 무슨 일이 있니?

· Qu'avez-vous donc, *que* vous ne mangez point? 전혀 드시지를 않는데 무슨 일이 있습니까?

· Vous êtes donc brouillé avec lui, *que* vous ne lui parlez plus? 그에게 더 이상 말을 하지 않는데 그와 다투었습니까?

· Vous êtes fâché *que* vous ne parlez pas? 아무 말도 하지 않는데 화나셨습니까?

· Est-il malade, *qu'*on ne le voit plus depuis cinq jours? 5일째 그를 볼 수 없는데, 아픈가요?

· Que s'est-il passé *qu'*on ne prend pas les mesures nécessaires? 필요한 조치를 취하지 않는데 무슨 일이 있었습니까?

2) [c'est que …]

· C'est *qu'*aucun pays occidental ne veut se brouiller avec un pays au sous-sol gorgé de pétrole et de gaz. 서방의 어떤 나라도 지하에 석유와 가스를 풍부하게 가지고 있는 나라와 사이가 틀어지는 것을 원하지 않기 때문이다.

· Pourquoi ne venez-vous pas avec nous? - C'est *que* je suis malade. 어째서 우리와 함께 안 가시나요? - 아프기 때문입니다.

3) [ce n'est pas [non pas] que (ne) + *sub*]

> non pas *que* je ne l'aime 내가 그를 좋아하지 않아서가 아니라.

· Ce n'est pas *que* je ne les craigne. 내가 그들을 두려워하기 때문은 아니다.

· Ce n'est pas *que* j'en veille le moins du monde à ces révolutions politiques. 내가 그와 같은 정치적 혁명을 싫어해서가 아니다.

· J'aime ce quartier, non pas *qu'*il soit beau, mais parce qu'il est tranquille. 내가 그 구역을 좋아하는 것은 아름답기 때문이 아니라 조용하기 때문이다.

4) [si + *ind* ···, c'est/ce n'est pas que + *ind*] : ···하는 것은 ···이기 때문이다.

· S'il est malade, c'est *qu'*il a trop travaillé.   그가 아픈 것은 너무 일을 많이 했기 때문이다.

· Si quelqu'un gagne beaucoup, c'est *qu'*il y a beaucoup de gens qui perdent.   누군가가 많이 번다는 것은 잃는 사람들이 많기 때문이다.

· Si cela n'a pas pour autant renforcé une opposition qui se montre assez molle dans ses attaques, c'est *que* le danger est ailleurs.   그렇다고 해서 그것이 강한 공세를 펼치지 않은 야당을 강화시켜주지 않은 것은 위험이 다른 곳에 있기 때문이다.

· Si le Congrès est impopulaire aux États-Unis, c'est *que* trop d'élus dépendent sans cesse davantage d'intérêts particuliers.   미국에서 의회가 인기가 없는 이유는 너무 많은 의원들이 계속해서 점점 더 특정한 이해관계에 종속되기 때문이다.

· Si notre époque marginalise la littérature, c'est *qu'*elle méprise la langue.   우리 시대가 문학을 부수적인 것으로 여기는 것은 언어를 경시하기 때문이다.

· Si elle ne vient pas, c'est *qu'*elle a oublié le rendez-vous.   그녀가 오지 않는 것은 약속을 잊었기 때문이다.

· Si le projet présenté par Pierre a reçu les plus larges suffrages des salariés, c'est *qu'*il a nourri l'espoir de voir notre groupe assainir ses finances.   피에르에 의해 제시된 계획이 급여생활자들의 가장 많은 표를 얻은 것은 그것이 우리 그룹의 재정이 건전해질 수 있다는 희망을 주었기 때문이다.

· S'il n'est pas venu, ce n'est pas *qu'*il soit malade.   그가 오지 않은 것은 몸이 불편해서가 아니다.

· S'il n'avait pas donné signe de vie, c'était bien *qu'*il persévérait dans son obstination à se terrer.   그가 소식을 알리지 않은 것은 끝까지 모습을 감추려고 하는 그의 집요한 고집 때문이었다.

4. 가정·조건 : si에 상당 : [que + *sub*]

1) · *Qu'*il soit arrivé le moindre contretemps et tout sera à recommencer.   조그만 사고만 나도 모든 것을 다시 시작해야 한다.

  · *Que* je dise oui, il dit non.   내가 그렇다고 하면 그는 아니라고 한다.

  · *Que* la machine vienne à s'arrêter et il y aura un accident.   기계가 멈추기라도 하면 사고가 날 것이다.

  · *Qu'*il vînt s'excuser, elle lui pardonnerait.   그가 사과하러 오면 그녀는 용서해줄 텐데.

  · *Qu'*une seule erreur vienne à se glisser dans le programme, l'ordinateur se bloque.   프로그램에 하나의 오류만 게재되어도 컴퓨터가 작동이 안 될 것이다.

2) [조건법 + que + 조건법]

  · Il me l'aurait dit plus tôt *que* cela ne serait pas arrivé.   그가 좀 더 일찍 말했더라면 그것은 일어나지 않았을 것이다.

  · Cela ne dépendrait que de moi *que* je ferais couper tous les arbres.   그것이 전적으로 내게 달려있다면 나는 모든 나무를 벨 것이다.

5. 양보

1) soit que에 상당 : [que + *sub*]

*qu'*il dise oui ou non 그가 그렇다고 하건 또는 아니라고 하건. *qu'*ils soient statiques ou dynamiques 그것들이 정적이든 아니면 동적이든. *qu'*il pleuve ou *qu'*il neige 비가 오든 눈이 오든. *qu'*il pleuve ou *qu'*il vente 비가 오거나 바람이 불거나, 어떤 날씨에도. *que* vous réussissiez ou *que* vous ne réussissiez pas 당신이 성공하건 성공하지 못하건 간에. *qu'*il vienne ou *qu'*il ne vienne pas 그가 오건 오지 않건. *que* vous vouliez ou non 당신이 원하든 원하지 않든.

· *Qu'*il s'agisse de sa partie orientale ou méridionale, les différends territoriaux - en général sur des îles - n'y manquent pas entre Pékin et des pays comme le Vietnam, les Philippines, l'Indonésie, la Malaisie ou Brunei.　그의 동부지역이건 남부지역이건 간에 중국과 베트남, 필리핀, 인도네시아, 말레이시아 또는 부루나이 사이에는 대체로 섬에 관해서지만 영토분쟁이 존재하고 있다.

· *Que* vous approuviez ou non, cela ne change rien au problème.　당신이 도의하든 안하든 그것은 문제가 전혀 달라지지 않는다.

· *Que* ce soit lui ou toi, il faut que l'un des deux y aille.　그 사람이든 너든 둘 중에 하나는 거기에 가야 한다.

· *Qu'*il soit d'accord ou pas, c'est le même prix.　그가 동의하든 않든 결국은 마찬가지다.

· *Qu'*il soit question de ceci ou de cela, il n'est jamais d'accord avec vous.　무엇에 관한 일이건, 그는 당신과 의견이 일치하지 않는다.

· Il a su s'opposer aux desiderata du pouvoir, *qu'*il s'agisse de programmes ou de gestion financière de l'audiovisuel public.　공공영상매체의 프로그램에 관해서이건 또는 재정 운영에 관해서이건 그는 권력의 요구사항에 대해 반대할 줄 알았다.

2) [où/quelque/qui/aussi/si … que + *sub*]

❶
d'où *que* vienne le vent 바람이 어디서 불어오든지. où *que* vous alliez 당신이 어디에 가더라도. de quelque façon *que* ce soit 어떤 방식으로라도. quelque adroitement *qu'*il s'y prenne 그가 아무리 교묘하게 처신한다 하더라도.

· Aussi cher *que* cela soit, cela ne dépasse pas 1.000 euros.　그것이 아무리 비싸 봐야 1,000유로를 넘지 못한다.

· Personne, qui *que* ce soit, ne pourra entrer.　그것이 누구든 아무도 들어갈 수 없다.

· Tout professeur, quel *qu'*il soit, doit aimer ses élèves.　선생님은 누구든 자기 학생을 사랑해야 한다.

· Quelle *que* soit votre décision, il faut la faire inviter.　당신의 어떤 결정을 하든 그녀를 초대하게 해야 한다.

· Si bien *qu'*il parle, il fait encore quelques fautes.　아무리 유창하게 말을 해도 그는 아직도 틀리는 일이 간혹 있다.

· Si mal *qu'*il ait agi, il faut lui pardonner.　그가 아무리 나쁜 짓을 했다 해도 그를 용서해야 한다.

· Si tard *qu'*il soit, je lui ai téléphoné.　매우 늦었지만 나는 그에게 전화를 했다.

· Je le tiens en haute estime et quoi *qu'*on me dise, je n'en rabattrai point.　내가 그를 높이 평가한다는 사실은 누가 뭐라 하건 변함이 없을 것이다.

❷ [quoi … que + *sub*]

> quoi *qu'*il arrive 어떤 일이 있더라도, 어쨌든. quoi *qu'*il en coûte (à *qn*) (…에게) 어떤 희생을 치르더라도. quoi *qu'*on en dise 그에 대해 누가 뭐라고 해도.

· Quoi *qu'*il advienne, elle partira.　무슨 일이 있어도 그녀는 떠날 것이다.

· Quoi *que* vous pensiez, elle ne s'est pas trompée.　당신이 어떻게 생각을 하든, 그녀가 잘못 생각한 것은 아니다.

3) [조건법 + que + 조건법]

· Y aurait-il plusieurs réveille-matin à côté de son lit *qu'*il ne se lèverait pas.　그의 침대 옆에 여러 개의 자명종이 있더라도 그는 일어나지 않을 것이다.

· Il l'affirmerais *que* je ne le croirais pas.　그가 그것을 확언해도 나는 믿을 수 없을 것이다.

· L'ennemi semblerait dispersé, *que* l'on devrait veiller encore.　적들이 흩어진 것처럼 보이더라도 아직은 경비를 철저히 해야 할 것이다.

· Je travaillerais dix fois plus, *qu'*il n'en serait pas plus riche.　내가 열 배 더 일한다고 해서 그가 부자가 될 리 없겠지.

· Le patron viendrait me le demander en personne, *que* je refuserais.　사장이 손수 내게 와서 부탁을 해도 나는 거절할 것이다.

· Je le voudrais *que* je ne le pourrais pas.　하려고 해도 나는 할 수 없을 것이다.

> ☆ [직설법 [조건법] + que + 직설법] 의 형태도 간혹 볼 수 있음.
> · On est souvent un fort honnête homme, *qu'*on n'est pas un très bon chrétien.　종종 매우 정직한 사람이지만 독실한 기독교인이 아니기도 하다.
> · Je voudrais l'oubler *que* tout est pour me rappeler.　나는 모든 것을 잊어버리고 싶건만 여기 모든 것이 내게 그것을 회상시킨다.

6. 결과 · 정도

1) · J'ai une tendresse pour mes chevaux, *qu'*il me semble que c'est moi-même.　나는 내 말들을 매우 사랑해서 그들이 내 자신인 것 같다.

· Il y a cette année une énorme quantité de fruits, *que* c'est une bénédiction.　금년에는 과일이 풍작이라 참 다행스럽다.

· Il crie, *qu'*on ne s'entend plus.　그가 너무 크게 소리를 질러서 잘 들리지 않는다.

· Je suis dans une colère, *que* je ne me sens pas.　　나는 화가 나서 제 정신이 아니다.

· Vous êtes donc bien occupé *qu'*on ne vous voit plus?　　당신이 매우 바빠서 볼 수가 없군요?

· Il fume *qu'*il se rendra malade.　　그는 병이 날 정도로 담배를 피운다.

2) ❶ [assez/si/tant/tel/tellement/au point … que …]

· Il a tant de livres *qu'*il ne sait où les mettre.　　그는 책이 너무 많아서 어디에 두어야 할지를 모른다.

· Il y avait tant de brouillard *que* l'avion n'est pas parti.　　안개가 너무 많이 끼어서 비행기가 출발하지 못했다.

· Il a tant fait *que* je lui ai cédé.　　그가 몹시 열을 올렸기 때문에 나는 그에게 양보하였다.

· Il est si lourd *qu'*il ne comprend pas ce qui se passe.　　그는 워낙 둔해서 무슨 일이 일어나고 있는지 모른다.

· Il fit tant et si bien *qu'*il arriva à ses fins.　　그는 그렇게 해서 목표에 도달했다.

· Il a tant plu *que* la rivière est en crue.　　비가 너무 와서 강물이 불어나고 있다.

· Je souffre tant *que* je ne peux pas me relever.　　나는 너무 아파서 일어날 수 없다.

· Tant va la cruche à l'eau, *qu'*à la fin elle se casse [se brise].　　《속담》 항아리로 몇 번씩이나 물을 뜨러 가면 마지막에는 깨져버린다; 위험한 짓을 거듭하면 낭패를 당한다.

· Il a tellement d'argent *qu'*il voyage souvent à l'étranger.　　그는 돈이 아주 많아서 외국 여행을 자주 한다.

· Il a tellement de travail *qu'*il ne pourra pas sortir.　　그는 일이 너무 많아서 외출하지 못할 것이다.

· Il n'est pas tellement fatigué *qu'*il ne puisse venir.　　그는 오지 못할 정도로 피곤한 것은 아니다.

· Est-il tellement vieux *qu'*il ne puisse travailler?　　그가 일을 하지 못할 정도로 늙었는가?

· Il parlait tellement vite *que* nous ne l'avons pas compris.　　그가 말을 너무 빨리 해서 우리는 그의 말을 이해하지 못했다.

· Elle est si folle de lui *qu'*elle prend chaque mot pour article de foi.　　그녀는 그에게 완전히 빠져 그의 말이라면 절대적으로 신봉한다.

· Elle était si maigre *que* c'était à faire pitié.　　그는 너무 말라서 불쌍할 정도였다.

· Il n'est pas si malade *qu'*il ne puisse m'accompagner.　　그는 나를 따라오지 못할 만큼 아픈 것은 아니다.

· Les défections ont été si nombreuses *que* l'excursion n'a pas pu avoir lieu.　　불참자가 많아서 소풍을 갈 수 없었다.

· Il marche si vite *qu'*il est difficile de le suivre.　　그가 얼마나 빨리 걷는지 뒤따라가기가 어렵다.

· La chance tourna, si bien *qu'*il perdit tout ce qu'il avait gagné.　　운이 기울어 그는 딴 것을 모두 잃었다.

· L'affluence des clients était telle *que* les employés étaient débordés.　　고객이 너무나 많이 몰려와서 종업원들이 밖으로 밀려났다.

❷ · Il a crié de telle manière *qu'*il m'a réveillé.　　그가 소리를 지르는 바람에 잠이 깼다.

· La chance tourna, si bien *qu'*il perdit tout ce qu'il avait gagné.　　운이 기울어 그는 딴 것을 모두

잃었다.

· Il la croyait fâchée, à telle enseigne *qu'*il n'osait même pas lui parler.　《옛·문어》그는 그녀가 화난 것 같아서 말 걸 엄두조차 내지 못했었다.

· Il est tombé malade, de sorte *que* leur voyage a été remis.　그가 병에 걸려서 그들의 여행은 연기되었다.

· Est-ce grave au point *qu'*il soit fâché?　그가 화를 낼 정도로 그게 대단한 일인가?

· Elle a travaillé à tel point *qu'*elle est tombée malade.　그녀는 일을 너무나 많이 해서 병이 났다.

· Il a travaillé beaucoup de telle façon *qu'*il a pu réussir.　그는 일해서 성공할 수 있었다.

7. alors que, autant que, avant que, bien que, où, sans que, tant que 따위의 접속사에 해당.

1)
> *que* je sache 내가 아는 한에서는(que = autant que). *que* je m'en souvienne 내가 기억하는 한에서는(que = autant que). depuis le temps *qu'*existe le cinéma 영화가 출현한 이래로(que = où). dès l'instant *qu'*il est parti 그가 떠나자마자(que = où). le jour *que* vous êtes venu chez nous 당신이 우리 집에 온 날(que = où). n'avoir ni fin ni cesse *que* + *sub* …할 때까지 그치지 않다(que = avant que).

· Aussitôt fait *que* dit.　말하자마자 그렇게 시행되었다. (que = dès que)

· D'ici *qu'*on sache la vérité, on attendra longtemps.　진실을 알기까지는 오랜 시간이 걸릴 것이다. (que = à ce que, jusqu'à ce que)

· Il est temps *que* nous partions.　떠나야 할 때다. (que = où)

· Il n'a cessé de m'importuner *qu'*il n'ait obtenu satisfaction.　그는 만족을 얻을 때까지 계속 나를 귀찮게 했다. (que = avant que)

· Il n'aura pas de cesse *qu'*il n'obtienne ce qu'il veut　그는 자신이 원하는 것을 얻기 전에는 그만두지 않을 것이다. (que = avant que)

· Elle n'aura point de repos ni de sommeil *que* ce travail ne soit fini.　그녀는 그 일이 끝나기 전에는 휴식도 취하지 못하고 잠도 자지도 못할 것이다. (que = avant que)

· Je ne bougerai pas d'ici *que* vous ne m'ayez donné un signal quelconque.　당신이 어떤 신호를 하기 전에는 나는 여기서 움직이지 않을 것이다. (que = avant que)

· Nous ne déciderons rien *que* vous ne l'ayez approuvé.　당신이 동의하기 전에는 우리는 아무 것도 결정하지 않을 것이다. (que = avant que)

· J'espère bien pouvoir être rentré *que* madame ne soit arrivée.　나는 부인이 도착하시기 전에 돌아와 있을 수 있게 되기를 바랍니다. (que = avant que)

· Il ne faisait rien *qu'*il ne l'ait d'abord soumis à l'avis des conseilleurs.　그는 조언자들의 의견을 듣지 않고는 아무 것도 하지 않았다. (que = sans que)

· Ne venez point ici *que* vous n'ayez de mes nouvelles.　내 소식을 접하기 전에는 절대로 여기에 오지 마시오. (que = avant que)

· Il y a aujourd'hui huit jours *qu'*il est arrivé.　그가 도착한 지 오늘로서 꼭 한 주일이 지났다. (que

= depuis que)

· Il y a longtemps *qu'*on attend après vous.　당신을 기다린 지 오래 되었다. (que = depuis que)

· Ça fait dix ans *que* j'habite à Paris.　내가 파리에 산 지 10년이 된다. (que = depuis que)

· Moi, je travaille, *que* toi, tu joues.　너는 노는데 나는 일한다. (que = alors que)

· Nous ne partirons pas *que* tout ne soit pas prêt.　모든 준비가 되기 전까지는 출발하지 않을 것이다.
(que = avant que)

· Il ne se passait pas une journée *que* quelque incident ne se produisît.　하루도 사건이 없는 날이
없었다. (que = sans que)

· Voilà longtemps *que* nous ne nous sommes pas vus.　우리가 서로 못 본 지 오래 되었다. (que =
depuis que)

2) · Trente ans *qu'*ils sont mariés, c'est un bail!　《구어》 그들이 결혼한 지도 30년, 참 오랜 세월이군!
(que = depuis que)

8. 각종 접속사구 형성

à condition *que* + *sub* 만약 …라면. à part *que* + *ind* 《구어》 …라는 것을 제외하고. à seule(s) fin(s) *que*
+ *sub* 오로지 …하기 위해. à présent *que* ses yeux étaient clos 이제 그는 눈을 감았으니. après *qu'*il est
parti 그가 떠난 후에. autant *que* je sache 내가 아는 한에 있어서는. autant *que* je m'en souviens 내가 기억하
는 한에서는 [바로는] . avant *que* personne s'en aperçoive 누군가가 그것을 알아차리기 전에. depuis *que*
je le connais 내가 그를 알게 된 후로. dès *que* tu seras arrivé à Séoul 네가 서울에 도착하는 즉시. du
moment *qu'*il refuse 그가 거절한 이상. étant donné *qu'*il n'est pas venu 그가 오지 않았으므로 [않은 이상] .
supposé *qu'*il fasse beau 날씨가 좋다고 가정하고. vu *qu'*il est malade 그가 아프기 때문에.

· Au lieu *qu'*il reconnaisse son erreur, il s'entête à soutenir l'impossible.　그는 잘못을 인정하기는커녕
불가능한 일을 완강하게 주장한다.

· Il est très actif, au lieu *que* son frère est paresseux.　그의 형은 게으른데 그는 매우 활동적이다.

· Incontinent *que* j'ai eu dîné, je m'en suis allé.　나는 저녁을 먹자마자 즉시 떠났다.

· Loin *que* le nombre des accidents de la route diminue, il augmente.　교통사고 수가 줄어들기는커녕
늘어나고 있다.

· Maintenant *que* tu es guéri, tu peux m'accompagner.　이제 다 나았으니 나와 함께 갈 수 있겠다.

· Les souvenirs s'embellissent à mesure *que* le temps passe.　추억은 시간이 지남에 따라 미화되기 나름이다.

· Il a parlé sans *que* personne le contredise.　그는 누구의 방해도 받지 않고 말을 했다.

· Il a pris un parapluie de peur *qu'*il ne pleuve.　그는 비가 올까봐 우산을 가지고 갔다.

· Il me salue chaque fois *qu'*il me voit.　그는 나를 볼 때마다 내게 인사한다.

· Venez-me voir dès *que* vous pourrez.　되도록 빨리 나를 보러 오십시오

9. 되풀이되는 종속접속사(구)를 대신

bien que le temps fût orageux et *qu'*il fit très froid 폭풍우가 몰아치고 날씨가 매우 추었는데도 불구하고.
parce qu'il est jeune et *qu'*il manque d'expérience 그가 젊고 경험이 없기 때문에. pendant que Dominique
Strauss-Kahn caracole dans les sondages et *que* Ségolène Royal voit sa cote de popularité s'effondrer 도미니
크 스트로스 칸이 여론 조사에서 지지부진하고 세골렌 루아얄이 지지율이 추락하고 있는 것을 바라보고
있을 때. quand je suis triste et *que* je ne sais pas quoi faire 우울하고 무엇을 해야 할지 모를 때. si j'avais
une fille et *que* je étais riche 내가 딸이 있고 부자라면. s'il la cherchait et *qu'*elle était [fût] absente 그가
그녀를 찾게 되었을 때 그녀가 없으면.

· Durant qu'il était vivant et *que* j'étais fort jeune, j'ai un peu connu M. Guillaume. 그가 살아 있고 내가
매우 젊었을 때 내가 기욤씨를 조금 알았다.

· Lorsque je serai sorti de l'hôpital et *que* j'aurai le temps, j'ai l'intention de me rendre à Busan. 내가
퇴원해서 시간이 있으면 부산에 갈 생각이다.

· Lorsque Washington est revenu à une approche diplomatique plus pragmatique et *que* Pyongyang a accepté
l'idée d'une dénucléarisation, il était trop tard. 미국이 더 실질적인 외교적 접근 방식으로 회기하고
북한이 비핵화의 의견을 수락했을 때는 너무 늦었다.

· Puisqu'il a du talent et *que* nous avons des moyens, il serait injuste de ne pas l'aider. 그는 재능이
있고 우리는 재력이 있으므로 그를 돕지 않는 것은 옳지 못할 것이오.

· Puisque je l'affirme et *que* je donne des preuves, on peut me croire. 내가 분명히 말하고 증거를 제시했기
때문에 나를 믿을 수 있을 것이오.

· Quand les choses vont bien et *qu'*on se sent riche, on est plus facilement dépensier. 상황이 호전되고
부유하다고 느낄 때 더 쉽게 낭비하게 된다.

· Quand il est triste et *qu'*il ne sait pas quoi faire, il lit des romans policiers. 그는 우울하고 무엇을
해야 좋을지 모를 때 탐정소설을 읽는다.

· Quand il fait beau et *que* j'ai des loisirs, je me promène ici. 날씨가 좋고 시간이 있을 때 나는 여기에서
산책을 한다.

· Si elle regardait et *qu'*il ne fût pas là, elle était bien triste. 쳐다보았는데 그가 거기에 없으면 그녀는
매우 슬퍼졌다.

· J'assumerai cette responsabilité pour que tous ceux qui en ont besoin soient protégés par l'État et *que*
notre pays sorte plus fort de cette épreuve. 나는 그를 필요로 하는 사람들이 국가로부터 보호를 받고,
우리나라가 그 시련을 겪은 후에 더 강해질 수 있도록 하기 위해 그 책임을 맡을 것이다.

· Il y a de cela vingt ans, puisque j'avais trente ans et *que* j'en ai cinquante. 내가 당시 30세였고 지금은
50세이므로, 그때부터 20년이 되었다.

· Alan Greenspan est responsable, parce qu'il a laissé les taux d'intérêt trop bas, *qu'*il a laissé libre cours
à l'innovation financière, considérant qu'il y avait plus à y gagner qu'à y perdre. 잃는 것보다는 얻는
것이 더 많다고 생각하여 이자율을 너무 낮게 유지하고 금융혁신을 방임했기 때문에 알랭 그린스펀이
책임이 있다.

> ☆ 반복되는 등위접속사 car를 대리하는 경우도 간혹 볼 수 있음.
> · Il le faisant volontiers, car il l'aimait et *que* c'était le meilleur de Paris.   그는 기꺼이 그렇게 했다.
> 왜냐하면 그가 그것을 좋아했기 때문이고 또 그것은 파리에서 가장 좋은 것이었기 때문이다.

> ☆ 반복되는 접속사를 que로 대치하지 않고 반복할 수도 있으며, 동사가 생략된 두 번째 종속절의 경우에
> 는 접속사가 반복되지 않으며 que로 대치되지도 않음. parce que son père était kényan et parce qu'il
> a vécu en Indonésie 그의 아버지가 케냐인이고 인도네시아에 살았기 때문에. quand le paquet était
> trempé par la pluie et les gâteaux à demi gelés 상자가 비에 젖고 과자가 반쯤 얼어버렸을 때. s'il
> fait beau et si vous ne voulez pas sortir 날씨가 좋아도 나가기 싫으시면.

IV. 비교
1. 비교급과 함께

1) ❶
> être plus [moins] âgé *que* Jean 쟝보다 나이가 많은 [적은] .

· Vous avez meilleure mine *qu'*hier   당신의 안색은 어제보다 낫다.

· Elle va me croire plus insensible *qu'*un roc.   그녀는 나를 바위보다 더 무심하다고 생각할 것이다.

· Il est plus ancien *que* moi dans le métier.   이 직종에서 그는 나보다 고참이다.

· Cette partie de l'église est plus ancienne *que* le reste.   교회의 이 부분은 나머지 부분보다 더 오래되었다.

· Tu est plus allant *que* moi!   너 나보다 더 돌아다니기 좋아하는구나!

· Le café est meilleur *que* d'habitude.   커피 맛이 평소보다 좋다.

· L'aller a été plus facile *que* le retour.   가는 길은 오는 편보다 수월했다.

· Il est plus [moins] grand *que* son frère.   그는 그의 형보다 더 크다 [작다] .

· L'accusation est plus habile *que* la défense.   검사측이 변호사측보다 더 능란하다.

· Il est plus jeune *que* moi de trois ans.   그는 나보다 세 살 적다.

· Le bassin est plus large chez la femme *que* chez l'homme.   골반은 남자보다 여자가 더 넓다.

· Il est moins aimable *que* de coutume.   그는 여느 때보다 덜 친절하다.

· Dans cette situation, un échec est plus probable *qu'*un succès.   이러한 상황에서는 성공보다도 실패의 가능성이 더 많다.

· Il n'est guère plus riche *que* vous.   그는 당신보다 별로 더 부유하지 않다.

· La perspective est moins sombre *qu'*il y a deux ans.   10년 전보다 전망이 덜 어둡다.

· Personne n'est plus autorisé *que* lui à décider dans ce cas.   이 경우에 그보다 더 결정할 자격이 있는 사람은 없다.

· Il fait plus jeune *que* son âge.   그는 나이보다 젊어 보인다.

· Les ruraux vivent dans un environnement bien moins agressif *que* les citadins.   시골에 사는 사람들은 도회지 사람들보다 훨씬 덜 유해한 환경에서 살고 있다.

❷

plus large *que* haut 높이보다 너비가 더 큰. conversations plus alarmantes *que* rassurantes 안심시키기보다는 불안감을 조성하는 대화. écrivain habile plus *qu'*original 독창적이기보다는 재치가 있는 작가. esprit plus littéraire *que* scientifique 과학적이기보다는 문학적인 기질. être plus mort *que* vif (무서워서) 살아 있는 느낌이 아니다.

- Il est plus bon *qu'*intelligent.　　그는 영리하다기보다는 착한 사람이다.
- Elle est plus lambine *que* paresseuse.　　그녀는 게으르다기보다 느리다.
- Il est moins sévère *que* méchant.　　그는 엄격하기보다는 심술궂다.
- Il est plus réalisateur *que* concepteur.　　그는 입안자라기보다는 실행자이다.
- Ce jardin est plus long *que* large.　　이 정원은 가로보다 세로가 더 길다.
- Il est meilleur comédien *que* tragédien.　　그는 비극보다 희극 연기를 더 잘한다.

❸

moins *que* jamais [personne] 그 어느 때 [누구] 보다도 적게. aller plus vite *que* le vent 매우 빨리 가다. ne pas voir plus loin *que* le bout de son nez 눈앞의 일만 생각하다.

- Moins *que* jamais je crois à son honnêteté.　　그 어느 때보다도 나는 그의 성실성을 믿지 못하겠다.
- J'ai accepté par nécessité plus *que* par choix.　　선택에 의해서라기보다는 부득이해서 수락했다.
- J'aime mieux le vin *que* la bière.　　나는 맥주보다 포도주를 더 좋아한다.
- On va plus vite en métro *qu'*en voiture à l'heure de pointe.　　러시아워에는 차보다 지하철편이 더 빠르다.
- On assure mieux assis *que* debout.　　앉아 있는 것이 서 있는 것보다 더 안전하다.
- Elle est mieux de corps *que* de tête.　　그녀는 얼굴보다 몸매가 더 낫다.
- Il est plus libéral de promesses *que* d'argent.　　그는 돈보다는 약속에 관대하다.
- Il s'exprime mieux oralement *que* par écrit.　　그는 생각을 글보다는 말로 더 잘 표현한다.
- Elle ne pèse pas plus *qu'*une plume.　　그녀는 체중이 굉장히 가볍다.
- Plus fait douceur *que* violence　　《속담》 부드러운 것이 강한 것을 이긴다.
- Nul [Personne] ne sait mieux *que* l'âne où le bât le blesse.　　자기 아픈 곳은 자기가 잘 안다.
- Les petits manquements ne la tracassaient pas moins *que* les gros péchés.　　작은 소홀함도 대죄 못지않게 그녀를 괴롭히는 것이었다.
- Il travaille mieux *qu'*aucun autre.　　그는 다른 어떤 사람보다도 일을 더 잘한다.
- Il travaille plus *qu'*aucun de ses condisciples.　　그는 반의 동료들 중에서 어느 누구보다도 더 많이 공부한다.
- Bonne renommée vaut mieux *que* ceinture doré.　　《속담》 명성은 재산보다 낫다.
- Le bien-faire vaut mieux *que* le bien-dire.　　《속담》 선행이 교언보다 낫다.
- Mieux vaut un chien vivant *qu'*un lion mort.　　산 개가 죽은 사자보다 낫다.
- Mieux vaut tard *que* jamais.　　《속담》 전혀 안하는 것보다 늦게라도 하는 것이 더 낫다.

· Mieux vaut l'avoir comme ami *que* comme ennemi.　그를 적으로 삼기보다 친구로 삼는 것이 더 낫다.

· Rien ne veillit plus vite *qu'*un bienfait.　《속담》 은혜는 쉽게 잊혀진다.

❹ · J'ai moins de livres *que* lui.　나는 그보다 책이 적다.

· Il a plus de base et de surface *que* moi.　그는 나보다 기반도 잘 잡혀 있고 능력도 많다.

❺
> promettre plus de beurre *que* de pain 《구어》 못 지킬 약속을 함부로 하다.

· Il y a plus de sortie *que* de rentrées ce mois-ci.　이번 달에는 수입보다 지출이 더 많다.

· Il a moins de capacité *que* de bonne volonté.　그는 선의가 없는 것보다도 능력이 없다.

· Cela fait plus de mal *que* de bien.　그것은 이득보다 손해가 더 크다.

❻ · On a souvent besoin d'un plus petit *que* soi.　《격언》 사람은 때로 자기보다 못한 사람의 도움을 필요로 한다.

· Il vaux mieux faire envie *que* pitié.　《속담》 동정을 받느니보다는 차라리 남이 부러워하는 사람이 되라.

2) ❶ · Rien ne s'apprend si tôt *que* ce qu'on veut cacher.　숨기려고 할수록 더 빨리 알려진다.

· Il est pas si intelligent *que* son jeune frère.　그는 동생만큼 영리하지 않다.

· Elle est aussi aimable *que* sa mère.　그녀는 그녀의 어머니만큼이나 사랑스럽다.

· Je ne suis pas si [aussi] fort *que* lui.　나는 그보다 힘이 세지 않다.

· Il n'a pas si bien réussi *que* la dernière fois.　그는 지난 번 만큼 성공하지 못했다.

· On n'est jamais si bien servi *que* par soi-même.　《속담》 사람은 자기 자신밖에 믿을 것이 없다.

❷
> tant bien *que* mal 그럭저럭, 그저 그렇게.

· J'aime autant la viande *que* le poisson.　나는 생선과 고기를 똑같이 좋아한다.

· Je suis autant *que* lui.　나도 그 사람 정도는 된다; 그 사람에 뒤지지 않는다.

· Ils sont autant *que* nous.　그들은 우리와 동수이다.

· C'est autant ta faute *que* la mienne.　그것은 내 잘못인 동시에 네 잘못이기도 하다.

· Le terme "animal" est prédicable autant de l'homme *que* de la bête.　동물이라는 용어는 짐승에게와 마찬가지도 인간에게도 적용된다.

· Elle ne me plaît pas autant *que* sa soeur.　그녀는 언니만큼 내 마음에 들지 않는다.

· Je ne redoute rien tant *que* de m'en laisser accroire.　내 자신을 과신하는 것보다 내가 더 두려워하는 것은 없다.

· J'en souffre autant *que* lui.   나는 그 사람만큼 그 일로 인해 고통 받고 있다.

· Il ne travaille tant *que* son frère.   그는 그의 형만큼 일하지 않는다.

· Ma voiture vaut autant *que* la vôtre.   내 차는 당신의 차만큼 값이 나간다.

· Autant vaut être mordu d'un chien *que* d'une chienne.   《속담》 이러나 저러나 불행을 당하기는 마찬가지다; 그게 그거다.

❸ · Elle a autant de livres *que* lui.   그녀는 그 사람만큼 많은 책을 가지고 있다.

· Il a autant de défauts *que* de qualités.   그는 장점만큼이나 단점도 갖고 있다.

· Il n'y a en fait pas tant de changement *que* cela.   사실 그보다 더 많은 변화는 없다.

· Cela réclame autant de patience *que* de détermination.   그것은 결연함만큼이나 인내심을 요구한다.

❹ · Les peuples autant *que* les individus s'abêtissent dans la paresse.   국민은 개인과 마찬가지로 게으르면 바보가 된다.

3) ❶ · Il n'est pire eau *que* l'eau qui dort.   《속담》 잠자코 있는 자는 경계해야 한다, 겉보기에 순해 보이는 사람이 더 무서운 법이다.

· Il n'est pire sourd *que* celui qui ne veut pas entendre.   《속담》 귀머거리보다는 말을 듣지 않는 자가 더 처치 곤란하다.

· Il est plus aisé pour un chameau d'entrer par le trou d'une aiguille *que* pour un riche d'entrer dans le royaume de Dieu.   부자가 하늘나라에 들어가는 것보다 낙타가 바늘귀를 지나가는 것이 더 쉽다. ((**성서, 마태복음 19: 24**))

❷

plus hardi à faire *qu*'à parler 말보다는 행동에 더 용감한.

· Il est plus à plaindre *qu*'à blâmer.   그를 비난하기보다는 차라리 동정해야 한다.

· Il y a plus à y gagner *qu*'à y perdre.   잃는 것보다 얻는 것이 더 많다.

· Il passe autant de temps à jardiner *qu*'à suivre l'actualité.   그는 시사문제에 관심을 가지는 것만큼이나 정원을 가꾸면서 시간을 보낸다.

❸

dire pire [pis] *que* pendre de *qn* …에게 욕설을 퍼붓다, …을 중상모략하다.

· À la guerre, approcher est plus difficile *que* combattre.   전시에는 적에 접근해 가는 것이 전투보다 더 어렵다.

· Détruire est plus facile *que* de construire.   건설하는 것보다 파괴하는 것이 더 쉽다.

· Travailler est moins ennuyeux *que* s'amuser   일하는 것이 노는 것보다 덜 지겹다.

· J'aime mieux rester *que* de partir.　나는 떠나기보다 머물고 싶다.

· Il aime mieux jouer *que* (de) travailler.　그는 일하기보다 놀기를 더 좋아한다.

· Je ne demdnde pas mieux *que* de l'aider.　저는 그를 도울 수 있기만을 바라고 있습니다.

· C'est plus fort *que* de jouer au bouchon!　그건 좀 심하다!; 그럴 수가!

· Il est plus difficile de se juger soi-même *que* de juger autrui.　자기 자신을 판단하기가 남을 판단하는 것보다 훨씬 어려운 일이다.

· Il est plus difficile de garder une fortune *que* de la gagner.　재산은 벌기보다 지키기가 더 어렵다.

· Il est plus facile de consoler les autres *que* de se consoler soi-même.　자신의 마음을 달래는 것보다는 딴 사람을 위로하는 것이 한결 쉽다.

· Il est plus honteux de mentir *que* d'être puni.　거짓말하는 것은 벌받는 일보다 더 부끄러운 일이다.

· Un méchant [mauvais] accommodement vaut mieux *que* le meilleur procès.　《속담》 돈 들여 재판하느니 손해 좀 보고 타협하는 게 낫다.

· Mieux vaut tenir *que* courir; Un tiens vaut mieux *que* deux tu l'aurais.　《속담》 남의 돈 천 냥이 내 돈 한 푼만 못하다.

· Il vaut mieux en rire *qu*'en pleurer.　우는 것보다 웃는 것이 낫다.

· Il vaut mieux se taire [qu'on se taise] *que* de mentir.　거짓말하는 것보다는 차라리 침묵하는 편이 더 났다.

· Il vaut mieux laisser son enfant morveux *que* de lui arracher le nez.　《속담》 아이의 코를 잡아떼는 것보다는 콧물을 흘리게 하는 것이 낫다, 쇠뿔을 교정하다가 소를 죽인다, 교각살우.

❹

enseignement qui déforme plus *qu*'il ne forme 계발시키기보다는 빗나가게 하는 교육. se faire plus pauvre *qu*'on n'est 실제보다 더 가난한 체하다. vouloir entreprendre plus *qu*'on ne peut faire 능력 이상의 일을 해보려고 하다.

· Mon voyage m'a coûté plus cher *que* je n'avais prévenu.　이번 나의 여행은 예상보다 비용이 더 들었다.

· Je ne demande pas mieux *qu*'il vienne.　그가 온다면 저는 더 이상 바랄 것이 없겠습니다.

· Je vous ai plus dit *que* je ne voulais dire.　제가 하고 싶던 말 보다 더 많이 말을 했군요.

· Il m'encombre plus *qu*'il ne m'aide.　그는 나를 도와주기는커녕 오히려 방해가 된다.

· Je ne suis plus digne *que* tu m'appelles.　이제 나는 네가 찾을 만한 인물이 못된다.

· Elle est plus dure à cuire *que* je ne pensais.　그녀는 내가 생각했던 것보다 더 만만치 않다.

· Elle est plus grande *que* je n'avais [je ne l'avais] imaginé.　그녀는 내가 상상했던 것보다 키가 크다.

· Elle est moins intelligente *que* vous ne pensez.　그녀는 당신이 생각하는 것보다 덜 영리하다.

· Il est plus intelligent *que* tu (ne) (le) pensais.　그는 네가 생각했던 것보다 더 영리하다.

· Ils sont meilleurs *qu*'on (ne) le dit.　그들은 소문보다는 더 좋은 사람들이다.

· Elle est plus riche *qu'*on (ne) le croit.　　그녀는 사람들이 생각하는 것보다 더 부자다.

· L'intérêt est moindre *que* vous ne croyez.　　이익이 당신이 생각하는 것만 못하다.

· On n'est jamais si heureux ni si malheureux *qu'*on s'imagine.　　사람은 상상하는 것만큼은 결코 행복하거나 불행하지 않다.

· Le travail a été exécuté en moins de temps *qu'*il n'était prévu.　　그 일은 예정보다 더 빨리 행해졌다.

· On le fait plus riche *qu'*il ne l'est.　　그는 실제보다 더 부자로 여겨지고 있다.

· La dépense monte plus haut *que* je ne pensais.　　지출이 생각했던 것보다 더 늘어난다.

· Restez aussi longtemps *que* vous voudrez.　　계시고 싶은 만큼 계세요.

❺ · J'ai plus de souvenirs *que* si j'avais mille ans.　　내겐 천 년을 산 것보다 더 많은 추억이 있다.

· Il vaut mieux qu'il reste *que* s'il part.　　그가 떠나는 것보다는 떠나지 않는 것이 더 낫다.

4) ❶ [plus que …] : …이상으로; 무척, 훨씬 더.

> plus *qu'*assez 지나치게(=trop). aujourd'hui, plus *que* jamais 그 어느 때보다도 오늘(날)은. homme plus *qu'*habile 무척 교활한 남자. résultat plus *qu'*honorable 무척 흡족한 결과.

· Plus encore *que* sa parole, son attitude m'a étonné.　　그의 말보다 태도가 나를 더욱 더 놀라게 했다.

· C'est plus *que* probable.　　틀림없이 그럴 것이다.

· C'est plus *qu'*improbable.　　그것은 결코 있을 수 없다.

· Pour elle, il est plus *qu'*un professeur.　　그녀에게 그는 선생님 이상의 존재이다.

· Le pouvoir d'achat des salariés a plus *que* doublé en trente ans.　　봉급생활자의 구매력이 30년 사이에 두 배 이상으로 높아졌다.

· Il paraissait plus végéter *que* vivre.　　그는 산다기보다는 겨우 목숨만 부지하고 있는 처지이다.

❷ [ne … pas plus que; pas plus (…) que … ne…] : …와 마찬가지로 (…도) …가 아니다.

> ne pas remuer plus *qu'*une bûche 전혀 활동을 하지 않다, 손가락 하나 까딱하지 않다.

· Il n'y en a pas plus *que* de beurre en broche.　　아무 것도 [아무도] 없다.

· Il n'est pas plus haut *qu'*une botte.　　그는 키가 작달막하다.

· Ce proverbe n'est pas plus vrai *que* tout autre.　　이 속담도 다른 모든 속담들처럼 사실이 아니다.

· Pas plus *qu'*on ne doit mentir, on ne doit dissimuler.　　거짓말해서는 안 되는 것과 마찬가지로 숨겨서도 안 된다.

❸ [il y a pas pas + 비교급 + 형용사 + que …] : …보다 더 …한 사람은 없다.

· Il n'y a pas plus avare *que* lui.　　그 사람보다 더 탐욕스러운 사람은 없다.

❹ [moins que rien] : 대수롭지 않은.

· Sa maladie est moins *que* rien, il sera vite rétabli.　　그의 병환은 대단치 않아서 곧 회복될 것이다.

· C'est un(e) moins *que* rien.　　《속어》그(녀)는 쓸모없는 사람이다.

· Ça va vous coûter moins *que* rien.　　그것은 별로 비용이 들지 않을 것이다.

· Elle a moins *que* rien. C'est une légère grippe.　　그녀의 병은 대수롭지 않다. 가벼운 감기일 뿐이다.

❺ · Il n'est rien de moins *qu*'un héros.　　그야말로 틀림없는 영웅이다.

❻ · Il n'est rien moins *que* féroce.　　그는 전혀 잔인하지 않다.

❼
autant *que* possible 가능한 한. aussitôt [tôt] *que* possible 가능한 한 빨리. le plus souvent *que* possible 가능한 한 자주.

2.　1) ailleurs, autre, autrement, davantage, même 따위와 함께.

❶
de la même façon *que* … …와 마찬가지로. n'avoir d'autre guide *que* son caprice 기분 내키는 대로 행동하다.

· Avez-vous un autre chapeau *que* celui-là?　　그것 말고 다른 모자가 있어요?

· Elle en a davantage *que* lui.　　그녀가 그보다 더 많이 가지고 있다.

· Nul autre *que* lui n'en est capable.　　그 외의 다른 누구도 그것을 할 수 없다.

· Son opinion est autre *que* la mienne.　　그의 의견은 내 의견과 다르다.

· Elle est dans la même classe *que* mon fils.　　그녀는 내 아들과 같은 반이다.

· Je serai médecin, pareil *que* papa.　　《구어·속어》나도 아빠처럼 의사가 될 거야.

· Je ne peux pas faire autrement *que* de le croire.　　나는 믿을 수밖에 없다.

· Ne parlez pas à d'autres *que* [*qu*'à]　vos amis.　　친구들 이외의 다른 사람들에게는 말하지 말아요.

· On peut résoudre ce problème autrement *que* par l'algèbre.　　이 문제는 대수가 아닌 다른 방법으로 풀 수 있다.

· Ne souhaite pas trouver Dieu ailleurs *que* partout.　　신을 외딴 곳에서 찾기를 바라지 마라.

· Il travaille davantage *que* son frère.　　그는 그의 형보다 일을 더 많이 한다.

· Vous trouverez cet article ailleurs *que* dans ce magasin.　　당신은 그 물건을 이 상점 아닌 다른 곳에 가면 찾을 수 있을 것입니다.

❷
sans autre idée *que* de inf …하려는 생각만으로. ne concevoir plus d'autre but à ma vie *que* d'abriter cette enfant contre la peur, contre le mal, contre la vie　　이제 공포와 악(惡)과 삶으로부터 이

아이를 보호하는 것 이외에는 나의 인생의 다른 목표가 있을 수 없다고 생각하다. il n'y a pas d'autre parti *que* de *inf.* …하는 것 외에는 다른 방도가 없다.

· Je n'ai (pas) d'autre désir *que* de vous plaire.　당신을 기쁘게 해드리는 것 외에 다른 바람이 없습니다.

· Ils n'ont plus d'autre choix *que* de se rendre.　그들은 이제 항복할 수밖에 없다.

· Il n'y a pas d'autre moyen d'entrer *que* de forcer la porte.　문을 부수는 것 말고는 달리 들어갈 방법이 없다.

· Je n'ai pu faire autrement *que* d'y aller.　거기 가는 수밖에 달리 방법이 없었다.

· Les armes ne seront jamais utilisées autrement *que* pour répondre à une agression.　공격에 대한 대응 이외의 다른 목적에는 결코 무기가 사용되지 않을 것이다.

❸

se figurer les choses autrement *qu'*elles ne sont. 사물을 실제 모습과 다르게 상상해보다. voir *qc* différemment *qu'*il ne l'avait vu pour la première fois …을 처음 보았던 것과 달리 보다.

· Il agit autrement *qu'*il (ne) parle.　그는 말과는 다르게 행동한다.

· Il est devenu tout autre *qu'*il n'était.　그는 예전과는 전혀 다른 사람이 되었다.

· Je pourrai vous aimer davantage *que* je ne vous aime.　나는 지금보다 더 당신을 사랑할 수 있을 것입니다.

· La qualité importe bien davantage *que* la qualité.　질이 양보다 훨씬 더 중요하다.

2) [plutôt que …] : …보다는 오히려 [차라리] .

❶ plutôt moins *que* trop　지나치기보다는 차라리 모자라게.

· Pourquoi celle-là plutôt *qu'*une autre?　왜 다른 것도 아닌 그것이지?

· Mon ancien maître lui a reproché de suivre la lettre de la loi plutôt *que* l'esprit.　나의 옛 스승은 그가 법안의 정신보다 자구 의미에 얽매인다고 꾸짖었다.

· On tirerait plutôt de l'huile d'un mur *que* de l'argent de cet homme.　그 사람에게서 돈을 끌어내겠다니 어림없는 일이다.

· Elle est mélancolique plutôt *que* triste.　그녀는 슬프다기보다는 울적하다.

· Il travaille mal plutôt *que* bien.　그는 일을 잘하기는커녕 오히려 못한다.

❷

plutôt mourir *que* d'y renoncer 포기하느니 차라리 죽는 편이 낫다. négocier plutôt *que* de recourir à la guerre 전쟁에 호소하기보다는 협상을 하다.

· J'aimerais mieux rester seule plutôt *que* (de) vivre avec lui.　그 사람과 함께 사느니 차라리 홀몸으로 있겠다.

· Il est préférable d'y aller plutôt *que* de rester ici.　여기에 있는 것보다 거기에 가는 것이 더 낫겠다.

· Il est préférable de faire ceci plutôt *que* de faire cela.　그것을 하는 것보다 이것을 하는 것이 더 낫다.

· Je préférerais mourir *plutôt* que de vivre ainsi.　이렇게 사느니 차라리 죽는 게 낫겠다.

· Je préfère rester plutôt *que* de partir.　떠나는 것보다는 여기 있고 싶다.

· Je préfère souffrir plutôt *que* (de) mourir.　나는 죽는 것보다는 고통을 받는 것이 낫다.

· Il vaudrait mieux ne rien faire du tout plutôt *que* de le faire ainsi.　그렇게 하느니 차라리 아무 것도 안 하는 게 낫다

· Je veux aller à la montagne plutôt *que* (de) rester à la maison.　집에 남느니 차라리 산에 가겠다.

❸ · J'aime mieux tous les malheurs, plutôt *que* vous souffriez par ma faute.　당신이 나의 잘못으로 고통을 겪느니 차라리 내가 모든 불행을 감수하겠다.

· Elle donne plutôt *qu'*elle ne reçoit.　그녀는 받는 편이라기보다 주는 편이다.

· Je remplissais un devoir plutôt *que* je ne jouissais d'un plaisir.　나는 쾌락을 즐기기보다는 오히려 의무를 다하곤 했다.

· Je préfère qu'il accepte plutôt *qu'*il refuse.　그가 거절하기보다는 승낙하는 것이 나는 더 좋겠다.

❹ 주절의 생략

· Ah plutôt *qu'*il ignorât tout.　아, 그가 아무것도 모르는 편이 낫다. (=Je préfère plutôt qu'il …)

V. 제한

1. 1) 〔ne … que〕

❶

n'avoir *que* l'embarras du choix 얼마든지 있다, 선택이 곤란할 만큼 많다. n'avoir *qu'*une parole 약속을 지키는 사람이다. n'avoir *que* la peau sur les os; n'avoir *que* les os et la peau 몹시 여위다, 피골이 상접하다(=être très maigre). ne connaître *que* des bribes d'anglais 영어에 대한 초보적인 지식만을 갖다. ne demander 〔rêver〕 *que* plaies et bosses 어떻게 하든지 싸울 트집을 찾다, 툭하면 싸우려 하다. n'écouter *que* son bon sens 자신의 양식(良識)에만 따르다. n'écouter *que* son courage 위험을 무릅쓰고 소신대로 해나가다. n'écouter *que* son devoir 오직 자신의 의무에만 충실하다. n'envisager *que* son intérêt personnel 개인적인 이익만 고려하다. n'être 〔ne faire〕 *qu'*une âme 일심동체이다. ne faire *qu'*une (brève 〔courte〕) apparition 잠깐만 나타나다 〔얼굴을 보이다〕 . ne faire *qu'*une bouchée d'un adversaire 적수를 쉽게 이기다. ne former *qu'*une seule chose 동일한 성질을 지니고 있다. ne recueillir *que* de l'ivraie 노력의 보답이 없다, 헛수고하다. ne voir *qu'*un étang 당황하다. n'y voir *que* du bleu 무슨 영문인지 모르다; 어쩔 줄을 모르다; 속다. n'y voir *que* du brouillard 아무 것도 안 보이다 〔분간 못하다〕 . n'y voir *que* du feu (마치 눈부신 듯) 아무것도 알아보지 못하다; 전혀 이해하지 못하다.

· Ce bâtiment n'abrite *que* des bureaux.　이 건물은 사무실 전용이다.

· Elle n'aime *que* moi.　그는 나만 좋아한다.

· Je n'ai pu attraper *que* quelques mots de leur conversation.　나는 그들의 대화 중에서 몇 마디 밖에 알아듣지 못했다.

· L'argent, tu n'as *que* ce mot à la bouche!　 너는 입만 열면 돈타령이구나!

· Je n'ai *que* cent euros.　 나는 100유로밖에 없다.

· Il n'a *que* quelques années devant lui.　 그는 살 날이 몇 해밖에 안 남았다.

· La jeunesse n'a *qu'*un temps.　 청춘도 한때이다.

· Il n'a *que* cinq dixièmes à l'oeil droit.　 그는 오른쪽 눈의 시력이 0.5밖에 안된다.

· Pour tout bagage, je n'ai *qu'*une petite valise.　 짐이라고는 작은 가방뿐이다.

· On ne blâme *que* nous.　 사람들은 우리만을 비난한다.

· Il ne calcule *que* son intérêt.　 그는 자기 이익만 생각한다.

· Je ne lui connais *que* des qualités.　 내가 보기에 그는 장점만을 갖고 있다.

· Il ne connaît *que* son devoir.　 그는 자기의 의무밖에 안중에 없다.

· Il ne digère *que* les légumes.　 그는 야채밖에 소화시키지 못한다.

· Le plus riche en mourant n'emporte *qu'*un linceul.　 《속담》아무리 부자라도 죽을 때는 수의 한 벌뿐이다.

· Je n'éprouve *que* de l'exécration à son égard.　 나는 그에게 오직 증오만을 느낀다.

· La prime qui t'est proposée n'est *qu'*un amuse-gueule.　 너에게 제안한 보너스는 하찮은 것에 불과하다.

· Pour les affaires, je ne suis *qu'*un apprenti.　 나는 사업에 관해서는 초심자에 불과하다.

· Les hommes ne sont *que* des atomes dans l'univers.　 인간은 우주에서 아주 미미한 존재에 불과하다.

· Cet acteur n'est *qu'*un bouche-trou.　 저 배우는 임시 대역일 뿐이다.

· Cela n'est *qu'*un amusement pour lui.　 그것은 그에게는 한낱 장난에 지나지 않는다.

· Ce n'est pour lui *qu'*une amusette.　 그것은 그에게 어린애 장난 같은 것에 불과하다.

· Ce n'est *qu'*une approximation.　 그것은 근사치에 불과하다.

· Ce n'est *qu'*une attitude.　 그런 체 할 뿐이다.

· Ce n'est *qu'*une boutade.　 그건 농담일 뿐이야.

· Ce ne fut *qu'*un cri.　 이구동성이다.

· Ce n'est *qu'*un détail.　 그것은 중요하지 않다.

· Ce n'est *qu'*un jeu d'enfant.　 그건 식은 죽 먹기다.

· Ce n'est *qu'*un à-côté de la question.　 그것은 문제의 지엽적인 부분일 뿐이다.

· Les belles promesses n'étaient *que* mirroir aux alouettes.　 아름다운 약속은 속임수일 뿐이었다.

· Il n'était *qu'*un simple acolyte.　 그는 송사리에 불과했다.

· Le droit n'est *qu'*un corollaire du devoir.　 권리는 의무의 당연한 귀결에 불과하다.

· Tout cela n'est *que* du décor.　 그것은 모두 겉치레뿐이다.

· Ce ne sont *que* des on-dit.　 그것은 단지 소문에 불과하다.

· Il a l'air très libéral, mais ce n'est *qu'*une façade.　 그는 매우 자유분방한 것처럼 보이는데, 겉보기에만 그렇다.

· Votre âne n'est *qu'*une bête.　 당신은 영문을 모를 일 [말] 을 하시는군요.

· Ce n'est *que* Pierre que Marie aime.　 마리가 좋아하는 것은 피에르뿐이다.

· Les filles ne représentent *que* dix pour cent dans cette école.　이 학교는 여학생이 10퍼센트밖에 안 된다.

· On a substitué l'objet et il n'y a vu *que* du feu.　물건을 바꿔치기했는데도 그는 전혀 알아채지 못했다.

· Il ne s'intéresse pas au comment, il ne voit *que* le résultat.　그는 방법에는 관심이 없고 결과만을 본다.

> ☆ 구어에서는 ne를 생략하기도 함.
> · Il a *que* dix ans.　그는 열 살밖에 되지 않았다.

> ☆ 여러 개의 명사를 제한할 때 강조하기 위해 각각의 명사 앞에 que를 반복하기도 함.
> · Pour lui, il n'est *qu'*une loi, *qu'*une foi, *qu'*un guide et *qu'*un maître.　그에게는 단 하나의 법칙, 단 하나의 신념, 단 하나의 안내자, 단 하나의 스승밖에 없다.

❷ · Il n'arrive *que* ce qui doit arriver.　일어나게 되어 있는 일만이 일어난다.

· Il n'y a *que* deux possibilités.　가능한 경우는 두 가지밖에 없다.

· Il n'y a *que* les enfants à la maison.　집에는 아이들밖에 없다.

· Il n'y a *que* lui à me croire.　나를 믿어줄 사람은 그 사람밖에 없다.

· Il n'y a *que* lui qui peut [puisse] faire cela.　그것을 할 수 있는 사람은 그 사람밖에 없다.

· Il n'y a *qu'*un cri.　이구동성이다.

· Avec vous, il n'y a *que* l'argent qui compte.　당신 말대로라면, 중요한 건 돈밖에 없다.

· Est-il blessé? - Non, il n'y a *que* demi-mal.　그가 다쳤어요? - 아니오, 불행중 다행이죠.

· Il n'y a *que* le premier pas qui coûte.　시작이 반이다.

· Il n'y a *que* de l'eau à ce métier.　그 일은 한 푼 벌이도 안 된다.

· Il ne m'échoit *que* des malheurs.　내겐 불행만이 닥친다.

· Il n'est bruit *que* de cela.　사람들은 그 얘기만 하다.

· Il n'est *que* temps.　빨리 서둘러야 한다.

· Il ne lui manque *que* la parole.　(동물이) 말만 못 하지 영리하기가 꼭 사람 같다.

· Il ne me reste *que* toi.　나에게는 이제 너밖에 없다.

· Il ne reste *qu'*une possibilité pour y aller, c'est le train.　이제 거기에 갈 수 있는 방법은 하나밖에 없는 데 그것은 기차를 타고 가는 것이다.

❸ · Ne restent [reste] *que* trois rescapés dans cette catastrophe.　이 대참사에서 살아남은 사람은 두 사람 뿐이다.

· Ne sont venus *que* les garçons sérieux.　부지런한 사내아이들만 왔다. (=Seuls les garçons sérieux sont venus.)

❹ · Il n'est *que* blessé.　그는 부상만 당했을 뿐이다.
　· Nous n'avons accepté *que* contraints et forcés.　우리가 수락한 것은 강압에 의한 것이었다.

❺

avenir qui n'existe *que* dans la pensée 머릿속으로만 존재하는 미래. fleur qui ne dure *qu'*un jour 하루밖에 못 가는 꽃. tribu où les familles ne s'apparentent *qu'*entre elles 서로 한 가족끼리만 결혼하는 부족. n'aller *que* par sauts et par bonds (글·이야기 따위가) 지리멸렬하게 전개되다. ne différer *que* du plus ou du moins 많고 적고의 차이일 뿐이다. ne dormir *que* d'un oeil; ne dormir *que* sur une oreille 편히 자지 못하다; 경계 [걱정] 하다. n'en être *qu'*à alphabet (예술, 과학 따위가) 초보적이다. n'exister *que* dans l'imagination 상상 속에만 존재하다. n'en faire *qu'*à sa volonté 제멋대로 하다, 남의 말을 듣지 않다. ne parler *que* par apophtegmes 늘 명언을 섞어가며 말하다. n'en prendre *qu'*à son aise 마음 내키는 대로 하다. ne savoir *qc que* de auditu …을 소문으로만 알다. ne tenir *qu'*à un bouton 매우 위태롭다, 풍전등화이다. ne tenir *qu'*à un fil 부서지기 쉽다, 취약하다.

· Il n'achète *que* chez le grossiste.　그는 물건을 도매상에서만 산다.
· Ce pommier ne s'affruitera *que* dans deux ans.　이 사과나무는 2년 후에나 열매를 맺을 것이다.
· N'employons pas l'autorité là où il ne s'agit *que* de raison.　이성적으로 대처해야 할 경우에 권위를 동원하지는 말자.
· Il ne s'alimente *que* de légumes.　그는 야채만 먹고 산다.
· La perfection n'appartient *qu'*à Dieu seul.　완전은 신에게만 고유한 것이다.
· Il n'appartient *qu'*à la religion et d'instruire et de corriger les hommes.　인간을 가르치고 꾸짖는 일은 오직 종교만이 할 수 있는 일이다.
· Ils n'arriveront *que* demain.　그들은 내일에야 도착할 것이다.
· Je n'ai jamais aspiré *qu'*au repos.　내가 원한 것은 휴식밖에 없었다.
· Ne t'attends *qu'*à toi seul.　오직 너 자신만을 믿어라.
· Je n'en ai *que* pour un moment.　그저 잠깐이면 됩니다.
· Ce vin ne se boit *que* dans l'arrière-saison.　이 포도주는 가을에 마셔야 한다.
· Je n'ai compris *qu'*après coup.　나는 나중에 가서야 깨달았다.
· Cette viande n'est cuite *qu'*en dessus.　이 고기는 겉에만 구워져 있다.
· La solution ne se découvrit *qu'*après de longues recherches.　오랜 연구를 한 뒤에야 해결책을 찾을 수 있었다.
· Son caprice pour jazz n'a duré *qu'*un mois.　재즈에 대한 그의 열정은 한 달밖에 못 갔다.
· Ce mot ne s'emploie aujourd'hui *que* par dénigrement.　이 단어는 요즈음 경멸적인 의미로밖에 사용되지 않는다.
· Ce n'est bon *que* comparativement.　그것은 상대적으로만 훌륭할 뿐이다.
· Ce lieu n'est accessible *que* par avion.　그곳은 비행기로밖에 갈 수 없다.
· La plupart des choses ne sont bonnes ou mauvaises *que* par comparaison.　대부분의 사물은 오직

비교에 의해서만 좋거나 나쁠 뿐이다.

· Nous ne sommes encore *qu'*à dimanche.　아직 일요일밖에 되지 않았다.

· Le génie est fatalement condamné à n'être *qu'*imparfaitement compris de la foule.　천재는 대중에게 잘 이해받지 못하는 운명에 처해있다.

· Il a l'air gai, mais il ne l'est *qu'*extérieurement.　그는 유쾌해 보이지만, 그것은 외관상 그럴 뿐이다.

· Ce morceau n'est interprétable *que* par un excellent pianiste.　이 작품은 훌륭한 피아니스트에 의해서만 연주가 가능하다.

· Ce texte n'est lisible *que* par des spécialistes.　이 텍스트는 전문가들만이 이해할 수 있다.

· Il ne pense *qu'*à vous.　그는 당신 생각만 한다.

· On ne l'a pleuré *que* d'un oeil.　아무도 그것을 진심으로 슬퍼하지는 않았다.

· La balle n'a été prise *qu'*au second bond.　일이 두 번째 가서야 성공했다.

· Le succès ne provient *que* de vos efforts.　성공은 오직 노력의 결과일 따름이다.

· Les couloirs ne sont utilisés *que* dans le double.　코트 측면은 복식경기 때에만 쓰인다.

· N'ai-je donc tant vécu *que* pour cette infamie?　내가 살아온 결과가 이런 수치뿐이란 말인가?

· On ne se reverra *que* dans deux ans.　2년 후에나 다시 보게 되겠군요.

❻

ouvrage qui ne peut *que* se critiquer 비난받아 마땅한 작품. ne pouvoir *qu'*y faire 어쩔 도리가 없다.

· Il ne cherche *qu'*à faire carrière.　그는 출세할 생각만 한다.

· Je ne demande *qu'*à vous aider.　나는 기꺼이 당신을 도울 용의가 있습니다.

· Je ne dis cela *que* pour dissuader.　내가 그 말을 한 것은 오직 만류하기 위해서이다.

· On ne peut *que* l'apprécier.　그 사람을 높이 평가할 수밖에 없다.

· On ne peut *que* le louer d'avoir agi ainsi.　그가 그렇게 처신한 것에 대해 칭찬할 따름이다.

· On ne loue d'ordinaire *que* pour être loué.　사람은 보통 칭찬받기 위해서만 남을 칭찬하는 법이다.

· Il ne songe *qu'*à gagner.　그는 돈 벌 생각만 한다.

❼

raisonnement qui ne vaut *que* si … …해야만 타당성을 지니는 추론.

· Vous n'y entrerez *que* si je vous invite.　내가 요청할 때만 들어오세요.

· Il ne voulait me donner son avis *que* si je répondais d'abord à sa question.　그는 먼저 내가 그의 질문에 답할 때만 의견을 제시하고자 했다.

· Il ne travaille *que* quand ça lui plaît.　그는 자기 마음에 들 때만 일한다.

· Je n'irai faire du ski *que* quand j'aurai trois jours de congé devant moi.　나는 3일간의 휴가를 가질 수 있을 때만 스키를 타러 가겠다.

2) [ne ··· que ··· de + 형용사; ne ··· de + 형용사 ··· que]

❶ · Je n'ai *qu*'un gâteau de chaud.　　나는 따뜻한 것은 케이크 한 쪽밖에 없다.

　　· La conclusion n'a de brutal *que* l'apparence.　　결론은 외관상으로만 거칠게 보인다.

　　· Sa bêtise n'a d'égal(e) *que* sa prétention.　　그는 거들먹거리는 것만큼이나 어리석기도 하다.

　　· Son talent n'a d'égal(e) *que* sa modestie.　　그는 겸손한 만큼이나 재능도 상당하다.

　　· Sa vanité n'a (rien) d'égal *que* sa bêtise.　　그는 어리석은 만큼 허영심도 강하다.

　　· Il n'y a de beau *que* le vrai.　　진실만이 아름답다.

　　· Il n'y a de divin *que* la pitié.　　연민만이 숭고한 것이다.

　　· Il n'y avait *que* lui de changé.　　변한 것은 그 사람뿐이었다.

　　· Il n'y avait de vivantes *que* les deux sentinelles de la prison.　　살아남은 것은 감옥의 두 보초병뿐이었다.

> ☆ [ne ··· de + 형용사 + que] 구문에서 형용사와 que 뒤의 명사와의 일치는 수의적임. il y a 비인칭문에서 que 다음에 정관사 + 명사나 고유명사, 인칭대명사가 올 수 있음.

❷ 분리위치

　　· Il ne connaît *que* Sylvie, de belle.; Il ne connaît, de belle, *que* Sylvie.; De belle, il ne connaît *que* Sylvie.　　예쁜 여자라면 그는 실비밖에 모른다.

> ☆ ne ··· que 구문에 나타나는 de + 형용사는 속사 성분으로 분석되며, 분리 위치에 오면 주제로 해석되기도 함.

3) · Je ne connais de maître *que* vous.　　당신 이외에는 스승 [주인] 으로 생각하지 않습니다.

　· Il n'y a *que* cela de drap.　　형편에 따라야만 한다.

4) 《문어》 [ne fût [serait] - ce que] :설령 그것이 ···에 지나지 않는다 할지라도.

　· Donnez-moi un peu d'argent, ne fût-ce *que* dix euros.　　몇 푼만 주세요, 10유로라도 좋습니다.

5) [il n'est *qc* que de *qc*] : ··· 이외에는 ···이 없다.

　· Il n'est bon champagne *que* de France.　　좋은 샴페인은 프랑스에만 있다.

　· Il n'est feu *que* de bois vert.　　젊은 혈기를 당할 것이 없다.

　· Il n'est chère [sauce] *que* d'appétit.　　《속담》 시장이 반찬이다.

　· Il n'est chasse *que* de vieux chiens.　　《속담》 일을 원만히 처리하는 데는 노인의 경험보다 더 좋은 것은 없다.

2. [ne ··· pas que]

· Nous n'avons pas *que* ce livre.　　우리에게 그 책만 있는 게 아니다.

· Il n'y a pas *que* vous ici.　　여기에 당신만 있는 것은 아니다.

· Il n'y a pas *que* les paresseux dans cette équipe, il y a aussi des ouvriers travailleurs.　그 팀에는 게으른 사람들만 있는 것이 아니라 부지런한 일꾼들도 있다.

· Ce n'est pas *que* par chance que cet accident est arrivé.　그 사고가 일어난 것은 우연에 의한 것만은 아니다.

· Ce ne sont pas *que* ses efforts qui ont contribué à son succès.　그의 성공에 기여한 것은 그의 노력뿐만이 아니다.

· Il n'est pas *que* acteur, il est aussi peintre.　그는 배우만이 아니라 화가이기도 하다.

· L'homme ne vit pas *que* de pain.　인간은 빵만으로 사는 것은 아니다.

3. 1) 〔ne … guère/plus/jamais que〕

❶
n'avoir plus *que* les yeux pour pleurer 모든 것을 잃어버리다, 빈털터리가 되다. n'être plus *qu'*une loque 기진맥진하다, 초췌해지다.

· Je n'en ai plus *qu'*un souvenir vague.　이젠 그것에 대해 희미한 기억만 남아있을 뿐이다.

· Je n'avais plus *que* deux cents euros devant moi.　나는 200 유로밖에 돈의 여유가 없었다.

· Je n'ai guère *que* cent euros.　나는 거의 100유로밖에 없다.

· Il n'y a guère *que* lui qui puisse jouer cette sonate.　그 소나타를 연주할 수 있는 사람은 거의 그 사람밖에 없다.

· Il n'y a plus *que* nous.　이젠 우리만 남았다.

· Il n'y a plus *que* la lune dehors.　이제 밖에는 달밖에 없다.

· Ce n'est plus *qu'*un mauvais souvenir.　과거의 아픈 추억일 뿐이다, 다 지나간 일이다.

· Ce n'est plus *qu'*une ruine.　그 사람은 폐인이나 다름없다.

· Ce n'est jamais *qu'*un enfant.　그 애는 결국 어린아이일 따름이다.

· Un ânon ne sera jamais *qu'*un âne.　≪**속담**≫어려서 바보는 커도 바보다, 바보는 어쩔 수 없다.

· Il ne manque plus *que* cela!　(반어적으로 쓰여) 정말 가관이군; 극치로군.

· Le buveur ne regarde guère *que* le boire.　술꾼의 눈에는 술만 보인다.

❷
n'en faire jamais *qu'*à sa volonté 제멋대로 하다, 남의 말을 듣지 않다.

· Le pays n'aspire plus *qu'*à la paix.　국민들은 오직 평화만을 바란다.

· On n'est jamais trahi *que* par les siens.　믿는 도끼에 발등 찍힌다.

· Si je prends encore des repas chinois, ce ne sera plus *qu'*avec des baguettes.　다시 중국 음식을 먹게 된다면 이제 젓가락만을 사용할 것이다.

· Sa vie ne tient plus *qu'*à un fil.　그의 목숨은 풍전등화와 같다.

· Elle ne sort jamais *qu'*avec son chien.　그녀는 늘 개를 데리고 외출한다.

· On ne vous voit guère sortir *qu*'avec un livre sous le bras.　당신은 거의 언제나 겨드랑이에 책을 끼고 나간다.

· Ils ne se voient plus *que* de loin en loin.　그들은 겨우 이따금씩만 만난다.

❸ · Il ne me reste plus *qu*'à vous remercier.　그저 감사의 말씀을 드릴뿐입니다. ((사례의 문구)).

· Il ne vous reste plus *qu*'à partir.　당신에게 이제 남은 것은 출발하는 일뿐이다.

❹

> il ne manquerait plus *que* + *sub* (반어적으로 쓰여) …까지 하는 경우라면 참 가관일 것이다.

2) 〔ne … que plus/mieux/trop〕

· Le travail n'en va *que* mieux.　일이 더 잘 되어만 간다.

· Je n'en ai *que* trop.　나는 지나칠 정도로 많아요.

· Cela n'a *que* trop duré.　그것은 몹시도 오래 갔다; 이젠 지겹다.

· Il n'a donné *que* trop d'excuses.　그는 필요 이상으로 변명을 늘어놓았다.

· Elle ne serait sans doute *que* trop sensible.　그녀는 아마도 너무나 예민한 것 같다.

4. personne, rien, nul 따위와 함께

1) · Rien *qu*'à idée d'y aller, mon coeur tremble.　거기에 간다는 생각만 해도 가슴이 떨린다.

· Rien *que* ça!　《비꼼》 고작 그것뿐인가!

· Il en exige le double, rien *que* ça!　그는 두 배를 요구한다, 고작 두 배를! ((지나친 **요구에 대한 비꼼**)).

· Jurez de dire la vérité, toute la vérité, rien *que* la vérité.　오로지 진실만을 증언할 것을 맹세하시오.

· Rien n'est beau *que* le vrai.　진실 밖에는 아름다운 것이 없다.

· Personne *que* lui ne peut m'aider à sortir de peine.　그 외에는 아무도 내가 어려움에서 벗어나는 것을 도와줄 사람이 없다.

· Personne ne le méprise, *que* les dévotes.　독실한 신자들 외에는 아무도 그를 무시하지 않는다.

· Nul *que* vous ne pourra finir ce travail.　당신을 제외하고는 아무도 그 일을 끝낼 사람이 없다.

· Il n'a rien vu *que* par le trou d'une bouteille.　그는 세상 물정을 통 모른다, 우물 안의 개구리이다.

2) · Rien *que* d'y penser, j'en ai la nausée.　그것에 대해 생각만 해도 싫증이 난다.

· Cela me fait froid dans le dos rien *que* d'y penser.　그걸 생각만 해도 등골이 오싹하다.

· Cela me rend malade rien *que* d'y penser.　그것에 대해 생각만 해도 기분이 언짢다.

5. 1) ❶ 〔n'avoir qu'à *inf*〕: …하기만 하면 된다.

· Vous n'avez *qu*'à vous baisser.　《구어》 (얻고 싶었던 것이) 이미 당신 수중에 있는 것이나 마찬가집니다.

· Vous n'avez *qu*'à me commander.　제게 명령만 하십시오.

· Vous n'avez *qu*'à dire.　말씀만 하십시오.

· Vous n'avez *qu*'à partir si vous n'êtes pas content.　당신이 불만이라면 떠나는 수밖에 없습니다.

· Vous n'avez *qu*'à tourner le boutton.　스위치를 돌리기만 하면 됩니다.

❷ 〔n'avoir plus qu'à *inf*〕 : …하기만 하면 된다; …할 도리밖에 없다.

· Nous n'avons plus *qu*'à démissionner.　이제 우리는 사퇴하는 수밖에 없다.

· Je n'ai plus *qu*'à rédiger la conclusion.　이제 우리는 결론 부분만 작성하면 된다.

2) ❶ 〔il n'y a qu'à *inf* ; 《속어》 y-a-qu'à *inf*〕 : …하기만 하면 된다.

· Il n'y a *qu*'à attendre.　기다리기만 하면 된다.

· Il n'y a *qu*'à se baisser pour les ramasser; Il n'y a *qu*'à se baisser et à prendre.　그런 것은 지천에 깔렸다; 그런 일은 지극히 쉬운 일이다.

· Il n'y a *qu*'à souffler dessus.　《구어》 손바닥 뒤집기보다 쉬운 일이다.

· Pour mettre cette machine en marche, il n'y a *qu*'à appuyer sur ce bouton.　이 기계를 작동시키기 위해서는 스위치를 누르기만 하면 된다.

❷ 〔il n'y a plus qu'à *inf*〕

· Il n'y a plus *qu*'à attendre son arrivée.　이제는 그가 도착하기를 기다리기만 하면 된다.

· Il n'y a plus *qu*'à renoncer.　이제 포기하는 수밖에 없다.

· Il n'y a plus *qu*'à tirer l'échelle.　더 잘 할 수가 없다.

3) 〔il n'y en a que pour *qn*〕 : …만을 위하다; …만이 할 수 〔권리가〕 있다.

· Il n'y en a *que* pour mon frère à la maison.　우리 집에서는 내 형만 위한다.

· Personne n'a jamais le droit de dire un mot. Il n'y en a *que* pour lui.　한 마디라도 할 권한이 아무도 없다. 오직 그 사람뿐이다.

4) 《문어》 〔il n'est que de *inf*〕 : …하기만 하면 된다.

· Il n'est *que* de l'écouter parler pour lui plaire.　그의 환심을 사기 위해서는 그가 말하는 것을 듣기만 하면 된다.

· Il n'est *que* de vouloir pour pouvoir.　이루기 위해서는 뜻을 품기만 하면 된다.

5) ❶ 〔ne faire que *inf*〕

descriptions qui ne font *qu*'alanguir le récit 이야기의 생동감을 없앨 뿐인 묘사. esprit destructeur qui ne fait *que* nier 단지 부정하기만 하는 파괴적인 정신. ne faire *qu*'aller et venir 갔다가 금방 돌아오다; 쉴 새 없이 왔다갔다하다. ne faire *qu*'aller et revenir 곧 되돌아오다. ne faire *que* croître et embellir (소녀 따위가) 커 가면서 더 아름다워지다; 점점 더 늘어나기만 하다. ne faire *qu'*entrer et sortir 잠깐 들르다. ne faire *que* figurer quelque part 《비유》 시시한 역을 하다, 들러리를 서다. ne faire *que* mentionner une chose (구체적인 설명 없이) 어떤 것을 언급하는 데 그치다. ne faire *que* passer chez *qn* …의 집에 잠시 들르다. ne faire *que* répéter ses erreurs 실수를 계속 되풀이하다. ne faire *que* sortir de la coque 갓 태어나다; 미숙하다, 풋내기이다. ne faire *que* tordre et avaler 씹는 둥 마는 둥 게걸스럽게 먹다.

- Je n'ai fait *que* l'apercevoir.　　나는 그를 얼핏 보았을 뿐이다.
- Ils n'ont fait *que* chuchoter pendant tout le film.　　그들은 영화가 시작해서 끝날 때까지 계속 속닥거리기만 하였다.
- Le désordre politique de ce pays ne fait *que* croître et embellir.　　이 나라의 정치적 혼란은 점점 가중되고 있다.
- Il n'a fait *qu'*effleurer le problème.　　그는 문제를 피상적으로만 다루었을 뿐이다.
- Elle ne fait *qu'*embellir.　　그녀는 갈수록 더 예뻐진다.
- Avec tous ses distinguos subtils, il ne fait *qu'*embrouiller la question.　　그는 꼬치꼬치 따지고 들지만 문제를 복잡하게 만들 뿐이다.
- Cette pommade ne fera *qu'*enflammer la blessure.　　이 연고는 상처를 곪게 할 뿐이다.
- La balle n'a fait *que* l'érafler.　　총알이 그를 스쳤을 뿐이다.
- Ce traitement n'a fait *qu'*exacerber la douleur.　　이 치료는 고통을 가중시킬 뿐이다.
- Une telle attitude ne fait *que* fâcher son patron.　　그러한 태도는 그의 사장을 화나게 할뿐이다.
- L'auteur n'a fait *qu'*indiquer le caractère de ce personnage secondaire.　　저자는 부차적 인물의 성격을 대략적으로만 묘사했다.
- Il ne fait *que* se plaindre.　　그는 불평만 늘어놓는다.
- Elle n'a fait *que* sourire.　　그녀는 미소만 지을 뿐이었다.
- Il ne fait *que* traverser le cabinet pour entrer dans celle où il couche.　　그가 침실로 가기 위해서는 서재를 지나기만 하면 된다.

❷ · Il n'a jamais fait *que* s'amuser. 그는 그저 놀기만 했다.

6) 〔ne faire que de *inf*〕: 방금 …한 참이다.
- Je ne fais *que* d'arriver.　　나는 방금 도착하는 길이다.
- Il ne fait *que* de partir.　　그는 방금 출발했다.

7) 〔n'avoir que faire de *qc*〕: …이 필요 〔소용〕 없다; …에 관심이 없다.
- Je n'ai *que* faire de son amitié.　　나는 그의 우정 따위는 필요 없다.
- Je n'ai *que* faire de ses compliments.　　나는 그의 칭찬 따위는 필요 없다.
- Il n'a *que* faire de tous ces costumes.　　그에게는 이 모든 의류가 필요 없다.

VI. 강조

1. [c'est … que …]

1) ❶ · C'est la vertu *que* j'aime.   내가 사랑하는 것은 덕이다.

　　· C'est Flaubert *que* j'aime le mieux.   내가 가장 좋아하는 작가는 플로베르다.

　　· C'est lui *que* je cherchais.   나는 바로 그 사람을 찾고 있었다.

　　· Ce n'est pas lui *que* je choisirais.   나라면 그를 선택하지 않을 것이다.

　　· C'est une ville *que* je connais bien.   내가 잘 아는 도시다.

　　· C'est une erreur *que* je fuis.   내가 피하는 것은 실수이다.

　　· C'est lui *que* nous avons invité.   우리는 바로 그를 초대했다.

❷

ce n'est pas demain *que* …하려면 멀었다.

· Est-ce ainsi *que* vous en agissez avec moi?   당신 나에게 이렇게 대하깁니까?

· Ce n'est pas d'aujourd'hui *que* je le connais.   내가 그를 알고 있는 것은 어제 오늘의 일이 아니다, 그를 오래전부터 알고 있다.

· C'est demain *que* nous partirons.   우리는 바로 내일 출발할 것이다.

· C'est délibérément *que* j'ai agi ainsi.   일부러 그런 것이다.

· C'est là *que* gît le lièvre.   그것이 바로 문제의 핵심이다.

· C'est là *qu'*il fut tué.   그가 살해된 곳은 바로 여기다.

· C'est à vous *qu'*il incombe de faire ceci.   이 일은 바로 당신의 몫이다.

· C'est à Séoul *qu'*elle est née.   그녀가 태어난 곳은 서울이다.

· C'est à moi *qu'*il faut obéir.   바로 나에게 복종해야 한다.

· C'est à vous *que* je parle.   나는 바로 당신에게 말씀드리는 것입니다.

· C'est à dessein *que* je n'ai pas répondu.   나는 일부러 답장을 하지 않았다.

· C'est au fruit *que* l'on connaît l'arbre.   열매를 보면 나무를 알 수 있다; 행위의 결과를 보면 그 사람을 알 수 있다.

· C'est au milieu de ses enfants *qu'*une mère est le plus heureuse.   어머니가 가장 행복할 때는 자식들과 함께 있을 때이다.

· Ce sera chez elle *que* nous nous verrons.   바로 그녀의 집에서 우리는 서로 만나볼 것이다.

· C'est dans le besoin *qu'*on reconnaît ses véritables amis.   어려울 때 친구가 진정한 친구다.

· C'est dans les vieux pots *qu'*on fait les bonnes soupes.   《속담》 낡은 것 〔늙은 사람〕 이 쓸모가 있을 때가 있다.

· C'est de vous, de votre santé *qu'*il s'agit.   문제는 당신, 당신의 건강이다.

· C'est par ce biais *qu'*il faut adorder le problème.   이런 각도에서 그 문제에 접근해야 한다.

· C'est par hasard *qu'*il l'a rencontrée.   그가 그녀를 만난 것은 우연이었다.

· C'est par mon manque de vertu *que* les choses se sont déroulées ainsi.   제가 덕이 부족한 탓에 일이 이렇게 되었습니다.

· C'est pour ça *que* je ne vous en ai pas parlé.　당신에게 그것에 대해 말하지 않은 것은 그 때문입니다.

· C'est expressément pour toi *que* j'ai fait cela.　나는 특별히 너를 위해 그것을 했다.

· C'est pour eux *que* je travaille.　내가 일하는 것은 그들을 위해서이다.

· C'est sous son inspiration *que* le comité fut créé.　그의 권고에 따라 위원회가 창설되었다.

· C'est sur ce fait *qu'*il fonde ses prétentions.　그가 자기주장의 근거로 내세우는 것은 이 사실이다.

❸ · C'est déjà la dixième fois *que* cela nous arrive.　이런 일이 벌써 열 번째다.

· Ça fait quatre fois *que* j'essaye de vous appeler.　이로써 당신에게 전화하는 것이 네 번이다.

· Ça fait la troisième fois *qu'*il a un accident de voiture.　그가 자동차 사고를 당하는 것이 이번이 세 번째이다.

❹ · C'est donc ça *qu'*elle est si belle!　(미인으로 유명한 여자를 보고) 과연 아름답군!

❺ · C'est en forgeant *qu'*on devient forgeron.　《속담》 자꾸 단련해야 숙달한다.

❻ · C'est pour l'aider *que* je suis intervenu.　내가 개입한 것은 그를 돕기 위해서이다.

❼ · C'est parce qu'il est malade *qu'*il n'est pas parti en voyage.　그가 여행을 떠나지 않은 것은 몸이 불편했기 때문이다.

· C'est parce que tu as fait cette bêtise *que* ça s'est passé ainsi!　네가 그렇게 바보짓을 했으니 일이 그렇지!

· Ce n'est pas quand la maison brûle *qu'*on reconstruit les fondations.　집이 불탔을 때 기초를 다시 세우는 것이 아니다; 미리 기초를 튼튼히 해야 한다.

☆ 주어 강조는 [c'est … qui …]를 씀.

· C'est l'intétrêt qui a allié ces deux pays.　이 두 나라를 동맹하게 만들었던 것은 이해관계다.

· C'est moi qui lui ai dit cela.　그에게 그 말을 한 것은 나다.

· C'est Marie qui parlait.　말하고 있던 것은 바로 마리이다.

· C'est l'ambition qui le motive.　야망이 그를 부추긴다.

· C'était mon père qui écrivait.　편지를 쓰곤 한 사람은 내 아버지이다.

· C'est nous qui sommes responsables.　책임이 있는 사람은 바로 우리들이다.

· C'est elle qui nourrit toute la famille.　바로 그녀가 온 가족을 먹여 살리고 있다.

· C'est la pitié qui l'inspire.　그를 움직이는 것은 연민의 정이다.

☆ que 다음의 동사 시제에 관계없이 être는 현재로 사용하지만, 경우에 따라 반과거 또는 미래를 쓰기도 함.

2) [ce/ça/cela … que de *inf*]

❶ · C'est une grave erreur *que* de lui prêter de l'argent.　그에게 돈을 빌려 준 것은 커다란 실수이다.

· C'est une belle mort *que* de mourir pour la liberté.　자유를 위해 죽는 것은 훌륭한 죽음이다.

· C'est une chose bien agréable *que* de rencontrer un ami.　친구를 만난다는 것은 아주 유쾌한 일이다.

· C'est un plaisir *que* de les voir.　그들을 만나는 것은 즐거운 일이다.

· C'est peu de chose *que* de se rendre à la gare et de les attendre là.　역으로 가서 그들을 기다리는 일은 대수로운 일이 아니다.

· Ce n'est pas peu de chose *que* de résoudre ce problème.　이 문제를 해결하는 것은 사소한 일이 아니다.

· C'est beaucoup *que* de gagner du temps.　시간을 버는 것만이라도 대단하다.

· C'est déjà trop pour moi *que* de vous écouter.　당신의 말씀을 듣는 것만으로도 제게는 과분합니다.

· Cela me procure un plaisir certain *que* de faire de la bicyclette.　자전거를 타는 것이 내게 상당한 즐거움을 가져다준다.

❷ · C'est blasphémer *que* de critiquer cet ouvrage.　이 작품을 비판하는 것은 신성모독이다.

· C'est en effet être pendule *qu'*être officier.　공무원이 되는 것은 사실 시계추가 되는 것이다.

· Ce serait trahir tes amis *que* d'en parler.　그것에 대해 말한다면 너의 친구들을 배반하는 일이 될 것이다.

❸ · Voilà ce que c'est *que* de mentir.　거짓말을 하면 결과는 이렇다.

· Voilà ce que c'est *que* de désobéir.　말을 듣지 않으니까 그 모양이지.

3) ❶ [c'est … que + 명사]

· C'est une belle fleur *que* la rose.　장미는 아름다운 꽃이다.

· C'est un monstre *que* cet homme.　그는 괴물같은 사람이다.

· C'est un trésor *que* la santé.　건강은 보배이다.

· C'est un restaurant *que* le vin.　기운을 차리는 데는 술이 제일 좋다.

❷ · Ce que c'est *que* nous!　우리들(인간)은 얼마나 가련한가; 이것이 인생이다!

2. oui, non, si의 강조

1) · *Que* oui!　그렇고말고요.

· Ah! *que* non!　아, 천만에!

· *Que* non pas!　결코 그렇지 않아!

· Ils n'ont pas besoin l'un de l'autre. - *Que* si!　그들은 서로 필요로 하지 않는다. - 천만에, 서로 필요로 하고 말고.

2) 《속어》 동격절을 동반하여

· Les temps sont durs. - *Que* oui, qu'ils sont durs.　　각박한 세상이야. - 그래, 각박해.

VII. 의문문의 유도

1. 1) [est-ce que …]

· Est-ce *que* nous pourrions vous dire un mot?　　한 말씀 드려도 될까요?

· Est-ce *que* la fumée vous gêne?　　담배 연기가 싫으신가요?

· Allô, est-ce *que* je pourrais parler à M. Dubois?　　여보세요, 뒤부아씨 바꿔주세요.

· Est-ce *que* tu regardes la télévision?　　텔레비전을 보니?

· Est-ce *qu'*il vient?　　그가 올까?

· Est-ce *qu'*il est venu réparer la porte?　　그가 문을 고치러 왔습니까?

2) ❶ · Où est-ce *que* tu vas?　　넌 어디 가니?

· D'où est-ce *que* tu viens?　　어디서 오는 길이니?

· Quand est-ce *que* vous l'avez vu?　　그를 언제 보았습니까?

· Qu'est-ce *que* c'est?　　이것은 무엇인가?

· Qu'est-ce *qu'*il y a là-dedans?　　그 안에 무엇이 있습니까?

· Qu'est-ce *qu'*il vous faut encore?　　무엇이 더 필요하십니까?

· Qu'est-ce *que* vous complotez là?　　무슨 모의들을 하고 있어요?

· Qu'est-ce *que* vous gagnez à vous obstiner ainsi.　　이렇게 고집부려서 얻는 게 뭐요?

· Que-ce *que* vous pensez de partir à 8 heures?　　8시에 떠나는 것이 어떠세요?

· Qui est-ce *que* vous attendez?　　당신은 누구를 기다립니까?

❷ · Qu'est-ce *qui* est important?　　무엇이 중요한가?

· Qu'est-ce *qui* la tourmente?　　무엇이 그녀를 괴롭게 하는가?

· Qui est-ce *qui* est venu?　　누가 왔습니까?

3) [Qu'est-ce que + 명사]

· Qu'est-ce *que* la littérature?　　문학이란 무엇인가?

· Qu'est-ce *que* le temps?　　날씨는 어때?

· Qu'est-ce *que* ce petit défaut devant tant de mérites?　　그렇게 많은 장점에 비해 이 사소한 결점이 무슨 문제가 되겠는가?

4) [Qu'est-ce que c'est que + 명사]

· Qu'est-ce *que* c'est *que* ça?　　도대체 저게 뭐야?

· Qu'est-ce *que* c'est *que* cette bête?　　어떻게 돼먹은 친구야?

· Qu'est-ce *que* c'est *que* ce bidule?　　저게 뭐야?

· Qu'est-ce *que* c'est *que* ce business?　저게 뭐야?

· Qu'est-ce *que* c'est *que* ce cirque?　왜 이리 야단법석이니?

· Qu'est-ce *que* c'est *que* ce fourbi?　그게 도대체 뭐야?

· Qu'est-ce *que* c'est *que* ce gugusse?　저 녀석은 누구야?

· Qu'est-ce *que* c'est *que* cette histoire-là?　도대체 그것은 뭐야?

· Qu'est-ce *que* c'est *que* ce machin?　저게 뭐야?

· Qu'est-ce *que* c'est *que* cette machine-là?　저건 뭐야?; 저 여자는 누구지?

· Qu'est-ce *que* c'est *que* ce mec-là?　저 녀석은 도대체 누구야?

· Qu'est-ce *que* c'est *que* ce truc?　저게 뭐야?

2. 《속어》 도치없이

· Où c'est *que* vous êtes malade?　어디가 아프십니까?

· Quand c'est *que* vous partez?　언제 떠나십니까?

3. 《속어》 [n'est-ce pas que + *ind*]

· N'est-ce pas, mon ami, *que* j'ai raison.　여보게, 내가 옳지?

· N'est-ce pas *que* cette robe est belle?　이 옷 멋지지 않아요?

VIII. 연결어·허사적 용법

1. 《옛·속어》 [의문사 + que]

· Comment *qu'*il s'appelle?　그의 이름이 무엇입니까?

· Comment *qu'*on l'a remis à cette place!　어떻게 그것이 그 자리에 다시 놓였을까!

· Où *qu'*il est?　그는 어디에 있느냐?

· Pourquoi *que* vous faites cela?　왜 그런 짓을 합니까?

· Pourquoi *qu'*elle n'est pas venue?　그녀가 왜 오지 않았습니까?

· Quelle cravate *que* vous voulez?　어떤 넥타이를 원하십니까?

· Comme *que* tu parle bien le français!　너는 불어 참 잘 하는구나!

2. [동사 + que oui, non, si]

· Je crois *que* oui [non, si].　그렇다고 [그렇지 않다고] 생각한다.

· Il m'a dit *que* non.　그는 내게 아니라고 말했다.

· Les uns disent *que* non, les autres disent *que* oui.　어떤 사람들은 아니라고 하고 어떤 사람들은 그렇다고 한다.

· J'espère *que* non.　그렇지 않기를 바란다.

· Je gage *que* non.　절대로 그렇지 않소.

· Il jure *que* non.　그는 아니라고 단언한다.

· Je pense *que* oui [non].　나는 그렇다고 [그렇지 않다고] 생각한다.

· Il a répondu *que* oui [non] .　　그는 그렇다고 [그렇지 않다고]　대답했다.

· Il semblerait *que* oui.　그런 것 같다.

3. [que de *inf*]

· Je ne pouvais pas lui parler plus nettement à moins *que* de le quereller.　그를 책망하지 않고는 그에서 보다 더 분명하게 말을 할 수가 없었다.

· Avant *que* de combattre, ils s'estiment perdus.　그들은 싸워보기도 전에 졌다고 판단한다.

· Le lâche renonce avant *que* d'avoir entrepris.　겁쟁이는 해보기도 전에 포기부터 한다.

4. [감정·판단의 부사(구) + que …]

1) · Apparemment *qu*'il viendra.　아마 그는 올 것이다.

· Assurément *qu*'il sera en retard.　그는 틀림없이 늦을 것이다.

· Certainement *qu*'il arrivera à l'heure.　그는 틀림없이 제시간에 도착할 것이다.

· Certainement *qu*'il irait se plaindre.　그는 틀림없이 불평하러 갈 것이다.

· Heureusement *que* j'y ai pensé.　내가 그 생각을 했었기에 참 다행이야,

· Heureusement *qu*'elle est venue.　다행히도 그녀가 왔다.

· Heureusement *qu*'il a rapidement évité la voiture.　다행히도 그는 신속하게 자동차를 피했다.

· Hé! Hé! peut-être *que* vous avez raison.　흠, 당신이 옳은 것 같소.

· Peut-être *qu*'elle vous écrira.　아마도 그녀가 당신에게 편지를 쓸 겁니다.

· Probablement *qu*'il arrivera en retard.　그는 십중팔구 늦게 올 것이다.

· Probablement *qu*'il va venir vous voir.　아마도 그가 당신을 보러 올 겁니다.

· Sans doute *qu*'il l'a oublié.　아마 그가 잊어버렸을 것이다.

· Soi-disant *qu*'il serait trop jeune pour avoir une femme.　그가 부인이 있다고 하기에는 너무 젊어 보인다.

· Bien sûr *qu*'il acceptera.　물론 그는 승낙할 것이다.

· Bien sûr *que* j'irai.　물론 나는 갈 거요.

· Sûrement *que* c'est vrai.　분명 그것은 사실이오.

· Pour sûr *qu*'il est parti.　확실히 그는 떠났어.

· Sûrement *qu*'il arrivera en retard.　틀림없이 그는 늦게 올 것이다.

· Dépêchez-vous, surtout *que* l'orage menace.　서두르시오, 비바람이 몰아칠 것 같으니.

· Vraisemblablement *qu*'il viendra.　그는 아마도 올 것이다.

2) · L'avez-vous rencontrée? - Bien sûr *que* oui.　그녀를 만났습니까? - 만났다마다요.

5. 1) [감투사 + que …]

· Chiche *que* je le fais!　좋아, 내가 해내고 말 테야!

· Diantre *que* c'est cher!　아이고, 그것 참 비싸구나!

2) [que + 간투사]

· *Que* dal(le)!　(무관심 · 거절의 뜻을 나타내어) 전혀!

· On y a gagné *que* dal(le)!　헛수고했어!

· J'y comprends *que* couic.　전혀 모르겠다.

· J'y entrave *que* couic [*que* dalle] .　도무지 모르겠다.

· Dépêchez-vous, *que* diantre!　서두르라니까!

6. 《속어》 삽입절의 유도

· Va-t'en chien! *qu'*on me dit toujours.　꺼져버려, 빌어먹을 놈아! 사람들은 항상 내게 그렇게 말한다.

· Où ça? *qu'*elle m'a dit.　어디에, 라고 그녀가 내게 말했다.

· Viens voir, *qu'*il m'a dit.　와서 보아라, 라고 그가 내게 말했다.

· La petite friponne, *qu'*il faisait, elle a voulu me jouer un tour.　그 개구쟁이 소녀가 나를 속이려고 했지, 라고 그는 말했다.

· Je suis venu, parce que, *qu'*il dit, j'ai appris que vous étiez malade.　그는 내가 아프다는 소식을 듣고 왔다고 말했다.

7. 《옛》 [être que de *qn*]

· Si j'étais *que* de vous(=Si j'étais à votre place), je ne le lui dirais pas.　내가 당신이라면 그에게 그런 말은 하지 않았을 거예요.

· Si j'étais *que* de Pierre, je montrerais moins de patience.　내가 피에르였다면 그렇게 참지 않았을 것이다.

8. · Ce que c'est *que* de nous!　우리는 왜 이 모양인가!

9. 《옛 · 문어》 [que si + *ind*]

· *Que* si vous en doutez, je donnerai des preuves.　만약 당신이 의심하신다면 증거를 제시하겠소.

· *Que* si on m'objecte ···, je répondrai que ···　사람들이 ···라고 반대를 하면, 나는 ···라고 답변하겠소.

quoique

---

1. [quoique + *sub*] : ···이지만, ···함에도 불구하고(=bien que, encore que).

*quoiqu'*il fût arrivé depuis long-temps à l'âge où les hommes doivent se contenter 그는 오래전에 사람들이 만족할 줄 알아야 하는 나이에 이르렀지만. *quoiqu'*en disent en choeur le chef de l'État et ses ministres

국가원수와 장관들이 일제히 그에 대해 말을 하지만. *quoique* le combat fût long et acharné 전투가 길고
치열했음에도 불구하고.

- *Quoique* je l'aie averti plusieurs fois, il n'a pas pris des mesures nécessaires.　　내가 그에게 사전에
여러 번 경고를 했는데도 그는 필요한 조치를 취하지 않았다.
- *Quoique* nous soyons à la fin juillet, il y a encore beaucoup de monde à Paris.　　7월 말이지만 파리에는
아직도 많은 사람들이 있다.
- *Quoiqu'*il soit malade, il est sorti.　　그는 몸이 불편한데도 외출했다.
- *Quoique* le résultat ne soit pas suffisant, il n'y a pas à avoir de regret.　　결과가 만족스럽지는 않지만
후회할 필요는 없다.
- *Quoique* le PDP ne soit pas encore en mesure de l'emporter sur le KMT dans un avenir prévisible,
les élections taiwanaises locales de la fin de l'année nous donnerons sans doute des éléments de réponse.
가시적인 미래에 민진당이 국민당을 이길 수 없다 하더라도 연말의 대만 지방선거는 아마도 우리에게
그 답을 알 수 있는 요소들을 제공해줄 것이다.
- *Quoique* Dieu et la nature aient fait tous les hommes égaux, en les formant d'une même boue, la vanité
humaine ne peut souffrir cette égalité.　　신과 자연은 인간을 같은 흙으로 빚어 평등하게 만들었으나,
인간의 허영심은 그러한 평등을 용인하지 못한다.
- *Quoiqu'*il pleuve, elle veut sortir.　　비가 오는데도 그녀는 외출하고 싶어 한다.
- Il n'y a pas de résultats importants sur le plan diplomatique, *quoiqu'*il ait stabilisé le système financier
et mis en place un plan de relance.　　그가 금융체제를 안정시키고 경기부양 계획을 세웠으나 외교적인
측면에서 중요한 성과가 없다.
- Il ne neige pas *quoique* le ciel soit beaucoup nuageux.　　하늘에 구름이 많이 끼어 있지만 눈은 오지
않는다.
- Il suait à grosses gouttes *quoique* ce fût au mois de janvier.　　그는 1월이었음에도 불구하고 굵은 땀방울
을 흘리고 있었다.

2. [quoique + *ind/cond*] : 현실성의 강조

*quoiqu'*il est superflu de dire 말하는 것이 불필요하지만. *quoique* cela serait peut-être plus digne 아마 그것이
더 가치가 있다 하더라도. *quoique* vous n'y étiez pas obligé 꼭 그렇게 하지 않으면 안 되는 것은 아니었지
만. *quoiqu'*il vous faudra pourtant suivre les autres 당신이 다른 사람들을 뒤따라가야 할 테지만. *quoiqu'*à
dire vrai je ne suis guère en état de le faire 사실 내가 거의 그렇게 할 수 있는 상태가 아니었지만.

- J'irais bien jusqu'à la place, *quoique* ça me fera une trop longue marche.　　너무 멀긴 하지만 나는 광장까지
가겠다.
- Je le regrette, *quoiqu'*il était vraiment difficile de caractère.　　그는 성격이 매우 까다로운 사람이었지만
그가 죽은 것을 애석하게 생각한다.

· Il ne l'a pas fait, *quoiqu'*il aurait bien fallu le faire. 꼭 그것을 했어야 했는데도 그는 그렇게 하지 않았다.

· J'ai visité le Musée du Louvre trois fois. C'est suffisant, *quoique* j'aurais aimé y retourner encore une fois. 나는 루브루 박물관을 세 번 방문했는데, 한 번 더 방문하고 싶었지만 그것으로 충분하다.

· Je ne vous en veux pas de ne m'en avoir parlé, *quoique* vous auriez pu me le dire plus tôt. 당신이 그것을 내게 좀 더 일찍 말해 줄 수도 있었는데 내게 이야기 해주지 않은데 대해 원망하지 않는다.

3. 동사의 생략

1) [quoique + 명사]

· *Quoique* amis, ils ne se voient pas souvent. 그들은 친구임에도 불구하고 서로 자주 보지 못한다.

2) [quoique + 분사]

> *quoiqu'*ayant rencontré le maître des maîtres 대가 중의 대가를 만났지만. *quoique* n'ayant pu le voir 그를 볼 수 없었지만. espoir toujours renaissant *quoique* toujours trompé 언제나 실망하면서도 여전히 싹트는 희망.

· *Quoiqu'*aimé de tous, il est parti seul. 그는 모든 사람들로 사랑을 받았지만 홀로 떠났다.

· *Quoique* forcée de partir, elle voulait rester avec nous. 그녀는 떠나지 않을 수 없게 되었지만 우리와 같이 남아있기를 원했다.

· *Quoique* souffrant, je suis sorti. 나는 몸이 불편했지만 외출을 했다.

· Ici, la vérité n'est plus liée à une subjectivité mais à un regard plus neutre, *quoique* traversé par l'expérience du réel. 여기에서 진리는 더 이상 주관성에 연관되어 있는 것이 아니라, 실제의 경험을 겪기는 했지만 더 중립적인 시각에 연관되어 있다.

3) [quoique + 형용사]

· *Quoique* intelligent, il réussit assez mal dans ses études. 그는 영리하지만 학업에서는 별로 좋은 성과를 내지 못한다.

· *Quoique* invisibles, il est toujours deux témoins qui nous regardent: Dieu et la conscience. 보이지는 않지만 항상 우리를 바라보는 두 증인이 있으니 신과 양심이다.

· *Quoique* riche, il n'était pas généreux. 그는 부자이긴 했지만 너그럽지는 않았다.

· *Quoique* énergique et intelligent, il manque de souplesse. 그는 정력적이고 영리하지만 융통성이 부족하다.

· Marie ressemble beaucoup à sa soeur *quoique* plus jolie. 마리는 좀 더 예쁘기는 하지만 그의 언니를 많이 닮았다.

· Ce pays, *quoique* protégé par les États-Unis, donne l'impression d'avoir perdu tout esprit de résistance face au plus puissant pays autoritaire du monde. 그 나라는 미국에 의해 보호를 받고 있기는 하지만 세계에서 가장 강한 권위주의적인 국가에 대해 저항하고자 하는 정신을 상실했다는 인상을 준다.

- Cette déclaration est la mise en cause - *quoique* indirecte - de la Corée du Nord dans ce naufrage. 그 선언은 비록 간접적이기는 하지만 그 침몰 사건에 북한이 관여되어 있다는 것을 나타내는 것이다.
- L'auteur vécut une enfance heureuse, *quoique* spartiate, à Moscou. 저자는 모스크바에서 매우 엄격하기는 했지만 행복한 어린 시절을 보냈다.
- Je viendra *quoique* malade. 나는 아프지만 가겠다.

4) [quoique + 부사]

- Cela s'est passé, *quoique* rarement. 드물기는 했지만 그런 일이 일어났다.
- Les villas s'échelonnaient le long de la rivière, *quoique* sporadiquement. 산발적이기는 했지만 하천을 따라 별장들이 들어서 있었다.

5) [quoique + 전치사구]

> promptement *quoique* sans se hâter 서두르지는 아니하되 민첩하게.

- *Quoique* d'(un) abord facile, il a un caractère étrange. 그는 접근하기는 어렵지 않지만 성격이 특이하다.
- Ils ont accepté cette proposition, *quoique* pour des raisons différentes. 그들은 다른 이유에서지만 그 제안을 받아들였다.

6) 《구어·지방어》 [quoique ça] : 그럼에도 불구하고, 그렇기는 하나(=malgré cela, pourtant).

- Que tu es bête, mon pauvre petit! ⋯ et *quoique* ça, tu es bien gentil. 애야, 너는 참 어리석구나! 그렇지만 너는 착한 아이다.
- Il me trompe; *quoique* ça, je l'aime. 그는 나를 속인다. 그럼에도 불구하고 나는 그를 좋아한다.

sans

1. [sans que + *sub*] : 부재·부족·제외

1)
> *sans que* jamais son esprit d'indépendance soit affaibli 그의 독립정신이 결코 약화되는 법이 없이. *sans qu'*on s'en aperçoive 사람들이 알아차리지 못하게. *sans que* l'intéressé ne soit même averti de son droit de garder le silence 침묵을 지킬 권리에 대해 통보도 받지 못하고. *sans que* l'on en soit conscient 의식하지 못하고, 무심결에. *sans qu'*il soit besoin que vous me le disiez 당신이 내게 그것을 말할 필요가 없이. *sans que* personne le sache 아무도 몰래. faire du bien *sans qu'*il y paraisse 드러내지 않고 선행을 하다. persif(f)ler les gens *sans qu'*ils le sentent 눈치 채지 않게 사람들을 야유하다.

· *Sans qu'*elle ait à justifier cette décision, la police, sous le contrôle théorique d'un magistrat, peut placer en garde à vue toute personne suspectée d'avoir commis une infraction.　그러한 결정을 정당화할 필요가 없이 이론적으로 사법관의 통제를 받는 경찰은 위법 행위를 한 모든 피의자를 감시할 수 있다.

· Il est arrêté *sans qu'*on sache pourquoi.　그는 영문도 모른 채 체포되었다.

· Ne faites pas cela, *sans qu'*il soit averti.　그에게 알리지 않고는 그것을 하지 마시오.

· Il a parlé *sans que* personne le contredise.　그는 누구의 방해도 받지 않고 말을 했다.

· Il est parti, *sans qu'*on le remarque.　그는 아무도 모르게 떠났다.

· Il a pris ma voiture *sans que* je le sache.　그는 나도 모른 채 내 차를 사용했다.

· Ce problème ne peut être réglé *sans que* les pays concernés fassent des compromis.　그 문제는 당사국들이 타협을 하지 않는 한 해결될 수 없다.

· La nuit tombait *sans que* l'on s'en rende vraiment compte.　알지 못하는 사이에 어두워지고 있었다.

· Stoppés dans leur traversée de la Méditerranée, ils ont été refoulés par les autorités italiennes vers Tripoli *sans que* leur situation au regard du droit d'asile ait été examinée.　지중해를 횡단하다가 제지를 당한 그들은 그들의 망명권과 관련된 상황이 검토되지 않은 채 이탈리아 당국에 의해 트리폴리 쪽으로 되돌려 보내졌다.

2) · Il n'y a pas eu de jour depuis *sans que* l'on ait parlé de lithium, d'indium ou de l'un des dix-sept métaux issus des terres rares.　그 후로 리튬이나 인듐 또는 희귀한 토양에서 나오는 17개 금속 중의 하나에 대해 말하지 않는 날이 없다.

· Il ne se passe pas de jour *sans qu'*il ne téléphone à sa mère.　그는 하루도 거르지 않고 어머니에게 전화한다.

· Il ne se passe guère de jour à Washington *sans qu'*un responsable du Congrès ou de l'exécutif exhorte Pékin à réévaluer le yuan.　워싱턴에서 의회나 행정부의 책임자들이 중국이 위안화를 평가절상하라고 촉구하지 않는 날이 거의 없다.

3) [sans + 부사 + que + *sub*]

· Elle l'ai compris *sans* même *qu'*il ait ouvert la bouche.　그녀는 그가 입을 열기도 전에 그가 하고 싶은 말을 알았다.

· Il a pu revenir au Parlement *sans* même *qu'*il ait subi un véritable combat électoral.　그는 제대로 된 선거전을 치르지 않고도 국회로 돌아올 수 있었다.

4) [non sans que + *sub*]

· L'incendie a été maîtrisé, non *sans que* les pompiers aient dû intervenir.　화재가 진압되기 위해서는 소방수들이 출동해야 했다.

· Il a été finalement opéré, non *sans que* le médecin ait pris toutes ses précautions.　그는 마침내 수술을 받았는데 의사가 모든 주의를 기울였다.

5) [sans que ⋯ ni + *sub*]

· Elle est partie *sans que* son père ni sa mère le sachent.　그녀는 아버지도 어머니도 모르게 떠나버렸다.

2. [sans que (ne) + *sub*] : 결과

· Je n'ai jamais causé avec lui *sans que* la conversation ne tournât de suite à la situation économique du pays.　내가 그와 이야기할 때마다 대화가 곧 그 나라의 경제 상황으로 전환되곤 했다.

· On ne jette rien dans l'onde *sans que* tout ne remue.　무언가를 물속에 던지면 수면 전체가 움직인다.

· Ils entendent mettre fin aux pratiques qui poussent à la prise de risque excessive, *sans que* soit précisé en quoi cela consisterait.　그들은 과도한 위험을 감수하게 하는 관행에 종지부를 찍고자 했으나, 그 내용은 정확히 밝혀지지 않았다.

· Dans l'épreuve, la solidarité doit jouer *sans que* le travail soit découragé.　시련속에서 연대의식이 작용해서 하는 일이 위축되어서는 안 된다.

· Près de 6.500 Sri-Lankais sont morts, selon les estimations de l'ONU, *sans qu'*aucun cadavre apparaisse à la une des journaux ou sur les écrans de télévision.　유엔의 추산에 따르면 약 6,500명의 스리랑카인이 사망했는데 신문의 1면이나 텔레비전 화면에 한 구의 시신도 보도되지 않았다.

· Principal allié de Silvio Berlusconi, le parti anti-immigrés de la Ligue du Nord multiplie les provocations à l'égard des nouveaux entrants en Italie, *sans que* personne, ou presque, ne s'émeuve.　실비오 베를루스코니의 주요 동맹인 북부동맹의 반이민 정당이 이탈리아에 새로 유입되는 사람들에 대한 도발적인 발언을 되풀이했는데, 누구도 거의 동요하지 않았다.

· La conférence de Yalta avait partagé la péninsule coréenne entre les forces soviétiques et américaines, *sans que* les puissances parviennent par la suite à s'accorder sur la réunification du pays.　얄타회담으로 한반도가 소련군과 미군에 의해 분할되었는데, 후에 강대국들은 그 나라의 통일에 대해 합의를 보지 못했다.

· Elle ne pouvait penser à lui *sans que* son coeur défaillit de joie.　그를 생각할 때마다 그녀의 마음은 기뻐서 미칠 것만 같았다.

· Je ne peux pas sortir *sans qu'*il me suive.　내가 나가기만 하면 그가 따라 온다.

· 4 millions d'étrangers, et près de 600.000 clandestins, vivent désormais en Italie *sans qu'*aucune réflexion sérieuse ne voie le jour quant à leur intégration.　이탈리아에 4백만 명의 외국인과 약 60만 명의 밀입국자들이 살고 있는데, 그들의 통합에 대한 진지한 숙고는 전혀 없다.

3. [sans que (ne) + *sub*] : 양보 · 대립

1) · Le père de la bombe atomique pakistanaise est accusé d'avoir vendu son savoir à trois pays au moins - Corée du Nord, Libye et Iran - *sans que* la complicité du pouvoir pakistanais ait été établie.　파키스탄 정권의 공모는 밝혀지지 않았지만 파키스탄 핵폭탄의 대부라 할 수 있는 사람이 그의 지식을 적어도 북한, 리비아, 이란 등의 3개국에 팔아넘겼다고 고소를 당했다.

· Le budget en sciences et technologies a augmenté de 8 % en 2009, *sans que* l'on en connaisse le montant.

총액은 알 수 없지만 과학기술 예산이 2009년에 8%증액되었다.

· La décision de Benoît XVI apparaît d'autant plus contestable qu'elle semble unilatérale, *sans qu'*en contrepartie la Fraternité ait atténué son opposition à la liberté religieuse.　베네딕트 14세의 결정은 그것이 일방적인 것 같아서 더욱 더 이론의 여지가 있는 것으로 보이는데, 반면에 형제회는 종교의 자유에 대한 반대의 입장을 완화하지 않았다.

· Je le ferai bien *sans que* vous me le disiez.　당신이 말하지 않아도 그렇게 하겠소.

· Les aides et transferts de technologie par l'Europe ont renforcé les industries chinoises, *sans que* celles-ci coopèrent avec les firmes européennes ni ne respectent, bien souvent, la propriété intellectuelle.　유럽에 의한 도움이나 기술 이전이 중국 산업을 강화시켰는데, 중국의 산업계는 유럽의 회사들과 협력하지도 않고 매우 자주 지적 재산권을 존중하지도 않는다.

· Pourtant le phénomène touche aussi l'Inde, *sans qu'*il y ait là de contrôle des naissances.　하지만 그러한 현상은 산아제한이 이루지지 않는 인도와도 관련이 있다.

2) · Elle a réussit à l'examen *sans* toutefois *qu'*il ait ouvert ses livres.　그녀는 책을 들쳐보지도 않았는데 시험에 합격했다.

4. 《옛》 [sans que + ind/cond] : 조건: …하지 않으면, …하는 것이 아니라면.

sans que je crains de commettre un crime 내가 범죄를 저지를까 두려워하지 않으면. *sans que* je me ferais scrupule de me servir d'un remède si admirable 그렇게 훌륭한 처방을 사용하기를 주저하지 않는다면.

5. [sans quoi] : 그렇지 않으면.

· Dépêche-toi, *sans* quoi tu seras en retard.　서둘러, 안 그러면 늦을 거야.

· La biodiversité doit entrer dans les calculs de la croissance et du bien-être. *Sans* quoi l'humanité continuera d'être aveuglée par des fausses valeurs où la surconsommation tient lieu de philosophie. 생물다양성이 성장이나 복지의 산정에 포함되어야 한다. 그렇지 않으면 인류는 계속해서 과도한 소비가 철학을 대신하는 그릇된 가치에 의해 현혹될 것이다.

· Les milliers de milliards déversés par les banques centrales vont bien devoir être épongés, *sans* quoi toutes ces liquidités risquent de former de nouvelles bulles spéculatives.　중앙은행에 의해 공급된 수 조 달러의 돈이 흡수되어야 한다. 그렇지 않으면 그러한 유동성은 새로운 투기적인 버블을 형성할 위험성이 있다.

sauf

1. 1) [sauf que + *ind*] : ···하는 것을 제외하면, ···하는 것이 아니라면.

> *sauf que* c'est un faux-semblant 그것이 가장이 아니라면. *sauf que* le Conseil constitutionnel a jugé que cette taxe était inefficace et injuste 헌법위원회가 그 세금이 비효율적이고 부당하다고 판단하지 않는다면. *sauf qu'*ils veillent à la cohésion sociale et tentent d'éviter que la grogne emprunte des voies plus radicales 그들이 사회적 연대에 신경을 쓰거나 불만이 더 과격한 길을 선택하는 것을 방지하려고 시도하는 것이 아니라면. *sauf qu'*elle restait avec un chapelet de saucisses au nez jusqu'à la fin de ses jours 그녀가 죽을 때까지 소시지 덩어리를 코에 달고 살아야 된다는 것만 아니라면.

- *Sauf qu'*il avait tellement grossi, il avait gardé bien des choses d'autrefois.   그는 몸무게가 많이 늘었다는 것을 제외하고는 예전의 모습을 많이 유지하고 있었다.
- Ce meeting, c'est devenu comme un concert de Madonna ou de Britney Spears *sauf qu'*il n'y a que des hommes dans la salle.   그 모임은 홀에 남자들만 있는 것을 빼고는 마돈나나 브리트니 스피어스의 콘서트처럼 되었다.
- C'est un très bon étudiant *sauf qu'*il s'absente quelquefois des cours.   그는 가끔 수업을 빼먹는 것만 제외하고는 좋은 학생이다.
- Le rôti était excellent, *sauf qu'*il était un peu trop cuit.   약간 탄 것을 제외하고는 구운 고기는 아주 훌륭했다.
- Tout se passa bien, *sauf qu'*un moment on s'égara.   잠시 길을 잃은 것을 제외하고는 모든 것이 잘 되었다.
- Tout s'est bien passé, *sauf qu'*il a fait très mauvais temps.   날씨가 아주 나빴던 것을 제외하고는 모든 일이 잘 되었다.
- Vingt ans, ce n'est rien à l'échelle de son histoire millénaire, *sauf que* ces deux dernières décennies ont été hors normes.   그 최근 20년이 비정상적이라는 점을 제외하면, 20년은 그의 천년에 이르는 역사에 비하면 대단치 않다.
- Le voyage s'est bien passé, *sauf que*, à un moment, nous nous sommes trompés de route.   우리가 한때 길을 잘못 든 것을 제외하고는 여행은 잘 되었다.
- Il est bien remis de son accident, *sauf qu'*il se fatigue rapidement à marcher.   그는 걸을 때 빨리 피곤해지는 것을 제외하고는 사고의 후유증에서 많이 회복되었다.

2) [sauf que + *sub*] : 주절의 동사가 접속법을 요구할 때
- Qu'est-ce que vous avez à craindre, *sauf que* vous vous fassiez mouiller un peu.   조금 젖기야 하겠지만 그 외에 두려워할 게 무엇이 있습니까?

· Je ne désire rien, *sauf que* vous me laissiez en paix.　나는 내버려 두어달라는 것을 제외하고는 당신에게 부탁할 것이 아무것도 없어요.

2. [sauf + 절]

1) · Ils ne vont pas à l'église, *sauf* quand il y a des funérailles.　그들은 장례식이 있을 때를 제외하고는 교회에 가지 않는다.

· Il est toujours de bonne humeur, *sauf* quand il vient de se lever.　그는 막 자고 일어났을 때를 제외하고는 늘 기분이 좋다.

· Les États-Unis ont veillé à préserver leur monopole, et les Palestiniens, *sauf* lorsqu'ils sont de passage en Europe, font en sorte de complaire aux Américains.　미국은 그의 독점을 유지하려고 신경을 쓰고, 팔레스타인인들은 유럽에 잠시 체류할 때를 제외하고는 미국의 마음에 들도록 행동한다.

2) [sauf si + *ind*]

sauf si l'abonné demande explicitement à être désinscrit 가입자가 명시적으로 취소를 요구하지 않으면. *sauf* s'il juge que son premier devoir à la tête de l'État est de privilégier le droit sur la politique 국가수반으로서 그의 첫째 임무가 정책보다 법을 우선시하는 것이라고 판단하는 것이 아니라면.

· Je n'irai pas, *sauf* si vous venez avec moi.　나는 가지 않겠다, 당신이 함께 간다면 모르지만.

· Vous ne pourrez pas entrer *sauf* si vous avez une carte d'identité.　신분증이 없으면 입장하지 못할 것입니다.

· Il viendra *sauf* s'il pleut.　그는 비가 오는 경우를 제외하고는 올 것이다.

selon

1. [selon que + *ind*] : ···하는가에 따라; 《문어》 ···하는 것처럼.

selon que vous serez riche ou pauvre 당신이 부유한가 또는 가난한가에 따라. *selon qu'*il fera beau ou qu'il pleuvra 날씨가 좋은가 또는 비가 오는가에 따라. *selon qu'*on porte une robe blanche, grise ou noire 흰 옷을 입는가, 회색 옷을 입는가 또는 검정 옷을 입는가에 따라. les fortes différences de prix des appartements *selon que* la vue est sur la mer ou sur la terre 전망이 바다를 향하고 있느냐 또는 육지를 향하고 있느냐에 따른 아파트 가격의 큰 격차.

· *Selon que* l'on est africain ou européen, ce mot revêt-il la même signification?　아프리카인이냐 또는 유럽인이냐에 따라 그 낱말이 같은 의미를 지닐까?

· *Selon que* l'on fera ces exercices ou non, on fera de grandes progrès en chinois.　이러한 연습하느냐

그렇지 않느냐에 따라 중국어에 큰 진전을 보게 된다.

· *Selon que* vous travaillerez ou non, vous gagnerez plus ou moins.　당신이 열심히 일을 하느냐에 않느냐에 따라 수입이 많을 수도 있고 적을 수도 있다.

· *Selon que* l'on prend en compte ou non cet effet qualité, le partage de la valeur entre volume et prix sera différent.　그러한 질적인 효과를 고려하느냐 않느냐에 따라 양과 가격 사이의 가치의 배분이 다르다.

· Il y a différentes règles pour le remplissage des formulaires de visa *selon que* vous êtes un homme, une femme ou un étudiant.　당신이 남성이냐, 여성이냐 또는 학생이냐에 따라 비자서류를 작성하는 규정이 다르다.

· Son humeur change *selon qu'*on l'admire ou la critique.　그의 기분은 사람들이 칭찬하는가 비난하는가에 따라 달라진다.

· La grève des enseignants donne des résultats bien différents *selon que* les grévistes sont comptés par la police ou par les syndicats.　교사들의 파업은 파업 참가자의 수가 경찰에 의해 추산되느냐 또는 노동조합에 의해 추산되느냐에 따라 매우 다른 결과를 보여준다.

· La procédure est différente *selon que* vous soyez étudiant ou membre du personnel.　당신이 학생이냐 또는 직원의 일원이냐에 따라 절차가 다르다.

· Le remboursement est différencié *selon qu'*on possède ou non une complémentaire santé.　건강보험 추가 연금이 있느냐 없느냐에 따라 불입액이 다르다.

· La machine réagira *selon qu'*on poussera le bouton de droite ou celui de gauche.　그 기계는 오른쪽 버튼을 누르느냐 왼쪽 버튼을 누르느냐에 따라 작동한다.

2. [selon + 절]

selon comment on choisit d'interpréter cette photo 이 사진을 어떻게 해석하기로 하느냐에 따라. *selon* comment et quand on prend ce médicament 그 약을 어떻게 그리고 언제 복용하느냐에 따라. *selon* quand vous aurez ce mail 당신이 언제 그 메일을 받느냐에 따라. *selon* si vous êtes heureux ou non 당신이 행복한가 그렇지 않은가에 따라.

· On peut avoir des surprises *selon* comment le mot a été écrit sur notre site.　그 낱말이 우리 사이트에 어떻게 쓰여 있느냐에 따라 뜻밖의 것을 얻을 수 있다.

· C'est *selon* comment ils ont été élevés.　그것은 그들이 어떻게 양육되었느냐에 달렸다.

· Le resultat pourrait être différent *selon* comment nous agissons avec sagesse.　우리가 어떻게 현명하게 행동하느냐에 따라 결과가 달라질 수 있다.

· La façon dont je le demande varie *selon* si ça m'intéresse vraiment ou pas.　그것이 정말로 나의 흥미를 끄는가 그러지 않는가에 따라 그것을 요구하는 방식이 다르다.

seulement

1. (제한 · 완화를 나타내는 접속사적 용법으로 쓰여) 그러나, 다만(=cependant, mais).
· Je voudrais bien y aller, *seulement* je n'ai pas le temps. 나는 거기에 가고 싶은데 단지 시간이 없다.
· C'était simple, *seulement* voilà, personne n'y avait pensé. 그것은 간단했는데, 단지 말이지요, 아무도 그 점을 생각하지 못했던 것이지요.
· C'est une belle maison, *seulement* elle coûte trop cher. 이 집은 아름답기는 하지만 값이 너무 비싸다.
· Leurs temples sont trois fois haut, *seulement* ils ne sont pas solides. 그들의 사원은 세 배나 높다. 단지 튼튼하지는 못하다.
· Le premier ministre a déclaré le virage du camp national israélien en faveur de cette solution dite des deux États. *Seulement* voilà, cette belle rhétorique n'a pas grand-chose à voir avec les faits. 총리는 이스라엘 민족진영의 두 국가 체제라는 해결책으로의 선회를 선언했다. 그러나 보라, 그러한 아름다운 수사는 현실과 그다지 관계가 없다.
· Parlez librement: *seulement* respectez les convenances. 자유롭게 말하세요. 하지만 예의는 지키세요.
· Pour moi, ça va. *Seulement* je ne sais pas quel est son avis. 나는 괜찮다. 다만 그 친구의 의견이 어떤지 모르겠다.
· Il a voulu venir avec nous, lui aussi, *seulement* il avait trop de choses à faire. 그 사람도 우리와 같이 오기를 원했는데, 할 일이 너무 많았다.

2. [non [ne pas] seulement …, mais [aussi, mais aussi, mais également, mais encore, mais même, mais en outre, mais en plus] …] : 단지 … 뿐만 아니라 …도.
  ⇒ mais

si

1. 단순한 가정 · 조건 · 개연성 : 만일 …하면, …할 때.
  1) 현재 · 미래의 단순 가정 : 종속절 - 현재, 주절 - 직설법 현재 · 미래
  ❶ *si* vous allez contre ma volonté 만일 당신이 내 뜻을 거스른다면. *si* jamais il m'arrive quelque chose 내게 무슨 일이 생기면, 내가 만약 죽게 되면. *s'*il m'est un jour donné de pouvoir de le rencontrer 언젠가 그를 만날 수 있다면. *si* ce crayon peut faire votre bonheur, 《구어》 이 연필이 필요하시면.

> *si* le grain ne meurt 한 알의 씨앗이 죽지 않으면. *si* la situation perdure 만일 그런 상황이 오래 지속된
> 다면. *s'il* persiste dans son refus 끝내 그가 거절한다면. *si* vous préfèrez 좋으시다면. *s'il* se présente
> une difficulté 어려운 일이 생기면. *si* elle se tient sur son quant à soi 그녀가 점잔뺀다면. *si* vous
> trouvez quelque chose du leur 만일 무엇이건 그들의 것을 보시면. *si* nous ouvrons un peu les yeux,
> et *si* nous considérons la suite des choses 눈을 조금이라도 뜨고 사태의 추이를 고려한다면. ce
> raisonnement ne vaut que *si* ⋯ 그 추론은 ⋯해야만 타당성을 지닌다.

· *Si* le prix augmente, les salaires doivent suivre.　가격이 오르면 봉급도 그에 맞추어 인상되어야 한다.

· L'entreprise, c'est comme la bicyclette: *si* elle n'avance pas, elle tombe.　기업은 자전거와 같아서,
앞으로 나아가지 않으면 넘어진다.

· *Si* tu bouges, je te bute.　움직이면 죽인다.

· *Si* tu te conduis comme ça, je ne te connais plus.　만일 네가 그런 식으로 행동하면 너와는 절교하겠다.

· *Si* l'on creuse un peu, on s'aperçoit qu'il ne connaît rien.　조금만 깊이 생각해보면 그가 아무 것도
모른다는 것을 알게 된다.

· *Si* vous prenez cette rue, vous arriverez à l'université.　이 길로 가면 대학교가 나옵니다.

· *Si* tu veux réussir, il faut travailler pour.　성공하려면 일을 해야 한다.

· *Si* vous ne savez même pas cela, il n'y a plus qu'à tirer l'échelle.　당신이 그것조차 모르신다면, 더
계속할 필요도 없지요.

· Le pays s'achemine vers une situation tragique, *si* rien n'est fait pour enrayer la crise alimentaire.
식량 위기를 막기 위해 아무런 조치도 내려지지 않으면 그 나라는 비극적인 상황으로 가게 된다.

· Il faut ajouter le prix du dérangement, *si* on fait venir le mécanicien.　수리공을 부르면 출장비를
가산해야 한다.

· Les objets s'entretiennent *si* on en prend soin.　물건은 손질을 하면 잘 보존된다.

· Le moteur va gripper *si* on ne le graisse pas.　기름치지 않으면 기계가 정지할 것이다.

· Je veux être pendu *s'il* arrive à l'heure.　그가 제 시간에 오면 내 목을 매달아도 좋다.

· Votre fille peut péricliter *si* on ne lui donne du secours.　도와주지 않으면 당신 딸이 위험에 처할
수도 있소.

❷ · *S'il* vous accroche dans un couloir, vous devrez subir son bavardage pendant une bonne heure.
만일 복도에서 그에게 붙들리기라도 하면 족히 1시간은 그의 수다를 들어주어야 할 것입니다.

· *Si* on achète une voiture neuve, il faudra se mettre la ceinture pendant toute l'année.　새 차를 사면
1년 내내 허리띠를 졸라매야 할 것이다.

· *Si* vous ajoutez cette phrase, ça va chasser.　이 문장을 끼워 넣으면 페이지가 밀릴 겁니다.

· *Si* vous approuvez le projet, les socialistes seront avec vous.　당신이 그 계획에 찬성하신다면 사회당에
서 당신을 지지할 것입니다.

· *Si* jamais cela arrive, j'irai le dire à Rome.　《구어》 그런 일이 일어날 리가 없다.

· *S'il* y a aucun empêchement, nous remettrons la réunion à un autre jour.　혹시 무슨 지장이라도 있으면 모임을 다른 날로 연기합시다.

· *Si* j'ai un fils, je l'appellerai Jean.　내게 아들이 생기면 장이라고 이름짓겠다.

· *Si* vous avez la faiblesse de lui céder, il recommencera.　만약 마음이 약해서 그에게 양보해 주면 그는 또 같은 짓을 할 것이다.

· *Si* vous n'avez pas d'argent, je vous en prêterez.　돈이 없다면 빌려 드리겠습니다.

· *S'il* y a des dégâts, j'actionnerai la compagnie en dommages et intérêts.　피해를 입을 경우 나는 그 회사에 대해 손해 배상 청구 소송을 제기하겠다.

· *Si* tu me cherches, tu vas me trouver.　《구어》싸움을 걸어오겠다면 상대해주마.

· *S'il* continue à fumer et à boire, il ne fera pas de vieux os.　흡연과 음주를 계속하면 그는 오래 살지 못할 것이다.

· *S'il* continue de ce train, sa fortune se dissipera.　이런 식으로 계속하면 그의 재산은 얼마 안 가서 없어지고 말 것이다.

· *S'il* continue à pleuvoir comme ça, il y aura une grande inondation.　이대로 계속 비가 더 오면 큰 홍수가 날 것이다.

· *Si* tu me donnes ce timbre, je te cèderai une monnaie ancienne en échange.　이 우표를 내게 주면 대신 옛날 돈을 하나 줄게.

· *Si* on lui en donne un pouce, il en prendra long comme le bras.　《속담》봉당을 빌려주니 안방까지 달란다.

· *Si* tu es gentil, tu auras un bonbon.　얌전히 있으면 사탕 하나 줄게.

· *Si* tu n'es pas sage, tu vas recevoir une correction!　얌전히 있지 않으면 매 맞는다!

· *Si* on n'exerce pas la mémoire, elle s'atrophiera.　기억력은 사용하지 않으면 감퇴될 것이다.

· *S'il* fait beau deman, je partirai en vacances.　내일 날씨가 좋으면 휴가를 떠나겠다.

· *Si* vous hésitez plus longtemps, l'affaire va vous péter dans les mains.　더 머뭇거리다간 일이 실패하고 맙니다.

· *S'il* fait l'insolent, je ne le raterai pas.　그가 건방지게 굴면 혼을 내주겠다.

· *Si* vous y mettez tous du vôtre, ce travail sera vite achevé.　당신들 모두가 협력해주면 일이 빨리 끝날 것이다.

· *S'il* se met en colère, cela va barder.　그가 화를 내는 날이면 큰일 날 걸.

· *Si* vous partez demain, je vous accompagnerai.　당신이 내일 떠나신다면 따라가겠습니다.

· *Si* la situation tourne ainsi, tous les biens m'appartiendront.　상황이 그렇게만 되면 전 재산이 내 차지가 된다.

· *Si* on travaille ainsi, on ne viendra jamais à bout de l'objectif.　이렇게 일을 하면 절대 목표에 도달할 수가 없다.

· *Si* tu ne travailles pas mieux, tu seras privé de sortie.　공부를 더 열심히 안 하면, 외출을 허락 않겠다.

· Je ne sortirai pas *s'il* pleut.　비가 오면 외출하지 않겠다.

· Il n'aura jamais terminé, *si* vous le retardez sans cesse.   당신이 끊임없이 그를 붙잡고 늘어지면 그는 결코 일을 끝내지 못할 겁니다.

❸ · *Si* on additionne [ajoute] trois à quatre, cela fait sept.   4에 3을 더하면 7이다.
· *Si* on divise douze par trois, cela fait quatre.   12를 3으로 나누면 4가 된다.
· *Si* de 9 on enlève 3, le reste est 6.   9에서 3을 빼면 나머지는 6이다.
· *Si* on multiplie 2 par 5, on obtient 10.   2를 5배하면 10이다.

❹ [si + 무관사명사 + il y a …]
· *Si* malhonnêteté il y a, je les condamne sans appel.   만일 부정직한 점이 발견되면, 나는 단호히 그들을 단죄하겠다.

❺ [si …, alors …]
· *Si* Pékin brandit son veto, Séoul aura alors peu d'options.   중국이 거부권을 행사하면 한국은 선택의 여지가 거의 없다.
· *Si* vous êtes d'accord, alors vous pouvez signer.   동의하시면 서명하실 수 있겠네요.
⇒ alors

> ☆ 가정절에서 직설법 전미래 대신 복합과거가 쓰임
> · *Si* demain le mal a empiré, vous me rappellerez.   만일 내일 병이 악화되거든 나를 부르시오.
> · *Si* demain à midi elle n'est pas arrivée, faites-le-moi savoir.   내일 정오에 그녀가 도착하지 않으면, 내게 알려 주시오.

> ☆ 가정절에 미래의 의미를 분명히 나타내고자 할 때는 devoir나 venir à를 조동사적으로 쓸 수 있음. *si* cela doit se rerpoduire 만일 그런 일이 또 일어나면. *s'il* vient à pleuvoir 비가 오게 되면. *si* vous venez à le rencontrer 혹시 그를 만나게 되면.

❻ · *Si* le chien aboie, ne vous en occupez pas.   개가 짖더라도 신경 쓰지 마세요.
· *Si* tu arrives le premier, garde-moi une place.   먼저 오면 내 자리 좀 잡아줘.
· *Si* jamais je l'attrape, gare à lui!   그가 언젠가 잡히기만 하면 조심해야 할 걸!
· *Si* cela vous ennuie, ne le faites pas.   싫으시면 하지 마십시오.
· *Si* vous êtes stressé, allez vous reposer au bord de la mer.   스트레스가 쌓이면 바닷가에 가서 쉬세요.
· *Si* tu peux le faire, fais-le.   네가 할 수 있으면 하렴.
· *Si* la douleur persiste, consultez votre medecin.   통증이 계속되면 의사의 진찰을 받으세요.
· *Si* le bébé pleure, donnez-lui à boire.   어린애가 울면 젖을 빨리세요.
· *Si* jamais vous le rencontrez, dites-lui bonjour de ma part.   혹시 그 사람을 만나게 되면 내 대신 안부 좀 전해 주세요.

· *Si* cela doit se reproduire, faites-le-moi savoir.　만일 그런 일이 또 생기면, 내게 알려주시오.

· *S'il* survient un visiteur, dites que je ne suis pas là.　혹시라도 누가 갑자기 찾아오면 내가 없다고 하세요.

· *Si* par hasard tu le vois, préviens-le.　혹시 그를 보게 되면 그에게 미리 알려주게.

· *Si* tu veux la paix, prépare la guerre.　《속담》 평화를 원하면 전쟁을 준비하라.

· Frappez fort et insistez *si* cela ne répond pas.　문을 세게 두드리세요, 그리고 대답이 없으면 계속 두드리세요.

· Gare à toi *si* tu désobéis.　말을 듣지 않으면 혼날 줄 알아.

· Blâme tes frères *si* ça te soulage.　그렇게 해서 마음이 풀린다면 너의 형제들을 비난해라.

· Résistez, *si* vous le pouvez.　버틸 수 있으면 버티어보시오.

❼ · *S'il* vient en ami, qu'il entre.　그가 친구로 온 것이라면 들여보내시오.

· *S'il* n'est pas content, qu'il aille le dire à Rome.　《구어》 불만스럽더라도 그가 참을 수밖에 없다.

· Que je meure, *si* je mens!　(맹세를 하며) 내 말이 거짓이면 죽어도 좋소!

❽ · *S'il* refuse, bonsoir.　그가 거절하면 끝이야.

· *Si* tu l'invites, bonjour l'ambiance!　《지방어:캐나다》 네가 그를 초대하면 분위기는 끝장이야!

2) 과거의 단순가정: 종속절 - 반과거, 주절 - 직설법 과거·현재·미래

· *Si* vous avez accepté cette proposition, vous avez tort.　당신의 그 제안을 받아들였다면 당신이 잘못한 것이오.

· *Si* j'ai confondu, je m'en excuse.　제가 혼동을 했다면 용서해주시기 바랍니다.

· *S'il* est parti ce matin, il est déjà arrivé.　그가 오늘 아침에 떠났으면 벌써 도착했겠다.

· *Si* elle est partie à trois heures, elle est arrivée à six heures 〔peut arriver en ce moment, sera arrivée une demi-heure avant, arrivera dans une heure〕.　그녀가 3시에 출발했다면 6시에 도착했다 〔지금 도착할지 모른다, 30분 전에 도착했을 것이다, 한 시간 후에 도착할 것이다〕.

3) 《옛·문어》 〔que si + *ind*〕

· Que *si* vous en doutez, je donnerai des preuves.　만약 당신이 의심하신다면 증거를 제시하겠소.

⇒ que

4) 생략문

> *si* (cela est, c'est) nécessaire필요하다면. *si* non 그렇지 않으면.

· *Si* pas sérieux s'abstenir　믿음직하지 않은 사람은 사절. ((광고 문안 등에서))

· Dis-moi si tu viens, *si* oui je reste, sinon je pars.　올 건지 말해봐. 네가 오면 나도 있고, 네가 오지

않으면 난 그냥 갈 테야.

· Je ne puis dire assurément quand je partirai d'ici, *si* dans un mois, dans deux ou dans trois.
한 달 또는 두세 달 후라면 여기에서 언제 떠날 것인지 확실하게 말할 수 없습니다.

· Il nous a écrit? *Si* oui, il faut lui répondre.　그가 우리에게 편지를 보냈나? 그렇다면 답장을 해야지.

· En voulez-vous? *Si* oui, prenez-le.　이것을 원하세요? 그렇다면 드세요.

· Venez demain soir *si* (c'est) possible.　가능하면 내일 저녁에 오세요.

· Pour éviter les accidents, il faut donc trouver les meilleurs producteurs, *si* possible dans les pays les plus sûrs.　사고를 예방하기 위해 가능하다면 가장 안전한 국가에서 가장 나은 생산자를 찾아야만 한다.

2. 비현실적 가정

1) 현재·미래의 비현실적인 또는 가능성이 희박한 사실의 가정

❶ 종속절 - 직설법 반과거, 주절 - 조건법 현재

> il en irait bien mieux *si* … 만약 …이라면 일은 훨씬 잘 될 것이다.

· *Si* elle l'accompagnait, elle le gênerait.　만약 그녀가 그를 따라가면 그에게 방해가 될 텐데.

· *Si* j'avais de l'argent, j'achèterais une voiture.　내가 만일 돈이 있다면 자동차를 살 텐데.

· *Si* un jour j'avais de l'argent, j'achèterais une villa à Nice.　만일 언젠가 내게 돈이 생긴다면, 니스에 별장을 하나 살 텐데.

· *Si* j'avais des nouvelles de Pierre, je vous écrirais.　만약 내가 피에르의 소식을 듣게 되면, 당신에게 편지를 쓸 텐데.

· *Si* je m'écoutais, je n'irais pas à ce rendez-vous.　본심으로는 그 모임에 가고 싶지 않은데.

· *Si* cela était, ce serait lui le coupable.　만일 그렇다면 죄인은 그 사람일 것이다.

· *Si* j'étais lui, j'accepterais cette proposition.　내가 그라면 그 제안을 받아들일 텐데.

· *Si* j'étais elle, je partirais tout de suite.　내가 그녀라면 곧 떠날 텐데.

· S'il était riche, il vous prêterait cette somme.　만일 그가 부자라면, 당신에게 그 돈을 빌려줄 텐데.

· *Si* nous étions riches, nous mangerions ce soir autre chose que cette maigre soupe de légumes!　만약 우리가 부자라면, 오늘 저녁은 이 야채수프가 아닌 다른 것을 먹을 텐데.

· S'il était là, nous le verrions.　그가 거기에 있다면, 우리가 그를 볼 수 있을 텐데.

· *Si* encore il faisait un effort, il réussirait.　그가 노력만 한다면 성공할 텐데.

· S'il faisait beau demain, je partirais en vacances.　내일 날씨가 좋다면, 휴가를 떠나겠는데.

· *Si* j'osais, j'irais la chercher.　내가 용기가 있다면 그녀를 찾으러 갈 텐데.

· *Si* tu lui en parlais, il accepterait peut-être.　네가 그 사람에게 말하면 들어줄런지도 모르지.

· *Si* on lui pressait le nez, il en sortirait du lait.　아직도 어린 주제에 건방지군.

· *Si* seulement nous rencontrions un magicien, il nous ferait un don!　마법사를 만나기만 하면, 우리에게 분명히 선물을 해 줄 텐데!

· *Si* le ciel tombait, il y aurait bien des alouettes prises [toutes les alouettes seraient prises].　《**속담**》하늘이 무너지면 종달새가 많이 잡힐 것이다((**불가능한 가정을 비꼬는 말**))

· Le pays se déterminerait à la guerre *si* les accords n'étaient pas respectés.　그 나라는 합의 사항이 준수되지 않으면 개전을 결정할 것이다.

· Vous seriez un ange *si* vous vouliez bien me rendre ce service.　도와주신다면 정말 고맙겠어요.

· On ne pourrait pas parler ainsi *si* l'on était vraiment raisonnable.　정말 이성적이라면 그렇게 말할 수 없다.

· Je voudrais passer chez lui, *si* j'en avais le temps.　나는 그럴 시간만 있다면 그의 집에 들르고 싶은데.

· Je réussirais, *si* vous m'aidiez.　만약 당신이 나를 도와주신다면 나는 성공할 텐데.

· Je reviendrais tout de suite, *si* je pouvais.　그럴 수만 있다면 곧 돌아올 텐데.

❷ 종속절의 완료: 종속절 - 직설법 대과거, 주절 - 조건법 현재

· *S'il* avait mangé, il partirait à deux heures.　그가 식사를 했다면 두 시에 출발할 텐데.

❸ 주절의 미래 완료: 종속절 - 직설법 반과거, 주절 - 조건법 과거

· *S'il* commençait ce travail demain, je l'aurais fini après-demain.　그가 내일 그 일을 시작한다면, 모래까지는 다 끝마칠 텐데.

2) 과거의 비현실적 가정

❶ 종속절 - 직설법 대과거, 주절 - 조건법 과거

> *si* j'avais soupçonné à quel point j'étais encore borné 내가 어느 정도 시야가 좁았는지 알았더라면.
> *s'il* avait eu le moindre bon sens 그가 조금이라도 양식이 있었다면.

· *S'il* avait été là, nous l'aurions vu.　그가 거기에 있었다면, 우리가 그를 볼 수 있었을 텐데.

· *S'il* avait fait beau, elle serait parti.　날씨가 좋았었다면, 그가 떠났을 텐데.

· *Si* j'avais su, je ne me serais pas dérangé.　미리 알았더라면 일부러 애쓰지 않았을 텐데.

· *Si* j'avais bien travaillé, j'aurais reçu la récompense.　만약 내가 열심히 공부했더라면 상을 탔을 텐데.

· Elle serait venu vous voir hier soir, *si* elle avait cru vous rencontrer.　만약 그녀가 당신을 만날 줄 알았더라면, 어제 저녁에 당신을 보러 왔었을 텐데.

❷ 조건법 제2형 : 주절이나 종속절 - 접속법 대과거

· *S'il* eût [avait]　réfléchi, il eût hésité.　그가 숙고했더라면 주저했을 것이다.

· Il aurait [eût]　réussi s'il eût été plus patient.　그가 좀 더 인내력이 있었더라면 성공했을 것이다.

· Le nez de Cléopâtre: *s'il* eût été plus court, toute la face de la terre aurait [eût]　changé.　클레오파트라의 코가 조금만 낮았더라면 세계의 판도가 바뀌었을 것이다.

❸ 종속절에 반과거 + 주절에 조건법 과거 : 조건절의 내용이 현재에도 지속

· *Si* elle était malade, elle me l'aurait dit.　만일 그녀가 몸이 불편하다면 내게 그것을 말했을 텐데.

· *Si* j'étais en bonne santé, je l'aurais fini.　만일 내가 건강하다면 그것을 마쳤을 텐데.

· J'aurais été soldat, *si* je n'étais poète.　내가 시인이 아니라면 군인이 되었을 텐데.

☆ 조건절이 두 개 이상 연이어 올 때 두 번째 조건절부터 si대신 que를 쓸 수 있음. que로 대치된 절은 문어체에서는 접속법을 쓰나 구어체에서는 직설법이 허용됨. *si* elle est jolie et que vous ne l'aimiez pas 그녀가 예쁜데도 내가 좋아하지 않으면.

· *S'il fait beau demain et que j'aie le temps, j'irai le voir.　만일 내일 날씨가 좋고 시간이 있으면 그를 보러 가겠다.

· *S'il pleuvait ou que le ciel soit couvert, je resterais à la maison.　비가 오거나 날씨가 흐리면 집에 머물러 있겠다.

· *Si* j'avais une fille et que j'étais du monde riche, je lui achèterais un château en Écosse.　만일 내게 딸이 있고 내가 부유층에 속한다면, 그녀에게 스코틀랜드에 성을 하나 사줄 텐데.

☆ 결과의 확실성·필연성을 강조하기 위해 주절에 직설법을 쓰기도 함.

· *S'il m'échappait un mot, c'est fait de votre vie.　내 입에서 한 마디만 떨어져도 당신의 목숨은 없다.

· *Si* l'affaire marchait bien, on pouvait gagner beaucoup.　사업이 순조롭다면 돈을 많이 벌 텐데.

· *S'il n'était pas venu, je le faisais appeler.　그가 오지 않았더라면, 그를 부르게 하려고 했다.

☆ 여러 개의 주어를 가질 때 강조하기 위해 각 주어 앞에 si를 반복하기도 함. *si* votre père, *si* votre mère vient à mourir 당신의 아버지와 어머니가 돌아가시게 되면. *si* la foi, *si* l'honneur ne me reprochaient point mon injuste bonheur 신앙과 명예가 나의 부당한 행복을 비난하지 않는다면.

☆ 조건절에 조건법을 사용하는 것은 옛 어법이거나 속어체임.

si la situation perdurait 만일 그런 상황이 오래 지속된다면.

· *Si* jamais batailles auraient dû être gagnées, ce sont celles-là.　반드시 이겼어야 하는 전투가 있다면 그 전투가 바로 그것이었다.

· *Si* vous voudriez, on travaillerait ensemble.　당신이 원한다면 함께 일해도 좋습니다.

☆ 조건절에 c'est … que [qui] 구문이 쓰일 때, que [qui] 절에는 직설법 또는 접속법이 쓰임. *si* c'était moi qui commandais 만일 지휘한 사람이 나라면. *si* c'était lui qui avait fait cela 만일 그것을 한 사람이 그라면. *si* c'était eux qui fussent coupables d'irréligion 만일 비종교적이라는 비난을 그들이 받게 된다면.

> ☆ 조건을 나타내는 문장은 si이외의 다른 접속사(구)나, 전치사(구), 부사구 또는 제롱디프 등에 의해
> 구성될 수도 있다.
> · À votre place, je refuserais.   내가 당신 입장이라면 거절할 텐데.
> · Au cas où une complication se produirait, faites-moi venir.   복잡한 일이 생기면 나를 부르시오.
> · En cas d'accident, nous aurions été embarrassés.   사고가 났더라면 우리는 매우 난처했을 텐데.
> · Sans vous, cela serait impossible.   당신이 없으면 그것은 불가능할 것입니다.
> · En cherchant bien, vous trouveriez.   잘 찾아보면 찾아낼 수 있을 것입니다.
> · En mangeant moins, vous vous porteriez mieux.   적게 먹을수록 더 건강해질 것입니다.

3. 1) [si ce n'est [n'était] …] : …이 아니라면; …은 아니라 할지라도(=sinon); …을 제외하고(=sauf).

> un des meilleurs, *si* ce n'est le meilleur 최상은 아닐지라도 최상의 것 중의 하나.

❶ · *Si* ce n'était l'amitié que j'ai pour vous, je vous dénoncerais.   당신에 대한 우정이 없다면 당신을
고발할 것이오.
· Je n'ai pas de quoi me plaindre, *si* ce n'est du prix.   가격을 제외하면 불만스러운 점이 없다.
· Qui a pu commettre cette erreur, *si* ce n'est lui.   그가 아니라면 누가 그런 실수를 범하겠는가.

❷ · Rien de neuf, *si* ce n'est que mon départ est ajourné à samedi.   출발이 토요일로 미루어진 것
외에는 새로운 것이 없다.

2) 《문어》 [si ce n'eût [n'eussent] été …] : …이 아니었다면(=sans, s'il n'y avait été).
· *Si* ce n'eût été sa toilette verte, on l'eût pris pour un magistrat.   그의 푸른 옷차림이 아니었으면
사람들은 그를 법관으로 오인했을 것이다.

3) [si tant est que + *sub*] : 만일 …한다면.

> *si* tant est que les choses soient comme vous dites 만일 상황이 당신이 말하는 것과 같다면.

· Il a l'intention de poursuivre ses études, *si* tant est qu'il soit capable de le faire.   그는 그럴 능력만
있으면 학업을 계속하고 싶어 한다.
· Elle doit être bien vieille, *si* tant est qu'elle vive encore.   그녀가 아직 살아 있다면 아주 늙었을 것이다.
· Il a l'air d'un honnête homme *si* tant est qu'il en existe encore.   가령 아직도 사교계의 신사같은
사람이 존재한다고 할 경우 그는 그런 모습의 사람이다

4)
> *si* j'étais (《옛》 que) de vous 만약 당신과 같은 입장이라면(=*si* j'étais à votre place).

· *Si* j'étais (que) de vous, je ne le lui dirais pas.　내가 당신이라면 그에게 그런 말을 하지 않을 거야.

· *Si* j'avais été de vous, j'aurais agi autrement.　만일 내가 당신이었다면 달리 행동했을 텐데.

5) [s'il en fut] : 최고의, 보기 드문.

> un honnête homme *s'*il en fut 매우 점잖은 신사.

· C'est un excellent vin *s'*il en fut.　이건 최고의 포도주다.

6) 《옛·문어》 [que si + *ind*]

⇒ que

4. 반복·습관 : si절과 주절의 동사가 모두 현재 또는 반과거 : …일 때는 언제나, …할 때마다(=quand, à chaque fois que).

· *Si* je dis oui, il dit non.　내가 그렇다고 말하면 그는 늘 아니라고 말한다.

· S'il y avait un match de football, il regardait la télé.　그는 축구경기가 있을 때면 텔레비전을 보았다.

· *Si* je suis triste, je me trouve grotesque.　나는 슬플 때는 이상해진다.

· S'il pleut, je prends mon parapluie.　비가 오면 나는 (언제나) 내 우산을 들고 다닌다.

· En vacances, *s'*il fait mauvais, je visite les musées.　나는 휴가 중에 날씨가 좋지 않으면 박물관을 방문한다.

· S'il neigeait, nous ne sortions pas.　눈이 오면 우리는 밖으로 나가지 않곤 했다.

· S'il pleuvait, je m'abritais dans un café.　비가 오면 나는 까페로 대피하곤 했다.

· Il faut se taire *si* le professeur parle.　선생님이 말씀하실 때는 조용히 해야 한다.

5. 대립·양보

1) · *Si* vous n'aimez pas ça, n'en dégoûtez pas les autres!　당신이 싫어한다면, 다른 사람들에게도 폐를 끼치지 마시오!

· S'il n'aime pas l'avion, il ne déteste pas les voyages pour autant.　그가 비행기를 좋아하지 않지만 그렇다고 여행을 싫어하는 것은 아니다.

· *Si* il a eu des torts, j'en ai eu moi aussi.　그에게 잘못이 있지만 나에게도 역시 잘못은 있다.

· S'il a du talent, il a un sale caractère.　그는 재주는 있지만 성격이 고약하다.

· S'il ne dit rien, il n'en pense pas moins.　그가 아무 말도 하지 않지만, 그렇다고 그에 대해 생각하지 않는 것은 아니다.

· S'il disait que la noblesse était peu de chose, il n'en pensait pas un mot.　그는 귀족이란 아무것도 아니라고 말했지만 속으로는 그러한 생각이 전혀 없었다.

· S'il n'espérait plus, il ne désespérait pas encore.　그는 더 이상 희망을 가지지 않았지만, 그렇다고 실망하지도 않았다

· *Si* lui est aimable, sa femme est arrogante.　　그는 상냥한 반면에 그의 부인은 거만하다.

· *S'il* n'est pas beau, du moins est-il intelligent.　　그는 미남은 아니지만 그래도 영리하다.

· *Si* les richesses de la mer sont immenses, elles ne sont pas inépuisables.　　해양자원이 막대하긴 하지만 무궁무진한 것은 아니다.

· *Si* l'appartement est petit, en compensation nous avons une vue magnifique.　　아파트는 작지만 그 대신 전망이 훌륭하다.

· *S'il* résiste à toute contrainte, il cède, en revanche, au moindre geste de tendresse.　　그는 모든 강요하는 일에는 저항하지만, 반대로 조금만 상냥하게 대해주면 고분고분해진다.

· *Si* vous le voulez pas l'aimer, au moins ne le haïssez.　　그를 사랑하지 않더라도 미워하지는 마세요.

· Sois poli, *si* t'es pas joli!　　《구어》예쁜 짓을 하진 못할망정 공손하게는 굴어야지.

2) 〔même si〕

❶
> même *si* c'est la vérité 설령 그것이 사실이라 하더라도. même *si* l'équipe adverse est si forte 상대팀이 제아무리 강하다고 해도. même *si* la crise n'a pas encore d'impact sur l'industrie du cinéma 위기가 아직은 영화 산업에 충격을 주지 않았지만. même *si* d'autres pensent le contraire 다른 사람들이 반대로 생각하더라도.

· Même *si* c'est gratuit, je n'en veux pas.　　그것이 공짜라도 나는 원하지 않는다.

· Même *si* c'est pour s'amuser, c'est trop quand même.　　아무리 장난이라도 그것은 너무 심하다.

· Même *si* je ne lui fais pas de reproche, ça ne veut pas dire que je sois content de lui.　　내가 그를 책망하지 않는다고, 그것이 내가 그에 대해 만족하고 있다는 것을 의미하지는 않는다.

· Même *s'il* insiste, je ne le lui permettrai pas.　　그가 아무리 주장해도 나는 그에게 그것을 허락하지 않을 것이다.

· Même *s'il* est resté très prudent pendant la campagne présidentielle, Barack Obama a affirmé à plusieurs reprises sa volonté de s'impliquer dès le premier mois dans ce conflit.　　버락 오바마는 선거운동 기간에는 매우 신중한 태도를 유지했지만, (대통령이 된) 첫 달부터 여러 차례에 걸쳐 그 분쟁에 개입할 의사를 밝혔다.

· Même *si* l'on suppose que cela est vrai, vous avez tort.　　그것이 사실이라 하더라도 당신이 잘못이다.

· Il continuera à jouer aux cartes même *s'il* perd.　　그는 잃어도 계속 카드를 칠 것이다.

· Il est mal de voler même *si* ce n'est qu'un sou.　　비록 한 푼이라도 훔치는 것은 나쁜 짓이다.

· Réponds quelque chose, même *si* c'est faux.　　틀려도 좋으니 뭔가 대답을 해봐요.

· L'image du Japon reste négative même *si* elle enregistre un début d'amélioration depuis un an.　　일본에 대한 이미지는 1년 전부터 좋아지기 시작은 했지만 부정적인 상태에 있다.

· Il est certain que la crise va avoir une incidence sur nos budgets, même *si* on arrive à récupérer les 700 milliards de dollars.　　7천억 달러를 회수하게 된다 하더라도 위기가 우리 예산에 영향을 미치게 되리라고 하는 것은 확실하다.

❷

> même *si* le ciel s'écroulait 하늘이 무너져도. même *si* on recréait le monde 천지개벽을 한다 해도.

- Même *si* c'était le cas, je ne le permettrais pas.   사실이 그렇다 하더라도 나는 허락하지 않을 것이다.
- Même *si* elle ne l'avait pas dit, quelqu'un d'autre aurait dû le faire.   그녀가 그것을 말하지 않았더라도, 누군가가 그 말을 했어야 했다.
- Même *s'*il s'excusait, je ne lui pardonnerais pas.   그가 사과를 한다 할지라도 용서하지 않을 것이다.
- Même *si* je mourais maintenant, je n'aurais aucun regret.   나는 지금 죽어도 전혀 후회가 없다.
- Même *si* on voulait changer la nature humaine, on ne pourrait pas.   천성은 고치려 해도 고쳐지지 않는다.
- Il ne se lèverait pas, même *s'*il y avait plusieurs réveille-matin à côté de son lit.   그의 침대 옆에 여러 개의 자명종이 있더라도 그는 일어나지 않을 것이다.
- Il ne vendrait pas sa villa, même *si* on lui offre une grosse somme.   그는 거금을 준다 해도 그의 별장을 팔지 않을 것이다.

6. 주절 또는 동사의 보어절의 도입

1)

> *si* je ne m'abuse; *si* je ne me trompe 내가 잘못 생각하는 [착각하는] 것이 아니라면. *si* cela vous agrée 만일 마음에 드신다면. *si* ça t'amuse; *si* tu en a envie 네가 원한다면. *si* j'ai bonne mémoire; *si* ma mémoire est exacte; *si* je m'en souviens bien 내 기억이 틀리지 않는다면. *s'*il avait un minimum de savoir-vivre. 최소한의 예절이 있다면. *s'*il y a lieu 필요에 따라. *si* ça vous chante 괜찮으시다면, 마음에 드시면. *si* je commence par la conclusion 결론부터 말하자면. *s'*il faut l'en croire 그의 말에 의하면, 그의 말을 믿는다면. *si* j'en crois ce qu'on m'a raconté 사람들이 내게 한 말을 믿는다면. *si* j'en crois le témoignage de mes yeux 내 눈으로 확인한 바에 의하면. *si* vous le désirez 원하신다면, 좋으시다면. *si* le coeur vous en dit 당신의 마음에 드시면. *si* l'on peut dire; *si* je puis dire 이렇게 말해도 좋다면. *si* j'ose dire 감히 말해보자면. *si* on veut être plus précis 더 엄밀히 말하면. *si* j'ose m'exprimer ainsi 감히 그렇게 말할 수 있다면, 감히 그렇게 말하건대. *s'*il en est besoin [*s'*il besoin est, *si* besoin est] 필요하다면, 부득이 하다면. *si* cela peut vous être agréable 만일 그것이 당신의 마음에 든다면. *s'*il en est aucunement question 그것이 조금이라도 문제가 된다면, 혹시 그 말이 나오기라도 한다면. *si* c'est votre (bon) plaisir 당신의 뜻이 그러하다면. *si* cela ne vous fait rien 좋으시다면, 괜찮으시다면. *si* l'occasion se présente 만일 기회가 오면. *s'*il plaît à Dieu; *si* Dieu (le) veut 일이 잘되면 [순조로우면] . *si* Dieu me prête vie 내가 만일 오래 살 수 있다면. *si* cela se peut 그것이 가능하다면. *si* ça se trouve 《**구어**》 아마도, 어쩌면. *si* cela venait à ses oreilles 이것을 그가 알게 된다면. *si* vous n'y voyez aucune objection 이에 대해 아무런 이의도 없으시다면. *si* toutefois vous n'y voyez pas d'inconvénient 그래도 괜찮으시다면. *si* (l')on veut; *si* tu veux; *si* vous voulez 원한다면 [원하신다면] ; 좋(으시)다면, 괜찮(으시)다면; 그럴지도 모르지만, 글쎄.

- *Si* cela vous dit, nous irons nous promener.   좋으시다면, 산책이나 하시죠.
- *S'*il en est ainsi, je ne comprends pas votre attitude.   그런 사정이라면 당신의 태도는 이해 못하겠소.
- *Si* ça se trouve, il est déjà parti.   어쩌면 그는 벌써 떠났을지도 모른다.

· *Si* c'est tout ce que vous avez à m'offrir, j'aime mieux m'en aller.　그것이 당신이 내게 제안할 수 있는 전부라면 가버리는 게 낫겠다.

· Je t'aiderai, *si* besoin est.　필요하다면 너를 돕겠다.

· J'irai tout seul, *si* c'est comme ça.　사정이 그렇다면 나 혼자 가겠다.

· C'est, *si* je ne m'abuse, la première fois.　내 생각이 틀리지 않다면, 이게 처음이다.

· Je le dirai bien haut, *s'*il le faut.　필요하다면 터놓고 말하겠다.

· Revenez me voir *s'*il le faut.　필요하다면 나를 만나러 다시 오세요.

· Comment pourrait-il la trouver, *s'*il ne connaît pas même son nom?　그녀의 이름조차 모르면서 어떻게 그녀를 찾겠다는 거지?

· C'est une folie. - *Si* on veut, mais, c'est quand même bien intéressant.　그것은 미친 짓이다. - 그럴지도 모르지, 하지만 매우 흥미롭다.

· Pardon *si* je vous dérange.　방해가 된다면 용서하세요.

> ☆ si에 의해 유도되는 조건절에는 직설법 미래를 쓰지 않는 것이 원칙이나 드물게 다음과 같은 예를 볼 수 있음.
> · Qui donc attendons-nous s'ils ne reviendront pas?　그들이 돌아오지 않을 텐데 우리는 도대체 누구를 기다리고 있는 겁니까?

2) [s'il vous plaît ((《약》 S.V.P. [ɛsvepe]));《구어》 s'il te plaît] : (간청·질문·경고·주의 등의 표현과 함께) 제발, 부디, 미안하지만;《벨기에》 (물건을 건네주며) 자, 여기 있습니다.

· Votre attention *s'*il vous plaît.　여러분께 알려드립니다; 잠깐 들어보세요. (=Veuillez écouter).

· Deux chocolats, *s'*il vous plaît.　초콜릿 음료 두 잔 주세요.

· Un demi, *s'*il vous plaît.　맥주 한 컵 주세요.

· Garçon, la même chose *s'*il vous plaît.　같은 것으로 주세요.

· Un peu de silence, *s'*il vous plaît.　좀 조용히 해주세요.

· Monsieur Le Grand, *s'*il vous plaît.　(전화에서) 르그랑씨 부탁합니다.

· Là, là, calmez-vous, *s'*il vous plaît.　자, 자, 제발 진정하세요.

· Comment dites-vous cela, *s'*il vous plaît?　미안하지만 그것을 뭐라고 합니까?

· N'oubliez pas le guide, *s'*il vous plaît!　안내자에게 팁 주는 것을 잊지 마세요!

· Passez par ici, *s'*il vous plaît.　이리로 오십시오.

· *S'*il te plaît, passe-moi le sel.　미안하지만 소금 좀 건네줘.

· C'est à vous, *s'*il vous plaît, que ce discours s'adresse.　이 말은 바로 당신에게 하는 거예요.

· Réponse *s'*il vous plaît.　회신 바랍니다.((《약》 R.S.V.P.))

· Il voyage en première, *s'*il vous plaît.　그는 일등석으로 여행한단 말이예요((**방금 한 말에 주의를 끌면서**)).

7. 주절의 설명에 앞선 원인의 제시

1) [si + *ind* ···, c'est ···]

❶ [si + *ind* ···, c'est à cause de ···]

- *Si* elle n'y est pas allée, c'est à cause de sa grippe.　그녀가 거기에 가지 않은 것은 감기 때문이다.
- *Si* je m'y suis opposé, c'est à cause de lui.　내가 그에 반대한 것은 그 사람 때문이다.

❷ [si + *ind* ···, c'est (parce) que + *ind*]

- *Si* j'aime ce plat, c'est (parce) que ma mère le prépare bien.　내가 그 요리를 좋아하는 것은 어머니께서 그것을 잘 만드시기 때문이다.
- *Si* Sylvie a de bonnes manières, c'est (parce) que son père était sévère autrefois.　실비가 매우 예절바른 것은 예전에 그녀의 아버지가 엄하셨기 때문이다.
- *S'il* n'a pas bougé, c'est parce que vous ne l'y avez pas invité.　그가 꼼짝도 하지 않은 것은 당신이 그에게 그렇게 하라고 하지 않았기 때문이다.
- *Si* je te dis ça, ce n'est pas parce que je ne t'aime pas, mais parce que je veux ton bien.　내가 네게 그런 이야기를 하는 것은 네가 미워서가 아니라 네가 잘되기를 바라기 때문이다.
- *S'il* est malade, c'est qu'il a trop travaillé.　그가 아픈 것은 너무 일을 했기 때문이다.
- *Si* elle est revenue, c'est parce qu'elle avait envie de voir son enfant.　그녀가 돌아온 것은 아이가 보고 싶었기 때문이다.
- *S'il* revient, c'est qu'il n'a pas d'amour-propre.　그가 다시 돌아온다면 그는 자존심도 없는 사람이기 때문일 것이다.
- *Si* elle se tait, c'est qu'elle est timide.　그녀가 말을 하지 않는 것은 내성적이기 때문이다.
- *S'il* n'est pas venu, ce n'est pas qu'il soit malade.　그가 오지 않은 것은 몸이 불편해서가 아니다.

⇒ parce que, que

2) · *S'il* y croit encore, il s'illusionne.　그가 아직도 그걸 믿는다면 착각하고 있는 것이다.
- *Si* je l'ai fait, c'est par égard pour vous.　내가 그것을 한 것은 당신을 존경하기 때문이오.
- *Si* je t'ai grondé, c'est pour ton bien.　너를 야단친 것은 너 자신을 위해서다.

3) · *S'il* travaille, c'est pour gagner de l'argent de poche.　그가 일을 하는 것은 용돈을 벌기 위해서다.
- *Si* elle fait une promenade tous les jours, c'est pour garder la ligne.　그녀가 매일 산책을 하는 것은 몸매를 유지하기 위해서다.

4) · *Si* je l'ai loué, c'est pour qu'il fasse des progrès.　내가 그를 칭찬하는 것은 그가 더 발전하게 하려는 것이다.
- *Si* je lui ai acheté une voiture, ce n'est pas pour qu'il s'amuse mais pour qu'il gagne du temps.　내가 그에게 차를 사준 것은 즐기라고 그런 것이 아니라 시간을 절약하게 하려는 것이다.

5) · *S'il* a raté son examen, il n'est pas à plaindre.　그가 시험에 떨어진 것은 자업자득이다.

· *Si* la guerre éclate, on y a droit!　전쟁이 터진다 해도 당연한 일이지!

· *Si* le père a fait une faute, le fils n'en peut mais.　아버지가 잘못했다고 해서 그것이 아들의 탓은 아니다.

· *Si* ce projet réussit, vous y êtes pour beaucoup.　만일 이 계획이 성공한다면 당신 덕택일 것입니다.

· *Si* c'est de cette région qu'il s'agit, je la connais bien.　나는 그 지방이라면 잘 안다.

· Ne t'étonne pas *si* je ne viens pas.　내가 오지 않더라도 놀라지 마라.

· Ne vous étonnez pas *s'il* a perdu la partie.　그가 시합에서 졌다고 해서 놀라지 마시오.

· Vous me pardonnerez, *si* je vous quitte un moment.　잠시 실례하겠습니다.

6) · *Si* on commet un crime, il est naturel d'être puni.　죄를 지으면 벌을 받는 것이 당연하다.

· *S'il* est pauvre, faut-il le mépriser?　그가 가난하다고 해서 그를 무시해야 합니까?

· *Si* ce n'est pas moi, qui fera ce travail?　내가 아니면 누가 그 일을 할까?

· *Si* j'ai dit ça, tu peux imaginer la suite.　이렇게 이야기했으니까 다음은 말하지 않아도 알겠지.

· *Si* tu prends tout, qu'est-ce qu'il me reste?　네가 다 가져가면 내게는 뭐가 남아?

· *S'il* y a quelque chose qui m'agace, c'est le bruit.　내 신경을 거슬리게 하는것이 있다면 그것은 소음이다.

· Comment faire *si* tout le monde refuse de faire ce travail?　모두 이 일을 하기를 거부하면 어떻게 합니까?

· Comment l'aurais-je fait *si* je n'étais pas né?　내가 태어나지 않았는데 어떻게 그것을 했겠습니까? (= ⋯ puisque je n'étais pas né?)

· Pourquoi m'a-t-il conseillé autrefois d'apprendre à jouer au tennis, *si* c'est pour me le reprocher maintenant?　그가 지금 나를 나무라실 거라면 왜 예전에 테니스를 배우라고 충고했습니까?

8. 논리적 주어

1) · Cela m'arrangerait bien *s'il* partait.　그가 떠난다면 좋을 텐데.

· C'est (de) ma faute *si* je suis malheureux.　내가 불행해진 것은 내 탓이다.

· C'est de ma faute *si* cette affaire a mal tourné.　그 일이 잘못된 것은 제 잘못입니다.

· Ce n'est vraiment pas sa faute *s'il* a si bien réussi.　그가 성공한 것은 자신의 능력 덕분이 아니다(**(반어적 : 능력이 뛰어나 성공한 것은 아니므로 뽐내서는 안 된다)**).

· Ce fut merveille *s'il* ne se rompit pas les membres dans cet accident.　그 사고에서 그의 사지가 부러지지 않은 것은 기적이었다.

· C'est par hasard *s'il* l'a rencontrée.　그가 그녀를 만난 것은 우연이었다.

· C'est [Ce serait] un miracle *s'il* réussissait.　그가 성공한다면 그것은 기적이다.

· Cela ne me surprends pas *s'il* a échoué à l'examen.　그가 시험에 실패했다 해도 놀라운 일이 아니다.

2) · *Si* tu mens, c'est pas bien.　너 거짓말하면 못쓴다.

　· *Si* tu renverses de l'eau sur le daim, c'est fichu.　사슴가죽에 물을 쏟으면 큰 낭패야.

　· *Si* je vous ai peiné, c'est bien involontairement.　본의 아니게 폐를 끼쳤습니다.

　· *Si* vous voulez penser de la sorte, c'est votre libre choix.　당신이 그렇게 생각한다면 그것은 자유다.

　· *Si* rupture il y a dans l'approche américaine, c'est surtout dans une évaluation plus réaliste des réalités régionales.　미국의 접근 방식에 있어 급격한 변화가 있다면 그것은 지역 현실에 대한 보다 현실적인 평가에서이다.

3)
> c'est bien le diable *si* + *ind* ···한다면 이상한 일이다, ···할 리가 만무하다.

　· Cela se fera *si* le diable s'en mêle.　그것은 악마가 거들어주면 몰라도 이루어지지 않을 것이다.

4) [(c'est) à peine *si* + *ind*] : 간신히 [겨우] ···하다, ···할 정도에 지나지 않는다.

　· C'est à peine *si* elle peut allonger le bras depuis son accident.　그녀는 사고를 당한 후로는 팔을 겨우 뻗는다.

　· C'est à peine *si* je le connais.　나는 그를 거의 모른다.

　· C'est à peine *si* j'ai pu placer un mot dans la conversation.　그 대화에서 나는 겨우 한 마디를 한 정도이다.

　· C'est à peine *si* nous avons pu nous reposer.　우리는 그저 조금 쉬었을 따름이다.

　· Il y avait beaucoup de brume. À peine *si* on voyait à 10 mètres devant soi.　안개가 많이 끼어서 겨우 10미터 앞밖에 보이지 않았다.

5) [c'est tout juste [(tout) au plus] *si* + *ind*] : 겨우 ···할 뿐이다.

　· C'est tout juste *s*'il me répond quand je lui parle.　그는 내가 말을 걸면 겨우 대답한다.

9. 속사

　· Le seul mal qu'il pourrait me causer encore, ce serait *si* mon René se mettait à souffrir de ne voir que rarement son père.　르네가 또 내게 걱정을 끼칠 수 있는 일이 있다면, 그것은 아버지를 자주 보지 못하는 것을 괴로워하기 시작하면 어떻게 하나 하는 것이다.

10. 전치사와 함께

excepté *si* il n'est pas trop occupé 그가 너무 바쁘지 않으면. sauf *si* l'abonné demande explicitement à être désinscrit 가입자가 명시적으로 취소를 요구하지 않으면.

　· Ne bougez pas d'ici excepté *si* quelqu'un frappe à la porte.　누군가가 문을 노크할 때를 제외하고는 여기에서 움직이지 마시오.

· La façon dont je le demande varie selon *si* ça m'intéresse vraiment ou pas.　그것이 정말로 나의 흥미를 끄는가 그러지 않는가에 따라 그것을 요구하는 방식이 다르다.

· J'ai pris mon parapluie pour *s'il* allait pleuvoir.　나는 비가 올지도 모르는 경우에 대비해서 우산을 들고 나갔다.

· Restez à la maison sauf *si* je vous rappelle.　내가 다시 부르지 않는 한 집에 계세요.

· Je viendrai sauf *s'il* pleut.　비가 오는 경우를 제외하고는 가겠다.

11. 독립절

1) 의문

· *Si* c'était moi qui te la donnais, la couronne?　만일 네게 그 관을 주는 것이 나라면?

· Et *si* elle se fâche? *si* elle rompt?　그런데 그녀가 화라도 내면? 절교라도 하면?

· Et *s'il* réussit? - Il n'y a pas de danger.　그런데 그가 해내면 어떻게 하냐고? - 그럴 염려는 없어.

· C'est toi qui vas transporter les verres. - Et *si* j'allais les casser!　네가 유리컵을 들고 가야 한다. - 그런데 내가 깨기라도 하면 어쩌지!

2) 권유·제안·명령

· *Si* nous allions au cinéma?　우리 영화 보러 갈까?

· *Si* nous partions demain matin?　내일 아침에 떠날까요?

· *Si* on prenait un verre quelque part?　우리 어디서 한 잔 할까요?

· *Si* on se réunissait un de ces jours?　근간에 모임을 가지면 어떨까요?

· *Si* vous vouliez bien vous asseoir?　좀 앉아 주시겠어요?

· *Si* vous vous taisiez?　좀 조용히 해주세요?

3) 기원·희구

· *Si* seulement cette mesure pouvait le corriger de son vice!　이 조치로 그의 나쁜 습관이 고쳐질 수 있기만 하다면!

· *Si* seulement je pouvais dormir!　그저 잠을 잘 수만 있다면!

· *Si* je pouvais être ce monsieur qui passe!　내가 저기 지나가는 신사라면 얼마나 좋을까!

· *Si* au moins il faisait beau demain!　내일 날씨라도 좋으면 좋을 텐데.

· *Si* je pouvais passer un seul jour avec elle!　그녀와 단 하루라도 함께 지낼 수 있다면!

· *Si* seulement on pouvait ne plus la voir!　그녀를 더 이상 안 볼 수 있으면 좋겠다.

· *Si* vous saviez comment je l'aime!　제가 그를 얼마나 사랑하는지 당신이 아신다면!

· *Si* jeunesse savait, *si* vieilesse pouvait.　《속담》 젊은이는 아는 것이 적고 늙은이는 힘이 부족하다.

· *S'il* te voyait!　만일 그가 너를 보고 있다면!

4) 유감·후회

- *Si* vous m'avait consulté!　　당신이 내 의견을 물었어야 했는데!
- *Si* elle m'avait écouté!　　그녀가 내 말을 들었어야 했는데!
- *Si* encore il faisait un effort!　　그가 좀 더 노력을 하면 좋으련만!
- *Si* je l'avais fait à ce moment-là!　　그때 그걸 했더라면 좋았을 텐데!
- *Si* vous m'aviez prévenu!　　내게 미리 알렸더라면 좋았을 텐데!
- *S'il* allait ne pas venir!　　만약 그가 안 오기라도 한다면!
- *Si* seulement je l'avais su!　　만약 내가 그것을 알았더라면 좋았을 텐데!

5) 분개

- *Si* tu crois me tromper!　　내가 속을 줄 알고!
- *Si* on parlait d'autre chose à présent!　　지금 와서 다른 말을 하다니!
- *Si* tu savais comme je m'en balance!　　나는 그런 것에 전혀 개의치 않아!
- *Si* je l'avais pris au mot tout de même!　　내가 그 말을 그대로 받아들였을 것 같아!
- Comment, coquine, *si* je suis malade, *si* je suis malade, impudente!　　뭐라고, 악당 같으니라고, 내가 아프다니, 내가 아프다니, 파렴치한 같으니라고!

6) 강한 단정

❶ · Vous avez donc guéri de ces maux? - Moi? *si* j'en ai guéri!　　그러니까, 그 병에서 회복되었다고요? - 나요? 회복되고 말고요!
- Vous vous en souvenez? - *Si* je m'en souviens!　　당신이 그것을 기억한다고요? - 기억하고 말고요!

❷ [si c(e n)'est pas …]

- *Si* ce n'est pas dégoûtant!　　그럼 불쾌하지 않고!
- *Si* ce n'est pas honteux!　　정말 부끄러운 일이 아닌가!
- *Si* c'est pas malheureux!　　저런, 가엾고 말고!
- *Si* c'est pas malheureux de la voir partir seule!　　그녀가 혼자 떠나는 것을 보게 되다니 유감이군 [딱한 일이군] !
- Elle ne s'occupe pas de ses enfants. - *Si* c'est pas triste!　　그녀는 아이들을 돌보지 않는다. - 참 슬픈 일이군!

7) [comme si + 반과거] : 감탄적 독립절

- *Comme* si j'avais le temps!　　내가 어디 시간이 있어야지!

⇒ comme

12. 비교문

1) 비교의 제2항

· Elle aime ce garçon autant que *s'il* était son fils.　　그녀는 마치 그녀의 아들이라도 되는 것처럼 나는 그 소년을 사랑한다.

· J'ai plus de souvenirs que *si* j'avais mille ans.　　나는 천 년 산 것보다 더 많은 추억을 가지고 있다.

· Il m'a traité plus mal que *si* j'avais commis un grand crime.　　그는 내가 큰 죄라도 저지른 것보다도 더 학대를 했다.

2) [comme si + 반과거/대과거]

· Il se conduit comme *s'il* était mon père.　　그는 마치 자기가 나의 아버지나 되는 것처럼 처신한다.

· Il crie comme *si* on l'écorchait.　　그는 가죽을 벗기는 것처럼 크게 소리 지른다.

⇒ comme

13. 간접의문문의 도입

1) …인지 아닌지.

❶

la question était posée de savoir *si* … …인지 알아보는 문제가 제기되었다. afficher *si* le cours aura lieu ou non 강의가 있을지 없을지 아직 공고하다. éprouver *si* tout va bien 모든 것이 순조로운지 확인하다. expérimenter *si* le remède est nocif 약이 해로운지를 실험한다. s'informer *si* une place est libre 빈자리가 있는지 알아보다. préveni *qn si* c'est oui ou si c'est non …에게 가부를 알려주다. vérifier *si* le train part toujours à la même heure 기차가 항상 같은 시각에 떠나는지 알아보다.

· Il n'a pas encore été affiché *si* le cours aura lieu ou non [quand le cour aura lieu].　　강의가 있을지 없을지 [언제 있을지] 아직 공고된 바 없다.

· Il ne s'agit point *s'il* viendra ou ne viendra pas.　　그가 오고 안 오고의 문제가 전혀 아니다.

· Je dois m'assurer *si* tout est en ordre.　　모든 것이 제대로인지 확인해봐야겠다.

· Assurez-vous *si* la porte est bien fermée.　　문이 잘 닫혀 있는지 확인하시오.

· Je balance *si* j'irai.　　갈 것인가 망설이고 있다.

· Il faut [Vous devez] choisir *si* vous acceptez ou *si* vous refusez.　　수락할 것인지 거절할 것인지 결정해야 합니다.

· Il faudra déclarer à la douane *si* vous avez des marchandises.　　물품을 가지고 있는지 세관에 신고해야 합니다.

· Par moments, il se me demande *s'il* a bien fait.　　때때로 그는 그가 잘 했는지 자문해보곤 한다.

· Je me demande *si* j'irai.　　갈까 말까 망설이고 있다.

· Il en arrive à se demander *si* elle pense ce qu'elle dit.　　그는 그녀가 말하는 것이 정말 그녀의 생각인지를 자문하게 되었다.

· Je me demande *s'il* a aucune chance de réussir.　　그에게 성공의 기회가 있을지 의문이다.

· J'en arrive à me demander *s'il* est sincère.　　그가 신실한 사람인지 자문하게 되었다.

· Il faut se demander *si* aujourd'hui la puissance peut obtenir les résultats auxquels elle pouvait prétendre à l'époque de la bipolarité.　오늘날 강대국이 양극체제 시대에 요구했던 결과를 얻을 수 있는지 자문해보아야 한다.

· Demandez-lui *s'il* vient.　그에게 오겠는지 물어보세요.

· Demandez-lui *s'il* va venir nous voir.　그에게 우리를 보러 올 것인지 물어보시오.

· L'avenir dira *si* votre choix est bon.　당신 올바로 선택했는지의 여부는 나중에 가면 알게 될 거다.

· Je doute *si* j'accepterais ou non.　받아들여야 할지 아닐지 모르겠다.

· Elle vient s'enquérir *si* nous ne manquons de rien.　그녀가 우리에게 부족한 것이 없는지 알아보러 온다.

· Essaie *si* ça marche.　잘 되는지 해봐라.

· Il hésite encore *s'il* doit accepter.　그는 승낙해야 할지 아직 주저하고 있다.

· J'ignorais *si* vous viendriez.　당신이 올지 어떨지 몰랐었다.

· Informez-vous *s'il* est arrivé.　그가 도착했는지 조회해보십시오.

· Je ne sais pas *s'il* viendra, en tout cas il l'a promis.　그가 올지는 나는 모르겠지만, 하여튼 그는 오겠다고 약속은 했다.

· Je ne sais *si* elle est encore vivante.　나는 그녀가 아직 살아있는지 모르겠다.

· Je ne sais pas *s'il* va pleuvoir, mais j'emporte mon imperméable.　비가 올지 나는 모르겠다. 그러나 나는 비옷을 가지고 간다.

· Dieu sait *si* je dis la vérité.　내가 말하는 것은 틀림없는 사실입니다.

· Je voudrais y aller, reste à savoir *si* ma mère me le permettra.　나는 거기에 가고 싶은데 어머니가 허락해 주실지 모르겠다.

· J'irais bien le voir, mais je ne sais pas *si* mon père le voudra.　그를 보러가고 싶은데 아버지께서 허락하실지 모르겠다.

· Il passait son temps à vérifier *si* on le volait.　그는 누가 자기 돈을 훔쳐가지 않나 살피는 데에 시간을 보내고 있었다.

· Il s'est pesé pour voir *s'il* n'avait pas engraissé.　그는 살이 찌지 않았나 보려고 체중을 달아 보았다.

· Reste à voir *si* cette politique sera bonne ou mauvaise.　그 정책이 좋을지 아니면 좋지 않을지는 두고 봐야 한다.

· Allez voir *si* la porte est fermée par acquit de conscience.　혹시 또 모르니까 문이 닫혔나 가봐요 ((그렇게 하면 마음이 놓인다는 뜻)).

❷ · Je ne suis pas sûr *si* j'ai fermé la porte.　내가 문을 닫았는지 확실치 않다.

· Avec elle, il n'est pas sûr *si* elle viendra demain.　그녀에 대해서는 내일 올지 확실하지 않다.

❸

se demander [ne pas savoir] *si* c'est du lard ou du cochon 《구어》 뭘까 하고 의아해 하다. ne pas savoir *si* l'on est dedans ou dehors 《속어》 (일·입장 따위가) 불확실한 상태에 있다, 어떻게 되었는지 모르다. ne pas savoir *si* qn est dedans ou dehors …의 속셈을 알 수 없다.

2) 속사

· Ce qu'on peut discuter, c'est *s'*il faut partir demain ou non.   토론해야 할 것은 내일 떠나야 할지
말지 하는 것이다.

3) 얼마나 ···한지(=combien, comme).

· Pensez *si* elle était furieux.   그녀가 얼마나 화가 났겠는지 생각해보세요.

· Vous pensez *si* son père suis heureux.   그의 아버지가 얼마나 기쁜지 생각해보세요.

· Regarde le soleil *s'*il est rouge.   태양이 얼마나 붉은지 한번 보렴.

· Vous savez *si* je vous aime.   당신을 얼마나 좋아하는지 아실 것입니다.

· Vous voyez *si* j'ai confiance en lui.   내가 그를 얼마나 믿고 있는지 아시겠죠.

4) 《문어》 [의문문 + ou si···] : 직접의문형과 간접의문형의 혼합

· Est-il sorti, ou *s'*il est là?   그는 외출 중인가, 아니면 집에 있는가?

· Est-ce que vous viendrez, ou *si* c'est votre frère?   당신이 올 거요, 아니면 당신 형이 올 거요?

· Voudriez-vous qu'on vous serve à part, ou *si* vous mangerez dans la même salle que ces messieurs?
따로 드시겠어요, 아니면 저분들과 같은 방에서 드시겠어요?

5) 《구어》 [Tu parles si + *ind*] : ···은 물론 그렇다.

· Tu parles *si* je vais y aller!   내가 거기에 갈 거냐고? 물론이지.

14. [si + *ind*]

1) 의문문의 대리

· *Si* vous voulez que je vous accompagne?   같이 갈까요? (=Dites-moi *si* vous voulez que je vous
accompagne.)

2) 의문문에 대한 강한 긍정 ((**항상 의문 부호가 붙음**))

· C'est vrai ce qu'il me dit? - *Si* c'est vrai?   그의 말이 정말이니? - 정말이냐고? 정말이고 말고 (=Tu
demandes *si* c'est vrai?)

· Vous connaissez cette ville? - *Si* je connais cette ville?   이 도시를 잘 아십니까? - 잘 아느냐고요?
네, 그렇고 말고요.

· En êtes-vous sûr? - Comment, *si* je suis sûr?   확실히 그래요? - 뭐라고요, 확실하냐고요? 확실하고 말고요

15. 1) [si + 형용사/부사 + que + *ind*] : 매우 ···해서 ···하다.

· Le taxi roulait *si* vite que j'avais très peur.   택시가 하도 빨리 달려서 겁이 났다.

· J'ai *si* faim que j'en ai des vertiges.   나는 배가 고파서 현기증이 난다.

· Il y a *si* longtemps que je ne l'ai vue que je ne me souviens pas bien de son visage.   그녀를 본지가

하도 오래되어서 그녀의 얼굴조차 기억을 못하겠다.

· Je suis *si* paresseux que je ne lui ai pas encore écrit.　내가 게을러서 그에게 편지를 못 썼다.

· Il était *si* troublé qu'il ne pouvait rien dire.　그는 매우 당황해서 아무 말도 못했다.

☆ 의문문·부정문에서는 접속법이 쓰임.

· Est-il *si* habile qu'il ne soit soit sans rivale?　그는 하도 능란해서 적수가 없습니까?

· Il n'est *si* sévère qu'on ne puisse toucher son coeur.　그는 감동시킬 수 없을 정도로 그렇게 엄하지는 않다.

---

2) [si + 형용사/부사 + que + *sub*] : 아무리 …하더라도.

· *Si* adroitement qu'il ait parlé, il n'a convaincu personne.　그가 아주 능숙하게 말을 하긴 했지만 아무도 설복시키지 못했다.

· *Si* peu qu'il soit en retard, elle s'inquiète.　그가 조금만 늦어도 그녀는 걱정을 한다.

· Il échouera, *si* malin qu'il soit.　그가 아무리 약게 굴어도 결국 실패할 것이다.

3) [si bien que]

❶ [si bien que + *ind*] : 결과: (매우) … 하므로 …하다.

· Il s'est adouci, *si* bien que je me suis senti plus à l'aise.　그의 태도가 누그러져 내 마음이 한결 가벼워졌다.

· Les lettres gravées sur le sceau se sont effacées *si* bien qu'il n'est pas lisible.　도장에 새긴 글자가 지워져서 알아볼 수가 없다.

· J'ai fait trop de sport, *si* bien que j'ai mal aux jambes.　운동을 너무 무리하게 해서 다리가 아프다.

· La chance tourna, *si* bien qu'il perdit tout ce qu'il avait gagné.　운이 기울어 그는 딴 것을 모두 잃었다

❷ [si bien que + *sub*] : 목적: …할 수 있도록.

· Faites *si* bien qu'il le reconnaisse.　그가 그것을 인정하도록 해보시오.

❸ [si bien que+ *sub*]: 양보: 아무리 …하더라도.

· *Si* bien qu'il parle, il fait encore quelques fautes.　아무리 유창하게 말을 해도 그는 아직도 틀리는 일이 간혹 있다

⇒ que

sinon

1. 그렇지 않으면(=autrement).

· *Sinon*, c'en est fini de nous.　　그렇지 않으면 우리 사이는 이제 끝이다.

· Allez à Andong, *sinon* vous ne pourrez pas dire que vous avez vu la Corée.　　안동에 가보시오. 그러지 않으면 한국을 보았다고 말할 수 없을 겁니다.

· Cessez ce discours, *sinon* je me retire.　　그런 얘기는 그만두세요. 그러지 않으면 나가겠습니다.

· Il faut un appui à cet arbre, *sinon* le vent l'abattra.　　그 나무를 버팀목으로 받쳐 주어야지 그렇지 않으면 바람에 쓰러질 것이다.

· Gardez bien le secret, *sinon* vous nous causerez des ennuis.　　비밀을 잘 지키시오, 그러지 않으면 우리가 난처해질 겁니다.

· Mettez-vous au travail tout de suite, *sinon* vous n'aurez terminé avant midi.　　곧 일을 시작하시오, 그렇지 않으면 정오 전에 끝내지 못할 것이오.

· Tais-toi, *sinon* je me fâche.　　조용히 해, 그렇지 않으면 화낼 테야.

· Dis-moi si tu viens, si oui je reste, *sinon* je pars.　　네가 올 것인지 말해. 네가 오면 나도 있고, 오지 않으면 난 그냥 갈 거야.

· Veux-tu prendre un verre? *Sinon*, nous pouvons prendre du café.　　한 잔 할까? 아니면 커피를 마시하든지.

· Heureusement qu'il as rapidement évité la voiture, *sinon* il aurait été reversé.　　그는 다행히도 신속하게 자동차를 피했다. 그렇지 않았으면 차에 치였을 것이다.

· Mais les enfants voient des fantômes? - Heureusement pour eux, *sinon* ils ne dormiraient pas.　　아이들이 환영을 보았습니까? - 그들에겐 다행히도 그렇습니다. 그렇지 않았으면 그들은 잠을 자지 못했을 겁니다.

2. …을 제외하고는, …이 아니고는(=excepté, sauf).

1) · Qui est menteur, *sinon* celui qui nie que Jésus est le Christ?　　예수가 그리스도라는 것을 부인하는 사람이 아니면 누가 거짓말쟁이인가?

· Il n'a rien d'autre, *sinon* quelques outils.　　그는 몇 개의 연장 외에는 다른 것을 가지고 있지 않다.

· Il ne sentait rien, *sinon* une légère douleur.　　그는 가벼운 통증 외에는 아무것도 느끼지 못했었다.

2) · À qui voulez-vous que j'en parles, *sinon* à vous?　　당신에게가 아니면 누구에게 그 이야기를 하기 바라세요?

· Elle ne sort plus avec personne, *sinon* avec sa fille?　　그녀는 자기 딸이 아니면 다른 누구하고도 외출하지 않는다.

3) · Pour être heureux, que faut-il, *sinon* de ne rien désirer?　행복해지기 위해서 아무것도 원하지 않는 것 외에 무엇이 필요한가?

· Que faire, *sinon* attendre?　기다리는 것 외에 무엇을 할 것인가?

· Pouvait-il faire autre chose, *sinon* fuir?　그는 도망치는 것 외에 다른 일을 할 수 있었을까?

· Qu'est-ce que guérir, *sinon* vaincre la maladie, la souffrance, être plus fort qu'elle.　질병과 고통을 이기고 질병보다 더 강해지는 것이 아니라면 치유되는 것이 무엇인가?

· Qu'est-ce qu'on peut faire *sinon* refuser résolument?　단호하게 거부하는 것 말고는 대체 무엇을 할 수 있단 말인가?

· Elle ne pense à rien, *sinon* à s'amuser.　그녀는 즐기는 것이 아니면 다른 것을 생각하지 않는다.

· À quoi cette poésie servir *sinon* à égarer notre bon sens?　이런 시는 우리의 양식을 오도하는 외에 무슨 소용이 있을까?

4) [sinon que + *ind*]

· Je ne peut rien dire, *sinon qu'*elle veut partir pour la France.　나는 그녀가 프랑스로 떠나고자 한다는 것 외에는 아무것도 말할 수가 없다.

· Il ne veut rien dire, *sinon que* cet accident a eu lieu dans la nuit entre deux heures et quatre.　그는 그 사건이 밤중 2시에서 4시 사이에 발생했다는 것을 제외하고는 아무것도 말하려고 하지 않는다.

· Je ne sais rien, *sinon qu'*elle est partie hier soir.　나는 그녀가 어제 저녁에 떠났다는 것 말고는 아무것도 모른다.

· Il ne veux rien, *sinon qu'*on lui laisse la paix.　그는 그를 가만히 내버려두는 것 말고는 아무것도 바라지 않는다.

3. 양보 : …이 아니라도, …은 아닐망정.

1) ❶ · Il a du talent *sinon* du génie.　그는 천재는 아닐지라도 재능은 있다.

　· Il est un des rares, *sinon* le seul, à connaître cette nouvelle.　그는 그 소식을 아는 유일한 사람은 아니라 하더라도 몇 안 되는 사람 중의 하나이다.

❷ · Son attitude était impolie, *sinon* arrogante.　그의 태도는 오만하다고는 할 수 없어도 무례했다고는 할 수 있다.

　· Une fois le fichier endommagé, il est très difficile *sinon* impossible de le récupérer.　파일이 한 번 손상되면 그것을 복구하는 것은 불가능하지는 않지만 매우 어렵다.

❸ · Il fait son travail avec ponctualité, *sinon* avec enthousiasme.　그는 열성적이지는 않지만 정확하게 자기 일을 한다.

　· Ces chiffres montrent que les Français courent autant, *sinon* plus, au musée quand la crise est là.　그 수치들은 (금융)위기가 닥쳤을 때 더 많이는 아니더라도 그만큼은 박물관을 찾았다는 것을 보여준다.

· Il faut travailler, *sinon* par goût, au moins par désespoir. 좋아서가 아니라면 적어도 절망적이 되어서라도 일은 해야 한다.

❹ · On pourrait se ballader dans les collines ou les montagnes *sinon* jouer au golf. 골프를 치지 않더라도 구릉이나 산에서 산보를 할 수는 있을 것이다.

2) [sinon … du moins …]

❶ · Ça était *sinon* une expérience, du moins une aventure amusante. 그것은 하나의 경험이라고는 할 수 없어도 적어도 흥미로운 하나의 사건이었다.

· C'était, *sinon* un préalable, du moins une condition pour que puissent s'ouvrir des négociations avec les Palestiniens. 그것은 팔레스타인과의 협상이 이루어지기 위한 선결조건은 아니라 하더라도 적어도 하나의 조건이었다.

· Il est *sinon* russe du moins slave. 그는 러시아인이 아닐지는 몰라도 슬라브인이기는 하다.

❷ · Nous devons le faire, *sinon* pour le plaisir, du moins par devoir. 우리는 그것을 좋아서는 아니라 하더라도 적어도 의무감 때문에라도 해야 한다.

❸ · En tout cas, Il a promis, *sinon* d'agir, du moins de rester dans la neutralité. 어쨌든 그는 행동하는 것은 아니라 하더라도 중립은 지키겠다고 약속했다.

4. 긍정의 강조 : 하물며 …도, …조차 한(=voire).

une force indifférente *sinon* ennemie 무관심을 넘어 적대적이기까지 한 세력.

sitôt

1. [sitôt (après) que + *ind*] : …하자마자 곧, …하는 즉시로(=aussitôt que, dès que).

· *Sitôt que* vous serez arrivé, téléphonez-moi. 도착하시는 대로 내게 전화주세요.

· *Sitôt qu'*on te donne une chance de faire fortune, il faut que tu la gaspilles! 당신에게 부자가 될 기회를 주자마자, 그걸 낭비해 버리는군!

· *Sitôt* (après) *qu'*il a eu passé sa maîtrise, il est parti en France. 그는 석사학위를 취득하자마자 곧 프랑스로 떠났다.

· *Sitôt qu'*il sera réveillé, servez-lui le petit déjeuner. 그가 일어나면 곧 아침을 차려주세요.

· Il s'empresse de dépenser son argent *sitôt qu*'il l'a gagné.　그는 돈을 벌면 쓰지 못해 안달이다.

2. 과거분사와 함께 : …하자마자(=aussitôt).

1) · *Sitôt* arrivée à Séoul, elle lui a téléphoné.　그녀는 서울에 도착하자마자 그에게 전화를 했다.

· *Sitôt* averti de l'accident, il s'est rendu à l'hôpital.　그는 사고 소식을 듣자마자 병원으로 갔다.

· *Sitôt* déballées, toutes les marchandises sont vendues.　상품을 내놓자마자 모두 팔려버렸다.

· *Sitôt* entré, il a ouvert la fenêtre.　그는 들어오자마자 창문을 열었다.

2) · *Sitôt* dit, *sitôt* fait.　말이 떨어지자 곧 실행되었다.

· *Sitôt* pris, *sitôt* pendu.　잡히자마자 곧 교수형에 처해졌다 ; 신속하게 결정이 내려졌다.

soit

1. …이 있다고 하자, …을 가정하자(=étant donné).

· *Soit* un triangle A, B, C.　삼각형 ABC가 있다고 하자.

· *Soit* deux hypothèses suivantes.　다음의 두 가설을 가정하자.

2. 즉, 다시 말해(=à savoir, c'est-à-dire).

soixante secondes, *soit* une minute 60초, 즉 1분. des signes qui tombent sous le sens, *soit* bruit, son, image
… 우리의 감각에 잡히는 여러 가지 징후, 즉 소리, 음, 영상 …

· Wall Street a subi une perte hitorique de près de 778 points(-6,97 %), *soit* un plongeon plus important encore que celui qui avait suivi les attentats du 11-Septembre.　월스트리트 주가는 -6.79%인 778포인트 가량의 역사적인 하락했는데, 그것은 즉 9월 11일 테러를 겪었을 때보다 더 큰 폭의 폭락이다.

· Selon l'Organisation de coopération et de développement économiques (OCDE), en 2007, *soit* avant que la récession ne survienne, seuls 45 % des jeunes britanniques avaient trouvé un emploi un an après avoir quitté l'école.　경제개발협력기구에 따르면 2007년, 즉 경제침체가 오기 전에 영국 젊은이들의 45%만이 졸업하고 1년 후에 일자리를 구했다.

3. [soit… soit…] : …이든지 …이든지 (간에).

1) ❶

soit l'un, *soit* l'autre. 이것이든 저것이든, 어느 것이든지.

· *Soit* lui, *soit* elle va [vont] venir nous voir.　그든 그녀든 우리를 보러 올 것이다.

· *Soit* lui, *soit* un autre viendra.　그 사람이나 아니면 다른 사람이 올 것이다.

· *Soit* indifférence, *soit* crainte superstitieuse, elle ne parlait jamais de religion.　무관심 때문인지 아니면 미신적인 두려움 때문인지 그녀는 절대로 종교에 대해서는 이야기를 하지 않았다.

· Nous assisterons à son mariage, *soit* moi, *soit* ma femme.　나 아니면 내 아내가 그의 결혼식에 참석할 것이다.

· Prenez ce que vous voulez, *soit* du gâteau, *soit* du vin.　케익이든 술이든 원하는 것을 드세요.

❷
> *soit* aujourd'hui *soit* demain 오늘이나 내일 중에. *soit* avant, *soit* après 그 이전이든 그 이후든.

· Assayez-vous *soit* ici, *soit* là.　여기 또는 저기에 앉으세요.

· On se reverra, *soit* à Séoul, *soit* à Paris.　서울 아니면 파리에서 다시 보게 될 거요.

· Venez me voir, *soit* mardi, *soit* jeudi.　화요일 아니면 목요일에 나를 보러 오시오.

❸ · Notre système éducatif est dichotomique: *soit* on réussit, *soit* on échoue.　우리의 교육체제는 성공하느냐 또는 실패하느냐의 이분법적이다.

2) ❶ [soit que + *sub* … ou …] : …이든지 …이든지.

> *soit qu'*il se meuve ou non 그가 움직이든 그러지 않든 간에. *soit qu'*elle revienne ou non 그녀가 돌아오든 안 오든.

· J'avais mes desseins, *soit que* vous eussiez un fils ou une fille.　당신이 아들을 가졌건 딸을 가졌건 나는 내 계획이 있었다.

❷ [soit ou non que + *sub*]

> *soit* ou non *que* ces marchandises portent des marques de fabrique 그 상품들에 상표가 붙어있건 아니건 간에.

3) ❶ [soit que + *sub*, soit que + *sub*] : …이든지 …이든지.

> *soit qu'*on l'attende, *soit qu'*on aille le chercher 그를 기다리든지 또는 그를 찾으러 가든지. *soit qu'*il l'accorde, *soit qu'*il le refuse 그가 동의를 하건 거부하건. *soit que* je le prenne, *soit que* vous me le donniez 내가 집든지 혹은 당신이 나에게 넘겨주시든지. *soit que* vous restiez, *soit que* vous partiez 당신이 남아있건 또는 떠나건 간에.

· *Soit que* je me taise, *soit que* je dise quelque chose, on me donne toujours tort.　내가 말을 하지 않아도, 내가 무슨 말을 해도 사람들은 항상 내가 틀렸다고 말한다.

· Il n'est pas là, *soit qu'*il reste au bureau, *soit qu'*il prenne son déjeuner au restaurant.　그는 사무실에 있는지 또는 식당에서 식사를 하는지 거기에 없다.

❷ [soit que + *sub* ou que + *sub*]

*soit qu'*il l'accorde ou *qu'*il le refuse 그가 동의를 하건 거부하건.

sorte

1. [de (telle) sorte que + *ind*; 《문어》 en sorte que + *ind*] : **결과: 그래서, 그 결과로, 따라서**(=si bien que).

· En *sorte qu'*il firent tout de même un bon souper ce soir-là. et qu'ils en rirent ensemble.　그 결과로 어쨌든 그들은 이날 저녁 맛있는 식사를 할 수 있었고, 그것으로 함께 웃을 수 있었다.
· Il a agi de telle *sorte que* son père l'a félicité.　그의 행동을 보고 그의 아버지가 그를 칭찬했다.
· Il a agi de telle *sorte qu'*il a perdu sa place.　그는 행동을 잘못해서 일자리를 잃었다.
· La voix du personnage et celle du narrateur s'enchevêtrent, de *sorte qu'*on ne sait pas si c'est le narrateur ou le personnage qui parle.　인물의 목소리와 화자의 목소리가 얽혀서 말하는 것이 화자인지 인물인지 알 수 없다.
· Les agents opéraient souvent par deux, de telle *sorte qu'*ils pouvaient se faire passer pour un couple marié.　요원들은 자주 두 명씩 임무를 수행해서 결혼한 커플로 여겨지게 할 수 있었다.
· Les résultats ne sont pas encore publiés, de *sorte que* je ne connais pas nos résultats.　결과가 아직 발표되지 않아서 우리의 결과를 알 수 없다.
· Il a quitté son pays natal à l'âge de 20 ans, de (telle) *sorte qu'*on ne l'a pas revu.　그가 20세에 고향을 떠나서, 사람들은 그 후로 그를 다시 보지 못했다.
· Sa mère est tombée malade, de *sorte que* leur voyage a été remis au mois prochain.　그의 어머니가 몸이 아파서 그들의 여행은 다음 달로 연기되었다.
· Il a beaucoup travaillé, en *sorte qu'*il a réussi à l'examen.　그는 열심히 공부해서 시험에 합격했다.

2. [de (telle) sorte que + *sub*; 《문어》 en sorte que + *sub*] : **목적: …하도록, …하기 좋게.**

1)
faire le nécessaire de *sorte que* l'affaire puisse être résolue 사건이 해결되도록 필요한 조치를 취하다.

· Il faut agir de telle *sorte que* tout le monde soit content.　모든 사람이 만족할 수 있도록 행동해야 한다.
· Fabriquez cela de *sorte qu'*il soit seulement joli.　그것을 예쁘게만 만드세요.

· Je l'ai installé dans la chambre à côté de la mienne en *sorte que* je puisse recevoir des visites sans le déranger.　나는 그를 방해하지 않고도 방문객을 받아들일 수 있도록 그를 내 옆방에 있게 했다.

· Parlez plus lentement, de *sorte qu'*on puisse vous entendre.　당신이 말을 알아들을 수 있도록 더 천천히 말하세요.

· Les douze stades prévus pour la compétition seront démontables de telle *sorte qu'*ils puissent être déménagés après la compétition.　12개의 경기장은 경기가 끝난 후에 옮겨질 수 있도록 해체될 수 있을 것이다.

· Dieu est venu à l'humanité comme mot de *sorte qu'*ils puissent croire par l'audition par leurs oreilles.　하나님께서 말씀으로 인류에게 오셨으니 이는 귀로 들어 믿게 하려는 것이요.

2) [faire en sorte que + *sub*; 《문어》 faire en sorte de *inf*] : …하도록 노력하다, …하도록 주의하다.

❶ · Fais en *sorte que* leurs chambres soient en ordre.　그들의 방이 정돈되도록 하라.

· Faisons en *sorte que* les Ukrainiens comprennent que nous sommes leurs amis et leurs alliés.　우크라이나인들이 우리가 그들의 친구이고 동맹이라는 것을 이해하도록 합시다.

· Faisons en *sorte que* la crise de liquidités sans précédent qui existe aujourd'hui prenne fin.　오늘의 전례 없는 유동성 위기가 종결되도록 합시다.

· Le président serait bien avisé de faire en *sorte que* cette crise de confiance naissante entre lui-même et l'institution militaire ne s'aggrave pas.　대통령은 자신과 군 기관 사이에 생겨나기 시작하는 신뢰의 위기가 악화되지 않도록 하는 것이 현명할 것이다.

· La Chine devra faire en *sorte que* la Corée du Nord redevienne un membre responsable de la communauté internationale.　중국은 북한이 다시 국제사회의 책임 있는 일원이 되도록 해야 할 것이다.

❷ · Il a fait en *sorte* d'assoupir l'affaire.　그는 사태를 진정시키려고 애썼다.

· Nous devons faire en *sorte* d'aider les propriétaires de logements.　우리는 주택 소유자들을 도울 수 있도록 해야 한다.

· Nous devons faire en *sorte* de rester neutre dans un débat.　우리는 토론에서 중립을 유지하도록 해야 한다.

suivant que

[suivant que + *ind*] : …함에 따라; …에 상응하여.

· *Suivant qu'*on m'aime ou hait, j'aime ou hais à mon tour.　사람들이 나를 좋아하느냐 싫어하느냐에 따라 나도 좋아하기도 하고 싫어하기도 한다.

- *Suivant qu'*on va par bateau ou par avion, le voyage dure trois jours ou six heures.　　배로 가느냐 비행기로 가느냐에 따라 여행은 3일 또는 6시간이 걸린다.
- *Suivant que* l'année est bissextile ou non, elle a 366 ou 365 jours.　　윤년이냐 아니냐에 따라 1년이 366일 또는 365일이다.
- Le point de vue change, *suivant qu'*on est d'un parti ou d'autre.　　어떤 측에 속하느냐에 따라 각자의 견해가 달라진다.
- On les classe en deux grandes catégories, *suivant qu'*ils sont linéaires ou non linéaires.　　선형이냐 그러지 않느냐에 따라 그들을 크게 두 부류로 분류한다.
- Des arbres se reproduisent différemment *suivant qu'*ils appartiennent à la famille des angiospermes ou gymnospermes.　　나무는 속씨식물에 속하느냐 또는 겉씨식물에 속하느냐에 따라 다르게 번식한다.

supposé que

[supposé que + *sub*] : …라고 가정하면 [가정하더라도] (=si).

*supposé qu'*il fasse mauvais 날씨가 좋지 않다고 가정하고. *supposé qu'*il vienne demain matin 그가 내일 아침에 온다고 가정하고.

- Aucune n'a la petite vérole une seconde fois, *supposé que* l'inoculation ait été parfaite.　　예방접종이 완벽했다고 가정하면, 아무도 천연두에 두 번 걸리지 않는다.
- Il est possible de stabiliser immédiatement l'économie sur le niveau des buts d'inflation et de chômage, *supposé que* la combinaison des politiques recommandée par Robert Mundell soit poursuivie.　　로버트 먼델에 의해 권장되는 정책들의 조합이 시행된다면 곧바로 인플레이션과 실업률의 목표수준으로 경제를 안정시킬 수 있다.

tandis que

1. [tandis que + *ind*] : **동시성: …하는 동안** [사이] **에**(=pendant que, dans le même moment que); **… 하는데**(=comme).

tandis que la trompette alarmera la terre 나팔이 지상에 경고를 할 동안. *tandis que* tu vivras 네가 살아 있는 동안에. battre le fer *tandis qu'*il est bien chaud 쇠가 잘 달구어졌을 때 때리다.

- *Tandis que* je me promenais, il a commencé à neiger.　산책을 하는데 눈이 오기 시작했다.
- *Tandis qu'*elle terminait sa toilette, il bouclait les valises.　그녀가 화장을 끝낼 무렵에 그는 가방을 다 싸가고 있었다.
- Elle est arrivée *tandis qu'*il déjeunait.　그가 식사하고 있는 동안에 그녀가 도착했다.
- Ils sont arrivés *tandis que* je m'apprêtais à sortir.　내가 나가려는데 그들이 도착했다.
- Tout le monde était ici *tandis qu'*il était malade.　그가 몸이 불편한 동안 모든 사람이 여기에 있었다.
- C'était toujours le même vieux silence dans le bureau de Robert *tandis qu'*il écrivait.　로베르의 사무실에는 여전히 그가 글을 쓸 때와 같은 예전의 정적이 흘렀다.
- Il faut puiser *tandis que* la corde est au puits.　《**속담**》 기회를 놓쳐서는 안 된다.
- Reposez-vous un peu *tandis que* vous êtes ici.　여기 있는 동안에 좀 쉬세요.
- Travaillons *tandis que* nous sommes jeunes.　젊을 때 일합시다.

2. [tandis que + *ind/cond*] : **대립: …하는 반면에, 한편**(=alors que, au lieu que).
　1) · *Tandis que* l'un travaille, l'autre se repose.　한 사람은 일하는데 다른 한 사람은 쉬고 있다.
- *Tandis qu'*il s'amuse, son frère travaille.　그는 놀고 있는데 그의 형은 일하고 있다.
- Celui qui a frappé ne peut dormir les jambes allongées, *tandis que* celui qui a été battu dort en paix.　때린 놈은 다릴 못 뻗고 자도 맞은 놈은 다릴 뻗고 잔다.
- Comment pourriez-vous le condamner à mort, *tandis que* moi je vis?　나는 살아있는데, 어떻게 그에게 사형 선고를 내릴 수 있습니까?
- On le cherchait de tous côtés, *tandis qu'*il dormait paisiblement.　그가 평화롭게 자고 있는데 사람들은 사방으로 그를 찾고 있었다.
- Tout le monde le croit heureux, *tandis qu'*il est rongé de soucis et de remords.　그는 근심과 회한으로 괴로워하는데 모두들 그가 행복한 것으로 생각한다.
- L'un est blond, *tandis que* l'autre est brun.　한 사람은 금발인데 비해 다른 한 사람은 갈색 머리이다.
- La nouvelle est une derniere nouvelle, *tandis que* le conte est un premier conte.　단편소설은 마지막 소설인 반면 콩트는 최초의 이야기이다.

· Pourquoi est-il parti, *tandis qu'*il lui fallait rester.　　그는 머물러 있어야 하는데 왜 떠났지.

· Tu es encore là, *tandis qu'*il faudrait étudier à la maison!　　너는 집에서 공부해야 할 텐데 아직도 거기에 있구나!

· Il prétendait l'aimer, *tandis qu'*à la vérité il ne s'intéressait qu'à sa fortune.　　그는 그를 사랑한다고 말하지만 사실은 그의 재산에만 관심이 있었다.

· Vous reculez, *tandis qu'*il faudrait avancer.　　전진해야 하는데 당신은 후퇴한다.

· Il est resté endormi, lui, *tandis que* vous êtes réveillé, vous.　　당신은 깨어 있는데 그는 잠들어 있다.

· L'Australie est proportionnellement le pays le moins endetté, puisque sa dette rapportée au PIB est de 15,9 %, *tandis que* celle de la France atteint 84,5 % et celle de la Grèce, 114,9 %.　　오스트레일리아는 상대적으로 가장 부채가 적은 나라이다. 그것은 프랑스의 국내총생산 대비 부채가 84.5%, 그리스의 부채가 114.9%에 이르는데 비해, 오스트레일리아의 부채는 15.9%이기 때문이다.

2) · Pourtant, nous travaillons dur tous les deux, *Tandis qu'*il y a des gens qui ne font rien et qui sont bien plus riches que nous!　　하지만 우리 둘 다 열심히 일해요. 그런데 아무것도 하지 않고도 우리보다 더 부자인 사람들이 있잖아요!

· Le voilà marchand ambulant! *Tandis que* s'il avait poursuivi ses études, il aurait une bonne situation.　　저기 그가 행상을 하고 있다. 그런데 그가 학업을 계속했더라면 좋은 직장을 가졌을 텐데.

tant

1. 《문어》 문두에서 원인을 나타내는 접속사적 용법: 그토록, 그 정도까지

· *Tant* le froid était vif, il grelottait.　　너무나 매서운 추위여서 그는 덜덜 떨었다.

· Il n'a jamais pu cacher cette erreur, *tant* il est sincère.　　그는 그 잘못을 결코 감출 수 없었다. 그만큼 그는 솔직한 사람이다.

· On ne pouvait mettre un pied dans le métro, *tant* il était bondé.　　지하철에 사람이 너무 많아서 발 디딜 틈이 없었다.

· Elle ne pouvait plus parler, *tant* elle pleurait.　　그녀는 더 이상 말을 할 수가 없었다. 그렇게 울고 있었으니까.

· Cet homme a été obligé de voler, *tant* il avait faim.　　그 사람은 절도를 하지 않을 수 없었다. 그는 그토록 배가 고팠다.

· Il ne réfléchissait presque jamais sans commencer en même temps à agir, *tant* il était inapte à soupeser longuement les données d'un problème, *tant* il était impatient d'avoir pris un parti.　　그는 거의 언제나 무슨 생각이 떠오르면 그와 동시에 행동을 시작하곤 했다. 그만큼 어떤 문제가 주어지면 오랫동안 그것을 차분히 검토하지 못하고, 빨리 결정을 내리고 싶어 하는 성격이었다.

2. [tant que + *ind*] : ⋯하는 한(=aussi longtemps que); ⋯하는 동안에(=pendant que).

1)
> *tant que* son coeur battra 그가 살아있는 한. *tant que* le monde durera 세상이 존속하는 한. *tant que* je suis encore en vie; *tant que* je vivrai 내가 살아있는 한. *tant qu'*ils persévèrent dans leur ethnocentrisme 그들이 그들의 자기 민족중심주의를 고수하는 한. *tant qu'*ils ne prendront pas des mesures en faveur de réformes démocratiques 그들이 민주적인 개혁을 위한 조치를 취하지 않는 한. *tant que* les autorités israéliennes refuseront de négocier deux problèmes essentiels 이스라엘 당국이 핵심적인 두 가지 문제에 대해 협상하기를 거절하는 한. battre le fer *tant qu'*il est chaud 쇠가 달구어졌을 때 때리다.

- *Tant qu'*il a eu de l'argent, ses enfants ont pu vivre à l'aise.　그가 돈을 가지고 있는 동안은 그의 자녀들이 유복하게 살 수 있었다.
- *Tant qu'*il y a de la vie, il y a de l'espoir.　생명이 있는 한 희망이 있다.
- *Tant qu'*il était président-directeur général(PDG), il se fait octroyer un gargantuesque montant de stock-options que rien ne peut justifier.　그가 사장으로 있는 동안에 무엇에 의해서도 정당화될 수 없는 막대한 금액의 스톡옵션을 받았다.
- *Tant qu'*il occupera cette place, il en remplira les devoirs.　그가 그 자리를 차지하고 있는 한 그 의무를 다 할 것이다.
- *Tant que* les circonstances le permettent, je vous aiderai.　사정이 허락하는 한, 당신을 도와주겠소.
- *Tant que* cette locomotive de l'économie mondiale roule, il est permis d'espérer.　그 세계 경제의 기관차가 달리는 한 희망을 가질 수 있다.
- La confiance ne sera pas restaurée *tant que* nous n'aurons pas assaini notre système financier.　우리의 금융 시스템을 건전하게 하지 않는 한 신뢰는 회복되지 않을 것이다.
- Nos actions pour restaurer la croissance ne peuvent être efficaces *tant que* nous n'aurons pas rétabli les crédits domestiques.　국내의 신용을 회복시키지 않는 한, 성장을 회복시키기 위한 우리의 행동은 효과적일 수 없다.
- Étudions *tant que* nous sommes jeunes.　젊을 때 공부합시다.
- Ils ne te feront rien *tant que* je serai ici.　내가 여기에 있는 한 그들은 네게 아무 짓도 못할 것이다.
- Elle a exclu catégoriquement tout dialogue avec le Hamas *tant qu'*il n'aura pas reconnu Israël et renoncé à la violence.　그녀는 하마스가 이스라엘을 승인하고 폭력을 포기하지 않는 한 하마스와의 모든 대화를 단호하게 배제했다.
- Les pourparlers sur la dénucléarisation ne pourraient reprendre avec son pays *tant que* Washington n'abandonnerait pas sa politique hostile.　미국이 적대적인 정책을 포기하지 않는 한 그 나라와의 비핵화를 위한 회담은 재개될 수 없을 것이다.
- Les difficultés se poursuivront *tant que* la question alimentaire n'aura pas été résolue.　식량문제가 해결되지 않으면 어려움이 계속될 것이다.
- En 1953 ne fut signé qu'un armistice et, *tant que* subsistera cet état de fait, la même cause produira

les mêmes effets.　1953년에 휴전협정만 체결되었고, 그러한 상태가 지속되는 한, 같은 원인은 같은 결과만 가져올 것이다.

· Sortons *tant qu'*il y a du soleil.　해가 있을 때 나갑시다.

2) [tant que … pouvoir]

· Il frappe *tant qu'*il peut.　그는 힘껏 내리친다.

· Il pleut *tant que* ça peut.　비가 매우 많이 온다.

· Il travaille *tant qu'*il peut.　그는 힘껏 일한다.

3) [jusqu'à tant que + *sub*] : …할 때까지(=jusqu'à ce que).

· Je vais t'attendre jusqu'à *tant que* tu aies terminé tes achats.　네가 물건을 다 살 때까지 기다리겠다.

· Il va rester là, jusqu'à *tant que* je revienne.　그는 내가 돌아올 때까지 그곳에 있을 것이다.

4) [tous tant que nous sommes [vous êtes]] : 우리 [당신] 들 모두.

· Tous *tant que* nous sommes, nous nous sommes trompés.　우리들 모두 틀렸습니다.

5)
> *tant que* faire se peut 가능한 한(=dans la mesure du possible).

6) 공간 : …하는 곳까지(=aussi loin que).

> *tant que* la vue peut s'étendre 시선이 미치는 한.

3. 1) [tant … que + *ind*] : 결과 : 매우 …해서 …하다.

❶ · Il a *tant* de livres *qu'*il ne sait où les mettre.　그는 책이 너무 많아서 어디에 두어야 할지를 모른다.

· Il y a *tant* d'hommes *qu'*on ne peut compter.　사람이 너무 많아서 셀 수가 없다.

· Elle éprouvait *tant* de rancoeur contre elle ne savait quoi, *tant* d'espérance sans but, *qu'*elle souhaita de mourir avant d'avoir essayé de vivre.　그녀는 막연한 원한, 목적도 없는 기대감이 어찌나 심하게 파고들던지 살고 싶다는 바람보다는 죽고 싶은 심정이 앞섰다

· Il est *tant* fatigué *qu'*il est tombé malade.　그는 너무 피곤해서 병이 났다.

· Elle a fait *tant* de voyages à l'étranger *qu'*elle n'a plus envie de quitter son pays.　그녀는 해외여행을 많이 해서 이제는 자기나라를 떠나고 싶어하지 않는다.

· J'ai *tant* mangé *que* je n'ai plus faim.　나는 많이 먹어서 이제 배고프지 않다.

· Elle pleurait *tant qu'*elle ne pouvait plus parler.　그녀는 하도 울어서 더 이상 말을 할 수가 없었다.

· Il a *tant* plu *que* la rivière est en crue.　비가 너무 와서 강물이 불어나고 있다.

· Je souffre *tant que* je ne peux pas me relever.　나는 너무 아파서 일어날 수 없다.

❷ · *Tant* va la cruche à l'eau *qu'*à la fin elle se casse. 《속담》 위험한 일을 하다가는 결국 화를 입고 만다.

❸ [faire *tant que* + *ind*] : 매우 열심히 …하여 …하게 되다.
· Il a *tant* fait *que* je lui ai cédé. 그가 하도 그래서 나는 그에게 양보하였다.

❹

tant il est vrai que … 따라서 [그러므로] … 이다.

> ☆ 주절이 의문문이나 부정문이면 que절에 접속법을 씀.
> · A-t-il *tant* de choses à faire *qu'*il n'ait aucun loisir? 그가 할 일이 많아서 여가가 없습니까?

2) [tant + 형용사/부사 + que + *sub*] : 양보 : 아무리 …하더라도.

> *tant* obstiné et opiniâtre *qu'*il puisse être 그가 아무리 고집이 세고 완강하다 하더라도, *tant* parfait et *tant* heureusement né *qu'*il puisse être 아무리 완전하고 행복하게 태어났다 하더라도.

3) ❶ [tant …, tant …] : …하는 만큼 …하다.
· *Tant* vaut l'instituteur primaire, *tant* vaudra l'enseignement. 초등학교 교사가 우수하면 그만큼 교육이 가치 있는 것이 될 것이다.
· *Tant* vaut l'homme, *tant* vaut la terre. 《속담》 수확은 사람의 노력에 달렸다.

❷ [tant plus [moins] …, tant plus [moins] …] : 더 … 하는 만큼 더 …하다.
· *Tant* plus nous avons de besoin d'une chose, *tant* plus nous avons d'obligation à celui qui nous la donne. 우리가 어떤 것을 필요로 할수록 그것을 제공해준 사람에게 더 감사해야 한다.
· *Tant* plus ils sont tristes, *tant* plus ils sont vieux. 그들이 슬퍼하면 할수록 더 늙어간다.

4) [tant qu'à *inf*; 《문어》 à tant faire que de *inf*] : 어차피 …할 바에는.
· *Tant qu'*à changer de voiture, il en a acheté une neuve. 어차피 차를 바꾸어야 했기에 그는 새 차를 샀다.
· *Tant qu'*à faire, on aurait pu aller chez nous. 어차피 그럴 바에야 우리 집으로 갈 수도 있었는데.
· *Tant qu'*à faire, faites-le bien. 어차피 할 바에는 잘 하시오.
· *Tant qu'*à rester secrétaire, je préfère changer de compagnie. 어차피 비서로 있을 바에는 회사를 옮기겠다.
· Essaie de faire bien ton travail, *tant qu'*à faire. 어차피 해야 할 공부이니 잘 하도록 애써라.
· Si tu laves ta voiture, *tant qu'*à faire, lave aussi la mienne! 네 차를 세차하려거든, 어차피 할 바에

내 차도 세차해주렴.

· Tu veux acheter trois vases? *Tant qu'*à faire, pourquoi pas le magasin entier?　화분을 세 개나 사려고? 그럴 바에야 가게 전체를 사지 그래?

5) [si tant est que + *sub*] : 만일 …한다면(=à supposer que, dans la mesure où).

· Si *tant* est *que* l'étranglement de la RPDC ait un effet, cette politique prendra du temps et permettra au régime de renforcer son arsenal.　북한을 억압하는 것이 효과를 나타낸다면 그러한 정책은 시간이 걸릴 것이고 북한이 군비를 강화하도록 허용할 것이다.

⇒ si

6) [tant et si bien que + *ind*] : 그래서, 그 결과로(=de sorte que)

· Il s'est adouci, *tant* et si bien *que* je me suis senti plus à l'aise.　그가 태도를 누그러뜨려 내 마음이 한결 가벼워졌다.

· Il a fait des pieds et des mains *tant* et si bien *qu'*il a fini par se sortir de l'impasse.　그는 애를 써서 궁지에서 벗어날 수 있었다.

· Il fit *tant* et si bien *qu'*il arriva à ses fins.　그렇게 해서 그는 목표에 도달했다.

7) [tant (il) y a que + *ind*] : 어쨌든 …이다(=quoi qu'il en soit ; avec tout cela).

· Je ne sais pas bien ce qui a donné lieu à leur querelle, *tant* il y a *qu'*ils se sont battus.　무엇이 그들을 싸우게 했는지는 잘 모르지만, 어쨌든 그들은 싸웠다.

· On ne sait ce qui l'a pris, *tant* il y a *qu'*il est parti.　그가 무슨 생각을 했는지는 모르지만, 어쨌든 그는 떠났다.

tantôt

[tantôt … (et) tantôt …] : 어떤 때는 … 또 어떤 때는 ….

tantôt à pied *tantôt* avec toute la vitesse de son automobile 때로는 걸어서 때로는 자동차를 차고 전속력으로 *tantôt* dessus *tantôt* dessous 엎치락뒤치락. être *tantôt* devant *tantôt* derrière 앞서거니 뒤서거니 하다. *tantôt* en menaçant, *tantôt* en flattant 때로는 공갈하고 때로는 달래고 하여. *tantôt* pleurer, *tantôt* rire 울다 웃다 하다.

· *Tantôt* il est à Séoul, (et) *tantôt* à Paris.　그는 어떤 때는 서울에 있고 어떤 때는 파리에 있다.

· *Tantôt* l'un, *tantôt* l'autre des acrobates s'élançât à pieds joints sur lui.　때로는 곡예사 중의 어떤 사람이 때로는 다른 사람이 모듬발을 하고 그에게 달려들었다.

· Il a *tantôt* l'esprit clair, *tantôt* l'esprit distrait.   그는 정신이 오락가락 한다

· Il dit *tantôt* ceci *tantôt* cela.   그는 말을 이랬다저랬다 한다.

· Les spectateurs *tantôt* debout, *tantôt* assis ont écouté calmement ses chansons.   관중들은 때로는 서 있기도 하고 때로는 앉기도 하면서 평온하게 그의 노래를 들었다

· Son patron est *tantôt* optimiste, *tantôt* pessimiste.   그의 사장은 어떤 때는 낙관주의자고 어떤 때는 비관주의자이다.

· J'oscillais *tantôt* à gauche, *tantôt* à droite.   나는 때로는 왼쪽으로 때로는 오른쪽으로 흔들렸다.

· Il vient *tantôt* en train, *tantôt* en voiture.   그는 때로는 기차로 오고 때로는 승용차로 온다.

· Ses yeux, semblables à ceux de Jacques, étaient d'une expression insaisissable, trop changeante: *tantôt* rieurs et calins, *tantôt* inquiets, *tantôt* sauvages et durs.   그의 두 눈은 자크의 그것과 똑같이 잠시도 가만히 있지 못하며, 너무나 변덕스러운 표정을 짓고 있었다. 때로는 생글거리며 다정해 보이는가 하면, 때로는 불안한 빛을 띠기도 하고, 때로는 야생적이고 냉혹하며 비정한 모습을 보이기도 했다.

toutefois

1. 그러나, 그렇지만, 그럼에도 불구하고(=cependant, néanmoins, pourtant).

pourvu *toutefois* qu'il le veuille 하지만 그가 원하기만 하면. si *toutefois* la chose est possible 그래도 그 일이 가능하다면. si *toutefois* vous n'y voyez pas d'inconvénient 그래도 괜찮으시다면.

· *Toutefois*, il convient que la raison entreprenne sur le sentiment.   그렇지만 이성이 감정을 제압하는 것이 좋다.

· *Toutefois* il viendra.   그렇지만 그는 올 것이다.

· Elle a accepté *toutefois* son cadeau.   그렇지만 그녀는 그의 선물을 받아들였다.

· Il a bon visage, *toutefois* il est malade.   그는 안색이 좋다. 하지만 실은 몸이 불편하다.

· Ce malheur *toutefois* sert à croître sa gloire.   하지만 그 불행이 그의 영예를 더욱 드높였다.

· Je lui parlerai, si *toutefois* il veut m'entendre.   그래도 그가 내 말을 듣기를 원한다면 나는 그에게 말하겠다.

· Il vous regarde avec confiance, sans naïveté *toutefois*.   그는 당신을 신뢰하며 바라보고 있으나 순진하게 그러는 것은 아니다.

2. [et/mais toutefois]

des taux moyens, mais *toutefois* relativement élevés 평균이지만 상대적으로 높은 비율.

· Et *toutefois* il y consent.   하지만 그는 그에 동의했다.

- Et *toutefois* il s'est tué dans le milieu de la mer.　하지만 그는 바다 한가운데서 죽었다.
- Ce traitement est très efficace pour tromper l'oeil mais *toutefois* peu confortable pour la peau.　그러한 치료는 눈을 속이는 데는 매우 효과적이지만 피부에는 쾌적하지 않다.
- Cela montre une dérivation simple, mais *toutefois* approximative.　그것은 단순한, 그렇지만 개략적인 도출을 보여준다.

voire

1. 그 위에, 게다가 또(=et aussi, et même).

propositions diverses, *voire* (même) contradictoires 여러 가지의, 게다가 모순되기까지 하는 제안들. faire double *voire* triple emploi 이중으로, 게다가 삼중으로까지 겹치다. résolue de demeurer veuve, *voire* de mourir plutôt que de tenter un second hasard 두 번째 모험을 시도하기보다는 차라리 홀몸으로 남아 있거나, 심지어 죽는 편이 낫다고 결심한.

- Ce travail prendra plusieurs jours, *voire* plusieurs semaines.　그 일은 며칠, 아니 몇 주나 걸릴 것이다.
- Je puis faire arriver en six jours, *voire* en six heures, ce qui s'est passé en six ans.　나는 6년 동안에 일어난 일을 6일, 아니 6시간 안에 이루어지게 할 수 있다.
- Quelques auditeurs, *voire* (même) la majorité, se plaignaient.　몇몇, 아니 다수의 청중이 불평을 했다.
- Ce remède est inutile, *voire* même pernicieux.　그 약은 효력이 없고, 게다가 해롭기까지 하다.
- On a coutume de dire qu'au dix-septième, *voire* au dix-huitième siècle, tout le monde écrivait bien.　사람들은 17세기에, 또 18세기에도 모든 사람들이 글을 잘 썼다고 입버릇처럼 말한다.
- On s'y instruit de choses qui ne se trouvent pas dans les livres, *voire* même dans l'Encyclopédie.　거기에서 책에도, 심지어 백과사전에도 없는 것들을 배운다.
- En fait, à voir la vie que nous menons en ce monde d'aujourd'hui, qui ne la prendrait pour de l'extravagance, *voire* même pour de la démence?　사실, 오늘의 이 세상에서 우리가 영위하고 있는 삶을 보면, 누가 그것이 괴상하고, 게다가 정신 나간 모습이라고 여기지 않겠는가?
- Les sourcils broussailleux, la barbe de chèvre, étaient devenus tout à fait blancs; mais les gestes, le regard, le sourire, gardaient une vivacité, une jeunesse, *voire* une espièglerie déconcertantes, presque déplacées dans ce visage de vieil homme.　짙은 눈썹과 염소수염은 완전히 세어져 있었다. 그러나 몸짓이며 눈길이며 미소 등은 여전히 활력과 젊음, 심지어는 남을 당황하게 만드는 장난기마저 엿보이고 있어서 노인의 얼굴치고는 별로 걸맞지 않는 느낌을 주었다.

2. 《옛》 (의심, 비꼼 따위를 나타내는 간투사적으로 쓰여) **정말로, 과연**(=vraiment).
· Cet écrivain a du génie? *Voire!*   그 작가가 천재적이라구? 과연 그럴까.
· C'est le plus grand peintre de l'époque. — *Voire!*   그가 그 시대의 가장 위대한 화가입니다. - 과연 그럴까.

vu

《옛·지방어》 [vu que + *ind*] : …에 비추어, …이므로(=attendu que, compte tenu du fait que).
· *Vu qu'*il agit ainsi, c'est sûr qu'il a quelque chose derrière la tête.   그가 저렇게 행동하는 것을 보면 무슨 꿍꿍이속이 있는 게 틀림없다.
· *Vu que* le pouls bat encore, cette personne est encore vivante.   맥박이 뛰는 걸로 보아 이 사람은 아직 살아 있다.
· *Vu que* vous êtes dans votre tort, il vous faut payer l'amende.   당신의 실수이기 때문에 벌금을 내셔야 합니다.
· *Vu que* la recherche sur les végétaux dans les pays industrialisés est dominée par des compagnies privées qui surveillent étroitement leurs technologies brevetées, le processus d'innovation dans les pays en développement s'est ralenti.   산업화된 국가에서 식물에 대한 연구가 그들의 특허를 받은 기술을 엄중히 감시하는 사기업들에 의해 지배당하고 있기 때문에 개발도상국에서의 혁신 과정이 늦어지고 있다.
· Je m'étonne qu'elle ait entrepris cela, *vu qu'*elle n'est pas assez hardie.   나는 그녀가 대담하지 못하다는 사실에 비추어 그것을 시도했다는 것이 놀랍다.
· Elle ne viendra pas, *vu qu'*elle est malade.   그녀는 아프기 때문에 오지 않을 것이다.

참고문헌

Le Bon Usage, M. Grevisse, 8e édition, Gembloux, Duclot, 1964.

Dictionnaire des mots fonctionels, 大修館書店, 1976.

Dictionnaire du français langue étrangère, Larousse niveau 1, 1979; niveau 2, 1980.

Dictionnaire des prépositions françaises, 大修館書店, 1975.

Grammaire française, 5 vol, K. Togeby, Copenhague, Akademisk Forlag.

Grand Dictionnaire Encyclopéque Larousse, 10 vol, Larousse. 1982.

Grand Larousse de la langue française, 7 vol, Larousse. 1971-78.

Le Grand Robert de la langue française, dictionnaire alphabétique et analogique de la langue française,
       2e édition, 9 vol., Le Robert, 1985.

Le Nouveau Petit Robert, dictionnaire alphabétique et analogique de la langue française, Le Robert, 2009.

Petit dictionnaire de la langue française, Larousse, 1987.

Robert Méthodique, Le Robert, 1980.

Trésor de la langue française, 16 vol., CNRS-Klincksieck, 1971-94.

동아 프라임 불한사전, 정지영·홍재성 편, 두산동아, 2006.

모델 불한 중사전, 한국불어불문학회 편, 삼화출판사, 1988.

불어학사전, 한국불어불문학회 편, 삼화출판사, 1979.

엣센스 불한사전, 이휘영 편, 민중서림, 1984.

프랑스어 접속사 사전

초판인쇄 2012년 3월 26일
초판발행 2012년 4월 10일

저　　자 구기헌
발 행 인 윤석현
발 행 처 제이앤씨
등록번호 제7-220호
책임편집 정지혜

우편주소 132-702 서울시 도봉구 창동 624-1 북한산현대홈시티 102-1206
대표전화 (02) 992-3253(대)
전　　송 (02) 991-1285
홈페이지 www.jncbms.co.kr
전자우편 jncbook@hanmail.net

ISBN 978-89-5668-903-6　91760　　　　　　　　**정가** 22,000원

※ 이 사전은 2011년도 상명대학교 교내연구비 지원으로 발간되었음.